Cães de Guarda

BEATRIZ KUSHNIR

Cães de Guarda
Jornalistas e censores,
do AI-5 à Constituição de 1988

Copyright © 2004, Beatriz Kushnir
Copyright desta edição © 2004, Boitempo Editorial

Coordenação editorial	Ivana Jinkings
	Ana Paula Castellani
Revisão	Silvia Sampaio
	Thaís Nicoleti de Camargo
	Sandra Regina de Souza
Capa	Andrei Polessi
Diagramação e tratamento de imagens	Raquel Sallaberry Brião
Coordenação de produção	Juliana Brandt
Assistência de produção	Livia Viganó

CIP-BRASIL. CATALOGAÇÃO-NA-FONTE
SINDICATO NACIONAL DOS EDITORES DE LIVROS, RJ

K98c

Kushnir, Beatriz, 1966-
    Cães de guarda : jornalistas e censores, do AI-5 à Constituição de 1988 / Beatriz Kushnir. -
1.ed. rev. - São Paulo : Boitempo, 2012.

    Inclui bibliografa
    ISBN 978-85-7559-044-7

    1. Liberdade de imprensa - Brasil - História - Séc. XX. 2. Governo e imprensa - Brasil -
História - Séc. XX. 3. Poder (Ciências sociais). 4. Censura - Brasil - História - Séc. XX.
5. Brasil - História - 1964-1985. I. Título.

12-0817.   CDD: 323.4450981
                                                                                  CDU: 342.721

É vedada a reprodução de qualquer parte
deste livro sem a expressa autorização da editora.

1ª edição: março de 2004
1ª edição revista: maio de 2012
3ª reimpressão: outubro de 2024

BOITEMPO
Jinkings Editores Associados Ltda.
Rua Pereira Leite, 373
05442-000 São Paulo SP
Tel.: (11) 3875-7250 / 3875-7285
editor@boitempoeditorial.com.br
boitempoeditorial.com.br | blogdaboitempo.com.br
facebook.com/boitempo | twitter.com/editoraboitempo
youtube.com/tvboitempo | instagram.com/boitempo

Na inconstância de tudo que foi menos, mesmo se desejando mais.
E para tudo que não se amaina, não se decifra e nos faz recomeçar sem fim.

E também para a minha mãe e para o Dany.

SUMÁRIO

Prefácio 11

Apresentação
Sigilos e acordos, a pauta em questão 17
    Diversos cenários, imagens distorcidas de um tema 17
    Os pontos, uma outra perspectiva 28

1. **Os donos do tempo: jornalistas e historiadores** 35
    Do ser responsável às responsabilidades: invertendo imagens 35
    Memórias e narrativas: os jornalistas e os historiadores 56
    Os guardados e as questões 59

2. **20.493/46, 5.536/68 e 1.077/70:**
    os limites do que nos era permitido saber 69
    O embaralhar de números e imagens 69
    A Nova República dos festivais 75
    O tripé dos números 82
    Uma volta no tempo 84
    Uma volta ao tripé 101
    Do terceiro vértice ao desmonte da máquina 116
    Há ou não censura na Nova República? 128

3. **Máscara negra: censores e interdições**
    As trilhas da liberdade de expressão 137

    A tentação de ver: a Constituição de 1988
      e a permanência do ato censório 137
    Formando os censores. Da Polícia Especial aos intelectuais 155
    Os intelectuais, os censores e os policiais 162
    Da necessidade à *pecha* 182
    Bilhetinhos do Sigab: os rostos das vozes 192
    Apêndice 208

4. **O jornal de maior tiragem: a trajetória da *Folha da Tarde***
    Dos jornalistas aos policiais 213

Os jornalistas 213

Onde *folhas*, troncos e raízes se encontram 213
Por que a *Folha da Tarde* renasceu? 230
Antes da tempestade, a bonança.. 234
A tempestade: com o AI-5, o sonho acabou.................................... 255

Os policiais 287

Legalizando mortes por tortura 287
As muitas histórias dessa história... 292
Desbundar na TV.. 304
O *Diário Oficial* da Oban 315

Notas finais
Soberba: entre pecado, delito e perdão 349
A *passagem dos gansos*. Quando
jornalistas e policiais se confundem 353

Agradecimentos
O saldo das dívidas, o que de melhor fica 357

Anexo
Verbetes de siglas 363
Verbetes de nomes 367

Siglas 383

Fontes primárias... 385

Bibliografia.. 389

Créditos das imagens... 403

PREFÁCIO
Um tema difícil, uma reflexão ousada

...a censura obrigava a imprensa a escrever de viés.
Gabriel García Márquez

Há temas difíceis pela sua complexidade, há outros delicados por tocarem em questões sensíveis. O tema deste livro reúne esses dois aspectos, o que torna um desafio e uma ousadia enfrentá-lo. Complexa e sensível, a questão da censura nas duas décadas de ditadura civil-militar instalada no Brasil em 1964 exigiu de Beatriz Kushnir longa pesquisa em periódicos e documentação variada, entrevistas difíceis, nem sempre concedidas, mas sobretudo reflexão sobre a violência implícita no ato de coibir unilateralmente a expressão livre de ideias e ações políticas, sonegar informações comprometedoras, calar tudo e todos que não comungassem as posições das forças vencedoras. A censura foi considerada por um dos mais combativos participantes do governo ditatorial "imperativo reclamado pela segurança do Estado numa guerra civil não declarada", frase significativa por justificar o AI-5, um ato imposto em dezembro de 1968. Ao elaborar a imagem da sociedade brasileira à beira da guerra civil, o coronel Jarbas Passarinho dava aos que se opunham à ditadura a dimensão de inimigo interno, e mais, de serem capazes de multiplicar seu poder de convencimento por meio da palavra, se mantida a livre expressão de pensamento. A censura se configura, pois, como um ato violento, explícito mas também insidioso, a demonstração cabal do reconhecimento da força das ideias do inimigo, o recuo para um lugar onde o debate e o conflito de opiniões cedem suas posições à violência.

Onde alicerçar conceitualmente essa posição, ao mesmo tempo de força e fraqueza, de recusa ao debate? Afinal, ao se impor o silêncio ao outro, fecha--se a porta à política, já que nem o monólogo detém poder de convencimento se permanecer falando sozinho.

Em vários de seus escritos, a pensadora Hannah Arendt enfrentou a questão da imposição ao silêncio ao afirmar que "somente a pura violência é muda, e por este motivo a violência, por si só, jamais pode ter grandeza". Talvez essa frase, se lida pelos que pretenderam conceder a dimensão da grandeza ao

12

governo instalado após o golpe de 1964 e conceder aos que dele participaram e aos que o apoiaram a dimensão da vitória sobre o inimigo temível, ajudasse a compreender que qualquer forma de governo que recorra à imposição do silêncio, por atos discricionários e pelo fantasma da repressão, nunca poderá aspirar a essa dimensão. A vitória só pode ser compreendida pela dimensão da derrota política que, esta sim, fica, permanece, finca sua poderosa imagem na memória social, resiste às explicações, continua viva nesse início do século XXI.

Quando Hannah Arendt expressou em palavras o impacto mudo da violência sobre populações inteiras e, por vezes, sobre minorias, parcelas específicas dos habitantes de um país consideradas um perigo iminente ou doença social a ser removida, ela retomou um dos aspectos do acontecimento que marca a entrada na era contemporânea: a revolução de 1789 na França. Mostrou que esse acontecimento libertador carregara em si uma força terrível, a de em determinado momento impedir a livre expressão política, a liberdade que fora o estímulo primeiro a sua eclosão. Negação da política? Sim e não, já que a imposição da ideia única pelo regime do terror tinha seus começos no pensamento político. A figura do inimigo interno constituía situação já prevista por Rousseau em seu *Contrato social*. Poderíamos dizer, então, que a própria reflexão política engendrada no meio rarefeito de livre expressão do Antigo Regime poderia conter a supressão do debate em nome da liberdade?

Segundo Arendt, isso significou abdicar da liberdade nos anos do terror, já que para ela, a *polis*, o primeiro dos corpos políticos, fora necessariamente loquaz. Afinal, diz ela, "o ser político, o viver numa *polis*, significava que tudo era decidido mediante palavras e persuasão, e não através de força e violência". Advertia a autora que, diferentemente do poder, a violência é muda, e começa exatamente onde a palavra é calada. O que suas reflexões podem ensinar para nós que vivemos intensamente boa parte do século XX, se entre nós e esses gregos da Era clássica de Atenas se interpõe um largo espaço de tempo? Nada mais errôneo do que tentar trazer de modo mecânico a experiência da *polis* para aplicá-la como modelo explicativo dos tempos atuais. Mas a convicção quanto à força da palavra e de sua importância para uma sociedade baseada no Estado do direito reapareceu formulada em novos termos por John Locke, no final do século XVII ao definir a política como domínio do debate entre opiniões e posições diferentes, até contrárias. Eliminar a possibilidade da diversidade implica pois emudecer a política, tarefa impossível na longa duração, já que significa eliminar esse viver entre nós, esse campo de disputas, espaço da palavra e do debate, previsto e condição *sine qua non* da moderna concepção de sociedade civil.

Sem chegar ao absurdo da imposição totalitária, a recente ditadura militar imposta ao Brasil durante vinte anos fez largo uso da censura, da proibição de vozes discordantes. Um discurso monolítico se autoautorizava a salvar a pátria; os meios usados para calar vozes discordantes expressavam o pavor pânico da voz do outro; a violência das armas, da tortura e da censura pretendeu emudecer os que discordavam da palavra única ou das ações cometidas em seu nome.

Assim, tratar de uma dessas facetas da manifestação do poder que aspira a ser único constitui tema aparentemente fácil se cairmos na armadilha de construir o contradiscurso da voz única, de fazer dos emudecidos vítimas indefesas. Armadilha que pode levar também a desconsiderar a evidência de que aqueles que não suportavam conviver com a diferença, não a aceitam nas análises sobre os procedimentos que adotaram para calar as vozes discordantes. Tema difícil e delicado se lembrarmos que a violência das armas esteve nos dois campos de batalha adversários, mas a da tortura e da censura foi monopólio do governo ditatorial. Silenciosa, pois restrita a lugares apartados da vista do público, a tortura calou muitos pela força, fez falar também pela presença física do censor nas redações de jornais, pela certeza da leitura prévia, da proibição de filmes, peças teatrais, formas de manifestação diversas postas todas sob suspeição. Violência insuportável considerada a desigualdade dos meios disponíveis entre os combatentes. Atingiu mesmo a terrível evidência de nos fazer refletir com Primo Levi "isto é um homem?", ao nos colocar diante da negação radical do outro, dramática em muitos de seus livros, e em de outros sobreviventes do Holocausto.

A violência é o tema deste livro. Ele trata da censura e de seu poder insidioso de negar a palavra, mas também de conquistar corações e mentes. De pessoas que se tornaram dóceis instrumentos do poder que não admitia nem a crítica nem, muito menos, a discordância. Tema difícil e delicado, que reabre feridas que nunca cicatrizarão de verdade, pois como bem disse Hannah Arendt, compreender não é perdoar. Compreender traz consigo a reconciliação com experiências vividas, mas é um processo sem fim. Reconciliar-se significa tornar aceitável viver onde esses acontecimentos foram possíveis, não carrega o perdão. O livro de Beatriz Kushnir pode até ser entendido com um acerto de contas, mas é sobretudo uma tentativa de desmistificar a ideia de que, em bloco, os jornalistas combateram o arbítrio. Compõe uma narrativa histórica fluida, sem deixar de estar imersa na pesquisa de documentos dos quais brotava a sentença "de ordem superior, fica proibido"; em negativas de antigos censores de conceder entrevistas, emudecidos agora exatamente quando a palavra é permitida; em depoimentos justificadores de atitudes de pessoas, no caso jornalistas que se tornaram colaboracionistas, se tornaram, na feliz expressão da autora, *cães de guarda.*

Um tema difícil, complexo, delicado, sensível, tratado com muito cuidado e clareza, resultado evidente da opção da autora por enfrentar uma questão que ainda provoca entre nós mal-estares, carrega interditos. Uma ousadia da historiadora, da pesquisadora que quis instigar os coniventes a falarem; alguém que aceitou o desafio de fazer do trabalho acadêmico uma obra de combate explícito. Um convite ao reconhecimento de um passado recente, primeiro passo para a certeza de que com situações de cerceamento de expressão e seus desdobramentos terríveis não queremos viver nunca mais e de que o campo da política, por mais conflituoso e imperfeito que seja, é a base de qualquer sociedade livre e democrática.

Stella Bresciani
fevereiro de 2004

Capa da revista *Pif-Paf*, de julho de 1964, com charge de Fortuna. O editor da publicação, que fechou em agosto desse mesmo ano, era Millôr Fernandes.

APRESENTAÇÃO
Sigilos e acordos, a pauta em questão

> A censura não é sempre, nem é em todos os
> lugares, um esforço constante para suprimir a
> liberdade de expressão. (...) Sua história é um
> registro de conflito e acomodação em um terreno
> sempre em mutação. Tem seus momentos
> de tragédia e de heroísmo, é claro, mas geralmente
> acontece em áreas nebulosas e obscuras, onde
> a ortodoxia se esbate em heresia e rascunhos
> fixam-se como textos impressos. Parte da história
> da censura leva à Bastilha ou ao Goulag, mas
> a maior parte pertence à zona crítica do controle
> cultural, onde o censor se torna colaborador
> do autor e o autor um cúmplice do censor.
> Precisamos explorar essa zona para entendê-la,
> e quando tivermos encontrado um caminho por
> entre essas brenhas, conseguiremos ter uma nova
> visão de eminentes monumentos como a
> Areopagitica e o Artigo Primeiro do Bill of Rights.[1]

Diversos cenários, imagens distorcidas de um tema

Nos primeiros dias de abril de 1975, esteve, por um breve período, nas bancas de jornal de todo o país o número 300 do *Pasquim*. Neste havia um editorial intitulado "Sem censura" e assinado por Millôr Fernandes, que notificava ao público leitor que, desde 24 de março daquele ano, o tabloide se encontrava livre da censura prévia. Após um telefonema do dr. Romão – o último dos quase trinta censores que intervieram no periódico em cinco anos –, os jornalistas souberam que "agora a responsabilidade é de vocês". Advertência semelhante recebeu o então secretário de redação de *O Estado de S. Paulo*, Oliveiros S. Ferreira, no início de janeiro daquele mesmo ano.

---

[1] Robert Darnton, "O significado cultural da censura: a França de 1789 e a Alemanha Oriental de 1989", *Revista Brasileira de Ciências Sociais*, nº 18, p. 17, 1992.

Eles ficaram do AI-5, em 13/12/1968, até o dia 3/1/1975, um dia antes do centenário do jornal. No dia 3, o chefe deles telefona e diz:

– Oliveiros, hoje nós não vamos aí.

Eu disse:

– Mas, então, quem responde pelo jornal?

– Ah, isso é problema seu. Até logo.

E daí não vieram mais.[2]

Um ano antes da comunicação do dr. Romão, em 4/5/1974, outro jornalista do *Pasquim*, Ziraldo, remeteu uma correspondência ao novo ministro da Justiça do governo do general presidente Ernesto Geisel (1974-1979), Armando Falcão. Fazia um pedido: a volta da censura ao jornal para o Rio. Isso porque havia seis meses que esta era feita em Brasília, em represália às "atitudes desobedientes" do *Pasquim*. Ao fim da carta, além da assinatura de Ziraldo, havia um desenho: a mão de uma pessoa que se afogava e a palavra *help*[3].

Para compreender esse pedido desesperado de Ziraldo, é importante mencionar que o expediente censório naquele instante seguia alguns passos como: terminar o exemplar, enviá-lo à capital federal, aguardar os cortes e refazer o número. Esse trâmite estava "matando", pouco a pouco, *O Pasquim* e outros. Essa *morte* era primeiro econômica, porque não havia anunciantes e disponibilidade de caixa que resistissem a um jornal perseguido, cheio de cortes que lhe tiravam o sentido das matérias e "velho", já que muito da atualidade era comprometida pelo cumprimento da burocracia censória.

Isso posto, vale destacar também que esses episódios de interdito expõem a figura do "dr. Romão", que provavelmente era Hélio Romão Damaso Segundo, chefe do Serviço de Informação do Gabinete (Sigab)*, órgão não encontrado

---

[2] O jornalista e ex-diretor de *O Estado de S. Paulo*, professor da USP, Oliveiros S. Ferreira, faria uma palestra/depoimento intitulada "*O Estado de S. Paulo* e a censura durante o regime militar", no módulo 2 ("Minorias silenciadas"), coordenado pela professora Maria Luiza Tucci Carneiro, do simpósio Direitos Humanos no Limiar do Século XXI. Devido ao seu impedimento, fui convidada a entrevistá-lo e, assim, registrar seu depoimento. O professor Oliveiros me recebeu em sua sala no Estadão em duas oportunidades, nos dias 17/6 e 30/9 de 1997, e as quatro horas de gravação encontram-se publicadas no livro organizado por Maria Luiza Tucci Carneiro, *Minorias silenciadas: história da censura no Brasil* (São Paulo, Edusp, 2002), p. 587-603. Ao se aposentar do jornal, após 47 anos de trabalho, Oliveiros rememorou os períodos de censura e se despediu em um lindo artigo intitulado "Despedida" (*O Estado de S. Paulo*, 4/7/1999).

[3] Processo nº 54.331, Secom/MJ. Fundo DSI/MJ, AN/RJ. Ao localizar essa carta e por ser um documento cuja classificação o impedia de ser liberado ainda em fins dos anos 1990, o Arquivo Nacional me sugeriu que entrasse em contato com Ziraldo para obter dele a permissão de cópia. A autorização foi dada, mas meu pedido de entrevista jamais foi aceito.

* O leitor dispõe, no Anexo, de uma lista completa das siglas empregadas neste livro.

na estrutura federal, mas que, subordinado diretamente ao ministro da Justiça, realizou a censura à imprensa escrita durante a ditadura civil-militar pós-1964.

Retomando o editorial de Millôr no nº 300 do *Pasquim*, que foi discutido – no sentido de polemizar e instaurar a discórdia – pela redação, esse chamava a atenção para o conceito de *responsabilidade*, sobre o qual o censor advertia ao "devolver" aos jornalistas o controle do que saía impresso. Para o chargista, esse rompimento repentino do pacto da censura embutia a noção de que deixar de intervir era uma concessão, um presente, que deveria ser pago "com responsabilidade". E sua aceitação era sinônimo de gratidão e cumprimento de um acordo "velado", *ma non troppo*.

Em uma relação paternal e tutelar de cunho autoritário, esse "ser responsável", para o dr. Romão, remetia à compreensão e apreensão de um saber: o que se podia publicar. Assim, essa "liberdade concedida" vinculava-se a um teste: será que os anos de censura prévia vividos até então formaram, nas redações, jornalistas adestrados e, portanto, autocensurados?

No interior do *Pasquim,* o episódio gerou um embate entre as posições de Millôr, do dr. Romão e do restante da redação. Para os grupos de interesse que o chefe do Sigab representava, o ato censório, naquele momento e apenas em alguns jornais, não mais precisava da figura presente do censor. Censurar já deveria, de tal modo, ser uma demanda introjetada, permanecendo dentro da cabeça dos "homens de jornal". Enquanto, para Millôr, a responsabilidade pelo texto impresso que chega às bancas, objurgado ou não, rasurado a caneta vermelha pelo dono do tabloide ou pelo censor do Estado, era sempre da equipe de redação. Por isso o chargista terminou o editorial afirmando que "sem censura não quer dizer com liberdade".

No desenrolar dos acontecimentos, o exemplar de número 300 foi apreendido nas bancas por determinação da Censura Federal. Millôr Fernandes deixou *O Pasquim* e, como sublinha Bernardo Kucinski, "(...) com o fim da censura prévia encerrava-se o ciclo resistente do *Pasquim* e nascia uma outra fase, a do jornal politicamente calculista e promotor de campanhas políticas, personificada por Ziraldo"[4].

Quase três décadas separam esse episódio das recentes reflexões do coronel Jarbas Passarinho* – que ocupou os mais variados cargos no primeiro escalão de governos não só durante o regime civil-militar pós-1964 como também depois

---

[4] Bernardo Kucinski, *Jornalistas e revolucionários nos tempos da imprensa alternativa* (São Paulo, Scritta, 1991), p. 171.

* No Anexo, o leitor também encontra uma espécie de glossário, com comentários e esclarecimentos sobre pessoas, siglas, órgãos e movimentos referidos ao longo do texto.

deste. Tanto na análise de Passarinho como na de Millôr, a noção de *responsabilidade* continua presente. Para o ex-ministro, os "vencedores" de 1964 perderam a batalha da mídia e atualmente recebem da narrativa jornalística uma imagem que não condiz com esse, segundo ele, triunfo. Para exprimir sua consternação e desapontamento, publicou em *O Estado de S. Paulo* um artigo de meia página intitulado "Crítica e autocrítica". Sua reflexão busca apreender a representação atual dos executores do golpe de 1964. Assim, afirma que

> (...) é incontestável que as diversas facções em que se dividiram os comunistas na luta armada, entre 1965 e 1975, foram fragorosamente derrotadas pelas forças da contrainsurreição, que contaram com o apoio popular. Mas igualmente é incontestável que os vitoriosos perderam não menos fragorosamente a batalha da comunicação após a luta.
> (...) Por que perdemos progressivamente importantes aliados ao longo do tempo necessário para eliminar a atividade da guerra revolucionária, combater a corrupção e retomar o desenvolvimento?
> (...) Perdemos o momento adequado para devolver (o governo) a um civil, em absoluta segurança. Durou demasiadamente a transição e acabou se dando com aparência de rendição.[5]

Nesse seu desabafo, Jarbas Passarinho aproxima-se de pontos importantes, preocupando-se com a narrativa construída no presente, que, para ele, desvirtua aquela realidade. Por esse raciocínio, as imagens estão desfocadas. Partindo desse desencontro de visões, Passarinho no último parágrafo de "Crítica e autocrítica", faz afirmações que este estudo pretendeu rever. O coronel declara que a imprensa esteve livre até o Ato Institucional nº 5 (AI-5), de 13/12/1968, e que a desconstrução da vitória "dos revolucionários" veio logo depois da instalação desse instrumento de terror e de suas consequências. Nesse sentido, para o ex--ministro, a

> (...) imposição da censura, imperativo reclamado pela segurança do Estado numa guerra civil não declarada [e] feita, aliás, por censores amadores e por vezes desastrados [, trouxe uma] consequência [que] não podia ser outra. Importantes órgãos da mídia, que antes exigiram dos militares a deposição de João Goulart, romperam com os governos empenhados em vencer as guerrilhas e o terrorismo.[6]

Na seara dos usos das mídias da época, vale lembrar que os editoriais do jornal carioca *Correio da Manhã*, por exemplo, dos dias 31 de março e 1º de abril de 1964, apresentavam os títulos de "Basta" e "Fora" e exigiam reformulações no

---

[5] Publicado em 17/7/2001, p. 2. Agradeço a Stella Bresciani, que me chamou a atenção para esse artigo.

[6] Ibidem.

centro do poder[7]. É importante ressaltar também que a coluna de Carlos Heitor Cony, "Da arte de falar mal", do mesmo diário, a partir de 2 de abril, foi uma valiosa tribuna contra o golpe. A primeira crônica política publicada chamava--se "A salvação da pátria" e deflagrou uma série de corajosas críticas ao golpe[8]. Na esteira desses protestos, foi somente nesse espaço que se noticiou, em 1966, uma carta – disfarçada de matéria paga – do jurista Sobral Pinto ao ministro da Justiça do governo do general Emílio G. Médici (1969-74), Gama e Silva, em que protestava contra a cassação do ex-presidente Juscelino Kubitschek[9].

Retomando as "queixas" de Jarbas Passarinho, conclui-se que certamente o ex-ministro se encontra preso às suas impressões daquele momento. Não é verdade que a imprensa esteve livre até o AI-5, e Millôr Fernandes protagoniza outro episódio que desfaz os *castelos* do coronel. Na biografia do chargista, consta que, no ano de 1964, ele preparava o lançamento da revista *Pif-Paf,* que nasceu no magazine *O Cruzeiro*, no qual Millôr elaborou uma seção com essa denominação em que assinava com o pseudônimo de *Emmanuel Vão Gôgo*. Compartilhada por dezoito anos com o lendário Péricles Maranhão, criador do "Amigo da onça", a coluna foi definida como "uma 'elaborada combinação de grafismos malcomportados e tiradas demolidoras' [, onde] o cético Millôr levou a sério suas máximas 'livre pensar é só pensar' e 'divagar e sempre'"[10]. Analisando a trajetória meteórica da revista, o chargista faz ironia ao ressaltar que,

> (...) em 1979, o serviço de informações do exército consideraria oficialmente como o início da imprensa alternativa no Brasil. Ainda bem, porque fecharam o jornal no oitavo número e eu fiquei devendo 21.000 cruzeiros. Meu valor na praça, então, era mais ou menos 500 cruzeiros mensais.[11]

---

[7] Parte do editorial "Fora", publicado em 1º/4/1964, dizia: "A Nação não mais suporta a permanência do Sr. João Goulart à frente do Governo. (...) Só há uma saída a dizer ao Sr. João Goulart: saia".

[8] A reunião deste material está em Carlos Heitor Cony, *O ato e o fato (crônicas políticas)* (Rio de Janeiro, Civilização Brasileira, 1979). Uma reflexão sobre o seu significado e outras questões acerca desse autor, está em Beatriz Kushnir, "Depor as armas – a travessia de Cony e a censura no partidão", em Daniel Aarão Reis Filho (Org.), *Intelectuais, história e política (séculos XIX e XX)* (Rio de Janeiro, Sette Letras, 2000).

[9] Secretaria Especial de Comunicação Social da Prefeitura da Cidade do Rio de Janeiro, *Correio da Manhã: compromisso com a verdade* (Rio de Janeiro, Imprensa Oficial da Cidade, 2001), p. 34. (Cadernos da Comunicação, Série Memória, nº 1).

Juscelino Kubitschek teve sua biografia escrita por Cony, na década de 1980, *JK, memorial do exílio* (Rio de Janeiro, Bloch Editores, 1982) e outra editada em 2002 sob o título de *JK: como nasce uma estrela* (Rio de Janeiro, Record, 2002).

[10] Acerca da *Pif-Paf,* ver *A Revista no Brasil* (São Paulo, Abril, 2000), p. 221.

[11] Disponível em: <http://www.uol.com.br/millor/biografia/biografia.htm>.

22

Por esse panorama, percebe-se que essa "liberdade toda" expressa pelo ex-ministro não impediu que publicações como a *Pif-Paf* fechassem meses depois do golpe civil-militar de 1964, mesmo tendo colaboradores como Sérgio Porto, o Stanislaw Ponte Preta, Ziraldo, Jaguar e Fortuna e vendendo 40 mil exemplares por edição. Na *charge* que Fortuna fez para o penúltimo número da revista, em julho de 1964 (e que abre esta "Apresentação"), vê-se um general fardado que usa sua espada para apontar um lápis. Na edição seguinte, a última, Millôr profetiza

> (...) quem avisa amigo é: se o governo continuar deixando que certos jornalistas falem em eleições; se o governo continuar deixando que certos jornais façam restrições à sua política financeira; se o governo continuar deixando que alguns políticos teimem em manter suas candidaturas; se o governo continuar deixando que algumas pessoas pensem por suas próprias cabeças; e, sobretudo, se o governo continuar deixando que circule esta revista, com toda a sua irreverência e crítica, dentro em breve estaremos caindo numa democracia.[12]

A *Pif-Paf* foi editada por um curto período e só depois de quase cinco anos parte dessa turma de jornalistas e cartunistas se reuniria novamente. Seis meses após ser *baixado* o AI-5, em 26/6/1969, publicou-se o primeiro exemplar do *Pasquim*. Nascido irreverente em tempos de arbítrio, era formado por uma "patota" – para usar uma gíria da época – que circulava pela boêmia ipanemense. Frequentadores do restaurante Jangadeiro e do píer de Ipanema, esses rapazes, muitos dos quais mineiros, seguramente teriam dado destaque, no tabloide, para a passeata que invadiu a praça da Cinelândia e as escadarias do Teatro Municipal, no centro do Rio, em 12/2/1968.

Novamente demonstrando que o coronel Passarinho estava equivocado quanto à sua definição de liberdade pré-AI-5, a atriz Maria Fernanda foi impedida pelo chefe de Censura do Departamento de Polícia Federal (DPF)*, Manuel de Sousa Felipe Leão Neto, de encenar, em Brasília, *Um bonde chamado desejo*, de Tennessee Williams – uma remontagem, com direção de Flavio Rangel, em turnê desde 1962 e que acabara de ser apresentada no conservador estado de Minas Gerais. No contexto dessa proibição, o *Correio da Manhã* comentou, felinamente:

> A peça [*Um bonde chamado desejo*] ofendeu as sensibilidades de um censor, que exigiu o corte das palavras "gorila", "vaca" e "galinha". O censor chama-se Leão. Talvez julga-se, portanto, o rei dos animais, com o direito de vetar alguns de seus súditos.

---

[12] Ver *A Revista no Brasil*, op. cit., p. 227.

Diante desse episódio, podem-se abordar outros conceitos, ao meu juízo, erroneamente percebidos pelo coronel. Além das fronteiras da liberdade, de cujos limites divergimos, o ex-ministro também reforça uma ideia corrente – a incapacidade dos censores de executar suas tarefas. Nas ponderações aqui desenvolvidas, procuro desconstruir esse olhar, demonstrando, nas várias gerações de censores, um reflexo do caldo social de que faziam parte e que, em última instância, compõe a sociedade brasileira.

Os censores eram, portanto, a expressão de uma parcela da comunidade que os queria, e possuíam uma formação cultural semelhante à de muitos outros brasileiros. Nesse sentido, o governo que os empregava definia as exigências relativas ao seu perfil. Nem sempre as demandas do Estado quanto ao trabalho por eles executado confluíam com as de outros estratos dessa mesma sociedade. No âmago desse desencontro, a imagem do censor incapaz fortaleceu-se ante o absurdo, para quem preza a liberdade de expressão, das ordens que cumpriam. Esses funcionários públicos foram sempre executores de medidas, nunca os seus formuladores. Verdadeiros *cães de guarda*, durante a vigência de censura prévia, ligavam para as redações dos jornais de todo o país para instruir o coibido. Iniciavam afirmando: "De ordem superior, fica proibido...".

Um exemplo desse choque pode ser observado no interdito à encenação de *Um bonde chamado desejo*. O episódio gerou uma comoção nas classes artísticas carioca e paulista, que demonstraram sua insatisfação quanto às intervenções da censura em fevereiro de 1968. Isso porque, para realizar qualquer espetáculo – cinema, teatro, baile de carnaval, shows (eróticos ou não), concertos de música etc. –, era necessário receber o aval do Serviço de Censura a respeito do horário a ser exibido e a faixa etária a que se destinava. Para tal, era preciso realizar uma sessão ou um ensaio exclusivamente para que os censores definissem os cortes. Uma vez aprovado o texto, não se podia nele enxertar *cacos* ou fazer qualquer alteração. Essa medida, entretanto, não foi inaugurada nesse momento e perpassou a prática censória no período republicano.

Na conjuntura de *Um bonde...*, depois da indicação da Censura de que deveriam ser retirados os palavrões e do seu não cumprimento e por se sentir desacatado em sua autoridade, o censor proibiu Maria Fernanda de atuar por trinta dias. Essa determinação ocorreu em uma sexta-feira, dia 9. No domingo, dia 11/2/1968, o *Jornal do Brasil* divulgou, no primeiro caderno, uma reportagem sobre a interdição que sofrera a atriz e, no Caderno B, uma entrevista com Maria Fernanda. No dia seguinte, uma "comissão de intelectuais do Rio e de São Paulo" foi "recebida pelo ministro [da Justiça do governo

24

Médici], Gama e Silva". Paralelamente a isso, um movimento de protesto contra a Censura, iniciado no domingo, deflagrou uma greve de 72 horas, que tomou a Cinelândia.

Essa reação ao arbítrio censório foi retratada pelo *Jornal do Brasil*, que noticiou que o "povo recebeu com simpatia o movimento dos artistas, não se negando a assinar as listas de solidariedade que eles fazem circular". Nos dias seguintes, o episódio continuava sendo comentado. A matéria de página inteira do Caderno B, do *JB* de terça-feira, dia 13, com o título "Contra a censura, pela cultura", narrava:

> (...) a escadaria do Teatro Municipal, ao meio-dia, é o pior lugar do mundo para uma manifestação de protesto. O sol queima os miolos dos manifestantes.
> (...) É ali que os artistas, desde ontem e até hoje à meia-noite, estão fazendo sua greve rápida, porém heroica.
> (...) Eles lutam contra a intolerância da Censura oficial. Todo dia um pateta qualquer enfia a sua pata numa peça de teatro e corta as frases que lhe parecem atentatórias à moral, aos bons costumes e [à] democracia.[13] (...) A Patetolândia não dorme em serviço.
> Ultimamente esses senhores proibiram a encenação de uma peça chamada *Senhora da Boca do Lixo*, escrita pelo dramaturgo Jorge Andrade, de São Paulo, e que esteve 300 noites em cartaz em um teatro de Lisboa. Dizem que o Dr. Oliveira Salazar tem estado excepcionalmente feliz graças a este raciocínio: "Agora, quando os brasileiros disserem que Portugal é uma ditadura, responderei, ditadura é a vossa, pá! Em Lisboa não tem disso não!".
> Os patetocratas, no início, criam melífluos, depois se tornam sombrios e, finalmente, alcançaram o grotesco. Proibiram em Brasília a encenação de *Um bonde chamado desejo*, [...] recentemente aplaudido pela Tradicional Família Mineira. Isto é que dá raiva: a Censura oficial tem obrigação de se conduzir com o mínimo de lógica.[14]

A intolerância e uma busca por nexo foram sempre os sentimentos aglutinadores dos que procuraram compreender a atuação do Serviço da Censura. Nessa direção, durante as explicações do governo sobre o episódio que envolveu a atriz Maria Fernanda, por exemplo, travou-se uma série de debates, que

---

[13] Veja bem, o jornalista, em 13/2/1968 refere-se ao que se vive no Brasil naquele momento como um estado democrático.

[14] "Teatro na contramão da Censura", *Jornal do Brasil*, 13/2/1968. No caderno de imagens que compõe este livro, há algumas reproduções das fotos desse episódio. Entre elas, a imagem de cinco atrizes – Tônia Carrero, Eva Wilma, Odete Lara, Norma Benguell e Cacilda Becker – em marcha. Nessa mesma matéria, constata-se que também Paulo Autran, Walmor Chagas, Maria Pompeu, Joana Fomm, Marieta Severo, Leina Crespi, Oduvaldo Vianna Filho, Teresa Raquel e muitos outros fizeram parte do ato.

também nortearam as preocupações desta análise. Naquele momento, o chefe da Censura, Souza Leão, ponderou que existia uma caduquice da legislação censória, já que os decretos que sustentavam as decisões eram do período anterior à criação do DPF – órgão instituído em 1964 pela Lei nº 4.483 e que substituía o Departamento Federal de Segurança Pública. Esse quadro se agravou durante o período de transferência da capital para Brasília e de reestruturação das instituições federais e, mais tarde, na tensão entre as instruções da Constituição de 1967 e as leis ainda em vigência.

Esse emaranhado jurídico construía uma demanda: compreender o "lugar da Censura". Para tanto, arrolei boa parte da legislação que a delimitou no período republicano. Isso porque tornar o interdito um ato legal foi uma ação constantemente suprida pelos legisladores do antes e do pós-1964. Assim, decretos e leis eram elaborados e estabeleciam jurisprudência para atitudes impróprias – para não empregar o termo "ilegais". Tal prática, no mínimo, permite-nos refletir. E foi tal viés que busquei traçar.

Se por um lado a passagem que envolveu *Um bonde...* proporcionou que essas questões legislativas viessem à tona, por outro os jornais aproveitaram também para noticiar a interdição do filme *A chinesa*, de Jean-Luc Godard. Ou seja, os impedimentos continuavam a se tornar notícias e a ganhar manchetes. Nesse sentido, a *notícia* remete não somente ao fato em si, mas principalmente ao relato que se constrói acerca do acontecido. *Ganhar* as páginas é fazê-lo público. A função de sua difusão presta um serviço. Mas a narrativa de um *fato jornalístico* tem a dimensão de uma seleção do que e de como contar.

No outro polo, a perseguição dessas proibições, constata-se, quase vinte anos depois, em 1984, o embargo a outro filme de Jean-Luc Godard – *Je vous salue, Marie* –, que geraria protestos calorosos, a demissão do ministro da Justiça e a exposição da permanência de atos censórios em um período de suposta redemocratização. No corpo deste estudo, optei por refletir apenas sobre o caso de dois filmes censurados entre 1964 e 1984: *Je vous salue, Marie*, de Godard e *Pra frente, Brasil*, de Roberto Farias. Os bastidores dos vetos às suas exibições permitem delinear a relação entre a censura, o governo e a Igreja, o que me pareceu mais indicado[15].

---

[15] O jornalista Inimá Simões debruçou-se, em *Roteiro da intolerância: a censura cinematográfica no Brasil* (São Paulo, Editora Senac/Terceiro Nome, 1999), sobre centenas de caixas com milhares de pareceres dos censores para interdição de filmes. Um trabalho exaustivo, o livro tem o mérito de mapear o universo e trazer à tona o nome dos censores e o pitoresco de cada evento. O volume de material, a meu ver, merece uma pesquisa transversal, ainda por ser feita.

26

No desenrolar de acontecimentos que se sucederam ao episódio da peça de Tennessee Williams e em resposta à audiência com os intelectuais, o ministro Gama e Silva declarou – e o *JB* publicou na primeira página – que a "Censura só funcionará de agora em diante para arbitrar a impropriedade das peças, nunca para interditá-las". Mas o coronel Florimar Campelo, diretor do DPF, notificou ao general Silvio Correia de Andrade, superintendente do DPF em São Paulo, em reunião com artistas, que "a censura continuará em defesa dos princípios morais e culturais de nossa sociedade"[16].

Nesse sentido, reformular o Serviço de Censura e atualizar a legislação vigente foi sempre uma preocupação, o que não quer dizer que este, ao ser transformado, deixou o campo das intenções. No esteio dessas metas, o ministro Gama e Silva realmente editou, em 1968, uma lei censória, a de nº 5.536. O seu instrumento mais "ousado", a criação do Conselho Superior de Censura (CSC), entretanto, levou onze anos para sair do papel.

Para o coronel Jarbas Passarinho, quase 25 anos depois dessas manifestações que tomaram a Cinelândia, há um alto custo pago pelo Estado

> (...) quando agredido por revolucionários. Se restringe a liberdade, torna-se autoritário. Os liberais viram inimigos também. (...) A luta armada, nesse sentido, foi útil aos comunistas. O impasse levou à perda de duas poderosas alianças: a imprensa, pelo imperativo da guerra civil, que obriga à censura das informações, e a Igreja, pela infiltração marxista auxiliada por nossos erros. O brasilianista Thomas Skidmore, no começo dos anos de 1970, diria ao *Estado* que "o Brasil só duas resistências viu ao regime: a Igreja e as universidades". Enganou-se ao não acrescentar a imprensa, ferida pela censura e infiltrada nas redações pela esquerda.[17]

O questionamento de Passarinho quanto ao papel da imprensa nesse momento é um dos eixos centrais desta reflexão. Tendo todos esses pequenos *flashes* em mente, este estudo focaliza uma relação: a dos jornalistas com os censores, tendo como pano de fundo o Brasil de 1968 a 1988. Nem ratificando totalmente a análise de Skidmore, nem a de Jarbas Passarinho, muito pelo contrário, o objetivo é iluminar um território sombrio e desconfortável: a existência de jornalistas que foram censores federais e também policiais enquanto exerciam a função de jornalistas nas redações. Escrevendo nos jornais ou riscando o que não poderia ser dito ou impresso, colaboraram com o sistema autoritário implementado naquele período. Assim como nem todas

---

[16] *Jornal do Brasil*, 14/2/1968, p. 15.
[17] "Crítica e autocrítica", *O Estado de S. Paulo*, 17/7/2001.

as redações eram de esquerda, nem todos os jornalistas fizeram do ofício um ato de resistência ao arbítrio.

Gostaria, desse modo, de sublinhar que esta reflexão se debruçou sobre esse enfoque. Não estou aqui generalizando nem incluindo todos os jornalistas sob o manto do apoio ao arbítrio. Mas foram os jornalistas que apoiaram o ponto escolhido para analisar. Da mesma maneira que outras trajetórias, opostas a estas aqui tratadas, já foram localizadas e estudadas, esse outro olhar auxiliará, espero, a formar mais um aspecto deste quadro.

É essencial, portanto, esta ressalva: o eixo desta apreciação ancora-se em um território do qual participava apenas um pequeno grupo dirigente e de jornalistas nas redações. Nesse sentido, não quero dar a entender que a autocensura e o colaboracionismo tenham sido praticados pela maioria dos jornalistas, pois isso está longe da verdade. Muitos dos que "combateram" as práticas do Estado pós-1964 e pós-AI-5 ficaram desempregados, foram encarcerados e perseguidos. Muitos jornalistas igualmente desempenhavam uma militância de esquerda – de simpatizantes a engajados – e padeceram (muitas vezes com marcas na própria pele) por tais atitudes.

Não é meu propósito, entretanto, assentar em uma mesma casta os donos de jornais e os jornalistas de várias tendências. Não estou esquecendo a multiplicidade de papéis possíveis de desempenhar. Assim, o ponto de partida desta reflexão apreende a existência de jornalistas que colaboraram com o regime, de outros que resistiram e de outros ainda que lutaram contra ele. Tais ponderações também se aplicam aos seus patrões.

O que essa ponderação pretendeu foi revelar um dado oculto, que assim estava por força de um hábito ou pela expressão dos acordos de uma convenção. Revelar aqui tem o sentido de tirar um véu, não de "fazer uma revelação". A vontade foi examinar para desmistificar tanto a noção generalizante de que os jornalistas arguiram o arbítrio como também a percepção de que o censor é, antes de tudo, um bilontra. É importante enfatizar, por conseguinte, que não se quis delatar, denunciar pura e simplesmente, mas "fazer conhecer" uma outra faceta da narrativa histórica contemporânea que oculta personalidades menos "nobres".

Nesse sentido, Jarbas Passarinho tem uma pitada de razão: a batalha da comunicação se autoconferiu um contorno quase sempre positivo. Os que lutaram nesse lado do "campo de guerra" ergueram, como fruto de suas supostas vitórias, personagens envoltos na ideia de "heróis" que resitiram. O objetivo deste trabalho, portanto, é produzir um questionamento acerca dessa percepção. Entretanto, a esse desejo um mal-estar se instalou. O desconforto, mencionado

28

inclusive anteriormente, era tanto a surpresa pelo inusitado como o olhar de espanto dos outros quando eu pronunciava: estou estudando jornalistas colaboracionistas, *cães de guarda*!

Os pontos, uma outra perspectiva

> Foi a primeira vez que conheci
> um homem cuja profissão era mentir,
> a menos que contemos os jornalistas.[18]

O corte temporal deste estudo privilegiou o período do AI-5 à Constituição de 1988. Esses parâmetros, contudo, foram sempre muito fluidos. Recuei algumas vezes a março de 1964 por necessidades óbvias. E retrocedi mais ainda ao mapear a legislação censória no período republicano. Era importante perceber essa engrenagem no tempo, e, além disso, era impossível não fazer comparações, visualizando semelhanças e diferenças, entre a censura realizada pelo DIP, no Estado Novo (1937-45), e os instrumentos do pós-1964, como o Sigab. Esse volumoso conjunto de decretos e leis localizados e analisados possibilitou, espero, uma melhor percepção da estrutura da censura, suas permanências e rupturas.

Assim, os focos de análise se confluem em dois cenários e no diálogo que eles estabeleceram. Busquei arrolar, por um lado, os jornalistas de formação e atuação que *trocaram* as redações pela burocracia e fizeram parte, como técnicos de Censura, do DCDP – órgão vinculado ao DPF e subordinado ao Ministério da Justiça –, e, por outro, os policiais de carreira que atuaram como jornalistas, colaborando com o sistema repressivo e censor do pós-1964. Para encontrar exemplos dessa trajetória, redesenhou-se o percurso do jornal *Folha da Tarde*, do Grupo Folha da Manhã, de 1967 a 1984.

Ao deparar com essa intersecção, que reunia jornalistas e censores em um mesmo lado, unidos para resguardar um *modus operandi*, a imagem de *cães de guarda* para defini-los tornava-se cada vez mais adequada. Foi perto da conclusão do trabalho que encontrei o livro de Serge Halimi[19]. Ao apresentá-lo,

---

[18] Reflexão de George Orwell citada por Timothy Garton Ash no artigo "A permanência de George Orwell", *Folha de S.Paulo*, caderno Mais!, 8/7/2001. Ash a complementa dizendo que "o comentário mordaz é próprio de seu típico humor negro. Reflete, assim mesmo, sua indignação pelo modo como toda a imprensa britânica de esquerda estava falseando certos acontecimentos que ele havia visto com seus próprios olhos [, quando lutou na Guerra Civil espanhola, de 1936-39]".

[19] Escritor do *Le Monde Diplomatique* e professor da Universidade de Paris VII, autor de *Os novos cães de guarda* (Petrópolis, Vozes, 1998).

Emir Sader define-o como "(...) um ensaio sobre o poder e, portanto, sobre um universo de conivências". O sincronismo das ideias me fez manter o título escolhido.

Tendo como suporte as demandas anteriormente inventariadas, este livro estruturou-se da seguinte maneira: no primeiro capítulo, "Os donos do tempo: jornalistas e historiadores", estabeleço um balanço da produção acadêmica acerca da temática da censura. Ao ponderar as perspectivas de uma história do tempo presente, enfoquei a muitas vezes delicada relação entre esses *sujeitos das letras*.

Para decifrar as regras do interdito, mergulhei em quase um século de decretos e leis do período republicano brasileiro. A indagação buscava apreender o *lugar* da censura no organograma dos governos – isso porque há uma célebre divisão entre os censores: os que se veem como intelectuais e os que são policiais de carreira. Queria compreender a gênese dessa autoimagem, mas defrontei--me também com a compulsiva regulamentação para legalizar o coibido, que caracterizou também os governos pós-1964.

Partindo da noção de tripé legislativo, elaborada pelo jornalista Pompeu de Souza – primeiro presidente do CSC – no início da década de 1980, o segundo capítulo intitula-se "20.493/46, 5.536/68 e 1.077/70: os limites do que nos era permitido saber". Centrado principalmente, mas não exclusivamente, em uma fonte bastante áspera, a *Coleção de Leis do Brasil*, busquei tratá-la de um modo que, além de tornar a leitura menos rígida, também permitisse redesenhar o quadro.

Não só munida da justificativa jurídica que os censores expunham em seus pareceres mas também compreendendo a dinâmica do Serviço de Censura, pude me inclinar sobre as gerações deles e os visualizar no terceiro capítulo, "Máscara negra: censores e interdições. As trilhas da liberdade de expressão". Pretendi atentar para as diferenças e para as similaridades nos grupos que compuseram a instituição, o DCDP. O intuito era igualmente decifrar a lógica censória por dentro ou, pelo menos, indagar sobre sua existência. As trajetórias dos censores, por seus depoimentos ou por artigos de jornal, também foram fontes para definir alguns perfis. Vale destacar, contudo, que, dos onze censores entrevistados, apenas dois autorizaram a divulgação de seus nomes. Os demais são identificados por pseudônimos. Foi instigante, todavia, notar que, na busca por abarcar e delimitar o conjunto de censores, me surpreendi ao encontrar, no primeiro grupo deslocado para Brasília, dez jornalistas.

O quarto capítulo analisa a trajetória do jornal *Folha da Tarde* nos seus dois períodos: do retorno da circulação, em 1967, até o AI-5, e quando se torna um instrumento de apoio e propaganda do Estado autoritário. A reflexão que intitulei "O jornal de maior tiragem: a trajetória da *Folha da Tarde*. Dos jornalistas aos policiais" foi dividida em duas partes para contemplar esses diferentes instantes. Na seção sobre os jornalistas, investigo a redação que lá se encontrava em 1967, vinculada à cobertura dos movimentos políticos da época, da qual faziam parte militantes de esquerda – de simpatizantes a engajados. No item sobre *os policiais*, o foco é a mudança de contorno e de conteúdo dos que lá passaram a trabalhar, já que o jornal ficou conhecido como o *Diário Oficial da Oban*.

É necessário mencionar que cheguei à história da *Folha da Tarde* por um acaso. Na realidade, buscava uma entrevista com o delegado Romeu Tuma – que, ao ser convidado pelo presidente José Sarney (1985-90) para assumir a direção do DPF, rompeu a tradição de militares ocuparem o cargo máximo dessa instituição. Para tentar chegar ao delegado Tuma, contatei o seu assessor de imprensa, em São Paulo, mas não conseguia agendar um encontro. Ao entrevistar o jornalista Boris Casoy para compreender os reflexos da censura na redação da *Folha de S.Paulo*, mencionei a dificuldade de localizar o então senador da República Romeu Tuma. Casoy me explicou quem era o assessor de imprensa de Tuma e o significado da frase "o jornal de maior tiragem".

O espanto da revelação guiou a investigação. Se existiram censores ex--jornalistas, também houve *"tiras"* escrevendo em jornal. Esse é um estudo, portanto, que toca na questão da ética, mas centra-se na prática de um ofício, nas regras a serem seguidas e, sobretudo, nos seus momentos de rompimento da prática e da conduta.

Ao mencionar a temática da *ética*, é importante apontar igualmente que as empresas de comunicação vendem um serviço. Ao comprar o impresso, adquire--se uma informação. Nesse sentido, negocia-se com a veracidade de um relato. Assim, o que ocorreu na *Folha da Tarde* de 1969 a 1984 é algo muito relevante para refletir acerca das normas que regem esse "negócio".

Para que o corpo da análise ganhasse feições e contornos, elaborei alguns cadernos de imagens, que estão divididos por temática e periodicidade. Quatro outras imagens também foram selecionadas. A primeira é uma *charge* de Fortuna, que vislumbrava uma hipótese real. A segunda e a terceira são *charges* de Chico Caruso – uma homenageava a primeira fase da *Folha da Tarde*, em que ele e o irmão gêmeo Paulo "enganavam" seus colegas com sua semelhança, e a outra era uma alusão e um tributo aos que, como eu, foram contemporâneos das "Diretas Já" e, embalados pelo lirismo dos desenhos de Chico, experimentaram os primeiros passos de reocupação do espaço urbano para a contestação política.

Mergulhado nessa poética, o quarto capítulo abre-se com um desenho do fim do século XIX, no qual o jornalismo desponta de uma maneira feminina, ingênua e romântica. A intenção, quando foi escolhida essa figura, era reverenciar a utopia e o *romantismo revolucionário*, respeitando a sua distância cronológica do período tratado.

Gostaria de ressaltar, entretanto, que a pesquisa cotejou, além da documentação da DCDP, em depósito nas duas sedes do Arquivo Nacional – no Rio de Janeiro e em Brasília –, o material da Divisão de Segurança e Informação (DSI) do Ministério da Justiça, no AN/RJ[20]. Esse é o único acervo da DSI recuperado – material desse tipo existiu em todos os ministérios[21]. Em Brasília, tive acesso também ao arquivo da Academia Nacional de Polícia, responsável pelos cursos para os recém-empossados técnicos de Censura e também por seu procedimento de reciclagem.

Foi fundamental o acesso ao Banco de Dados da *Folha de S.Paulo* e ao Dedoc da Editora Abril, assim como aos arquivos pessoais da jornalista Ana Maria Machado (Rádio *JB*) e do também jornalista José Silveira (*Jornal do Brasil*). Na busca por vozes, realizei dezenove entrevistas com jornalistas que passaram pela *Folha da Tarde* e 26 outras com jornalistas que, de alguma forma, me ajudaram a montar o quadro das questões que perpassam este trabalho. Afora estes, conversei com o cineasta Roberto Farias, ex-presidente da Embrafilme e diretor de *Pra frente, Brasil*, e com a livreira Vanna Piraccinni, que me ajudou a compreender a censura aos livros importados. Entrevistei também onze censores – mulheres e homens de diversas faixas etárias, do Rio, de São Paulo e de Brasília, que entraram para o serviço em momentos diferentes entre 1950 e 1986 e que, ou já estão aposentados, ou ainda são funcionários do DPF.

Muito material levantado ficou de fora desta versão final, o que causou, durante todo o processo de escrita, uma frustração enorme. Permaneceu a

---

[20] A Divisão de Segurança e Informação era a versão civil dos órgãos de informação dos ministérios militares e existia em todos os outros de cunho livre. Foi instituída pelo Decreto nº 64.416, de 28 de abril de 1969, que também reorganizou o Ministério da Justiça. Tratava-se de uma assessoria de assistência direta de cada ministério, vinculado, portanto, ao gabinete do ministro. O único material encontrado de uma DSI foi o do Ministério da Justiça. Mas, como todas as DSIs e os demais órgãos de informação faziam circular seus documentos, tem-se uma gama de material do interior da "Comunidade de Informações".

[21] Dois outros trabalhos recentes também se debruçaram sobre essa fonte, o de Carlos Fico, *Como eles agiam. Os subterrâneos da ditadura militar: espionagem e polícia política* (Rio de Janeiro, Record, 2001) e o de Maurício Maia, *Henfil e a censura: o papel dos jornalistas* (São Paulo, dissertação de mestrado, ECA-USP, 1999).

vontade de elaborar um desdobramento deste trabalho que abarque só as entrevistas. Isso porque a quantidade de depoimentos de censores resultou em um número razoável e, além disso, muitas vezes tenho as duas pontas: o censor de um jornal e um jornalista do mesmo veículo. A autorização para divulgar o conteúdo do depoimento, entretanto, nem sempre foi uma ação possível e tranquila. Enfim, espero que a seleção de fontes aqui expostas e a estratégia montada contemplem os objetivos traçados e saciem o leitor, oferecendo-lhe uma reflexão que desvele revelando.

Charge de Chico Caruso, publicada no *Globo*, na qual o cartunista desenha o general Figueiredo e Tancredo Neves.

1

Os donos do tempo: jornalistas e historiadores

> Mas se isso não é outra história, como se costuma
> dizer, é uma história em que a memória
> começa a se aproximar do presente. E o presente,
> para um historiador, por mais que se diga
> o contrário, é sempre um terreno pantanoso.[1]

Do ser responsável às responsabilidades: invertendo imagens

As origens de uma sociedade baseada no autoritarismo e na exclusão dão a medida do peso e da extensão de uma cultura da censura – o esforço de delimitar o legal e o ilegal. Censurar, como uma política de Estado, tornou-se, portanto, a ação individual ou em grupo realizada por um censor – alguém designado pelo governo a pôr em prática o artifício censório – que, ao analisar obras de cunho artístico e/ou jornalístico, permite ou não a sua difusão.

No Estado brasileiro republicano, essa foi uma prática, um ato de fundação, que pode ser constatada nos trabalhos acerca da força e da ação da polícia no início da República, e explica-se como forma de impor um determinado contorno de cidadão ideal. Essas questões, além das da construção de uma identidade nacional e do perfil do seu cidadão, foram tratadas exaustivamente em diversos trabalhos elaborados nos anos 1980 e 1990 sobre a Primeira República.

A postura de vigiar e reprimir, nesse parâmetro, teve (e tem) a intenção de manter uma (imaginária) harmonia social. Tal atitude, implementada em certos períodos por governos brasileiros, entretanto, iniciou-se pelo menos oitenta anos antes desses estudos, com os primeiros decretos de estruturação de uma *polícia*

---

[1] Trabalho histórico-memorialístico da trajetória de imigração dos dois ramos de sua família – na Turquia moderna e no Leste Europeu – até chegarem à cidade de São Paulo, dos anos 1930 aos 1950. Essa meditação tem seu ponto final quando seu autor, Boris Fausto, se aproxima do tempo presente. Ao explicar sua parada, expõe o dilema e não mais se coloca como memorialista, mas, sim, retorna ao ofício de historiador. Ver Boris Fausto, *Negócios e ócios: história da imigração* (São Paulo, Companhia das Letras, 1997), p. 230.

política, que abrigava, então, os departamentos de investigação e repressão à vadiagem e aos "estrangeiros perigosos"[2]. Nesse sentido, por meio do binômio *ordem pública/segurança nacional* que regeu a *polícia política*, pode-se pensar a relação de quem dita o permitido. Assim, nos mecanismos de implementação de uma máquina de censura, vislumbra-se essa intricada mecânica – ora externa (como um pedido de setores da sociedade civil), ora interna – que é a delimitação, pelo Estado, do que é legal[3].

Arrazoar a ação de proibir e censurar, de negar ao outro o direito de acesso a determinados temas; vigiar pessoas, ditar normas de conduta, excluir palavras do vocabulário; forjar de maneira brutal uma nova realidade, essas são algumas das indagações centrais e das preocupações acerca das estratégias do interdito. Os atos censórios não estão, entretanto, circunscritos a determinados momentos, lugares ou formas de governo. Uma ponderação sobre o poder de veto, que pode ser executado pelo Estado e/ou por "simpatizantes civis" deste – funcionários do aparelho de governo ou não –, expõe algumas circunstâncias nas quais a radicalização de atitudes impera.

A investigação aqui desenvolvida deparou com diversos desses grupos de "simpatizantes" – uma gama de indivíduos ou entidades organizadas que exigiam desse Estado pós-1964 um maior rigor censório. Ao escolher trabalhar com o foco nos jornalistas e nos censores, constatei uma similaridade para além dos atos de colaboração. Muitos dos jornalistas selecionados tinham também uma atividade profissional ligada à Secretaria da Segurança Pública, e alguns dos censores, por outro lado, haviam sido jornalistas ou o jornalismo era a única atividade que podiam exercer concomitantemente com a função de técnico de Censura. Além desse traço, ao prestarem os concursos do DPF, tornavam-se policiais e passavam a exercer uma atividade camuflada com a chancela de *intelectual*.

Antes de adentrar o contraponto intelectual *versus* policial, que a atividade de censor federal exercida por jornalistas permite ponderar, gostaria de, mais uma vez, advertir sobre a necessidade de compreender qual é o norte desta pesquisa. O ponto central desta análise apreende um território de decisão

---

[2] Decreto nº 3.610, de 14/4/1900, que regula o Serviço Policial do Distrito Federal e o vincula exclusivamente às ordens do chefe de Polícia, de acordo com as instruções do Ministério da Justiça. Ver *Coleção de Leis do Brasil*, ano 1900, p. 440.

[3] Para uma narrativa da trajetória da polícia política na República, ver Beatriz Kushnir, "Era proibido proibir? O Dops, a censura e a imprensa clandestina no Brasil – do AI-5 à anistia", *Revista Discursos Sediciosos – crime, direito e sociedade*, Rio de Janeiro, Instituto Carioca de Criminologia, ano 2, nº 3, 1º semestre de 1997.

do qual participou um grupo seleto de jornalistas. De modo algum quero dar a entender que a maioria dos jornalistas tenha desmpenhado o papel de censor, pois isso não é verdade. Existiram jornalistas que colaboraram com o regime e outros que resistiram a ele e/ou combateram-no. Esta pesquisa, entretanto, embora não negligencie a resistência, buscou focar um outro lado da problemática. Não quis dizer que todos colaboraram, apenas quis mostrar que nem todos se opuseram.

Isso posto e retomando o contraponto intelectual *versus* policial, encaminho um dos braços da reflexão sobre o encontro desses "intelectuais a serviço do Estado" – *Earthly authority* ou *intelectocratas*[4] – e seus *itinerários políticos*[5]. É claro que suas funções não os faziam formuladores de políticas públicas, mas suas capacidades eram direcionadas para auxiliar uma estratégia de governo.

Nesse sentido, os termos *intelectocratas* e *intelligenti*[6] são apreendidos dentro do prisma de que intelectuais revolucionários, intelectuais ideólogos, críticos radicais – *intelligenti* – são regidos pela *ética da convicção*, enquanto intelectuais de Estado ou estatistas, experts – *intelectocratas* – existem sob o signo da responsabilidade, da execução de uma tarefa.

Nessa separação, construiu-se a noção de *sociedades ocidentais e orientais*[7] na qual *intelligentsia* vincula-se a um pensamento crítico, enquanto *intelectocracia* expressa uma tradição de valores conservadores de sociedades autoritárias e repressoras ancoradas também no poder do veto censório como forma de exprimir e demarcar a sua força.

Tendo como foco esses grupos de "intelectuais de Estado" e refletindo com base em uma percepção da pluralidade e da diversidade de *trajetórias e itinerários políticos*, Jean-François Sirinelli salienta que a observação e o cotejo dessas experiências permitem "(...) desenhar mapas mais precisos dos grandes eixos do engajamento dos intelectuais"[8]. Ampliando esse leque de possibilidades e

---

[4] Sobre as diferenças, relações e cumplicidades entre intelectuais revolucionários e "de Estado", ver Daniel Aarão Reis Filho, "Intelectuais e política nas fronteiras entre reforma e revolução", em Daniel A. Reis Filho (Org.), *Intelectuais, história e política (séculos XIX, XX)* (Rio de Janeiro, Sette Letras, 2000).

[5] Jean-François Sirinelli, "Os intelectuais", em René Rémond (Org.), *Por uma história política* (Rio de Janeiro, FGV, 1996).

[6] Ver Daniel A. Reis Filho (Org.), *Intelectuais, história e política (séculos XIX e XX)* (op. cit.), e Norberto Bobbio, *Intelectuais e poder* (São Paulo, Editora da Unesp, 1997).

[7] Antonio Gramsci, *Os intelectuais e a organização da cultura* (9ª ed., Rio de Janeiro, Civilização Brasileira, 1995).

[8] "Os intelectuais", op. cit., p. 245.

38

desprendendo-se de um caráter biográfico ou circunscrito aos "grandes intelectuais", Sirinelli nos convida a pensar a biografia destes, tendo como foco os estratos intermediários, trazendo à tona esses desconhecidos e suas influências no seu tempo vivido e nos instantes posteriores.

As *redes de convivência* e os *códigos de sociabilidade* no interior desses grupos de censores, jornalistas e policiais, representam, desse modo, uma clave para compreender os valores e as propostas constituídas nessas comunidades e sua sintonia com o panorama político. Mas o que certamente também está na intenção da análise é a noção de *responsabilidade* desses atores sociais diante das demandas da sua época. Difícil não desejar julgar atitudes que se consideram "menos nobres", e esses embates estão no centro das reflexões metodológicas sobre uma *história dos intelectuais*.

Nessa perspectiva, a possibilidade de fazer *essa narrativa* ancora-se na reavaliação e na reabilitação da *história política*, iniciada nos anos 1970, que a definiu não mais presa a uma descrição do fato em si, mas percebendo a dinâmica em que este se encontra. A seara do político é decifrada, a partir daí, como o espaço de articulação social e de representação. É percebida também como uma matriz simbólica em que a experiência coletiva se enraíza e se reflete em um território vivo, pulsante. Nessa dinâmica, redefine-se o espectro desse espaço, anteriormente compreendido como predeterminado[9].

Retrataram-se, assim, esses jornalistas/policiais e suas funções sociais, buscando os seus valores no diálogo entre as ideologias e ideias do grupo. Tais propósitos foram apreendidos como um dos reflexos das estruturas da cultura política de seu tempo. Foi na construção desse desenho que ancorei a possibilidade de, em vez de condená-los, *historicizar* sua experiência.

Nesse sentido, como sugere Serge Berstein, a inteligibilidade das sociedades perpassa pelo entendimento da transformação e da multiplicidade dos códigos simbólicos de uma cultura política, antes tida como uma instituição engessada na imutabilidade de um partido imperador. É nessa dinâmica mutante que se insere a clave de compreensão para a existência desse grupo de colaboradores[10].

Sob a capa do "resguardo à moral e aos bons costumes" ou defendendo questões de "interesse da nação", considero a censura sempre política. Atemporal, em cada instante, contudo, as peculiaridades ditam suas especificidades. Em um

---

[9] Pierre Rosanvallon, "Pour une histoire conceptuelle du politique", apud Marieta de M. Ferreira, "A nova 'Velha História': o retorno da história política", *Estudos Históricos*, Rio de Janeiro, CPDOC/FGV, nº 10, p. 265-71, 1992.

[10] Serge Berstein, "L'historien et la culture politiques", *Vingtième siècle, Revue d'histoire*, nº 35, 1992.

tempo de imposição e silêncio, informar-se apenas pelas notícias permitidas é, no mínimo, apreender uma imagem bastante equivocada do tempo vivido. Nesse sentido, a censura exercida pelo Estado autoritário aos meios de comunicação e às expressões culturais brasileiras no pós-1964, como uma temática, tem sido alvo de constantes apreciações tanto de jornalistas contemporâneos à época como das análises acadêmicas.

Grosso modo, os questionamentos acerca da repressão à informação, como sinônimo da expressão da força desse Estado autoritário sobre seus cidadãos, têm-se concentrado nas brechas para transpor, mesmo que minimamente, os muros que separam o permitido do proibido. As reflexões nesse campo têm-se debruçado mais fortemente sobre a resistência, sobre o burlar o "não dizer". Por esse raciocínio, criou-se um duelo em que o censor ou é um tirano, um algoz, ou é um incompetente, um despreparado intelectualmente para a função. Já o jornalista é descrito como o que realizava pequenos ou grandes atos (tidos como heroicos) de desafio a esse opressor. Nem tudo se explica só nesse jogo maniqueísta. Um dos intuitos desta reflexão é perceber uma atuação colabora-cionista, realizada na grande imprensa, ante a imposição autoritária.

Assim, o discurso da reação, no sentido de oposição ao ato censório, construiu uma visão, por vezes mítica, da resistência, na qual se encerra igualmente toda uma memória, pessoal e coletiva, do papel que se desempenhou nos *anos de chumbo*[11]. Corroborando essa imagem combativa, nada é tão lembrado como a publicação de *Os Lusíadas*, de Camões, nas páginas de *O Estado de S. Paulo*, ou das receitas culinárias, no outro jornal do grupo da família Mesquita, o *Jornal da Tarde*.

Tendo como painel a redação desses dois jornais paulistas, adentremos a véspera de um dia que acirraria as relações entre o Estado e a sociedade brasilei-ra. No contexto do dia 12/12/1968, uma quinta-feira, o diretor de redação do *Estadão*, Julio de Mesquita Filho, redigiu o posteriormente afamado editorial "Instituições em frangalhos", em resposta à confirmação de que a Câmara dos Deputados não concederia o pedido de licença para que o deputado Márcio Moreira Alves fosse processado sob a acusação de ter ofendido as Forças Ar-madas em um discurso. No seu texto, que seria publicado no dia seguinte, o jornalista enfatizava o impasse em que se encontrava o país: regido por quatro atos institucionais criados pelo regime civil-militar. Descreve também uma arena política de "tonalidades sombrias".

---

[11] Para uma análise que envereda por essa autoconstrução da resistência, ver Maria Aparecida de Aquino, *Censura, imprensa, Estado autoritário (1968-1978): o exercício cotidiano da dominação e da resistência*. O Estado de S. Paulo *e o Movimento* (Bauru, Edusc, 1999).

40

Ainda no dia 12/12/1968, no início da noite, como narrou o secretário de redação, Oliveiros S. Ferreira, ligaram da sede da Superintendência do DPF, em São Paulo. Os agentes pretendiam conhecer as manchetes da primeira página do dia seguinte. A censura, realizada por militares e a distância, já era uma rotina naqueles dias tensos que envolviam o destino do deputado Moreira Alves. Os títulos foram lidos ao telefone e, como nenhum deles incomodou o censor, a impressão do jornal continuou.

Horas mais tarde, porém, já na madrugada de sexta-feira, dia 13, o diretor da Superintendência do DPF na cidade, general da reserva Silvio Correia de Andrade, decidiu *visitar* as oficinas do jornal e ler os impressos. Passou em revista as manchetes e o editorial redigido por Julio de Mesquita Filho. Contrariado com o que estaria nas bancas ainda naquele dia, determinou a paralisação das máquinas e a apreensão dos exemplares prontos. Cerca de 106 mil jornais, no entanto, já haviam deixado a cidade, rumo ao interior de São Paulo[12].

Na noite daquele mesmo dia 13, escrito pelo ministro da Justiça, um professor egresso da Faculdade de Direito do Largo de São Francisco e considerado até então um liberal – Luís Antônio da Gama e Silva –, o AI-5 era decretado. Redigido por membros do Conselho de Segurança Nacional e sagrado em reunião no Palácio das Laranjeiras, no Rio, o Ato Institucional concentrava os poderes no Executivo e, suprimindo as garantias constitucionais à população civil, oficializou o golpe do golpe na ditadura civil-militar. O ministro Jarbas Passarinho, ao votar a sua aprovação, sentenciava que "(...) é ditatorial, mas às favas, senhor presidente, neste momento, todos os escrúpulos de consciência".

O tempo ficaria mais escuro, como apontou uma pequena nota no alto do canto esquerdo da primeira página do *Jornal do Brasil* no dia 14/12/1968. As *previsões* da meteorologia eram categóricas: "Tempo negro. Temperatura sufocante. O ar está irrespirável. O país está sendo varrido por fortes ventos. Máx.: 38° em Brasília. Mín.: 3° nas Laranjeiras".

Em decorrência desse processo de estrangulamento dos canais e instituições políticas, como sublinha Bernardo Kucinski, ocorreram diversas alterações nas principais redações do país. Muitos jornais e jornalistas foram afetados pelo AI-5, quando redações foram invadidas, depredadas ou fechadas pela polícia,

---

[12] Depoimento de Oliveiros S. Ferreira à autora em 17/6 e 30/9 de 1997. Ver Beatriz Kushnir, "Entrevista com Oliveiros Ferreira", em Maria Luiza Tucci Carneiro (Org.), *Minorias silenciadas: história da censura no Brasil*, op. cit., p. 587-603.

como ocorreu com a pioneira revista *Realidade*[13], cujos dirigentes, entre os quais Paulo Patarra, foram demitidos. Em outras empresas, como no grupo Folha da Manhã, Jorge Miranda Jordão e seus "jornalistas engajados" foram substituídos por Antônio Aggio[14]. Esses expurgos, na concepção de Gláucio Soares, foram percebidos por vários jornalistas demissionários como "(...) um sacrifício político visando aliviar a censura e as pressões econômicas; outros como uma solução para rivalidades pessoais e profissionais"[15].

Essa coação sobre os organismos de comunicação, que eram de cunho político e econômico, pode ser definida como *terrorismo cultural*. Por meio dessa tática, jornais foram depredados, bombas foram explodidas, houve invasão de editoras, gráficas foram destruídas, tiragens foram apreendidas[16]. Assim, utilizando-se da força bruta, os órgãos de segurança evidenciavam que a violência também seria empregada para impor à atividade cultural os limites desejados.

Tomando por exemplo o caso específico do *Correio da Manhã,* era notória certa fragilidade financeira advinda de má administração. A compressão do governo sobre o jornal, entretanto, inibia os anunciantes, o que só agravava sua situação. Além disso, o *Correio* perdeu a publicidade que o Estado fazia no jornal. Em 7/12/1968, uma bomba explodiu na agência da avenida Rio Branco, no centro do Rio, causando grandes prejuízos. Nos dias 13/12/1968 e 7/1/1969, vários diretores e administradores do jornal foram presos e a edição do dia 7/1 foi apreendida antes de ser totalmente impressa. Isso porque a manchete da primeira página anunciava: "Abolida a censura à imprensa".

Em decorrência das posições tomadas pelo jornal, a diretora-presidente, Niomar Moniz Sodré, teve seus direitos políticos cassados por dez anos. No dia 26/2/1969, a circulação do jornal foi proibida por cinco dias. Os problemas econômicos decorrentes também dessa pressão política levaram à demissão de metade da redação. Em 11/3/1969, o jornal pediu concordata preventiva a ser

---

[13] Alguns dos jornalistas desta revista mais tarde fundariam o *Bondinho* e o *Ex* e, como tantos outros profissionais, encontraram na imprensa alternativa uma possibilidade que a grande imprensa já não comportava.

[14] Bernardo Kucinski, *A síndrome da antena parabólica: ética no jornalismo brasileiro* (São Paulo, Fundação Perseu Abramo, 1998), p. 59.

[15] Gláucio A. D. Soares, "A censura durante o regime autoritário", *Revista Brasileira de Ciências Sociais,* vol. 4, nº 10, 1989.

[16] Alexandre Ayub Stephanou, *Censura no regime militar e militarização das artes* (Porto Alegre, EDIPUCRS, 2001), menciona os casos que envolvem o *Última Hora*, o *Correio da Manhã*, a Editora Vitória (ligada ao PCB) e a gráfica Lux (vinculada à Editora Civilização Brasileira), entre outros. Explorei em minha pesquisa o incêndio à livraria carioca Leonardo da Vinci com entrevista à livreira Vanna Piraccinni.

42

paga em dois anos. Arrendado pelo grupo Ecos, encabeçado pelo empreiteiro Mauricio Nunes de Alencar, o *Correio* circulou pela última vez em 8/6/1974, com uma edição de oito páginas e 3 mil exemplares. Estava longe de suas tiragens diárias de 200 mil exemplares. Dos mil funcionários que um dia possuiu, os 182 empregados que restaram, todos com salários atrasados, foram dispensados[17].

Outro exemplo de trajetória de jornal *versus* problemas com a censura pode ser encontrado no jornal *O Estado de S. Paulo*. A ação censória esteve no *Estadão* por mais de seis anos e, no discurso dos donos do jornal, as estratégias de preencher o espaço reprovado não com outras matérias, mas com os poemas e as receitas, eram tentativas de denunciar ao público leitor que o periódico estava sob censura prévia. Por ocasião dos trinta anos do AI-5, em 1998, muitos jornais realizaram séries de reportagens sobre a decretação do Ato Institucional e suas consequências. No *Estadão*, não foi diferente. Para ilustrar seus atos no período, relatou que, em "(...) 1973, estampou [no *Jornal da Tarde*] uma página inteira de Receitas do Alfredo's. O censor não percebeu que se tratava de uma ironia com o objeto da notícia que deveria ter saído naquele espaço, o ministro da Justiça, Alfredo Buzaid"[18].

Delimitando o alcance dessa estratégia, Oliveiros S. Ferreira lembrou que era frequente os leitores ligarem para o jornal queixando-se de que as receitas culinárias, publicadas muitas vezes na primeira página, não davam certo...[19] Para o censor Coriolano Loyola Cabral Fagundes, que atuou no *Estadão* na época, a tática de utilizar as receitas e os poemas era, na visão da censura, uma permissão ao jornal[20].

Nas regras desse jogo, contudo, o silêncio era a alma do acordo. Assim, a existência de censura prévia à imprensa era vista pelo regime como algo proibido de ser mencionado. Sendo de conhecimento notório de um público restrito, determinava um pacto mantido em segredo, mas não em total sigilo.

Nesse sentido, quando o general Silvio Correia de Andrade adentrou as oficinas do *Estadão*, às vésperas do AI-5, permanecendo o interdito censório nesse jornal até os primeiros dias de 1975, estava em curso o expediente de censura prévia na imprensa brasileira. Tal instrumento só seria regulamentado

---

[17] Sobre o Correio da Manhã, ver Jéferson Ribeiro de Andrade, *Um jornal assassinado: a última batalha do* Correio da Manhã (Rio de Janeiro, José Olympio, 1991); e Secretaria Especial de Comunicação Social da Prefeitura da Cidade do Rio de Janeiro, *Correio da Manhã: compromisso com a verdade*, op. cit.

[18] "A violência abateu-se sobre o 'Estado' na madrugada", *O Estado de S. Paulo*, 13/12/1998.

[19] Entrevista concedida à autora em 17/6 e 30/9 de 1997.

[20] Depoimento à autora em 18/8/1998.

em março de 1970 com o Decreto nº 1.077. O estabelecimento de censura prévia significava ter as matérias analisadas por um censor na própria redação ou envio do material ao DPF da cidade ou à sua sede, em Brasília. Esse mecanismo complicava muito a tarefa de publicar notícias atualizadas – alma e objetivo da imprensa.

Essa prática foi exercida em algumas redações entre 1968 e 1978. Ou seja, das vésperas do AI-5 ao processo de Anistia, de forma mais intensa, o que não significa que não tenha existido antes e que tenha deixado de existir depois. Vale destacar que esse expediente atingiu um número pequeno de jornais[21].

Na grande imprensa, o censor esteve no *Estado de S. Paulo*, do AI-5 a janeiro de 1975 e na *Tribuna da Imprensa* em um período não contínuo, de 1968 a 1978. Na revista *Veja*, logo no número 5, de 18/12/1968, e em outras edições pontuais, como na de 10/12/1969, cuja capa ostentava uma imagem medieval das câmaras de tortura e um dossiê de oito páginas sobre o tema[22]. Foi, contudo, no governo do general Ernesto Geisel (1974-1979) que a censura se tornou mais frequente nesse e em outros periódicos.

De 1974 a junho de 1976, mesmo com as iniciais promessas do ministro da Justiça, Armando Falcão, de pôr fim ao expediente censório, a direção da Editora Abril, responsável pela revista semanal, teve, como outras editoras, de montar um esquema que sobrevivesse a essa prática intervencionista – que era executada de terça a sexta nas dependências do DPF e aos sábados na casa dos censores; o corte censório também poderia ocorrer pela ação dos censores dentro das redações.

Tal esquema ocorreu em outros órgãos de imprensa, inclusive nos de caráter alternativo. Frequentou *O Pasquim* de novembro de 1970 a março de 1975, *O São Paulo* de junho de 1973 a junho de 1978, o *Opinião* de janeiro de 1973 a abril de 1977 e o *Movimento* de abril de 1975 a junho de 1978.

---

[21] Os exemplos de intervenção censória anteriores ao AI-5 vêm sendo expostos aqui pontualmente. Para ratificar a prática posterior à Anistia, vale lembrar o episódio de 30/10/1979, quando o metalúrgico Santo Amaro Dias da Silva foi assassinado pela Polícia Militar de São Paulo, durante uma greve. O decreto que regulamentou a censura prévia já não existia há dois anos, mas o jornalista Jair Borin, na época na *Folha de S.Paulo*, teve, segundo narrou, seu texto mutilado pelo secretário de redação e pelo editor chefe do jornal, Boris Casoy, sob a justificativa de que "(...) a real dimensão do repúdio poderia contribuir para o fechamento do regime". Ver Jair Borin, *Jornais diários*, apud Kucinski, *A síndrome da antena parabólica*, op. cit., p. 54-5.

[22] A publicação na imprensa da existência de tortura política no Brasil no pós-1964 causaria muitos remanejamentos no setor. Seguindo a trilha aberta pelo jornalista Hélio Fernandes, no jornal *Tribuna da Imprensa*, a revista *Veja* de 10/12/1969 apresentou um grande dossiê acerca do tema.

44

Diferentemente dos jornais portugueses durante a ditadura salazarista ou dos da Espanha de Franco, por exemplo, que traziam estampado na primeira página o registro de que estavam sob censura prévia, aqui tudo foi muito mais subliminar. Assim, fica sempre uma questão: como se comportou o restante da imprensa? Se não havia censor na redação, o que se passou por lá?

Uma prática adotada também na ditadura estado-novista foi utilizada no pós-1968. David Nasser faz uma compilação dos vetos do DIP à imprensa de janeiro de 1943 a fevereiro de 1945[23]. Tal recurso também existiu entre 1972 e 1975 na grande imprensa, quando eram recebidos os famosos *bilhetinhos* da Censura, que, divulgados pelo Sibag, notificavam quase diariamente o que não se podia noticiar[24]. A importância desses avisos, como sublinharam muitos dos jornalistas que entrevistei, é que a maioria dos fatos a serem proibidos só eram conhecidos pelas redações quando se apresentava o veto do DPF a eles. A essa ingerência e à aceitação dessa norma dá-se o nome de *autocensura*. Pode-se concluir, todavia, que a maior parte da grande imprensa brasileira adotou esse pacto ou submeteu-se a ele[25].

Na reflexão de Bernardo Kucinski, devem-se entender a prática e as consequências desse tipo de dinâmica dentro de um acerto acordado por jornalistas e donos de meios de comunicação. Assim, para esse autor,

> (...) a autocensura determinou o padrão de controle de informação durante quinze anos de regime autoritário, sendo os demais métodos, inclusive a censura prévia, acessórios e instrumentais à implantação da autocensura.
>
> (...) A autocensura é a supressão intencional da informação ou de parte dela pelo jornalista ou pela empresa jornalística, de forma a iludir o leitor ou privá-lo de dados relevantes. Trata-se de uma importante fraude porque é uma mentira ativa, oriunda não de uma reação instintiva, mas da intenção de esconder a verdade.
>
> (...) A autocensura é um crime intelectual com autoria, um ato pessoal de fraude, mesmo quando ordenado pela empresa jornalística.
>
> (...) [Portanto], a mídia agiu como um aparelho ideológico do Estado (...) [, como um] coadjuvante dos aparelhos repressivos do Estado.[26]

---

[23] David Nasser, *A revolução dos covardes* (Rio de Janeiro, Empresa Gráfica O Cruzeiro, 1947).

[24] Um dos primeiros trabalhos a utilizar esse material foi o de Paolo Marconi, *A censura política na imprensa brasileira, 1968-1978* (2ª ed. São Paulo, Global, 1980), que os recolheu nos murais de aviso dos jornais que trabalhou na Bahia. Estavam lá para avisar ao jornalista o que não se podia publicar.

[25] Para Anne-Marie Smith, *Um acordo forçado: o consentimento da imprensa à censura no Brasil* (Rio de Janeiro, FGV, 2000), a censura prévia nesse momento no Brasil foi "(...) ilegal, secreta e rara" (p. 96). A "legalidade" da censura, uma discussão jurídica, é enfrentada no capítulo que se segue. Uma análise mais detalhada sobre os *bilhetinhos* faz parte do capítulo 3.

[26] *A síndrome da antena parabólica*, op. cit., p. 51-6.

Eventuais quebras desse "pacto" precisavam de permissão. A estratégia que foi aceita no *Estadão*, de publicar poemas e receitas, não valeu para a *Veja*. Mino Carta, diretor de redação da revista até 1976, percebeu isso claramente. Para a *Veja* não houve a autorização de preencher lacunas censuradas com algo que não fossem outras matérias então permitidas.

Os episódios da relação da *Veja* com a censura merecem uma narrativa mais detalhada. O número 5 da revista, de 18/12/1968, que trazia na capa uma foto do ministro da Guerra do governo Castello Branco e futuro presidente da República, Costa e Silva, em visita à Câmara dos Deputados com o plenário vazio, coincidiu com a decretação do AI-5 e o fechamento do Congresso. Parte dos exemplares foi recolhida das bancas do país. Com um censor na redação, a edição de *Veja* foi liberada com cortes[27].

No número 65, de 3/12/1969, a capa da revista, em letras garrafais, anuncia: "O PRESIDENTE NÃO ADMITE TORTURAS". Declarações de juristas e do ministro da Justiça, Alfredo Buzaid, garantem que o "terceiro governo da Revolução" vem para construir, não para reprimir... O exemplar chegava às bancas no sábado; na sexta-feira, quando viriam os informes da Censura, Mino Carta mandou desligar os telefones da redação e a revista ganhou as ruas. Na *Veja* seguinte, de 10/12/1969, novos problemas com a manchete cuja temática era a tortura. A capa mostrava uma imagem medieval das câmaras de tortura e trazia um dossiê de oito páginas[28]. As consequências dessa edição transformaram o panorama da redação. Raimundo Pereira deixou a chefia de Política e foi transferido para Variedades. Elio Gaspari assumiu o seu lugar e, por imposição do governo, para se redimir, a revista em um número seguinte, entrevistou o senador Filinto Müller, que narrou o pitoresco do seu jardim de flores[29].

Dois anos depois, o número 169, de setembro de 1971, seria novamente apreendido nas bancas, então por reportar o afastamento, por corrupção, do governador do Paraná, Haroldo Leon Perez. Alguns outros episódios marcam uma ou outra edição, mas a revista, ameaçada de censura prévia, ainda não

---

[27] Duas capas da *Veja*, incluindo essa, fazem parte do caderno de imagens.

[28] Neste número existe um artigo de Bernardo Kucinski sobre o assassinato e o enterro do militante Chael Charles Schreier pertencente à organização de esquerda armada VAR-Palmares, o primeiro caso comprovado de um militante de esquerda morto sob tortura após prisão. Para mais detalhes, ver Beatriz Kushnir, "Nem bandidos, nem heróis: os militantes judeus de esquerda mortos sob tortura no Brasil (1969-75)", em Beatriz Kushnir (Org.), *Perfis cruzados, trajetórias e militância no Brasil* (Rio de Janeiro, Imago, 2002).

[29] Esse fato me foi narrado, em entrevista, por Mino Carta (16/12/1998) e por Ítalo Tronca (3/5/2000), ambos na *Veja* naquele momento.

46

tinha um censor fixo na redação, diferentemente do que acontecia com o *Estadão*, com a *Tribuna da Imprensa* ou com *O Pasquim*, por exemplo. Quando, em 8/2/1974, a *Veja* publicou, em uma nota na seção "Datas", a indicação de Dom Hélder Câmara, arcebispo de Recife e Olinda, para o Prêmio Nobel da Paz, tudo mudou. Assunto proibido, a menção ao religioso levou à visita da censura prévia e a instalação de um censor de plantão na redação. Duas semanas depois, no número 285, de 20/2/1974,

> (...) a revista mostra gravuras de diabos e anjos nos espaços em branco censurados, o que era vetado. Na *Veja* seguinte, Mino Carta lança uma seção *Diversos*, com gozações sobre o ministro da Justiça, Armando Falcão: são textos com um suposto padre Sean McIntosh e sobre um misterioso Monge Falcus. Apesar das evidências (Falcus/Falcão), a Censura nunca percebeu nada. Mas as gravuras de anjos e demônios, que voltam na edição nº 288, obrigam Mino e [José Roberto] Guzzo a uma visita à Polícia Federal. McIntosh e Falcus ainda aparecem em mais três edições. Outra gozação que a Censura não percebeu: no nº 287 saem cartas de nove redatores da própria *Veja* [com nomes falsos] falando sobre a matéria "O longo drama chileno", que teria saído no número anterior. Na verdade, a matéria, totalmente vetada, não fora publicada.[30]

Não é verdade que a censura não tenha percebido a relação de *Falcus* com o ministro da Justiça; o próprio Mino Carta me relatou o impedimento de incluir esses trechos em espaços censurados[31]. No fundo, o relato acima, que "comemora os 20 anos de *Veja*", busca desqualificar a figura do censor. Como essa narrativa, são recorrentes as que descrevem a proibição do nome "Leonardo", já que o jurista Leonardo Greco era o chefe-de-gabinete do Ministério da Justiça no governo Médici. Assim, Leonardo da Vinci corria sério risco de não ter sua identidade completa impressa.

Quase três décadas depois desses fatos, esse universo de identidades suprimidas e usos de pseudônimos é retomado. O intuito, no momento presente, é revelar. Assim, afeito às duplicidades e enigmas, Mino Carta publicou uma pseudoautobiografia em que todos os personagens se referem a pessoas vivas ou não e receberam apelidos. No meio do livro, cinquenta páginas de narrativa pessoal com nomes e datas verídicas. Se, para burlar a censura, em 1974, empregou

---

[30] Ulysses Alves de Souza, "A história secreta de *Veja*", *Revista Imprensa*, setembro/1988, p. 99. Uma reflexão detalhada sobre os embates com os diabinhos e a censura, ver Alzira Alves Abreu, "Os anjos e os demônios da revista *Veja*. Um discurso contra a censura" (mimeo., 1996). Para uma narrativa sobre *Veja* durante o período de ditadura, ver Juliana Gazzotti, *Imprensa e ditadura: a revista Veja e os governos militares (1968/1985)*, (São Carlos, dissertação de mestrado em ciência política, UFSCar, 1998).

[31] Entrevista concedida à autora em 16/12/1998.

imagens, no seu texto barroco e imagético narrou o episódio da censura à *Veja* como um depoimento. Quanto aos diabinhos, nenhuma palavra[32].

O sentimento de mágoa foi um dado recorrente nas entrevistas tanto com os censores como, principalmente, com os jornalistas. Imbuído também dessa sensibilidade, mas extremamente lúcido e sagaz na reflexão, Mino Carta destilou seu fel certeiro, na terceira pessoa do singular. Contou sobre um certo Mino, que, um dia, ao entrar no gabinete do ministro da Justiça, Armando Falcão, com a cédula de identidade na mão, atirou-a sobre a mesa do ministro e ouviu dele "(...) a cédula de Demétrio, subversivo de codinome Mino"[33].

No jogo político dos gabinetes e das negociações, o fim da censura à *Veja* deve ser apreendido como parte de um acordo que tem como um dos alvos esse "subversivo" visto pelo ministro Falcão. O jornalista relata o episódio na perspectiva de

> (...) dois ângulos, e ambas as análises o conduzem à mesma conclusão. De um lado está a Editora Abril com seu pedido de empréstimo subordinado à renúncia à linha crítica. De outro lado, a convicção de que seu tempo na *Veja* se esgotou. A morte de Vlado é o ponto de ruptura. Mino sabe que a sua concepção de jornalismo já não se justifica à sombra da arvorezinha, símbolo da Abril.[34]

Nesse momento de despedida, o jornalista estabeleceu um marco no assassinato de Vladimir Herzog. O ano de 1975 foi também um símbolo no panorama das políticas prometidas e do que realmente ocorria. As mortes, em tortura, de Vlado e de Manoel Fiel Filho expunham a quebra de uma promessa: o fim do terror do Estado. *Veja* foi proibida de noticiar o assassinato do jornalista Vladimir Herzog, em outubro de 1975, na sede da *Oban*. Mino Carta escreveu um editorial de poucas linhas e, sem poder proferir nada, disse tudo.

> Algum tempo talvez tenha de passar antes que se possa meditar e analisar o exato significado da visita do presidente Ernesto Geisel a São Paulo. Em todo caso, desde já são evidentes a honradez, a integridade, o alto sentido de responsabilidade do presidente da República, tanto quanto a serenidade e as inextinguíveis esperanças da população de São Paulo e de toda a nação brasileira. Na impossibilidade de apresentar um quadro menos genérico, VEJA declara o débito de uma contribuição mais explícita a essa serenidade e a essa fé, que confia poder saldar tão logo lhe seja possível.[35]

---

[32] Mino Carta, *O castelo de âmbar* (Rio de Janeiro, Record, 2000).

[33] Ibidem, p. 180.

[34] Ibidem, p. 185.

[35] "Garantia da tranquilidade", *Veja*, 5/11/1975.

48

Tendo ainda como foco o ano de 1975 e abrangendo os episódios dos pactos pelas reflexões de Mino Carta, a retirada da censura do grupo Mesquita naquele ano, por exemplo, às vésperas do centenário do jornal, recebeu desse jornalista uma análise mordaz. Para Carta, a censura ter deixado o *Estadão* era "(...) um sinal de respeito e confiança" do governo para com a conduta a ser seguida pelo jornal.

Ampliando para outros espaços da mídia essa noção de pacto, Kucinski ressalta que, dentro da noção de aliança, houve, por parte de setores da grande imprensa, a "(...) adesão à autocensura e [a] identificação plena dos proprietários dos jornais com os objetivos da repressão – e, portanto, de um virtual colaboracionismo"[36].

Aderir, colaborar, auxiliar não são propostas concebidas em meados dos anos de 1970. Para o governo Médici (1969-1974), que legalizou o ilegalizável, decretando a existência da censura prévia em março de 1970, era

> (...) melhor que os próprios jornalistas se autocensurassem. Melhor fazer com que as empresas nomeassem elas mesmas um quadro de sua confiança [e] (...) esses quadros foram montados por quase todas as empresas jornalísticas. Para o Estado autoritário, a autocensura era mais interessante do que a censura, porque lhe permitia não assumir a responsabilidade.[37]

Mais uma vez, a censura é compreendida como um "pacto da responsabilidade". Assim, antes mesmo de o governo promulgar o Decreto nº 1.077, em março de 1970, que "legalizava" a censura prévia e demonstrava que esses "quadros de confiança", sugeridos por Kucinski, realmente existiram, toma-se como exemplo o *Jornal do Brasil*. O mesmo jornal que, em 1967, cobriu de maneira excepcional a revelação de tortura do sargento Raymundo Soares, no Rio Grande do Sul, seguindo a trilha de denúncias que o deputado e jornalista Márcio Moreira Alves fez sobre o mesmo tema no Nordeste, mudou como o país no pós-AI-5, em dezembro de 1968.

Para confirmar essas alterações de rota do *JB*, edita-se uma circular interna de cinco páginas, em 29/12/1969, do diretor do jornal, José Sette Câmara, para o editor chefe, Alberto Dines. Nela há um elenco de normas intituladas "Instruções para o controle de qualidade e problemas políticos", criadas com o objetivo de instituir na equipe um

> (...) Controle de Qualidade (...) sob o ponto de vista político. Não se trata de autocensura, de vez que não há normas governamentais que limitem o exercício

---

[36] *A síndrome da antena parabólica*, op. cit., p. 54.

[37] Ibidem, p. 61-2.

da liberdade de expressão, ou que tornem proibitiva a publicação de determinados assuntos. Em teoria há plena liberdade de expressão. Mas na prática o exercício dessa liberdade tem que ser pautado pelo bom-senso e pela prudência.

(...) O relativo desafogo institucional com o novo Governo permite agora que essa responsabilidade, que do ponto de vista legal caberá sempre e exclusivamente aos dois Diretores, seja agora delegada ao grupo selecionado para o Controle de Qualidade.[38]

Baseado em critérios de bom-senso, experiência e prudência, Sette Câmara arrola os principais temas e o modo como devem ser tratados pelo jornal. No tópico *Governo*, resume a posição do *JB* ao proferir que este não é a favor nem contra,

> (...) não é jornal de situação, nem de oposição. O *JB* luta pela restauração da plenitude do regime democrático no Brasil, pelo retorno do estado de direito. (...) Enquanto estiver em vigor o regime de exceção, temos que usar todos os nossos recursos de inteligência para defender a linha democrática sem correr os riscos inúteis do desafio quixotesco ao Governo.

Nessa situação esquizofrênica de combater sem se expor, a linha editorial do *JB* ante a política internacional determinava que o único compromisso era "(...) com os interesses brasileiros, é bom repetir. [Assim,] a equipe de Controle de Qualidade deverá estar vigilante para evitar a apresentação tendenciosa de certas notícias, de maneira a favorecer causas que não são nossas". Definindo nesses termos um perfil único do Brasil, dos brasileiros e de suas necessidades, no tópico da política interna o comando da empresa ponderou que, "(...) em vista da presente situação, não interessa ao *JB* destacar quaisquer fatos detrimentórios da condução dos políticos, pois isso viria fortalecer a posição dos que postulam a eternização do regime de arbítrio".

Seguindo essas diretrizes, nas questões militares dever-se-ia usar "a máxima discrição e o maior cuidado". Os outros temas apontados foram a subversão, a Igreja e o clero, a economia e os estudantes. O jornal define-se como católico e afirma que não daria apoio aos padres francamente comprometidos com as atividades subversivas. Questões que também mereciam "extremo cuidado" eram as atividades políticas e as rearticulações do movimento estudantil de contestação. As atividades de luta armada, intituladas subversivas, e as "maquinações da esquerda" também não receberiam o apoio do jornal.

> Nada no *JB* deverá favorecer [essas práticas]. (...) Depois de arriscar tudo para enfrentar o desvario comunizante do fim do governo Goulart, depois de termos os

---

[38] Documento do arquivo pessoal do jornalista José Silveira, na época secretário de redação do jornal.

fuzileiros do ex-Almirante Aragão dentro de nossas oficinas, não vamos, agora, por ação ou omissão, ajudar a causa dos revolucionários radicais de esquerda. (...) O *JB* teve uma parte importante na Revolução de 1964 e continua fiel ao ideário que então pregou. Se alguém mudou foram os líderes da Revolução.

[Nesse sentido,] deverão sempre optar pela suspensão de qualquer notícia que possa representar um risco para o jornal. Para bem cumprirmos o nosso maior dever, que é retratar a verdade, é preciso, antes de mais nada, sobreviver.[39]

Sette Câmara termina decretando que, "na dúvida, a decisão deve ser pelo lápis vermelho".

No dia 2/1/1970, o editor chefe, Alberto Dines, encaminhou a circular do diretor do jornal às sucursais e também aos jornalistas Manoel Bezerra, Wilson Figueiredo e Hélio Polvora. Anexado a ela, um memorando introdutório ao de Sette Câmara, assinado por Dines, em que declarava que o sistema de auto-controle que o jornal se impôs desde o AI-5 chegara ao fim. Para substituí-lo, segundo Dines informava, formulara-se o "sistema de Controle de Qualidade", centrado nas questões políticas, explicitadas no documento de Sette Câmara e nas técnicas que Alberto Dines expunha. Ou seja, nas formas e instruções de viabilizar esse sistema. Alguns dos jornalistas/funcionários do *JB* que recebe-ram essas minutas foram escolhidos para fazer parte do grupo de Controle de Qualidade. Segundo Sette Câmara salientou, os "escolhidos" estavam "(...) à altura das grandes responsabilidades que lhes são agora delegadas e que saberão, em quaisquer circunstâncias, discernir sempre, em caso de dúvida, o interesse da empresa, que, em última análise, se identifica com o de cada um dos seus integrantes".

Após essas pinceladas pontuais de alguns episódios, é oportuno pensar como parte da imprensa escreve para si sua própria memória desse tempo. Para exemplificar e expor o tamanho dessa teia, recorro a um artigo do jornalista Jânio de Freitas. Essa análise foi publicada na semana em que se rememoraram os trinta anos do AI-5. Quase todos os principais jornais do país editaram cadernos especiais para lembrar o horror daqueles anos e a luta da imprensa pela liberdade de expressão. Freitas desenha a delicadeza da questão ao narrar:

Os jornais reagiram à censura determinada pelo AI-5 aos meios de comunicação em geral. A imprensa faz questão de que seja seu, localizado nos dirigentes de cada publicação, o poder de liberar e de vetar. Qualquer intromissão aí une os competi-

---

[39] Alberto Dines organizou e também escreveu um artigo em 1964, no calor do momento, em que narra detalhadamente a deposição do presidente Goulart. Ver *Os idos de março e a queda de abril* (Rio de Janeiro, José Álvaro Editor, 1964).

dores na reação. Mas ser contra a censura não significou ser contra o sentido geral do AI-5, senão contra um dos seus muitos aspectos.

(...) Não seria possível ser contra o AI-5 sem ser contra o regime. E a imprensa, embora uma ou outra discordância eventual, mais do que aceitou o regime: foi uma arma essencial da ditadura.

Naqueles tempos, e desde 64, o *Jornal do Brasil* [...] *foi o grande propagandista das políticas do regime, das figuras marcantes do regime, dos êxitos verdadeiros ou falsos do regime.* (...) Os arquivos guardam coisas hoje inacreditáveis, pelo teor e pela autoria, *já que se tornar herói da antiditadura tem dependido só de se passar por tal.*

(...) Aproveitar os 30 anos do AI-5 para mostrar mais como foi o regime que o criou, eis uma boa iniciativa. Mas não precisava reproduzir também os hábitos de deformação costumeiros naqueles tempos (ênfases minhas).[40]

Retornando às bases do pacto estabelecido antes mesmo de o Decreto-lei nº 1.077/70, a deliberação de Censura Prévia, entrar em vigor, conclui-se que o papel da imprensa nesse momento político necessita ser reavaliado. Mas percebe-se claramente que, com a aceitação da autocensura, do autocontrole, do padrão de qualidade, da abdicação de atitudes quixotescas, que tanto remetem à imagem do jornalismo, a grande imprensa brasileira perdeu muito. Perdeu o sentido de realidade, como resume Kucinski. E nesse autoengano construiu para si imagens que, vistas como heroicas, são jocosas, se não fossem tão infelizes.

Nesse contexto de vultos e reflexos, a exposição de atitudes que deveriam ser seguidas pela empresa *JB* permite também reler um famoso depoimento de Julio de Mesquita Neto. Apreendido por muitos como um exemplo de ousadia, aqui é citado mais como um modelo de distanciamento do real. Assim, ao depor em um inquérito policial-militar, o diretor do *Estadão* causou espécie ao afirmar que não era mais o responsável pelo jornal. Como um ato de coragem, o diálogo ocorreu no início do interrogatório.

Pergunta: O senhor é o diretor-responsável do jornal *O Estado*?
Resposta: Não! (Houve uma certa surpresa entre os militares.)
Pergunta: O senhor é o diretor-responsável do jornal?
Resposta: Não!
Pergunta: Então quem é?
Resposta: O ministro da Justiça, professor Alfredo Buzaid, que todas as noites tem um censor na tipografia do jornal.[41]

---

[40] Jânio de Freitas, "A imprensa e o AI-5", *Folha de S.Paulo*, 15/12/1998, p. 5. Agradeço ao jornalista Maurício Maia, que me chamou a atenção para esse artigo.

[41] "Os 30 anos do AI-5", *O Estado de S. Paulo*, 13/12/1998.

O encadeamento de todos esses fatos permite, fundamentalmente, pensar os conceitos e as práticas de *responsabilidade* e *poder*. Na arena do *poder*, podem-se vislumbrar duas instâncias: a do Estado autoritário naquele momento e o *quarto poder*, visão imputada à imprensa. A reflexão, portanto, apreende um universo de *conveniências* e *possibilidades*, que esses dois *locus* de domínio e suas incumbências sociais e políticas impõem como responsabilidade. Minha investigação optou por também sublinhar os elementos de *colaboração* e *conivência* explícita em parcelas da grande imprensa àquele Estado.

Parte dos jornalistas e donos de jornal, entre outros setores da sociedade civil que, ao apoiarem os governos militares naquele momento, optaram por estar ao lado do poder, tornaram-se tanto agentes como "vítimas" dessa autocensura. Fizeram, assim, dessa ditadura um acordo civil-militar. Permanecer no palco das decisões era mais importante que a busca e a publicação da verdade. Por isso esses **jornalistas colaboracionistas** são aqui vistos como *cães de guarda*. À soleira, montaram guarda e fizeram autocensura no governo Médici, e mesmo antes dele, colaborando para construir e difundir uma imagem irreal, inverídica do país. E seguiram o fluxo quando o tabuleiro do poder mudou a disposição das peças.

Com base nessas delimitações, é essencial que se faça, mais uma vez, uma ressalva. O ponto central desta análise localiza-se em um território de decisão do qual participou apenas um pequeno grupo dirigente de jornalistas nas redações. De modo algum quero dar a entender que a autocensura e o colaboracionismo tenham sido praticados pela maioria dos jornalistas, o que não é verdade. Muitos dos que "combateram" as práticas do Estado pós-1964 e pós-AI-5 perderam seus empregos, foram presos e perseguidos e/ou permaneceram no anonimato. Muitos jornalistas também desempenhavam uma militância de esquerda – de simpatizantes a engajados – e igualmente sofreram (muitas vezes, na própria pele) por tais atos. Nesse sentido, não estou colocando em um mesmo universo os donos de jornais e os jornalistas de várias tendências. Existiram jornalistas que colaboraram com o regime, outros que resistiram e outros ainda que se opuseram. Como igualmente isso se aplica aos seus patrões. Esta pesquisa, entretanto, não se debruçou sobre a resistência. Não negligencia a sua existência, mas buscou focar outro lado da questão. Não pretendo dizer que todos colaboraram, apenas quis mostrar que nem todos combateram.

No âmbito da política de abertura lenta e segura do governo Geisel, a retirada paulatina da censura das redações tanto apostou na continuidade da autocensura como também indicou à "linha dura" que o panorama se alterava sem se esgarçar. Tal combinação foi costurada pelo general Golbery do Couto e

Silva, chefe da Casa Civil do presidente Geisel, por volta de 1975, com o apoio de jornalistas escolhidos para "colaborarem" com esse processo de abertura e transição proposto pelo governo e o "viabilizarem".

Para viabilizar tal acordo, que sublinhava as regras do jogo a seguir, estabeleceu-se um diálogo, no início temeroso, mas, pouco a pouco, direto, entre uma casta de jornalistas e donos de jornal desse período. De acordo com esse pacto, mudavam as atitudes nesse mandato de governo e deveriam alterar-se também as diretrizes impressas nos diários[42]. Entretanto

> (...) foi preciso o assassinato do jornalista Vladimir Herzog pelo Doi-Codi de São Paulo, em outubro de 1975, para que o jornalismo complacente entrasse em crise generalizada dentro das redações, no campo dos jornalistas.
>
> O processo de depuração de quadros jornalísticos, inicialmente necessário à operação da autocensura, ampliou-se a partir de Golbery para permitir a implantação da abertura lenta, gradual e segura. Na transição, a autocensura já não basta. É preciso a voz ativa dos jornalistas, criando um discurso consensual em torno de um padrão de abertura política.[43]

Compreender, portanto, as regras vigentes no interior das redações da grande imprensa permite melhor pontuar o território. Na percepção lúcida e ferina de Cláudio Abramo, nas redações não há lugar para lideranças. Os donos dos jornais não sabem lidar com jornalistas influentes, que, muitas vezes, se chocam com as diretrizes do comando. O jornalista tem ali uma função, mas "ficou forte, eles eliminam"[44]. E assim quase todas as grandes redações foram reformuladas no governo Geisel, cujo ministro da Justiça, Armando Falcão, propagou o fim da censura. Iniciava-se mais um expurgo: Mino Carta deixou a *Veja* em 1976, Cláudio Abramo foi retirado da *Folha de S.Paulo* em setembro de 1977.

Um pouco antes, em 1973, ainda no fim do governo Médici, transformações se deram no *JB*. Alberto Dines, depois de doze anos na casa, foi sumariamente afastado, três anos depois do estabelecimento do "Controle de Qualidade" no jornal. Fazendo um parêntese nesse processo de expurgos, no *JB* e no caso de

---

[42] O papel da imprensa nesse instante como forma de intimidar a "linha dura", a figura do general Golbery do Couto e Silva como o canal de comunicação entre o governo e as empresas de jornalismo e a retirada negociada da censura de alguns periódicos estão em Celina Duarte, *Imprensa e redemocratização no Brasil: um estudo de duas conjunturas, 1945 e 1974-78.* (São Paulo, dissertação de mestrado em ciências sociais, PUC, 1987).

[43] Bernardo Kucinski, *A síndrome da antena parabólica*, op. cit., p. 64-5.

[44] Cláudio Abramo, *A regra do jogo: o jornalismo e a ética do marceneiro* (São Paulo, Companhia das Letras, 1988).

54

Alberto Dines vale mencionar que, em sua entrevista ao *Pasquim*, o jornalista declarou que fora dispensado daquele periódico por não aceitar a censura imposta pelo jornal e por discordar das atitudes do responsável pela segurança da empresa, o coronel reformado do Exército, Paulo Moura. Romildo Guerrante, jornalista desse periódico desde 1971, relembrou que Paulo Moura se identificava como psicólogo e era, no *JB*, uma espécie de gerente de Recursos Humanos. O coronel Moura seria, portanto, o responsável pela gestão de cursos de admissão na empresa e utilizava-se de métodos de dinâmica de grupo para treinar os novos empregados. Muitos sugerem que, durante essas práticas, informações obtidas eram repassadas aos órgãos de repressão como forma de *vigiar e punir*.

O militar, portanto, teria ingressado no *Jornal do Brasil*, segundo Dines, no início dos anos 1970, concomitantemente com o programa de implementação do "Controle de Qualidade", para desenvolver um projeto de apoio psicológico aos funcionários. Na visão de Dines, "depois de conquistar a confiança daqueles que assistia, passou a informar à direção da empresa o que ouvia nas sessões". A divulgação dos relatos de Paulo Moura coincidiu com uma série de demissões que o *Jornal do Brasil* realizou em 1973[45].

Traições, traidores, delatores, expurgos, colaboradores, empregados e patrões. Nos parâmetros de jornalismo autocensurado, a perspectiva de Habermas pode compreendê-lo na noção de um "jornalismo empresarial". Relembrando as advertências de Sette Câmara quando da implementação do "Controle de Qualidade", em última análise chama a atenção dos seus funcionários, jornalistas, para o bem da corporação, para a sobrevivência de todos. Segundo Habermas, o desenvolvimento das empresas de comunicação altera o estilo da escrita e a formulação do jornal. Menos literato, "(...) a escolha dos dados torna-se mais importante que o artigo de fundo; o tratamento e o julgamento das notícias, sua revisão e diagramação, mais urgentes do que a busca literariamente efetiva de uma 'linha'"[46].

Esse mesmo autor, ao ponderar as relações que permeiam a sociedade civil moderna, definiu-as como a "(...) reprodução da vida acima dos limites do poder doméstico privado, fazendo dele algo de interesse público"[47]. Nesse sentido, a

---

[45] Verbete de Alberto Dines, em Israel Beloch e Alzira A Abreu, *Dicionário histórico-biográfico brasileiro* (Rio de Janeiro, Forense, 1984). A atualização deste verbete, para a reedição publicada em 2001, é de minha autoria.

[46] Jürgen Habermas, "Do jornalismo literário aos meios de comunicação de massa", em C. Marcondes Filho (Org.), *Imprensa e capitalismo* (São Paulo, Kairós, 1984), p. 146.

[47] Jürgen Habermas, *Mudança estrutural da esfera pública: investigações quanto a uma categoria da sociedade burguesa* (Rio de Janeiro, Tempo Brasileiro, 1984), p. 39.

noção de "liberdade de imprensa", regida constitucionalmente, é o resultado dos embates pela autonomia da esfera pública burguesa ante o Estado. Esse processo tornou a imprensa um canal de expressão dos conflitos sociais. Mas o exercício de feitura da "imprensa" como representação desse lugar de elocução é moldado de acordo com as questões e os espaços em que se encontra. E, principalmente, com os interesses de quem a percebe como mais que um serviço, um negócio.

É impossível, entretanto, ajuizar sobre *responsabilidade* e *poder* sem pensar em ética. Sobre o tema, o jornalista Eugênio Bucci propõe a análise pelo contraponto ética/etiqueta[48]. O encontro desses dois conceitos, para Renato Janine Ribeiro, delineia-se nas

> (...) boas maneiras, esta redução da ética a uma estética, do bom ao belo, se enraízem em uma política: que a conduta valorizada seja um sacrifício prestado a um senhor, a um príncipe que governa não só o Estado como atos dos seus membros de maior destaque.
> [Portanto] (...), a etiqueta só se compreende a partir de uma estratégia política. Aparece e afirma-se junto com a construção das cortes – este espaço estranho, (...) um misto de doméstico e público.[49]

O *poder* e a existência da imprensa são, assim, frutos das revoluções modernas, da preocupação com a construção de direitos e deveres do cidadão, e baseiam-se em uma conduta. Também inspirada no bem comum, na verdade e na lei, a imprensa reflete uma etiqueta/regra de conveniência. Esta, por vezes, se distancia de uma prática e das normas de um ofício acordado no direito à liberdade de expressão.

Por princípio, a imprensa deve fiscalizar o poder, ao mesmo tempo em que se tornou uma empresa de cunho privado e seguindo as leis do mercado, o que compromete a utópica "independência do jornalismo". Na visão de Bucci, "(...) o jornalismo é conflito. (...) A ética só existe porque a comunicação social é lugar de conflito. Onde a etiqueta cala, a ética pergunta"[50]. Mas a norma não tem sido bem essa. Os órgãos de comunicação precisam ser vistos, em cada sociedade, como os reflexos dos valores daquele meio.

As *práxis* jornalísticas contemporâneas podem ser observadas, *grosso modo*, como uma *mise-en-scène* – encenação – das regras sociais, uma suposta vigília ao poder e a utopia de uma liberdade de expressão absoluta[51]. Tais temáticas

---

[48] Eugênio Bucci, *Sobre ética e imprensa* (São Paulo, Companhia das Letras, 2000), p. 23.

[49] Renato J. Ribeiro, *A etiqueta no Antigo Regime* (São Paulo, Brasiliense, 1983).

[50] Eugênio Bucci, op. cit., p. 11.

[51] Georges Balandier, *O poder em cena* (Brasília, Editora da UnB, 1982).

trazem essa reflexão ao que se convencionou chamar *história do tempo presente*, como também as relações do historiador ao analisar o seu presente. Isso porque nem todos temos a percepção de estarmos no mesmo momento. Essa consciência do tempo presente só se adquire na percepção/noção de que se está vivo e atuando[52].

Para esquadrinhar essa conexão do historiador com seu tempo vivido, torna-se preeminente entender as possíveis afinidades entre essa *história do tempo presente* e a *história do imediato*. Como também entre jornalistas e historiadores, entre narrativas e memórias, entre verdade e versão. Na prudência necessária para tal entrelaçamento, advertido por Sirinelli, a análise histórica como um "ofício" é

> (...) pôr-se à escuta do presente para iluminar uma volta para o passado, mas evitar os efeitos não dominados do eco entre esses dois níveis. Quando tais efeitos vêm interferir sem controle entre o passado e o presente, mais tarde o julgamento do futuro é impiedoso, pois todas as obras muito impregnadas de presente, ou nas quais o presente é mal controlado pelos autores, mal passam a rampa da posteridade. (...) O historiador, como homem do presente trabalhando sobre o passado, é, pois, julgado em segunda instância pelo futuro.[53]

Memórias e narrativas: os jornalistas e os historiadores

As ponderações acerca do poder de veto do Estado e a atuação de setores da grande imprensa brasileira no pós-1964 ancoram-se em uma temática contemporânea, ou do que se convencionou chamar de uma *história do presente*, de um tempo e de uma atualidade em que os personagens e/ou os motes arrolados ainda circundam a sociedade brasileira atual. Tempo pantanoso, para Boris Fausto, no trecho que serve de epígrafe a este capítulo, o *presente* permaneceu até bem pouco tempo atrás como uma seara ou para os sociólogos e cientistas políticos ou para os jornalistas. Para os historiadores, esse território ainda era considerado proibido, ideia ratificada por Jacques Le Goff em fins da década de 1970, quando na França surgia o Institut d'Histoire du Temps Présent (IHTP), onde a história do tempo presente localizava suas reflexões no processo da Segunda Guerra Mundial.

Partindo da noção de que qualquer espaço temporal pode ser sempre pantanoso, a expressão de Fausto, entretanto, certamente se refere ao mito de que,

---

[52] Eric Hobsbawn, "Escrevendo a história do seu próprio tempo", *Novos Estudos Cebrap*, São Paulo, nº 45, 1995; J. F. Sirinelli, "Ideologia, tempo e história", em A. Chauveau e P. Tétard (Orgs.), *Questões para a história do presente* (São Paulo, Edusc, 1999).

[53] J. F. Sirinelli, "Ideologia, tempo e história", op. cit., p. 91-2.

quanto mais próxima, menos objetiva pode ser a reflexão histórica, que poderia perder-se nas teias da memória. Mas o historiador que vem se dedicando à circunspeção desse "passado recente" incorporou, acima de tudo, uma nova ciência dos marcos históricos, alargando os limites. Nessa direção, trouxe para o ofício uma série de métodos e novas fontes de análise, tendo a grata, espera-se, satisfação de encontrar seu objeto para dialogar. A história oral, portanto, é também um libertador do trabalho preso única e exclusivamente ao documento escrito, retirando dele a impressão sacralizada de uma verdade absoluta.

Essa expansão permitiu ao estudo outras demandas, como as aproximações e distâncias entre história e memória, relato e lembrança. Ampliando o leque de fontes, o ofício deparou também com as regras do acesso à informação, em que documentos ainda são inacessíveis.

Para François Bedarida, a *história do tempo presente* engloba, ao mesmo tempo em que se define em um corte temporal, um método de reflexão e um instrumental de análise[54]. Acessar os depoimentos orais, construindo-os como fonte, apresenta o desafio de uma pesquisa bem cuidada que confronte visões.

A compreensão do passado em uma definição de metodologia dessa história busca apreendê-lo e explicá-lo a partir do presente no qual se encontram os olhos do historiador que pergunta. Não é, portanto, um inventário de respostas das consequências do passado sobre o presente. Nesse sentido, a *história do presente* pensa os fatos históricos em termos dinâmicos e incorporados de atores sociais. A enorme massa documental e um tempo que combina ritmos plurais de curta e curtíssima duração com instantâneos, e a reconstrução das raízes daqueles fatos, relativizaram o conceito de *acontecimento*. Acerca dessa dinâmica, Henry Rousso o conceituou como deixando de ter essa visão do único, do singular, do solto[55].

Essa nova ponderação acerca do *acontecimento* que se deu a partir da década de 1970, com o repensar da história política, trouxe inúmeras mudanças ao ofício do historiador e o inscreveu em uma "crise de identidade" do *fazer história*. Esse questionamento da singularidade de seu ofício pode aproximá-lo, como também fazê-lo perceber as distâncias, dos cientistas sociais e dos jornalistas, permitindo, assim, uma circulação de métodos, teorias e narrativas entre os sociólogos, antropólogos, literatos.

---

[54] François Bedarida, "The social responsibility of the historian", *Diogène*, nº 168, 1995.

[55] Henry Rousso, "Les usages politiques du passé: histoire et mémoire", em *Histoire politique et sciences sociales* (Paris, Complexe, 1991).

58

Ao *acontecimento* igualmente se atribuiu a dimensão da engrenagem desse tempo presente, em que a mídia faz circular os fatos cada vez em maior velocidade. Os jornalistas, nessa sociedade, tornaram-se difusores com o poder de narrar "a verdade" dos eventos. Por esse ângulo, os trabalhos históricos alteraram o eixo, debruçando-se sobre o jornal e o jornalista tanto como fonte quanto como objeto. Os jornalistas, por sua vez, têm-se dedicado a exercícios de mais fôlego, talvez para fugir desse instantâneo que é o relato da notícia, impresso um dia, descartado no outro[56]. A disputa – no melhor dos sentidos – pelo *fazer história*, tematizada por Jean-Pierre Rioux, se dá

> (...) entre historiadores sedentos de atualidade e jornalistas em busca de legitimidade histórica. Esta afirmação, sei por experiência, desagradará aos guardiões – de todas as idades – dos templos da ciência histórica.
>
> (...) A seus olhos, o historiador do presente é um ingênuo, um marginal, agitador por defeito e impotente por vocação.[57]

Jornalistas e historiadores, lado a lado na construção dessa *história do tempo presente*, aproximam-se nas temáticas e afastam-se nos métodos. Ao diferenciá--los, Rioux os estabelece assim:

> (...) o jornalista, quer tenha os papéis de repórter, de redator ou cronista, é um Sísifo do efêmero que "escreve para o esquecimento", (...) vencer a angústia da pequena morte diária – a página do jornal destinada ao lixo.
>
> (...) O historiador (...) procura sempre inserir o acontecimento singular na cadeia de um tempo significativo, tenta distinguir o perdurável do efêmero, relata os fatos sem ser perseguido pela hora do 'fechamento', (...) pretender dar sentido, enquanto o jornalista é o homem apressado, que relata fatos juntados, que acredita entregar a vida em estado bruto, mas que a simplifica e desfigura, mediatilizando-a em jatos e inventa fontes sem poder tratá-las.[58]

Nessa visão caricatural – na qual o desenho que, pela escolha dos detalhes, acentua ou revela certos aspectos e os torna uma representação burlesca –, Rioux redimensiona os significados que poderiam separar. Isto porque revela a transmutação desses ofícios, quando, "(...) desde os anos de 1960, os jornalistas (...) tomaram a iniciativa e atravessaram as fronteiras como desbravadores"[59].

---

[56] Para um inventário dessa discussão sobre as raízes e renovações da história do tempo presente, ver A. Chauveau e P. Tétard, "Questões para a história do tempo presente", em A. Chauveau e P. Tétard, op. cit.

[57] Jean-Pierre Rioux, "Entre história e jornalismo", em Chauveau e Tétard, op. cit., p. 119).

[58] Ibidem, p. 120-1.

[59] Ibidem, p. 121.

No encontro de jornalistas e outros intelectuais para uma atuação política, abriu-se um espaço que flexibilizou lugares e atuações profissionais. Não se contentando em registrar apenas os "ecos da atualidade", os jornalistas buscaram um olhar crítico sobre o material produzido, exercitando-se em uma *história do imediato* e estabelecendo um encontro para além das disputas.

É importante também desfazer a falsa imagem de que a *história do tempo presente* está envolta nas lembranças e na experiência pessoal, no pantanoso, segundo Boris Fausto. Isso porque uma pesquisa histórica bem cuidada rescinde as possíveis armadilhas que as narrativas memorialísticas poderiam construir. Nesse sentido, novamente no encontro entre os jornalistas e os historiadores, é difícil para os primeiros entender que seus relatos sobre o tempo vivido são sempre uma construção biográfica de uma temporalidade, diferente do olhar que um historiador poderá ou não erguer sobre aquele momento. Mas, como salienta René Rémond, muitos ainda esperam dos historiadores que estes "(...) resolvam os debates, que sejam os árbitros nas controvérsias que dividem a consciência pública e confundem as opiniões, que façam a verdade. Exige-se que exerçam uma magistratura"[60].

Dessa perspectiva, a mofa engessa o historiador às considerações para a posteridade, enquanto o jornalista buscaria vencer a angústia do esquecimento a cada jornal que no dia seguinte serve para embrulhar o peixe nas feiras. O grande encontro possível desses "sujeitos das letras" permite que o tempo presente seja uma não história do instante. Não é a narrativa do agora. É o pensar a complexidade, os detalhes, a produção de novas fontes, o entrelaçamento de fatos. Essa outra racionalidade do tempo não é "uma chapa fotográfica que se contenta em observar fatos", como definiu Rémond. Ambos os profissionais que têm como mote o *presente* desejam contribuir para desvendá-lo. E nada mais importante do que a narrativa jornalística e a reflexão histórica sobre um período, por diversos ângulos, para que isso possa acontecer.

Os guardados e as questões

Debruçar-se sobre os indícios das memórias e dos depoimentos orais é visto de maneira questionável no historiador do tempo presente, que tem nesses métodos uma fonte de inovação do seu trabalho, um ganho. O espectro da memória e os vestígios do passado no presente são caros a esse historiador. Partindo das

---

[60] René Rémond, "Algumas questões de alcance geral à guisa de introdução", em Marieta de M. Ferreira e Janaína Amado (Orgs.), *Usos e abusos da história oral* (Rio de Janeiro, FGV, 1996).

concepções de Maurice Halbwachs[61] e de Michael Pollak[62], rememorar, lembrar, são processos de reflexão que constroem uma memória não só pessoal mas também coletiva e social, um testemunho.

A edificação da narrativa histórica do tempo presente, quando mergulhada nesses depoimentos, traz à tona, constrói, bem como estabelece uma identidade comum. Assim,

> (...) para que nossa memória se beneficie da dos outros, não basta que eles nos tragam seus testemunhos: é preciso também que ela não tenha deixado de concordar com suas memórias e que haja suficientes pontos de contato entre ela e as outras para que a lembrança que os outros nos trazem possa ser reconstruída sobre uma base comum.[63]

Laborar o depoimento oral é registrar um discurso até então preso às transmissões entre gerações. A feitura deste como um documento permite o confronto com uma memória oficial. Portanto, quando há essa

> (...) irrupção de uma memória subterrânea (...) opondo-se a (...) memórias coletivas, (...) essas lembranças proibidas, indizíveis ou vergonhosas são zelosamente guardadas em estruturas de comunicação informais e passam despercebidas pela sociedade englobante.[64]

Quando a oralidade é registrada e se torna um acervo, outra problemática rompe o debate. O embate concentra-se no choque de relatos entre histórias de vida, concepções pessoais de uma memória/lembrança e os ecos das memórias coletivas produzidas. Por conseguinte, o que também está em foco são os difíceis e múltiplos caminhos do exercício de construção de uma *biografia*. Uma forma de desfazer tensões talvez se encontre nas conclusões de Pierre Bourdieu, que define o conceito como a tentativa de

> (...) compreender uma vida como uma série única e por si suficiente de acontecimentos sucessivos, sem outro vínculo que não a associação a um "sujeito" cuja constância certamente não é senão aquela de um nome próprio, é quase tão absurda quanto tentar explicar a razão de um trajeto de metrô sem levar em conta a estrutura da rede, isto é, a matriz das relações objetivas entre as diferentes relações.[65]

---

[61] Maurice Halbwachs, *A memória coletiva* (São Paulo, Vértice, 1990).

[62] Michael Pollak, "Memória, esquecimento, silêncio", *Estudos Históricos*, Rio de Janeiro, CPDOC/FGV, vol. 2, nº 3, 1989.

[63] Halbwachs, *A memória coletiva*, op. cit., p. 12.

[64] Pollak, "Memória, esquecimento, silêncio", op. cit., p. 8.

[65] Pierre Bourdieu, "A ilusão biográfica", em Ferreira e Amado, op. cit., cap. 13.

O autor ressalta, desse modo, a necessidade de inserir a narrativa no contexto. Esse exercício é tanto para o momento em que se apreende a memória de alguém – absorvendo o seu relato – como para o instante de construir um relato acerca do outro. Difícil é perceber os nós da teia.

Essas questões do trabalho a ser executado tendo o contemporâneo como *locus* de análise trazem dois outros argumentos à discussão: primeiro, a premissa do direito à privacidade; segundo, o processo de constituição dos arquivos consultados. Esses "encontros" são percebidos separadamente ou estabelecidos em um diálogo. Mas, certamente, centram-se em uma perspectiva comum: a de como utilizar a documentação levantada.

Trazendo essas indagações ao material pesquisado, o acervo burocrático da DCDP cotejado por esta pesquisa permite arrolar nomes e cargos dos censores. Os dados internos desse departamento só podem ser obtidos dessa forma, já que o DPF se recusa a divulgar o organograma da instituição. As identidades desses funcionários, que aparecem nos documentos, expõem a vida funcional e a formação acadêmica de indivíduos que prestaram concursos públicos e que, portanto, são responsáveis, até juridicamente, pelas demandas decisórias dos cargos que ocuparam[66].

A equação formulada aqui deseja responder a um impasse: como utilizar os dados desse acervo sem invadir a privacidade desses indivíduos? Para solucioná--la, optei por traçar uma reflexão semelhante à discussão do acesso à informação do pesquisador aos arquivos de *polícia política* (dos antigos Dops), por exemplo. Em ambos, o embate centra-se no proteger ou não as identidades, recuperáveis nas documentações desses acervos[67]. Em comum, tem-se também a noção de que tanto o material do Dops como o do DCDP pertenceram a um mesmo

---

[66] Durante as entrevistas realizadas com esses censores, em atividade ou aposentados, a maioria deles me pediu que os identificasse por pseudônimos. Muitos dos entrevistados ficaram chocados ao saber que parte da documentação do DCDP, que se encontra no Arquivo Nacional e está aberta à consulta, possui uma parcela do acervo de cunho burocrático. Este sobreviveu à "limpeza" de ex-agentes do órgão antes de entregar o material ao Arquivo.

Vale destacar aqui que, quando me refiro a *censores em atividade*, quero dizer que são os que permaneceram no DPF após o fim da censura, em 1988. Estes foram transferidos para outros departamentos daquele órgão.

[67] Tal discussão é semelhante à que realizei para compreender as diferentes regras que regem os acervos do antigo Dops, no Rio de Janeiro e em São Paulo. Cada um desses tem normas próprias ditadas pelos arquivos públicos de suas cidades. Meu texto, intitulado "Pelo buraco da fechadura – o acesso à informação e as fontes: os arquivos do Dops (RJ e SP)", que se encontra em uma coletânea sobre o tema da censura, organizada pela professora Maria Luiza Tucci Carneiro (*Minorias silenciadas: história da censura no Brasil*, op. cit., p. 553-85) trata desse assunto.

órgão central, o DPF. São, consequentemente, braços de atuação específica de uma mesma lógica de Estado. Uma peculiaridade, contudo, faz a diferença. Enquanto no acervo do Dops se tem a exposição da vida dos indivíduos em sociedade, no DCDP recuperam-se as normas censórias pela leitura de pareceres, a trajetória funcional pelo acesso às suas fichas e as decisões administrativas pela correspondência enviada e recebida.

Estando em discussão os limites da privacidade por ocasião do acesso à informação nesses arquivos, vale destacar que os dados ali contidos não respeitaram a individualidade, quando coletados em momentos de arbítrio. Mas a intimidade passa a ser questão na democratização das informações. Assim sendo, como a consulta a esses acervos só se realiza no segundo instante, na democracia, há uma encruzilhada quando estes entram em choque com os artigos 12 e 19 da Declaração Universal dos Direitos Humanos. O primeiro instrui que:

> (...) todo indivíduo tem direito à liberdade de opinião e de expressão, o que implica o direito de não ser inquietado pelas suas opiniões e o de procurar, receber e difundir, sem consideração de fronteiras, as informações e ideias por qualquer meio de expressão.

O segundo indica que:

> Ninguém sofrerá intromissões em sua vida privada, na sua família, no seu domicílio ou na sua correspondência nem ataques à sua honra e reputação. Contra tais intromissões ou ataques toda pessoa tem o direito à proteção da lei.

Corrobora essa ideia o artigo 5º, parágrafo X, da Constituição de 1988, em que se lê: "São invioláveis a intimidade, a vida privada, a honra e a imagem das pessoas". Sendo esse um terreno pantanoso, o mesmo artigo, no parágrafo XIV, contemporiza, ao assegurar a todos o acesso à informação. Assim, instala-se o caos, já que foi essa mesma Constituição que decretou o fim da censura, das proibições de moral e bons costumes e das retaliações à liberdade de expressão.

No caso específico dessa reflexão, o que está em pauta é a forma de preservar a individualidade, a honra e a privacidade de funcionários que, ao exercerem suas funções, colaboravam com um Estado antidemocrático. Resguardá-los é um reflexo do pacto pela democracia, e o processo de anistia política, aprovado em 1979, que não quer instituir culpas nem culpados, abriu essa brecha.

Com base nesses limites, o historiador Henry Rousso pondera sobre as funções e as fronteiras restritivas dos arquivos para a tessitura da história[68].

---

[68] Henry Rousso, "O arquivo ou o indício de uma falta", *Revista Estudos Históricos*, Rio de Janeiro, CPDOC/FGV, v. 9, nº 17, 1996.

Sendo o autor um estudioso preocupado com a história do tempo presente, suas análises mostram que, mais do que as fontes escritas, essa ótica do processo histórico amplia o conceito de "vestígios do passado", ao incluir na metodologia de trabalho a história oral[69]. O âmago da preocupação, na verdade, é pensar a *verdade* histórica. Em que situação o historiador se sente mais seguro: no registro escrito ou no depoimento *a posteriori*? Trazendo esse dado para a documentação encontrada no DCDP, pode-se ter uma interessante análise, já que, além do material coletado, há também as entrevistas feitas com esses censores. Assim, embatem-se informações e percebe-se a construção de duas memórias: uma, a que o material burocrático expõe; outra, a que os funcionários realizam no presente. Em ambas, está uma *verdade*, e a compreensão de suas lógicas internas permite os seus desmontes e o rearrumar das questões em uma narrativa histórica.

A intenção, no entanto, foi não pensar esses locais como os depositários de uma verdade absoluta. Os arquivos, em especial os que contêm informações de caráter pessoal, como os dos serviços de segurança, lembrados por Camargo, possibilitam duas investidas: que lá se encontram informações improcedentes, inexatas e enganadoras e que lá temos a história de um órgão[70]. Todavia um pesquisador que, daqui a cem anos, se interessar pelo assunto e for consultar o *arquivo* do Dops ou do DCDP, não terá a metodologia da história oral ao seu alcance, não poderá cotejar os dados com depoimentos orais. Nesse sentido, creio que uma forma de apreender o conteúdo desse acervo é verificar as premissas que ditaram a sua acumulação.

Mesmo que em filigranas, são fundamentais esses poucos vestígios do passado – da censura –, que ficaram nos arquivos. E, como lembra Rousso, é capital para o historiador que se dedica ao tempo presente recolher ou produzir novas documentações, como os depoimentos orais, para, além de auxiliar as suas próprias pesquisas, deixar o registro para investigações futuras. Assim, compreende-se que foi a lógica do controle das informações de um Estado autoritário que fez produzir o acervo de censura. E será, talvez, a lógica de uma classificação indicativa de horários e faixas etárias que transformará e poderá quebrar com uma "cultura censória".

---

[69] Torna-se frutífero aproximar as ideias de Rousso aos conceitos de uma história de sinais e de paradigmas indiciários proposta por Carlo Ginzburg em "Sinais: raízes de um paradigma indiciário", em C. Ginzburg, *Mitos, emblemas e sinais. Morfologia e história* (São Paulo, Companhia das Letras, 1989).

[70] Ana Maria de Almeida Camargo, "Informação, documento e arquivo: o acesso em questão", *Boletim – Associação dos Arquivistas Brasileiros*, nº 11, 1993.

64

O acesso a todos os dados que "sobraram" daquele órgão é uma forma positiva de falar de um silêncio, como também permite ao pesquisador rediscutir a constituição de uma memória. Nessa direção, está a reflexão de Étienne François, diretor do Centro Marc Bloch – Berlim[71]. Sua análise versa sobre o fascínio que os arquivos das *polícias políticas* despertaram na comunidade acadêmica e as dificuldades que seu manuseio impõem. O deslumbramento de poder consultar um material secreto em um momento de liberdade governamental gerou, segundo o autor, a sensação de que todo o segredo do passado seria finalmente liberto. Todavia,

> (...) muito rapidamente, no entanto, renuncia-se a essas pretensões e começa-se a perceber que tudo não é assim tão simples, que os novos arquivos não falam por si só, que, como todos os outros arquivos, eles devem ser submetidos a uma crítica exigente das fontes, que seu manuseio só pode ser feito se forem respeitadas as preocupações éticas e metodológicas elementares e que, mesmo bem utilizados e interrogados a partir de questões pertinentes, não dispensam o historiador de seu trabalho habitual de reconstituição e de interpretação – e não têm resposta para tudo.[72]

A análise de François permite vislumbrar a verdadeira dimensão desses *arquivos secretos* e pode ser estendida para a reflexão tanto acerca do material sobre a censura quanto acerca da documentação de cunho estatal como um todo. Afora a majestade com que alguns os encaram e a decepção que tamanha expectativa pode gerar, François reafirma que esse arsenal é apenas mais uma fonte para as pesquisas. Uma fonte rica e que não pode ser negligenciada, mas cujas informações necessitam do eterno cotejar com outras para melhor compreender um período da história. Sem dúvida, o mais importante é que, com o fim desses tipos de organização secreta de governos autoritários e a liberação para a consulta, como os Dops e/ou os DCDP, houve um "(...) chamado ao trabalho, à exigência metodológica e ética, à modéstia, à humildade, ao requestionamento das certezas adquiridas"[73].

Estamos vivendo agora um momento de inflexão. Reivindica-se o direito de consultar tais documentos, estabelecendo regras que respeitem tanto o livre acesso à informação como a preservação da privacidade, sem supervalorizar a

---

[71] Centrando seu foco na especificidade da República Democrática Alemã, François nos expõe às exigências que a documentação da Stasi – a temida polícia política da Alemanha Oriental – demanda dos pesquisadores que se aventuram a trabalhar ali. Ver Étienne François, "Os 'tesouros' da Stasi ou a miragem dos arquivos", em Jean Boutier e Dominique Julia (orgs.), *Passados recompostos – campos e canteiros da história* (Rio de Janeiro, Ed. UFRJ/Ed. FGV, 1998), p. 155-61.

[72] Étienne François, "Os 'tesouros' da Stasi...", op. cit., p. 157.

[73] Ibidem, p. 161.

fonte tampouco tutelá-la ou novamente censurá-la. Assim, aproximando as ideias de François das análises de Camargo, que crê na impossibilidade de considerar a veracidade dos documentos depositados como um dado *a priori*, reforça-se a noção do encontro com os *vestígios*.

O terreno, portanto, está dividido entre o direito à informação e os limites da privacidade. Tentando elucidar a questão, Hannah Arendt esclarece que, nos regimes totalitários, as polícias secretas são as que podem ver sem serem vistas[74]. A abertura à consulta dos acervos do aparelho de Estado em períodos ditatoriais e sua transformação em arquivo público comporta, antes de tudo, vermos como eles (os agentes secretos) viam. No caso específico do material do DCDP, pode-se compreender a lógica que formava esses funcionários, seus cursos, currículos e seus métodos de trabalho. Mas, principalmente, obtém-se uma história da censura vista por dentro.

Não se pode, entretanto, centrar na análise da censura com base só no arquivo do DCDP. Não cotejar diferentes materiais impossibilita outras reflexões, podendo, assim, contribuir para um grave erro de análise. Isso, em certa medida, foi realizado em um recente trabalho sobre o DCDP[75].

Nessa dissertação, Berg traça um histórico do departamento e recai em um quadro teórico de análises do papel do Estado e de governos ditatoriais, fruto das pesquisas dos anos 1970. Procura, na análise do material, uma aproximação entre o pensamento militar e as diretrizes da "Comunidade de Informações" e, a meu ver, perde a riqueza do material ao não perceber uma cultura da censura. Centra-se apenas nas fontes daquele arquivo, nas suas análises, e justifica esse procedimento na impossibilidade de acesso aos censores. Estariam aí as suas dificuldades de avançar. Ao se debruçar mais sobre o material censurado – sobre os pareceres –, perde a abundância de informações contidas no acervo burocrático. Mesmo que, em quantidade menor que o primeiro, as correspondências internas e as trocas de informações auxiliam em uma perspectiva de conjunto. Os pareceres podem, creio, ser vistos na perspectiva de uma amostragem e devem dialogar com outros materiais, como as respostas na imprensa ao material censurado[76].

---

[74] Apud Celso Lafer, *A reconstrução dos direitos humanos: um diálogo com o pensamento de Hannah Arendt* (São Paulo, Companhia das Letras, 1988).

[75] Refiro-me ao trabalho de Creuza de Oliveira Berg, *Os mecanismos do silêncio: expressões artísticas e o processo censório no regime militar; Brasil, 1964-1984* (São Paulo, dissertação de mestrado em história, FFLCH-USP, 1997).

[76] Semelhante problema encontra-se no livro de Inimá Simões, *Roteiro da intolerância: a censura cinematográfica no Brasil* (São Paulo, Editora Senac, 1999).

Certamente, uma análise da censura, uma das executoras das medidas restritivas, passa por uma investida sobre a interface processo histórico/direito constitucional. Além de trazer à tona o "pessoal executor" – os censores –, há que se quebrar a relação ditadura/militares/ESG, tão presente nas discussões dos anos 1970, e também refletir sobre os civis. Tal redireção busca demonstrar a importância de ampliar as análises para outros espaços, que não só os já privilegiados em estudos anteriores. Isso porque a escala hierárquica, de modo ascendente, leva o DCDP a ser subordinado ao DPF, que é um órgão do Ministério da Justiça.

Pode-se perceber – e as pesquisas sobre a primeira República demonstram isso – a forte presença de uma visão bacharelista nas análises históricas. Os notórios advogados da passagem do Império à República provaram a força dessa reflexão. Membros do governo eram atores políticos fortes e suas posições intervinham e davam a cara da nova ordem política. A presença desses homens no aparelho de Estado decai com o passar dos anos e vem sendo substituída pela força das pastas de economia nos governos recentes[77]. Diferentemente de Alencastro, contudo, que vê essa substituição começando a ocorrer no governo de JK, não se pode perder de vista a importância dos juristas, como o ministro Gama e Silva e Alfredo Buzaid, para a legalização do autoritarismo nos governos do pós-1964 e 1968, e Petrônio Portella, na sua curta passagem como articulador dessa anistia recíproca. A importância do Ministério da Justiça também perpassa, no caso da censura, a compreensão de onde estavam as agências censórias durante o período republicano, tema do próximo capítulo.

---

[77] Luiz Felipe de Alencastro, "Elogio do bacharelismo", *Veja*, 17/2/1999, p. 16.

Charge de Chico Caruso, publicada no *Globo*. O personagem é um misto de Tancredo Neves e José Sarney.

2
20.493/46, 5.536/68 e 1.077/70:
os limites do que nos era permitido saber

> E eu digo não
> E eu digo não ao não
> E eu digo é proibido proibir
> É proibido proibir
> É proibido proibir
> (Caetano Veloso, *É proibido proibir*)

O embaralhar de números e imagens

Olhar, vigiar, controlar, censurar, limitar, policiar, permitir, negar. Ou olhar, observar, descobrir, conhecer, nomear, reconhecer. Duas faces da mesma moeda, em que cada uma esconde/aprisiona uma escolha. Temática atemporal, o interdito, na sociedade altamente tecnológica e de olhos vigilantes sobre os habitantes das cidades, possui justificativas para essas duas facetas.

Decantada pela força dos tentáculos de controle do Estado sobre o ir e vir, o livro *1984*, de George Orwell, tido por muitos como profético, expôs o limite máximo do observar/vigiar/controlar[1]. Desenhou o grotesco como forma de advertência e de profecia. Refletindo sobre a permanência desse autor e de seus livros, em especial sobre esse volume, o historiador Timothy Garton Ash ponderou que

> (...) por que ainda deveríamos ler George Orwell (1903-1950) sobre assuntos políticos? Até 1989 a resposta era clara. Ele foi o escritor que captou a essência do totalitarismo. Em todos os países da Europa sob regime comunista, as pessoas me mostravam suas surradas cópias clandestinas de *A Revolução dos Bichos* ou de *1984* e perguntavam: "Como ele sabia?".

---

[1] A primeira edição desse livro no Brasil foi patrocinada pelo Instituto de Pesquisas e Estudos Sociais (Ipês), criado em agosto de 1961 por empresários preocupados com a disseminação do "perigo comunista". Um dos objetivos dessa organização era orientar políticas de governo e produzir material panfletário (filmes e livros). Durou dez anos, até março de 1972, tendo recebido vultosas doações. Cf. Denise Assis, *Propaganda e cinema a serviço do golpe (1962/1964)* (Rio de Janeiro, Mauad/Faperj, 2001).

Certamente o mundo de *1984* terminou em 1989. Os regimes orwellianos persistiam em alguns países longínquos, como Coreia do Norte, e o comunismo sobrevivia, de forma atenuada, na China. Mas os três dragões contra os quais Orwell lutou com todas as suas forças – o imperialismo europeu, em especial o britânico; o fascismo, fosse italiano, alemão ou espanhol; e o comunismo, que não se deve confundir com o socialismo democrático, em que o próprio Orwell acreditava – estavam mortos ou mortalmente enfraquecidos. Quarenta anos após a sua morte, dolorosa e precoce, George Orwell venceu. Adjetivo e substantivo.[2]

Da pseudoficção à realidade brasileira, o ano de 1984 traz em si uma carga simbólica e mítica. Foi o clímax de um momento em que muitos brasileiros apostaram nas mudanças políticas para reverter o quadro autoritário imposto havia duas décadas. Esse ápice vincula-se a um processo longo. Os caminhos que buscaram modificar essa situação poderiam ter inúmeros marcos iniciais. O desmonte da máquina repressiva e as manobras internas da caserna e do Planalto para manter uma determinada ordem foram descritos por Bernardo Kucinski[3]. Em uma análise jornalística, os pontos importantes a ter em mente são tanto as estratégias para a escolha do substituto do general Geisel como, principalmente, a derrota política da ocupação militar nas greves do ABC no final dos anos 1970.

Vinte anos depois de 31 de março/1º abril de 1964, ou dezesseis anos depois de 13/12/1968, forças políticas e setores populares buscavam, nas manifestações de rua e nas articulações palacianas, formas de fazer explodir o grito calado pela imposição do arbítrio. Nas análises de Skidmore, o "(...) Brasil de 1984 não era aquele de 1964. Enormes mudanças econômicas haviam acontecido, viu-se o fim de uma geração inteira de políticos, e havia uma população cuja maioria das pessoas nascera nas duas últimas décadas"[4].

Muitas mudanças, certamente, estavam em curso. Mas "velhos políticos" – como se pôde perceber nas articulações para a sucessão do general João Batista de Oliveira Figueiredo, que ocorreria em março de 1985 – novamente estariam no centro do palco. Assim, uma tradição política, que teve seu auge em 1964, soube se reformular e contou com um golpe do destino para estar outra vez no "olho do furacão". Por outro lado, resquícios de gerações que estavam na "boca de cena" dos anos 1960 e 1970 também retornaram, beneficiados pela Anistia,

---

[2] A citação acima se encontra no artigo de Timothy Garton Ash, "A permanência de George Orwell", caderno "Mais!", *Folha de S.Paulo*, 8/7/2001.

[3] Bernardo Kucinski, *O fim da ditadura militar* (São Paulo, Contexto, 2001).

[4] Thomas E. Skidmore, "A lenta via brasileira para a democracia: 1974-1985", em Alfred Stepan (Org.), *Democratizando o Brasil* (São Paulo, Paz e Terra, 1988), p. 66-7.

assinada em agosto de 1979. Novamente se encontrariam esses revolucionários, autoexilados, banidos ou não, com seus algozes, juntando-se a eles uma geração que nascera nesse hiato de tempo.

As marcas deixadas, de ambos os lados, por esses anos de autoritarismo, somadas às novas posturas que cada grupo e cada indivíduo construiu para si, sentenciariam que 1984 não seria 1964. No bojo das transformações que começaram a ocorrer desde fins dos anos 1970, vários marcos redesenham o quadro. No centro dos acontecimentos, o intuito de fazer valer o voto era uma das prioridades na esteira dessas negociações. Eleger o presidente da República, naquele momento, representava uma forma de estabelecer e construir estruturas políticas mais democráticas, rompendo com a autoritária representação das indicações indiretas do pós-1964[5].

Nesse sentido, desde fins da década de 1970, vislumbra-se que o desenho político buscava alterar-se. Embalados por uma ideia que viraria *slogan* poucos anos depois – "Um, dois, três, quatro, cinco, mil: queremos eleger o presidente do Brasil!" –, ocorreram encontros políticos nos quais se produziram documentos como a "Declaração de Poços de Caldas", em 19/11/1983, com representantes de São Paulo e Minas Gerais, e o "Manifesto dos Governadores", em 26/11/1983, quando seis governadores do PMDB – Tancredo Neves (MG), Gilberto Mestrinho (AM), Jader Barbalho (PA), José Richa (PR), Íris Resende (GO) e Franco Montoro (SP) – tentavam buscar formas de restabelecer as eleições diretas para presidente da República. O primeiro comício pelas Diretas Já, no fim de 1983, realizado pelo PT no estádio do Pacaembu, em São Paulo, tornou-se um marco por romper com a ideia de que era loucura realizá-lo. Definitivamente, uma euforia estava no ar!

Tendo como contexto as comemorações do 430º aniversário da cidade de São Paulo, em 30/1/1984, ocorreram outras demonstrações populares com essa bandeira. A apatia e a inércia, um sono, mas mais que isso, o medo do terror parecia estar chegando ao fim. O povo queria ocupar as ruas e, em 10/4/1984, *toma de assalto* a avenida Presidente Vargas, no Rio, no megacomício convocado principalmente pelos partidos de oposição, ao qual compareceu um milhão de

---

[5] As reflexões de Daniel Aarão Reis Filho sobre o processo de Anistia política brasileira, decretada em 28/8/1979, percebem o processo como o de uma luta que se autoconstruiu como um resgate de supostas raízes democráticas. Assim, propõe-nos pensar que a imagem refeita é a de que a sociedade brasileira sempre foi contrária à ditadura e pôde reencontrar-se com ela durante as negociações que aprovaram uma Anistia recíproca para torturados e torturadores. Ver Daniel Aarão Reis Filho, "A anistia recíproca no Brasil ou a arte de reconstruir a História", em Janaína Teles, *Mortos e desaparecidos políticos: reparação ou impunidade?* (São Paulo, Humanitas, 2000), p. 113-9.

pessoas. Em São Paulo, foram para a praça da Sé seis dias depois e continuaram a gritar por "Diretas já!". Houve comícios, a população vestia-se patrioticamente de amarelo e era *embalada* por muita música, a maioria proibida pela censura até então.

Era como se, naquele instante, se estivesse construindo uma ponte, que unia esse momento a junho de 1968, quando o Rio de Janeiro viveu a Passeata dos Cem Mil[6]. O desejo era resgatar o clima daquelas manifestações e reafirmar o inato espírito democrático do povo brasileiro. A democracia brasileira, nesse discurso, era algo escondido que deveria novamente vir à tona. Estava, segundo essa perspectiva, nas raízes da sociedade e deveria ser resgatada.

Um compositor que teve inúmeros problemas com a *tesoura e o lápis verme-lho* durante a censura que vigorou na ditadura brasileira do pós-1964 e que até mesmo usou um pseudônimo, Julinho da Adelaide, compôs um samba-exaltação que se tornou um hino dessas manifestações. *Vai passar*, de Chico Buarque e Francis Hime, além de um retrato dos vinte últimos anos, traduzia a esperança que se respirava e a vontade de que nunca mais existissem noites negras como aquelas. A avenida Presidente Vargas, palco dos Carnavais dos anos 1940 a 1960, ouviria então que

> Vai passar
> Nessa avenida um samba popular
> Cada paralelepípedo
> Da velha cidade
> Essa noite vai
> Se arrepiar
> Ao lembrar
> Que aqui passaram sambas imortais
> Que aqui sangraram pelos nossos pés
> Que aqui sambaram nossos ancestrais

---

[6] Em junho de 1968, o centro do Rio de Janeiro foi o palco da Passeata dos Cem Mil, uma das maiores manifestações de oposição à ditadura e fruto de contestação à violência imposta pela morte do estudante Edson Luis por ocasião da invasão policial-militar ao refeitório universitário Calabouço, no Rio, em 28 de março daquele ano. Como resultado dessa ação, foi a primeira e única vez que um general-presidente, na época Costa e Silva, recebeu uma comissão popular em audiência. Em outubro daquele mesmo ano, a rua Maria Antônia, em São Paulo, acolheria o embate entre a Faculdade de Filosofia da USP e a direita universi-tária ligada ao Comando de Caça aos Comunistas (CCC) dos alunos do Mackenzie. Nesse mesmo mês, no 30º Congresso da UNE, em Ibiúna, 739 universitários foram presos. Uma série de fotos que estamparam as páginas dos jornais nesses dias pode ser consultada em José Alfredo Vidigal Pontes, *1968, do sonho ao pesadelo* (São Paulo, O Estado de S. Paulo, 1998) e Daniel Aarão Reis Filho, *1968, a paixão de uma utopia* (Rio de Janeiro, Espaço e Tempo, 1988).

Num tempo
Página infeliz da nossa história
Passagem desbotada na memória
Das nossas novas gerações
Dormia
A nossa pátria mãe tão distraída
Sem perceber que era subtraída
Em tenebrosas transações...

Essas imagens, construídas e cantadas por Chico Buarque, foram diretamente vinculadas à noção de *esperança*. Os anos de terror, anos de chumbo, de AI-5, de cassação dos direitos políticos e civis, iriam tornar-se passado com a decretação da Anistia. Sem retaliações nem busca de culpas e culpados, sem discussão vasta pela sociedade. Mesmo não sendo ampla, parecia anunciar o desejo de diálogo nas relações políticas.

Vale lembrar, contudo, que parte da sociedade civil referendou as trevas que *desmoronaram* sobre o cenário político brasileiro, apoio esse manifestado também, mas não só, nas marchas da Família com Deus e pela Liberdade. Parte desse apoio esteve estampado nos jornais, em editoriais, às vésperas do 31 de março de 1964.

Nas reflexões de Marcelo Ridenti, os temas sociais ainda, e sempre, eram a nota do compositor. Isto se expõe, entre outras, na utopia política da música *Vai passar*. Com esta melodia e música como pano de fundo, as críticas políticas ali contidas permeavam o país nos dias que antecederam os megacomícios pelas Diretas Já. No entanto, como pontua Ridenti

> (...) paradoxalmente, o sonho coletivista e libertário da letra [dessa canção] foi tomado como símbolo da retomada do poder pelos civis, com a eleição indireta pelo Congresso da chapa oposicionista Tancredo Neves/José Sarney, na *transição transada* para a democracia, que em nada minorou os graves problemas sociais brasileiros e tinha pouca relação com a utopia igualitária cantada por Chico.[7]

No bojo dessa "página infeliz da nossa história", estão as medidas autoritárias do pós-1964. A possibilidade de escolher o presidente da República como exercício da cidadania deixou de existir a partir do AI-2, decretado em 27/10/1965, que mudou as regras das votações presidenciais. Isso porque este ato alargou o controle estatal sobre o Judiciário e dotou o Executivo de poder Legislativo[8].

---

[7] Marcelo Ridenti, *Em busca do povo brasileiro: artistas da revolução, do CPC à era da TV* (Rio de Janeiro, Record, 2000), p. 247-8.

[8] O AI-2, no seu artigo 9º, legislou que as eleições para presidente e vice-presidente da República seriam por maioria absoluta do Congresso Nacional, em sessão pública e nominal – o

74

Decidir o futuro do país escolhendo quem substituiria o último presidente militar, o general João Batista Figueiredo, era o que movia o povo nas ruas do Brasil naquele ano de 1984. Em uma volta no tempo, dez anos antes, em novembro de 1974, o governo Geisel vira seu partido, a ARENA, ser derrotado pela oposição, o MDB, no pleito para as Câmaras municipais e Federal e para o Senado. A principal consequência política dessa perda eleitoral da ARENA foi o prejuízo da maioria de dois terços que o partido detinha no Congresso, o que impediria o novo general-presidente, Ernesto Geisel, de enxertar emendas à Constituição, contando apenas com os votos da sua bancada[9]. As tentativas de minimizar e administrar esse dano no futuro deram-se com a introdução do expediente de "senador biônico" e com a instituição da Lei Falcão, que restringia a propaganda eleitoral na TV e no rádio. Tais transformações nas regras do jogo antes das eleições seguintes, em 1978, refletiriam as manobras para reverter esse quadro[10].

Mudar pelo voto continuava em pauta em 1984. Novas tentativas da oposição de alterar o quadro político pelo sufrágio popular refletem-se na pressão dos comícios pelas eleições diretas. No dia 25/4/1984, foi posta em plenário da Câmara Federal uma emenda à Constituição, que desejava que, depois de vinte anos, cidadãos e urna se reencontrassem para esse tipo de pleito. Uma semana antes da votação da proposta, de autoria do deputado federal pelo MDB-MT, Dante de Oliveira, o general-presidente Figueiredo moveu as peças do tabuleiro para impedir o direito da nação ao voto. No dia 17 de abril, fez chegar uma emenda constitucional que, em 38 inovações, restabelecia o sufrágio universal para presidente nas eleições de 1988.

Assim, no dia da votação da emenda por eleições diretas para presidente, um aparato de segurança máxima foi montado, TVs e rádios foram censurados, 6 mil homens do Exército estavam nas ruas de Brasília, comandados pelo general Newton Cruz – ex-chefe da agência central do SNI, com sede na

---

que certamente impediria a quebra de comando que o voto secreto poderia proporcionar –, e impôs também o bipartidarismo, já que só poderia haver dois candidatos por pleito, fazendo surgir o MDB, de oposição, e a ARENA, governista. Ver Lúcia Grinberg, *A Aliança Renovadora Nacional (ARENA): a criação do bipartidarismo e do partido do governo (1965-1979)* (Niterói, dissertação de mestrado em história, UFF, 1999).

[9] Segundo os dados de Kucinski (*O fim da ditadura militar*, op. cit., p. 25), o MDB teve 14,5 milhões de votos para os seus candidatos ao Senado, enquanto a ARENA teve 10,1 milhões. O partido de oposição avançou dos 21% alcançados nas eleições de 1970 para 38% na Câmara, enquanto a ARENA caiu de 48% para 41%.

[10] As temáticas da Lei Falcão e dos senadores biônicos serão retomadas nos capítulos 3 e 4 (item acerca dos jornalistas).

capital federal e, naquele momento, comandante militar do Distrito Federal –, obedecendo às medidas de emergência decretadas pelo governo.

O clima popular era de euforia, mas a revista *Veja* daquela semana já apontava as chances mínimas de que o objetivo fosse alcançado. A emenda constitucional que permitiria a existência de eleições presidenciais diretas no país foi derrotada. A população foi novamente impedida de exercer sua cidadania, já que não se conseguiram os dois terços do Congresso Nacional para ratificar o desejo das massas[11]. Esse pleito continuaria com a tradição do pós-1964 e seria indireto.

Decidindo pela continuação da forma indireta de escolha, o Colégio Eleitoral lançou como candidatos o situacionista paulista Paulo Maluf (PDS-SP) e o oposicionista mineiro Tancredo Neves (PMDB-MG), optando pelo segundo, em janeiro de 1985, em um sinal (tímido) de que as transformações haveriam de chegar, cedo ou tarde. As propostas de abertura política "lenta, gradual e, principalmente, segura" – inauguradas com o governo do general Ernesto Geisel (1974-1979) e que se prolongaram no último governo militar pós-1964, do general Figueiredo –, se não permitiram que em 1984 o povo escolhesse seu presidente, recolocaram no centro do palco um civil para inaugurar uma nova fase.

O desenrolar dos acontecimentos e a trágica morte de Tancredo Neves, entretanto, reposicionaram o foco para o senador maranhense José Sarney, vice de Tancredo. Essa mudança de protagonista daria um novo rumo à política dali para a frente. Muitas arestas ainda precisavam ser aparadas e, principalmente, havia a necessidade de redefinir um novo pacto político-social, diferente do estabelecido em 1964. Os acontecimentos de 1984 novamente causaram frustração, mas, parecia, lançaram uma semente.

Todo esse fervilhar de situações que se inscreveram nesses dois anos – 1984 e 1985 – demonstra as transformações em curso. As rápidas, mas ainda hesitantes, alterações de cenário e atores marcaram o governo de José Sarney (1985-1990). Idas e vindas, avanços e retrocessos em um momento de sedimentação pontuaram esse período. Havia uma lacuna entre as propostas apresentadas e as ações efetivamente realizadas. Mas o manto que as encobria não demoraria a cair.

A Nova República dos festivais

A propaganda oficial do governo Sarney apresentava uma imagem de novos ventos, novos rumos, enfim, o novo comando prometia muito. Fundava-se a

---

[11] No plenário da Câmara Federal, a emenda recebeu 298 votos. Faltaram 22 para completar os dois terços necessários.

"Nova República" e, entre outras promessas, apregoava-se o fim da censura. Esta seria não mais política, nem moral, mas apenas classificatória. Nos jornais da época, eram inúmeras as matérias que destacavam as expectativas por essas mudanças. Às vésperas da posse de Tancredo Neves, que não houve, o caderno cultural Ilustrada, do jornal *Folha de S.Paulo*, sintetizou o que gostaria de ver no futuro:

> Foram anos de golpe, de Brasil Grande, de milagre, mas, principalmente, de censura. Esses vinte anos que acabamos de viver ficaram marcados pelo silêncio e pelo lápis vermelho sobre a criação cultural, mas, agora, o novo governo apresenta seus planos para a transição, começa um degelo na comunicação. É assim que o presidente da Associação Brasileira de Emissoras de Rádio e Televisão, o paulista Joaquim Mendonça, invoca Caetano Veloso e decreta: "É proibido proibir".[12]

Partindo dessa sentença, "É proibido proibir", preconiza-se que uma interdição permite sempre uma leitura de que seria mal recebida e indesejada. Essa ideia não é uma afirmação inteiramente verdadeira, pois muitos setores da sociedade civil por vezes a desejam e pedem. Quando associada a períodos de arbítrio, contudo, são muito comuns declarações como essa, que parecem restringir o controle da informação aos anos de ditadura e, principalmente, a dois instantes da história do Brasil republicano: o Estado Novo (1937-1945) e a Ditadura civil-militar (1964-1985)[13].

A permanência de órgãos de controle da informação tanto em períodos de exceção como nos democráticos quebra essa máxima. A análise da legislação censória e o levantamento do *locus* das agências de censura no organograma da polícia comprovam essa hipótese. Assim, o escopo deste capítulo é, a partir desse elenco de leis e decretos, compreender como, no período republicano brasileiro, se regularam as atividades de domínio acerca do que seria divulgado. Não se está querendo comparar aqui a maneira mais sistemática, e até mesmo mais violenta, que os períodos de arbítrio utilizam para exercer a censura. O que está no centro da discussão é: a) que a censura e todo o seu aparato existem e exe-

---

[12] Norma Couri, "Muda o governo, chega a nova censura", *Folha de S.Paulo*, 15/2/1985, p. 3.

[13] Alexandre Ayub Stephanou, no livro *Censura no regime militar e militarização das artes*, op. cit., p. 20-1, faz uma sistematização censória no Brasil, da Monarquia aos anos pós-1964. Mesmo que um tanto simplista vale como marcos de diferenças. Assim: a) de 1808 a 1840 a Censura tinha por objetivo o combate das conjurações e conspirações republicanas, b) 1889- -1930, evitar o contragolpe monárquico, as revoltas regionais e os movimentos comunistas, c) Estado Novo (1937-1945), combater as doutrinas "exóticas" (comunismo, socialismo e anarquismo), e d) 1964-1978, ocultar as arbitrariedades e garantir a continuidade do regime vigente.

cutam seus trabalhos tanto em momentos autoritários como nos democráticos; b) que os períodos de exceção, no Brasil, têm a preocupação, talvez singular, de legislar e assim dar aos atos de arbítrio aparência e conteúdo de legalidade; e c) que existe um processo de continuidade, com nuanças de transformação, no sentido de aprimoramento, que regulou as agências de censura no período republicano brasileiro até 1988, quando a nova Constituição retirou da esfera do Estado tal função.

Todavia, como ratifica a matéria de jornal antes citada, o ano de 1985 continuava a carregar o tom eufórico de transformações em curso. Efêmeros ou não, os fatos ocorridos em 1986 explicitam uma das respostas possíveis. Iniciava-se o segundo ano do governo José Sarney, e exemplos que poderiam indicar (mas não necessariamente efetivar) que "os tempos eram outros" seriam percebidos também nos novos festivais de cinema. Estes voltaram a figurar no panorama nacional a partir de 1984, depois de, pelo menos, uma década e meia de censura política, encoberta pelo manto da vigilância à "moral e aos bons costumes". Aconteceu, entretanto, um episódio político e cultural no ano de 1986 que recolocou na ordem do dia velhas questões, como a relação entre a censura e o poder da Igreja.

O fosso aberto pelo choque entre desejos de liberdade e estruturas conservadoras de ideias e autoridades desenhou um melancólico quadro para aquele ano. Mas este foi mais torpe, pois rompia com perspectivas e esperanças e, principalmente, porque desmascarou e apresentou a realidade desnuda. Para compreender o significado desse panorama, é importante recordar que, em 1984, no último ano do governo do general Figueiredo, aconteceu o I Festival de Cinema do Rio de Janeiro (FestRio), tendo como palco o teatro do Hotel Nacional, no bairro de São Conrado, zona sul carioca – um local com capacidade para 1.500 pessoas, em que poltronas vermelhas de veludo davam o tom do conforto e imponência do lugar.

O filme *Cabra marcado para morrer*, do diretor e roteirista Eduardo Coutinho, era o forte candidato a vencedor do festival. A trajetória dessa película refletia um pouco da narrativa dos últimos vinte anos de ditadura e de censura política que o país havia vivido. *Cabra marcado* começou a ser rodado no Nordeste brasileiro às vésperas de março de 1964. O golpe civil-militar fez com que equipe e atores se separassem. O medo e a incerteza do tempo vivido interromperam as filmagens. Dezessete anos depois, Coutinho retomou o projeto e regressou à caatinga nordestina para reencontrar seus personagens. Desse modo, são dois filmes: as imagens de 1964 e o percurso traçado por aquelas pessoas após quase duas décadas.

A narrativa gira em torno da história do líder camponês João Pedro Teixeira, fundador da Liga Camponesa do Sapé, na Paraíba, assassinado em 1962 pela Polícia Militar. Descreve igualmente o percurso de sua mulher, Elizabeth Teixeira, que viveu na clandestinidade e ficou exilada por todo esse tempo, vítima das perseguições dos órgãos de repressão do pós-1964[14].

Nesse contexto, ao redesenhar a "grande família comunista nos movimentos culturais dos anos 60", Marcelo Ridenti referiu-se à origem desse filme. Ridenti destaca que o cineasta Eduardo Coutinho optou por filmar as Ligas Camponesas depois que João Cabral de Melo Neto recusou um projeto de transformar em película alguns de seus poemas sociais. O filme de Coutinho, para Ridenti,

> (...) debruça-se sobre o passado não só dos protagonistas mas também do cinema, da cultura e da política brasileira, após quase vinte anos de vigência da ditadura civil-militar, que se encerrava. A intenção do diretor, na versão final, pretende-se crítica em relação à prepotência do CPC e do Cinema Novo acerca do conhecimento do popular, prepotência que estaria subjacente na versão que deveria ter sido concluída em 1964.
>
> (...) O filme é revelador das contradições das classes médias intelectualizadas, em busca da aproximação do suposto autêntico homem do povo. Contudo essas contradições passam longe de mera manipulação populista, como sugere uma série de críticas de esquerda, sobretudo nos anos 80, de intelectuais então empolgados com os chamados novos movimentos sociais.[15]

No fim do festival, o longa-metragem, com seu resgate da história recente do Brasil, seria aclamado como vencedor. Sua premiação era igualmente uma exclamação: um anseio por confirmar o fim da censura, pontuando a imagem de que já se podia falar, exibir e ver o que se quisesse.

Dois anos depois do sucesso de *Cabra marcado*, o III FestRio viveria uma situação inusitada. Antes, contudo, é importante destacar que, entre o primeiro e o terceiro festival, temos o ano de 1985. O maranhense José Sarney tomou posse interinamente e, com a morte de Tancredo Neves, tornou-se o novo presidente. O ministério empossado foi o escolhido pelo presidente morto, e o ministro da Justiça era o advogado e deputado federal pernambucano Fernando Lyra (PMDB-PE).

---

[14] *IstoÉ*, 5/12/1984, p. 32-40.

[15] O autor faz uma interessante reflexão sobre o filme tendo como foco as questões que regulavam o CPC, a UNE e as esquerdas nos anos de 1960 à luz dos embates no momento da transposição para as telas de *Cabra marcado* (Ridenti, *Em busca do povo brasileiro...*, op. cit., p. 97-9).

Imbuído do espírito de transformação, o ministro Lyra sentenciou o fim da censura e pôs à frente da Divisão de Censura de Diversão Pública (DCDP) um censor de primeira hora, pertencente ao grupo que chegou a Brasília por ocasião da fundação da cidade e que ainda estava na ativa. Coriolano de Loyola Cabral Fagundes, no cargo desde 1961, substituiu a irascível Solange Hernandez, conhecida como Solange *Tesourinha*. O intuito de Lyra ao nomear Coriolano Fagundes era desmembrar aquela estrutura e extinguir a Divisão.

Reforçando uma perspectiva de expurgar antigas chancelas e alterando uma tradição de generais e coronéis no comando do DPF, foi o presidente José Sarney, e não o ministro Lyra, que nomeou, em janeiro de 1986, o delegado federal Romeu Tuma para o cargo. Por mais que fosse um civil no posto, a vinculação de Tuma à repressão era conhecida. No primeiro grupo de ministros selecionados por Tancredo Neves, o designado para o DPF havia sido o coronel, na época já na reserva, Luís Alencar Araripe. Ligado à comunidade de informações, não assinalava nenhuma mudança na esfera do DPF[16].

Centrado nessa ideia de designar outros nomes, mas não necessariamente alterar *perfis*, o exemplo do delegado Romeu Tuma é paradigmático, pois desenha duas narrativas. A primeira pontua que,

> (...) em 1967 Tuma alcançou o cargo de Delegado de Polícia por concurso público. Entre 1975 e 1983, quando era secretário de Segurança Pública de São Paulo o coronel Erasmo Dias, chefiou o DEOPS de São Paulo. Como diretor do DEOPS contribuiu para o desmantelamento de organizações políticas clandestinas de esquerda que atuavam nos sindicatos, fábricas, universidades e bairros na época da ditadura militar. Isentou-se, porém, da parte mais delicada da operação, que consistia na prisão e confissão, muitas vezes sob tortura, dos militantes de esquerda. Tal tarefa Tuma deixava para a *Oban* – ação repressiva vinculada ao II Exército, financiada, em parte, por empresários. Em março de 1983, o governador em exercício de São Paulo, José Maria Marin, extinguiu o DEOPS. No mesmo mês Tuma foi nomeado superintendente da Polícia Federal em São Paulo.[17]

Uma segunda narrativa sobre a trajetória do delegado Tuma, bem pessoal, faz parte da biografia do delegado Sérgio Paranhos Fleury, escrita pelo jornalista policial do *Jornal da Tarde*, Percival de Souza. Em depoimento ao jornalista, Tuma, ex-chefe do Serviço Secreto e ex-diretor do Deops, relatou que começou sua

---

[16] Como o DPF é subordinado ao Ministério da Justiça, poder-se-ia pensar que o delegado Romeu Tuma era uma escolha do ministro Fernando Lyra, o que foi desmentido pelo segundo (entrevista à autora em 12/12/1998).

[17] *Dicionário Histórico-Biográfico Brasileiro* (2ª ed., Rio de Janeiro, CPDOC/FGV, 2001).

80

(...) vida na polícia como investigador, já no DOPS. (...) Não tinha uma amizade mais íntima com Fleury. (...) Fomos promovidos juntos à classe especial na carreira de delegado de polícia. Ele me tratava como se houvesse uma competição entre nós. Fiquei sem função alguma na polícia na gestão do governador Franco Montoro. O futuro delegado-geral, Maurício Henrique Guimarães Pereira, ofereceu-me a diretoria do Derin (Departamento de Polícia do Interior). Recusei. Achei que estava condenado ao ostracismo, mas o coronel Moacir Coelho, diretor-geral da Polícia Federal, ofereceu-me a superintendência do órgão em São Paulo. Anos depois, o ministro da Justiça Ibrahim Abi-Ackel [segundo e último ministro da Justiça no governo Figueiredo] me informou que o presidente José Sarney gostaria de me ver na direção geral. (...) No Ministério da Justiça, em Brasília, o ministro Fernando Lyra me elogiou e disse que havia recebido pressões do professor Michel Temer e do advogado José Carlos Dias para que eu não fosse diretor da Polícia Federal no primeiro governo pós-abertura.[18]

Nesse sentido e no âmbito das pesquisas/denúncias feitas pela Comissão dos Familiares dos Mortos e Desaparecidos, o nome do delegado Tuma desponta envolvido em assassinatos sob tortura.

As diretrizes desse novo governo – indireto no voto, civil na escolha – constituíram a montagem da máquina administrativa, e o convite aos profissionais e políticos feito por Tancredo Neves procurava ressaltar nuanças de uma "Nova República" e assim dividir fronteiras e memórias. Mas escorregões aqui e ali explicitaram resquícios de fumaça em antigas fogueiras. A reformulação por que passaram todos os ministérios em meados de 1986 concedeu finalmente ao primeiro e segundo escalões do governo uma face mais semelhante à do presidente empossado.

O ministro Fernando Lyra, nomeado no primeiro corpo de ministros do governo, promoveu as manifestações públicas para ratificar o término do exercício censório patrocinado pelo Estado. Esses atos de "descensura", como ficaram conhecidos, reuniram intelectuais e políticos. A mais famosa dessas cerimônias ocorreu no dia 29/7/1985, no Teatro Casa Grande, zona sul do Rio, templo da resistência contra a ditadura, onde se realizou um "enterro", uma morte anunciada em atos públicos[19]. Não houve, contudo, alteração de legislação. Não se revogaram decretos e leis; apenas se manifestaram intenções e lhes deram o caráter definitivo de término da censura. A legislação censória,

---

[18] Percival de Souza, *Autópsia do medo: vida e morte do delegado Sérgio Paranhos Fleury* (Rio de Janeiro, Globo, 2000), p. 59-60.

[19] *Jornal do Brasil*, Caderno B, 29/7/1985, p. 1. O ministro Fernando Lyra tinha como chefe de gabinete do Ministério da Justiça era Cristóvam Buarque e o secretário-geral, Sepúlveda Pertence.

naquele momento, ainda se baseava em um tripé de números, que, no entender do jornalista Pompeu de Souza, era

> (...) um amontoado de leis, decretos, decretos-lei, portarias e instruções caóticas, caducas e contraditórias, que vão do decreto nº 20.493, de 1946, ao decreto-lei nº 1.077, de 1970, ambos de caráter proibitivo, passando pela jamais aplicada Lei Gama e Silva (Lei nº 5.536, de 1968), liberal e progressista.[20]

Esses números, traduzidos em letras e normas, orientaram as possibilidades e as proibições, delimitando a tênue fronteira entre obscenidade, pornografia e proteção às famílias – baluarte a ser resguardado e em nome do qual se travavam verdadeiras guerras santas. Mas esse arcabouço de medidas era, acima de tudo, uma legalidade construída para legitimar desmandos e também uma maneira protetora e sufocante de preservar e impor moralidades e costumes.

Acima de tudo, as normas legais do pós-1964 foram ordenadas dentro da perspectiva da Doutrina de Segurança Nacional, cerceando informações para impor uma imagem de "Brasil Grande". É consagrada a noção de que a censura prestou um serviço aos governos da ditadura civil-militar pós-1964, atuando como deseducadora de várias gerações.

O fundamental a ressaltar, nesse sentido, era a preocupação dos governos pós-1964 em legalizar suas medidas arbitrárias. Cada ato de exceção, cada norma proibitiva, cada cassação de direitos civis era publicada no *Diário Oficial*. Até quando o desmando era total, amparado pelo AI-5, houve a necessidade de uma "legalidade", criando-o. Se observarmos os Atos Institucionais que precederam este, vislumbraremos essa estrutura sendo paulatinamente construída.

O AI-1, de 9/4/1964, que *nasceu* para ser o único e foi apenas o primeiro, objetivou fortalecer o Executivo e realizou um expurgo de "maus elementos" nos órgãos públicos, empresas estatais, universidades e no próprio Exército. Existiu por pouco mais de dois meses, mas essa ferramenta permitiu ao Estado que cassasse 378 políticos, reformasse 122 oficiais, exonerasse cerca de 10 mil funcionários públicos e interrogasse aproximadamente 40 mil pessoas. Cerca de um ano e meio depois, em 27/10/1965, o foco voltou-se para o cerceamento do Judiciário, bem como para a extinção dos partidos políticos.

Vigorando até 15/3/1967, o AI-2 *baixou* 36 atos complementares e puniu 309 políticos. Alterando a Constituição vigente, a de 1946, ampliou o conceito de subversão e a esfera de atuação da censura em um momento em que essa seara ainda se estruturava para agir diante do novo panorama pós-31 de março/1º de abril de 1964. Esse instrumento imputou ao Congresso "(...)

---

[20] *Jornal do Brasil*, Caderno B, 29/7/1985, p. 1.

82

um lugar de debates, desprovido de poder real (sem o poder de legislar), com partidos artificiais e despedaçado por cassações"[21], como também possibilitou igualmente ao Estado interditar o processo de eleições diretas para governador, previstas para o ano seguinte em São Paulo e em outras unidades da federação. Esse artifício foi instituído após a retumbante derrota eleitoral dos candidatos governistas nos pleitos de Minas Gerais e da Guanabara, onde a oposição venceu as eleições disputadas em 1965[22].

Na sequência dessa derrota parcial nas urnas, o AI-3, de 5/2/1966, estabeleceu pleitos indiretos para governadores, cabendo a estes nomear o prefeito das capitais e dos municípios, transformados em áreas de segurança nacional. Além disso, o Exército controlaria as polícias estaduais, centralizando as ações do aparato repressivo do Estado.

Esse *monstro* remendado de enxertos que se tornaram as normas jurídicas do país necessitava de uma ordenação, de uma capa, de um invólucro. A Constituição de 1967 teve como meta incorporar os atos de exceção e, no palco das encenações que também é a arena política, apresentar as diretrizes pós-1964 devidamente ordenadas, fazendo da restrição a regra. Pelo AI-4, de 7/12/1966, o Congresso foi reaberto para institucionalizar e sagrar a nova Carta. Tornando o Executivo cada vez mais poderoso, a Constituição não cerceou (no papel) a liberdade de imprensa e garantiu a cidadania política mantendo o instrumento do *habeas corpus*.

Em um panorama de crescente manifestação de oposição pelos estudantes, de ações das esquerdas armadas, de fortes críticas vindas de membros do Congresso e do Senado e de atuação desafiadora do Legislativo, impedindo o Executivo de processar o deputado Marcio Moreira Alves, o AI-5 foi imposto.

Nesse sentido, o que se busca é a estruturação do arcabouço legislativo republicano quanto à questão censória. Este, em última instância, desembocou nesse "entulho autoritário". É nessa vertente que balizo a reflexão que se segue.

O tripé dos números

Ao regular o Serviço de Censura de Diversões Públicas (SCDP) do então Departamento Federal de Segurança Pública (DFSP), editou-se o Decreto nº 20.493. Uma das pontas do tripé proposto por Pompeu de Souza, esse decreto, de 24/1/1946, foi elaborado e publicado após o fim do Estado Novo.

---

[21] Alexandre Ayub Stephanou, *Censura no regime militar e militarização das artes*, op. cit., p. 74.
[22] Ibidem, p. 235.

Sua formulação teve o intuito de reestruturar o Serviço de Censura, administrando as questões da moralidade e dos bons costumes, até ser decretado o seu fim pela Constituição de 1988. Ou seja, por 42 anos, um mesmo conjunto de artigos e normas balizou as atividades artísticas e orientou a programação de rádio, cinema, teatro, música e até mesmo da TV, muito embora tenha sido instaurado antes do advento deste último veículo.

O Decreto nº 20.493 buscou nova forma para o direito estatal de regular a liberdade de expressão nesses novos tempos após os desmandos do Departamento de Informação e Propaganda (DIP). E, principalmente, essa norma jurídica objetivou reorientar o Serviço nos moldes da política do governo Dutra (1946-1951). Essa tentativa pretendeu demarcar rupturas. É interessante sublinhar, no entanto, que um governo eleito pelo povo depois de um longo período ditatorial (1937-1945) refez uma legislação invasiva e centralizadora, como era a que regia o DIP, para, nos (supostos) ares da liberdade, assegurar o domínio de outra maneira, mas mantendo um conteúdo regulador.

O ato censório por vezes se reveste de um suposto movimento pendular entre o direito à liberdade e o risco do abuso. Esses são os dois marcos a serem ponderados na visão de um Estado democrático. O discurso autoritário, entretanto, quando nega a prática da censura, também se pronuncia preocupado em garantir o acesso à informação e, nesse instante, investe-se de preservador da moral. Partindo dessas duas formas de exercer o ato censório, pode-se estabelecer a ação do Estado nessa seara em duas frentes: uma preventiva, outra repressiva. Uma anterior ao evento, outra de punição a ele. Nesse sentido, o

> (...) poder de Polícia constitui o instrumento de que se vale o Estado para, no cumprimento de sua missão de controle social, garantir a paz, a segurança, a ordem, o desenvolvimento harmônico da sociedade, o respeito aos direitos e garantias individuais e a realização do bem-estar da população. É em tal campo que se insere o *direito de censura*.[23]

O grau de violência que o Estado usa para desempenhar esse "direito de censura" será uma das maneiras de conceituar o tipo e a forma de ação estatal na esfera censória. Nesse momento pós-fim do DIP, por exemplo, o poder público continuou a se atribuir esse "direito", demonstrando a permanência dessa intervenção. Isso porque persistiu um certo controle da difusão e classificação da informação entre um período e outro.

---

[23] F. A. de Miranda Rosa, "A censura no Brasil: o direito e a realidade social", em F. A. de Miranda Rosa, *Sociologia do direito: o fenômeno jurídico como fato social* (3ª ed. Rio de Janeiro, Zahar, 1974), p. 209.

84

O que é fundamental demarcar – e a análise legislativa expõe isso claramente – é que, a partir desse momento, houve um retorno ao caráter censório das diversões públicas no seu sentido de "moral e bons costumes", sem que se abandonassem as questões policiais e políticas. Claramente, a prática foi a de não desprezar a vigilância às ações da moralidade pública, enfatizando que essa era uma preocupação do governo.

Para que a trajetória da censura brasileira possa ser percebida em toda a sua plenitude tentacular, seria importante localizar a estrutura burocrática à qual esteve vinculada. Dificilmente, contudo, o DPF se prestaria a isso, já que nem todo o seu acervo se encontra à disposição do público[24]. Também não existe um arquivo da Polícia, razão pela qual essa malha administrativa foi estudada pela via da legislação censória e policial. Assim, há que se fazer um mergulho em fontes como a *Coleção de leis do Brasil* e perceber, nos decretos, as alterações que foram sendo realizadas.

Uma volta no tempo

O espaço que o Serviço de Censura ocupou dentro da estrutura policial é determinado em paralelo aos processos de continuidade e ruptura dela na máquina administrativa. Para visualizar sua abrangência, fez-se um corte temporal e, nesse sentido, escolheu-se limitar a reflexão ao período republicano pela fonte legislativa.

Vale aqui, contudo, uma advertência importante: há sempre uma distância entre o texto legislativo e as práticas adotadas. Por vezes, as leis apontam para uma liberdade que não foi praticada. Em outras, o escrito impõe uma dura regra e legaliza um arbítrio vivido. Existe ainda a máxima da "lei que pega ou não", que deve ser considerada. Esse fosso entre teoria e prática é um dado a ser respeitado, mas não exclui a importância do que foi legislado. Mesmo que não tenha sido cumprido, aponta para uma intenção, para um anseio social e/ ou estatal e, portanto, para uma face dos direitos a ser contemplada.

Tendo como marco a primeira Constituição republicana, de 1891, e o que ela regulava quanto à liberdade de pensamento, percebe-se que há, naquele texto, uma ampla reflexão quanto ao conceito e uma restrição ao ato de censura. No seu artigo 72, parágrafo 12 da seção de declarações de direitos dos cidadãos brasileiros, lê-se que

---

[24] A documentação da DCDP que não foi destruída encontra-se no Arquivo Nacional, no Rio de Janeiro, e em Brasília e está aberta a consulta. O material do Dops, órgão também vinculado ao DPF, cada Estado estipula as regras para seu acesso. Os do Rio de Janeiro e de São Paulo são os que apresentam, até aqui, melhores estruturas para pesquisa.

85

(...) em qualquer assunto é livre a manifestação do pensamento pela imprensa ou pela tribuna, sem dependência de censura, respondendo cada um pelos abusos que cometer, nos casos e pela forma que a lei determinar. Não é permitido o anonimato.[25]

A nova ordem política republicana alterou as práticas policiais e a maneira de exercer censura. Mesmo não se aplicando à imprensa, o controle das informações pelo Estado seria realizado em outras searas. Há um avanço nessa Carta, e, apenas a título de observação, a Constituição de 1824, no seu artigo 179, parágrafo 4º sentencia que

(...) todos podem comunicar os seus pensamentos por palavras, escritos, e publicá--los pela imprensa, sem dependência de censura; contanto que hajam de responder pelos abusos que cometeram no exercício deste Direito, nos casos, e pela forma, que a Lei determinar.[26]

Faz-se necessário destacar o quanto foi liberalizante a Constituição monárquica em relação às imposições do período colonial, assim como a republicana em relação ao Império. Comparativamente, na Constituição de 1891, a censura não recairia sobre a imprensa e a tribuna. Vale apontar, contudo, que no Império também existiram mecanismos de censura às atividades artísticas[27]. Assim, no quadro de alterações que a República demarcou para adequar as intenções da Carta de 1891 às práticas do cotidiano em 1900, o Serviço Policial do Distrito Federal, seguindo as normas do Ministério da Justiça e Negócios Interiores (MJNI), reordenou suas atividades e designou ser de responsabilidade dos delegados de circunscrição

(...) inspecionar as associações públicas de divertimento e recreio, os teatros e espetáculos públicos de qualquer espécie, não só quanto à ordem e moralidade como também com relação à segurança dos espectadores. [Assim como] presidir aos teatros e demais espetáculos públicos, segundo designação do delegado auxiliar.[28]

É valioso destacar que, com o advento do regime Republicano, se iniciaram as transformações na estrutura policial, que acordou a partir daí quatro décadas

---

[25] Brasil, Congresso *Constituições do Brasil: de 1824, 1891, 1934, 1937, 1946 e 1967 e suas alterações* (Brasília, Senado Federal, 1986), p. 127.

[26] Ibidem, p. 33.

[27] Acerca da questão censória no século XIX, especificamente as atividades do Conservatório Dramático Brasileiro no período de 1830-60, ver o trabalho de Sônia Salomão Khéde, *Censores de pincenê e gravata: dois momentos da censura teatral no Brasil* (Rio de Janeiro, Codecri, 1981). Este ensaio constitui-se de duas partes: "a primeira, que é o eixo central, estuda a censura teatral no século XIX (...); a segunda baseia-se em depoimentos prestados por dramaturgos, escritores, críticos e pessoas ligadas à censura nos últimos 17 anos" (p. 15).

[28] Decreto nº 3.610, de 14/4/1900, *Coleção de leis do Brasil*, 1900, v. 1, p. 439-57.

86

de profundas modificações. Ao planejar uma nova ação policial, em todos os níveis, estruturou-se, nessa outra engrenagem, o papel dado à censura. Nesse sentido, sete anos se passaram até que se determinou ser de competência da 2ª Delegacia Auxiliar estabelecer e policiar a inspeção dos divertimentos – teatros e espetáculos públicos – não só quanto à ordem e moralidade mas também em relação aos contratos entre empresários e artistas.

Ficaria a cargo da polícia tratar da lisura das transações empresarias, além da moralidade dos espetáculos. Toda essa gama de normas e condutas vincula--se, certamente, às transformações urbanas que ocorriam na capital federal. A noção de vigilância do conteúdo dos espetáculos, pensada anteriormente no Conservatório Dramático Brasileiro, por exemplo, foi uma demanda notória nas três primeiras décadas do século XX, como também a percepção de que era de competência policial conduzir e zelar pelas relações de trabalho no interior dessas casas[29].

Foi, portanto, na segunda década do século XX que se teve a primeira notícia de censura a um filme nacional. Em 20/1/1912, os jornais estamparam que a fita *A vida de João Cândido*, do diretor Alberto Botelho, teve sua exibição proibida, assim como fora apreendido todo o seu material promocional. Cinco anos antes, o cronista João do Rio chamava a atenção, na sua coluna do jornal carioca *Gazeta de Notícias*, para a nova febre na cidade: "os cinematógrafos, e que existiam na avenida Central, atual Rio Branco, o *Avenida* e o *Pathé*". Entretanto, sublinha o cronista,

> (...) o carioca é um homem das manias, (...) é variável como o tempo. (...) Na Avenida Central, com entrada paga, há dois, três, e a concorrência é tão grande que a polícia dirige a entrada e fica a gente esperando um tempo infinito na calçada.

Nesse sentido, essa polícia que "nos faz esperar" também não deixou que se assistisse ao documentário sobre o "mestre-sala dos mares", o *Almirante Negro*. João Cândido era um dos líderes da Revolta da Chibata, ocorrida em novembro de 1910, na baía de Guanabara. Embora anistiados pelo Senado do crime de revolta, ele e centenas de companheiros foram presos logo em seguida e acusados de participarem de uma nova revolta, ocorrida em dezembro daquele ano no Batalhão Naval, localizado na Ilha das Cobras. Contra essa sublevação de fuzileiros, o governo militar de Hermes da Fonseca embarcou mais de quatrocentos homens e mulheres em um cargueiro em direção ao estado do Acre, com

---

[29] No cerne da relação censores/intelectuais, o acervo do Conservatório Dramático Brasileiro, entre 1843 e 1864 e entre 1871 e 1897, em depósito na Biblioteca Nacional, no Rio, possui os pareceres (como censores) dos intelectuais Martins Pena, Luís Honório Vieira Souto, Machado de Assis, João Antonio de Amorim Lisboa, entre outros.

ordens de que fossem fuzilados em alto-mar, na véspera do Natal, os líderes do movimento. Outros dezoito foram levados para uma solitária na própria ilha; dezesseis morreram asfixiados por cal. Desses, só sobreviveram o "mestre" e um soldado. João Cândido foi levado para um hospício e retornou à ilha no dia 1º/12/1912 para ser julgado, com mais dez companheiros. Portanto a censura ao filme é anterior ao seu julgamento, quando, depois de dois anos de prisão e maus-tratos, foi considerado inocente[30].

No palco destas intervenções censórias, no plano legislativo, elaborou-se uma série de normas, no fim de 1920, estatuindo um novo regulamento para as casas de diversão e espetáculos públicos (Decreto nº 14.529, de 9/12/1920). Foi nesse conjunto de regras que, pela primeira vez, o termo "censura prévia" apareceu na legislação republicana[31].

O destaque dado à censura do texto teatral enfatiza uma preocupação que esteve sempre veiculada a essa forma de arte em razão das influências sobre os costumes que esse veículo pode exercer. Era por isso que essa atividade, segundo o governo, deveria ser vigiada pela polícia – o agente executor das medidas restritivas.

O cargo de *censor*, entretanto, só se torna visível na legislação do ano de 1924, quando foi fixado no orçamento da União. Determinou-se em quatro o número de censores necessários, mas afirmou-se que existiam oito em exercício naquele momento. Deliberou-se, então, por mantê-los até que, por aposentadoria ou desligamento, a quantidade se reduzisse ao estabelecido. No bojo das preocupações de todos esses vinte primeiros anos, novamente se percebe a demanda por ordenar as atividades das casas de diversões públicas, a fim de quantificá-las e instituir suas regras de funcionamento.

As normas desses estabelecimentos vinculavam-se a uma licença, emitida pelo chefe de Polícia, "(...) mediante informações do 2º delegado auxiliar

---

[30] O *Almirante Negro* tornou-se o *Navegante Negro* na música *O mestre-sala dos mares*, de João Bosco e Aldir Blanc, de1975, por imposição da Censura Federal. João Cândido morreu em 6/12/1969, aos 89 anos, de câncer. Cultuado por parte da esquerda, teve uma simpatia pelo Integralismo e pelo golpe civil-militar de 1964. Jamais conseguiu ser reintegrado à Marinha. Para mais detalhes, ver Álvaro Pereira do Nascimento, *Marinheiros em revolta: recrutamento e disciplina na Marinha de Guerra (1880/1910)* (Campinas, dissertação de mestrado em história, Unicamp, 1997). E também *Uma introdução à história de João Cândido e da Revolta dos Marinheiros de 1910* (Brasília, Senado Federal, 2000).

[31] O expediente de censura prévia nasce com a imprensa no Brasil e viveu um curto período de liberdade com o decreto de 28/8/1821, assinado pelo príncipe Regente, D. Pedro. O censor de livros recebia a designação de Inspetor dos Estabelecimentos Literários. Apesar da liberdade de imprensa, imposta por decreto, os jornais republicanos da época são editados fora do país e circulam clandestinamente.

88

[responsável pela vigilância dessas atividades], após audiência da 4ª delegacia auxiliar[32] e do delegado do distrito sobre os antecedentes e idoneidade da diretoria ou do empresário". Por essas medidas, deliberou-se que essas casas de diversão, além de só funcionarem após a licença policial, trabalhariam "exclusivamente de portas abertas, ali tendo ingresso, de dia ou de noite, o chefe de Polícia, delegados auxiliares, censores e autoridades do distrito" (Decreto nº 16.590, de 10/9/1924).

É preciso destacar esse elo entre o trabalho policial e a atividade censória no período republicano, porque as características impostas por tal ligação ajudam a entender quem eram os agentes da censura, bem como estabelecer a origem de uma problemática presente nos anos 1970. Nessa década, a questão se inscrevia na dificuldade que alguns censores tinham de se identificarem com a carreira policial, já que a de censor conferia um cunho "intelectual" à função, ou seja, havia a dúvida quanto ao ponto em que terminava o censor, com sua atividade "reflexiva", e começava o policial. Esse fato marcou as dificuldades que os censores tiveram em constituir suas identidades até as décadas mais recentes. Para estabelecer esse perfil, é válido circunscrever o exercício da censura vinculado a uma agência policial formal como a prática corrente no período republicano.

Na República, tem-se a inauguração dessa tradição policial, enquanto, no período monárquico, não se podia diminuir, em absoluto, o poder que a Igreja detinha[33]. Em períodos da República, a autoridade eclesiástica exerceu uma força subliminar, estando separada, constitucionalmente do Estado. Embora estivesse apartada, a possibilidade de cercear continuaria presente até décadas bem contemporâneas. A faceta monárquica da censura foi definida por Khéde, ao estabelecer que

---

[32] "O 4º delegado auxiliar prestará informações diárias ao chefe de Polícia sobre o que interessar à segurança pública, de acordo com suas atribuições, e fornecerá aos demais delegados auxiliares e de distrito, espontaneamente ou por solicitação destes, os esclarecimentos necessários ao serviço de manutenção da ordem, prevenção e repressão de crimes, atendendo também às requisições de agentes de segurança que lhe forem feitas pelos outros delegados auxiliares para serviços que lhe sejam afetos" (Decreto nº 15.848, de 20/11/1922, *Coleção de leis do Brasil*, 1922, v. IV, p. 519-20).

[33] Quanto ao poder da Igreja nas questões censórias do Brasil Colônia e as práticas de leitura no período, ver: Leila Mezan Algranti, "Política, religião e moralidade: a censura de livros no Brasil de D. João VI", em Maria Luiza Tucci Carneiro, *Minorias silenciadas...*, op. cit., p. 91-120; João Adolfo Hansen, "Leituras coloniais", em Márcia Abreu (Org.), *Leitura, história e história da leitura* (São Paulo, Fapesp/Mercado das Letras, 1999); e Márcia Abreu, "Da maneira correta de ler: leituras das belas letras no Brasil colônia" em idem, *Leitura, história e história da leitura*, op. cit.

(...) a censura teatral exercida no século XIX, quando foi criado o Conservatório Dramático Brasileiro, demonstrou o controle ideológico da arte pelo recurso da violência simbólica – o corte censório – efetuado por intelectuais destacados na cena cultural. (...) O órgão foi criado com o objetivo básico de "animar e excitar o talento nacional para os assuntos dramáticos e para as artes acessórias". Mas logo assumiu o controle censório das peças, tendo como fundamento "a veneração a nossa Santa Religião – o respeito devido aos Poderes Políticos da Nação e às Autoridades Constituídas – a castidade da língua e aquela parte que é relativa à ortoépia". No entanto nem este exemplo declarado de dupla censura, uma vez que o Código Criminal do Império já delegava poderes à polícia para tal exercício, limitou a ação dos censores aos dispositivos legais.[34]

Raízes profundas entrelaçam, portanto, as atividades intelectuais e policiais na ação censória. Seus executores – os censores – muitas vezes foram intelectuais de renome, como Vinicius de Moraes, censor de cinema durante o Estado Novo[35]. Nesse sentido, em determinados momentos tornou-se necessário que seus ocupantes tivessem uma formação específica, geralmente de nível superior, na área de humanas. Uma grande maioria era jornalista. Sua atuação, entretanto, ficou circunscrita à esfera da polícia, já que a agência de censura esteve sempre vinculada às atividades de repressão policial. Os censores eram vistos ora como vigilantes de normas impostas, autoridades da caneta vermelha que cortavam e impediam o conhecimento, guardiões de uma moralidade imposta e de uma norma preestabelecida, ora como os que clamavam por uma ação mais dura, que pensavam estar sendo menos autoritários do que deveriam.

Nesse sentido, a ação censória espalhou-se pelo tecido social e não pode ser compreendida fora do seu vetor de espaço e tempo. A cada processo histórico, tem-se um tipo próprio de censor. No período republicano brasileiro, generalizando, existiram os censores de *carteirinha*, pagos pelo Estado. Mas também houve aqueles cidadãos comuns que se imbuíram da função e cobraram cada vez mais rigor nessa seara. Existiu tanto o censor policial, vigilante e repressor, como também aquele que se via como um burocrata.

Retornando às estruturas que começaram a tomar corpo nos anos 1920 e ratificando a ideia de o censor ser um agente policial, durante a República Velha essa função, subordinada ao segundo delegado auxiliar, encaixou-se em uma

---

[34] Sônia Salomão Khéde, *Censores de pincenê e gravata...*, op. cit., p. 18-9.

[35] No arquivo Gustavo Capanema (CPDOC/FGV), encontra-se um telegrama de 21/11/1936, no qual Alceu Amoroso Lima agradece ao ministro da Educação e Saúde a nomeação de Vinicius de Moraes como censor (GC/Lima, A. b 0052). Agradeço a Angela de Castro Gomes, que me chamou a atenção para esse documento.

90

rede de articulações vinculadas ao chefe de Polícia. Assim, os companheiros de trabalho do censor foram definidos no mesmo Decreto nº 16.590/24, que regulava as atividades das casas de diversão e que estabeleceu o livre acesso das seguintes autoridades ao espaço dos teatros, compondo o quadro de funcionários correlatos: chefe de Polícia, delegados auxiliares, delegado e comissários do respectivo distrito, suplente encarregado de presidir o espetáculo, censores das casas de diversões públicas, assistente militar do chefe de Polícia, inspetores da 4ª Delegacia Auxiliar, da Guarda Civil e de Veículos, subinspetores destas últimas, dos investigadores, autoridades e encarregados de alguma diligência. Ainda na norma jurídica referida, há a citação da existência de um "camarote da Polícia" nas casas de espetáculos, que poderia ser ocupado pelo "(...) chefe de Polícia, delegados auxiliares, delegado do distrito, um dos censores, o suplente encarregado de presidir o espetáculo e o assistente militar do chefe de Polícia". Esse "lugar" da censura nos teatros e nas casas de diversão permaneceu, como espaço obrigatório, até o fim do Estado Novo, com cadeiras na plateia em cujas costas se lia a palavra "censor"[36].

As normas do Decreto nº 16.590/24 fixaram, portanto, que a nomeação dos censores era um ato do ministro da Justiça e Negócios Interiores após proposta do chefe de Polícia, o que tornava a função um cargo de confiança. O salário recebido por essa atividade e o quanto ela rendia para os cofres da Polícia refletem uma das razões desse controle. Nesse sentido,

Art. 95: Os emolumentos da censura de películas cinematográficas e peças teatrais serão pagos adiantadamente, por quem a houver requerido na Tesouraria da Polícia, que fornecerá ao interessado uma guia comprobatória desse pagamento, indicando o título da peça ou da película, o número de atos ou de partes e a quantia recebida.
Parágrafo 1: Os emolumentos de que trata este artigo serão arbitrados pelo Chefe de Polícia à razão de 10$ por parte de película e 30$ por atos de peça teatral e a censura prevista no parágrafo único do artigo 18 [sociedades carnavalescas] e parágrafo 6º do artigo 30 [trabalho infantil] será arbitrada entre 10$ e 50$000.
Parágrafo 2: A renda mensal proveniente dos emolumentos constantes deste artigo será distribuída igualmente entre os censores, depois de descontados pela tesouraria da Polícia 5% que serão aplicados pelo Chefe da Polícia na melhoria do serviço de censura e no pagamento do auxiliar de que trata a parte final do art. 96.
Art. 96: O censor mais antigo ficará encarregado das películas cinematográficas, e terá um auxiliar designado pelo Chefe de Polícia para exercer, em comissão, as

---

[36] Muitos, contudo, se lembraram de que essas cadeiras continuaram existindo nas plateias em décadas posteriores. Elas permaneceram lá, mas tornaram-se adornos. A função censória continuava a existir. O local a ser ocupado, entretanto, não precisava ser demarcado. Esse jogo de obrigatoriedade e continuidade, com e sem espaços marcados, é um interessante mote de reflexão.

funções de escriturário da censura prévia, o qual receberá a gratificação mensal de 120$, nos termos do parágrafo 2 do art. 95.

Art. 97: Nos termos do art. 2º do decreto nº 4.790, de 2/1/1924, os empresários teatrais são obrigados a apresentar diariamente ao 2º delegado auxiliar ou ao suplente que presidir o espetáculo a autorização do autor ou pessoa em seus direitos sub-rogada, sem a qual não será permitida a representação da peça ou a execução da parte musical.

Art. 98: Os censores das casas de diversões públicas usarão distintivo idêntico aos dos delegados de polícia, substituindo os dizeres – "Segurança Pública" – pelos seguintes: "Censura Policial"

Tabela de vencimentos dos censores:
Ordenado .... 5:600$000
Gratificação .... 2:800$000
Total .... 8:400$000 [37]

Fica bastante claro, segundo a fonte legislativa, o quanto, na década de 1920, se priorizou a normatização do espaço público dos divertimentos. Essa regulamentação girava em torno de duas preocupações. Por um lado, censurar gerou dividendos tanto para o censor como para os cofres do Estado, assim como para a *caixinha* da delegacia. Por outro, a engrenagem da censura ligou-se a uma maquinaria maior, a do próprio Estado, preocupado com a ordem pública. Em alguns momentos, houve também um componente de preocupação política mais forte, entretanto, não se pode compreender esse instante como de ausência de diretriz. Ela existiu, mas não era o seu maior problema.

Nesse momento, a ordem social era uma questão policial e também uma preocupação de governo. Estava-se "civilizando a nação". Em outros instantes, censurar era impor uma ordem ao espaço público que coincidisse com a dura filosofia do poder vigente. Assim, a censura era um instrumento para radicalizar, para tolher a liberdade de expressão e o direito de ir e vir.

Nos anos 1920, portanto, foram demarcados dois polos de ação na esfera das políticas públicas: por um lado, como demonstra o decreto acima citado, existiu toda uma regulação da função e atuação policial às casas de diversão. Por outro, houve também a necessidade de ordenar as atividades desses estabelecimentos, o que era feito por meio da licença policial para o funcionamento do espetáculo – um alvará. Nesse sentido, a polícia, ao distribuir essas licenças, exercia também uma função administrativa que produzia, além de tudo, dividendos.

Imbuído desse espírito, o Decreto nº 18.527, de 10/12/1928, especificou que requisitos deveria possuir o empresário ou dono das casas de espetáculos,

---

[37] *Coleção de leis do Brasil*, 1924, v. III, p. 161-80.

92

como deveriam ser feitos os contratos, que "(...) os artistas não poderão alterar, suprimir, ou acrescentar, nas representações, palavras [que tenham sido] devidamente aprovadas pela Censura Teatral do Distrito Federal" e quais seriam as funções da censura nesses estabelecimentos – instituindo um ensaio geral para que o censor pudesse observar a peça e fazer sua avaliação, providenciando, então, os cortes. Tal prática perdurou até o fim da censura, em 1988, e todo esse aparato, nesse instante de criação, foi vigiado pelo mesmo delegado a quem o censor estava subordinado.

Nesse sentido, pode-se perceber que a década de 1920 foi marcada por essas deliberações de ordem estrutural. Após a Revolução de 1930, novas medidas foram estabelecidas para definir o Serviço Policial no Distrito Federal. Sua organização administrativa, que continuou sob a responsabilidade do chefe de Polícia e vinculada ao MJNI, passou a ser composta

- da Chefatura de Polícia;
- das Delegacias Auxiliares e Distritais, com exceção da 4ª Delegacia Auxiliar, que foi extinta;[38]
- da Diretoria Geral do Expediente e Contabilidade;
- da Diretoria Geral de Investigações;
- da Inspetoria Geral de Polícia;
- da Delegacia Especial de Segurança Pública;
- da Colônia Correcional dos Dois Rios; e
- da *Diretoria Geral de Publicidade, Comunicações e Transportes* (ênfases minhas).

A Diretoria Geral de Publicidade, Comunicações e Transportes responsabiliza-se pelo

(...) serviço de censura teatral, publicidade e de comunicações, os serviços de rádio, telefones e telégrafos, os serviços de relação com os Estados, estrangeiro e biblioteca, os serviços de estatísticas e arquivo, os serviços de garagem, oficinas, assistência policial e o serviço de tipografia, com as atribuições que lhe forem conferidas pelos respectivos regulamentos.[39]

Nesse novo quadro, parece que o lugar da censura se reduz barbaramente. Mas é só uma aparência, pois, na verdade, ele se dividiria em dois polos. Um ano depois, em julho de 1934, o novo regulamento da Polícia Civil do Distrito Federal foi estabelecido. Subordinada à Diretoria Geral de Publicidade, Comunicações e Transportes, foi criada a Censura Federal, composta de nove funcionários. Na reestruturação policial, à Inspetoria Geral de Polícia (IGP) cabia

---

[38] Extinção aprovada no Decreto nº 22.332, 10/1/1933, cf. *Coleção de leis do Brasil*, 1933, v. I, p. 51-7.

[39] Decreto nº 22.332, 10/1/1933.

(...) inspecionar e fazer inspecionar o policiamento a cargo das Repartições Subordinadas nos navios, embarcações, aeronaves, transportes marítimos em geral, *teatros, espetáculos públicos, divertimentos de qualquer ordem, reuniões públicas em recintos ou em praça pública*, procedendo da molde a garantir as propriedades públicas e particulares, assim como a segurança e tranquilidade por todas as formas; expedir ordem à Polícia Especial (PE), na conformidade das ordens que receber do Chefe de Polícia, fiscalizando pessoalmente ou por intermédio do respectivo Chefe as diligências determinadas e a ação repressora autorizada.[40]

Assim, uma era responsável pela censura política e moral dos textos teatrais e a outra faria a censura policial, repressiva e de ação ostensiva. Esse dado é fundamental, porque a IGP possuía em seus quadros a Polícia Especial, uma espécie de guarda exclusiva do presidente da República. Sua incumbência era controlar "(...) a atividade da Polícia do cais do Porto e da Guarda Noturna, regidas estas por seus regulamentos especiais e subordinando-se, no que lhe for aplicável, à IGP". Ou seja, submetida aos primeiros escalões do governo e com liberdade para agir. Com o fim do Estado Novo, essa polícia foi extinta e alguns de seus membros tornam-se censores[41].

Esses agentes policiais também agiam como censores quando vinculados à Polícia Especial. Cabia a eles censurar as atividades e manifestações públicas que pusessem em risco a segurança e a ordem públicas. Seu *modus operandi* baseava-se na truculência e no uso da violência, o que, certamente, foi levado para suas ações na censura pós-Estado Novo.

É interessante perceber, contudo, as ambiguidades que a temática estabelece. A censura não pode ser percebida e enquadrada de forma única e definitiva, sob o risco de ser engessada e de se perderem as suas múltiplas possibilidades. Um exemplo disso é que, durante o longo primeiro governo Vargas, nas suas diferentes fases, a ação censória foi concebida de várias maneiras. Se a encontramos dividida em duas agências por volta de 1934, ainda no governo provisório (1930-1934) a discussão incorporava outros elementos.

O ministro da Educação e Saúde, Francisco Campos, que ficou menos de um ano no cargo, inaugurou a questão, regulando a censura cinematográfica a partir do Decreto nº 21.240, de 4/4/1932. Essa norma reduzia os direitos sobre

---

[40] Decreto nº 24.531, de 2/7/1934, cap. 3, Art. 513, § 22 e 23 (ênfases minhas).

[41] O censor Pedro José Chediak concedeu-me uma entrevista e declarou ter feito parte desse quadro, que, posteriormente, foi removido da PE para o SCDP. Mais tarde, entre 1959 e 1960, dirigiu a Censura no Rio de Janeiro e fez a transferência dessa agência para Brasília. Outro caso de trajetória idêntica é o do censor Augusto da Costa, que foi da PE e também dirigiu a Censura no Rio, na década de 1970. Ele era jogador de futebol, do Vasco da Gama, e foi da seleção brasileira na Copa do Mundo de Futebol em 1950.

os filmes impressos e instituía uma caixa para onde iria a taxa recolhida. Seu sucessor, Gustavo Capanema, dois anos depois, refletindo sobre tal iniciativa, fez um balanço do seu sucesso com a seguinte declaração:

> (...) a censura, a maneira por que se dá em diversos países, deixou de ser apenas policial para ser cultural.
> A Comissão, sob a presidência do professor Roquette Pinto, dentro de um espírito de tolerância, necessário à execução de uma lei (...) desempenhou-se de modo satisfatório. Com a taxa cobrada pela Censura, foi custeada a Revista Nacional de Educação, nos seus 19 números, cuja tiragem atingiu a mais de 12 mil exemplares aos pontos mais remotos do território nacional.
> Este serviço dever-se-ia ampliar, conforme o plano do professor Roquette Pinto, ao Instituto Brasileiro de Educação Popular, abrangendo, além da Revista Nacional de Educação, Rádio, Discoteca, Biblioteca Popular.[42]

No momento em que o ministro Capanema explicitava esse "propósito cultural" da censura, destinando as verbas arrecadadas à difusão do conhecimento, havia também duas agências que se ocupavam da ação censória: a Diretoria Geral de Publicidade, Comunicações e Transportes e a IGP. Regulando o que era permitido ver, ler e saber e determinando como se manifestar na esfera pública, uma delas esteve vinculada às práticas da "moralidade e dos bons costumes", e a outra, à manutenção da ordem pública. Ambas eram policiais e políticas. Foi dessa estrutura que veio a verba para a revista.

Uma semana depois do decreto de 1934 que dividiu as instâncias da Censura, foi criado o Departamento de Propaganda e Difusão Cultural, do MJNI, que teve a duração de cinco anos e foi sucedido por um dos importantes órgãos do governo estado-novista, o DIP, instrumento centralizador, coordenador, orientador, supervisor da propaganda nacional – interna e externa – e fiscalizador permanente da circulação de informações dentro e fora do governo. Era função dessa agência regular "(...) as relações entre Estado e sociedade, selecionando e construindo fatos e imagens, atuando em conjunto com o Departamento de Ordem Política e Social (Dops)"[43]. Em consonância com esse espírito, o governo Getúlio Vargas outorgou, em novembro de 1937, uma Constituição sensivelmente limitadora da liberdade de pensamento.

Comparando textos constitucionais, a Constituição de 1934 era evidentemente de inspiração liberal, o que se evidencia no seu artigo 113, item 9, onde se lê:

---

[42] AG/g 3400.00/2, Arquivo Gustavo Capanema (CPDOC/FGV).

[43] Alexandre A. Stephanou, *Censura no regime militar...*, op. cit., p. 24.

(...) em qualquer assunto é livre a manifestação do pensamento, sem dependência de censura, salvo quanto a espetáculos e diversões públicas, respondendo cada um pelos abusos que cometer, nos casos e pela forma que a lei determina. Não é permitido o anonimato. É assegurado o direito de resposta. A publicação de livros e periódicos independe de licença do poder público. Não será, porém, tolerada propaganda de guerra ou de processos violentos para subverter a ordem pública e social.[44]

Já a de 1937 institucionalizou as normas autoritárias e centralizadoras do Estado Novo. Veemente quanto à questão da censura, impõe, no artigo 122, item 15, que

Todo cidadão tem o direito de manifestar o seu pensamento, por escrito, impresso ou por imagens, mediante as condições e nos limites prescritos por lei.

A lei pode prescrever:

a) com o fim de garantir a paz, a ordem e a segurança pública, a censura prévia da imprensa, do teatro, do cinematógrafo, da radiodifusão, facultando à autoridade competente proibir a circulação, a difusão ou a representação;

A imprensa reger-se-á por lei especial, de acordo com os seguintes princípios:

b) nenhum jornal pode recusar a inserção de comunicados do Governo, nas dimensões taxadas em lei.[45]

Para compreender a amplitude das normas proibitivas do período, é importante ressaltar o perfil do DIP, órgão subordinado à Presidência da República. Ao definir suas finalidades, por mais que incentivos e prêmios à cultura estivessem em pauta, a censura e a vigilância foram pontos fundamentais de sua ação. Assim,

Art. 2: O DIP tem por fim:

(...)

c) fazer a censura do Teatro, do Cinema, de funções recreativas e esportivas de qualquer natureza, da radiodifusão, da literatura social e política e da imprensa, quando a esta forem cominadas as penalidades previstas por lei;

(...)

m) proibir a entrada no Brasil de publicações estrangeiras nocivas aos interesses brasileiros, e interditar, dentro do território nacional, a edição de quaisquer publicações que ofendam ou prejudiquem o crédito do país e suas instituições ou a moral;

(...)

p) autorizar mensalmente a devolução dos depósitos efetuados pelas empresas jornalísticas para a importação de papel para a imprensa, uma vez demonstrada, a seu juízo, a eficiência e a utilidade pública dos jornais ou periódicos por elas administrados ou dirigidos;

---

[44] Brasil, Congresso, *Constituições do Brasil...*, op. cit., p. 170.

[45] Ibidem, p. 214-5.

Art. 14: Ficam transferidas para o DIP as atribuições concernentes à censura teatral e de diversões públicas, ora conferidas à Polícia Civil do Distrito Federal e a que se refere o capítulo V do Decreto nº 24.531, de 2/7/1934.

Parágrafo único: Ficam incorporadas ao Quadro do DIP, a que se refere o artigo 18, deste decreto-lei, a carreira de **Censor** e um cargo de **Censor** –Padrão J, do Quadro I, do Ministério da Justiça e Negócios Interiores.

Art. 15: Ficam transferidos para o Quadro do DIP os cargos e funções gratificadas do Quadro I, do MJNI, que atendiam ao extinto Departamento de Propaganda e Difusão Cultural.

Art. 16: Fica extinta a Comissão de Censura Cinematográfica, passando suas atribuições à alçada do DIP.[46]

Semelhantes às notas de censura às redações de jornal dos anos 1970, esse período também tinha os seus assuntos proibidos[47]. Diferentemente do Estado Novo, que tem no DIP uma repartição pública claramente destinada à censura política, nos anos do pós-1964 essa ação era mais subliminar. É importante sublinhar que tanto o DIP como a agência censória da última ditadura brasileira estiveram vinculados diretamente ao Ministério da Justiça. Assim, há que se destacar que foi no âmbito do primeiro escalão do governo que nasceram as diretrizes do proibido e foi na esfera policial que se deu a execução dessas ordens.

Ao determinar suas atribuições no processo de fixar cargos e funções, o relatório do Departamento de Administração e Serviço Público (DASP) de 1939 indicou que existiam oito censores vinculados ao DIP. Caberia a eles as seguintes atribuições:

Cap. III, Art. 6:
À Divisão de Divulgação compete:
(...)
b) interditar livros e publicações que atentem contra o crédito do país e suas instituições e contra a moral;
c) combater por todos os meios a penetração ou disseminação de qualquer ideia perturbadora ou dissolvente da unidade nacional.

Art. 7: À Divisão de Radiodifusão compete:
(...)
c) fazer a censura prévia de programas radiofônicos e de letras para serem musicadas.

Art. 8: À Divisão de Cinema e Teatro compete:
(...)

---

[46] Decreto-lei nº 1.915, de 27/12/1939. *Lex*, 1939, p. 666-73.

[47] Uma compilação dos itens proibidos entre janeiro de 1943 e fevereiro de 1945 encontra-se no livro de David Nasser, *A revolução dos covardes* (op. cit.) e fazem um contraponto à análise dos *bilhetinhos* da censura dos anos 1970.

c) censurar os filmes, fornecendo certificado de aprovação após sua projeção perante os censores da DCT;

d) proibir a exibição em público de filmes sem certificado de aprovação da DCT;

e) publicar, no *Diário Oficial,* a relação dos filmes censurados, suas características e o resumo do julgamento da DCT;

f) censurar previamente e autorizar ou interditar: as representações de peças teatrais em todo o território nacional.

Art. 10: À Divisão de Imprensa compete:

O exercício da censura à imprensa, quando a esta for cominada semelhante medida.[48]

Tendo, por um lado, o controle rígido do censor nas redações e, por outro, o poder de registro dos jornais e revistas, além da fiscalização sobre a liberação do papel destinado à imprensa, o governo detinha nas suas mãos, naquele momento, o poder sobre o que se poderia ver impresso na leitura matinal. Esses aspectos foram legislados, respectivamente, em dois instantes: em dezembro de 1939 (Decreto-lei nº 1.938) e em fevereiro de 1940 (Decreto-lei nº 2.101).

Toda essa estrutura, centralizada nas atividades do DIP, enfim, a organização da censura, aparentemente nada sofreu quando, em março de 1944, foi reformulada a Polícia Civil do Distrito Federal e ela se transformou em Departamento Federal de Segurança Pública (DFSP), sempre vinculado ao MJNI. Compunham o DFSP, entre outros órgãos, as Delegacias de Jogos e Diversões (DJD) e a Polícia Especial. É interessante enfatizar que as atividades das DJD não conflitavam com as do DIP quanto aos atos censórios. Ou seja, não havia, por parte do DIP, uma preocupação com a vigilância do cotidiano, com a noção de ordem pública.

Essa máquina começaria a indicar uma desestrutura antes do fim do governo Vargas, quando, em outubro de 1945, extinguiu-se o DIP e criou-se o Departamento Nacional de Informações (DNI), subordinado ao MJNI. No âmbito de suas atribuições, ficaram duas ocupações anteriormente feitas pelo DIP: a) censura ao teatro, cinema, atividades recreativas e esportivas, radiodifusão, literatura social e imprensa[49]; b) a autorização para a concessão de favores aduaneiros para importar papel de imprensa e o controle de registro de jornais e periódicos.

Desvinculado das diretrizes censórias repressivas e políticas existia um órgão específico para as questões da diversão e dos costumes, o DJD, que percebia

---

[48] Decreto-lei nº 5.077, de 29/12/1939. *Lex,* 1939, p. 573-699.

[49] É curioso que se cita como base legal dessa função um decreto-lei de 1932 (o de nº 21.111, de 1/3/1932), anterior, portanto, ao Estado Novo.

a censura como de domínio da polícia – no sentido de assegurar a moral e a ordem públicas. Assim, a censura continuava bipolarizada e ligada a um departamento de informações – o DNI – e a uma delegacia de costumes e diversões do DFSP.

O DNI, entretanto, teve vida breve, terminando ainda no primeiro ano do governo Dutra, em setembro de 1946. Antes disso, em dezembro de 1945, criava-se o Serviço de Censura de Diversões Públicas (SCDP), uma agência policial vinculada ao DFSP cujas funções eram anteriormente exercidas pela divisão de cinema e teatro do DNI. Suas atribuições foram definidas no início de 1946, com a edição do Decreto nº 20.493, de 1946, a primeira ponta do tripé apontado por Pompeu de Souza[50]. Por esse prisma, a Constituição de 1946 tentava reverter a ação censória da Carta de 1934. A questão censória em 1946, no seu artigo 141, parágrafo 5º determinava, portanto, que

> (...) é livre a manifestação do pensamento, sem que dependa de censura, salvo quanto a espetáculos e diversões públicas, respondendo cada um, nos termos que a lei presceitar [sic], pelos abusos que cometer. Não é permitido o anonimato. É assegurado o direito de resposta. A publicação de livros e periódicos não dependerá de licença do poder público. Não será, porém, tolerada propaganda de guerra, de processos violentos para subverter a ordem política e social, ou de preconceitos de raça ou de classe.[51]

Vivia-se ainda sob o impacto causado pela Segunda Guerra Mundial, o que pode explicar o porquê da última frase desse artigo: o receio do ressurgimento da ideologia nazifascista.

Os primeiros meses de 1946 foram marcados tanto pela esperança de mudanças como por atos restritivos. Esse fechamento parcial do cenário parecia destoar de um governo que miticamente apregoava a democracia ou o retorno à legalidade. Assim, o general Eurico Dutra, ministro da Guerra entre 1936 e 1945, no governo Vargas, foi eleito presidente em uma coligação PSD-PTB. Três dias depois de sua posse, em 2/2/1946, instalou-se a Assembleia Nacional Constituinte, que teve quinze deputados do PCB em plenário.

O desejo era elaborar uma Constituição que tanto suprimisse os "desmandos do Estado Novo" como espelhasse as ideias de liberdade que o país teria ajudado a forjar quando lutou ao lado dos Aliados. Pouco mais de um mês depois do início dos trabalhos, após denúncias de que era antidemocrático e

---

[50] Esse decreto tornou-se importante, pois legislou sobre as questões censórias a partir daí e vigorou até o fim, em 1988. Todos os pareceres da censura baseavam-se em seus dispositivos.

[51] Brasil, Congresso, *Constituições do Brasil*, op. cit., p. 286.

recebia auxílio da URSS[52], o PCB foi novamente colocado na clandestinidade. A nova Constituição, promulgada no início de outubro, autodefinia-se como "de espírito democrático e restabelecendo a independência dos três poderes e as eleições livres em todos os níveis".

No fosso entre teoria e prática, em 30 de abril, o presidente Dutra decretou o fim dos cassinos e proibiu o jogo. Com esse pano de fundo, as alterações implementadas pelo novo governo também chegaram à censura e ao estabelecimento do Decreto nº 20.493/46, cuja preocupação com a vigilância à "moral e aos bons costumes" atou as duas vertentes da censura e a subordinou a uma polícia federal. Durante esse processo de ajustes legais, extinguiu-se a Polícia Especial, e os ex-agentes repressores desse serviço tornaram-se censores. Uma explicação para essa transferência está no fato de terem exercido a censura política durante o Estado Novo e, assim, se sentirem identificados com essa agência.

O pós-1945 e o período de redemocratização nele inscrito poderiam anunciar uma legislação de ações mais liberais. O que se constatou, entretanto, foi a acomodação de antigas estruturas a esses "novos tempos". Dentro desse panorama de ajustes, à Censura caberia zelar pela "moral e pelos bons costumes" e esses procedimentos estariam vinculados às questões policiais. Retirando dessa seara qualquer vestígio de uma conotação política.

O Serviço de Censura de Diversões Públicas (SCDP), ligado ao DFSP por esse *corpus* legislativo, deveria cuidar da moralidade dos costumes. Um paradoxo, contudo, estabeleceu-se logo no início de sua criação. Parte dos seus agentes, oriundos da Polícia Especial, deixaram sua caserna. Em um documento de agosto de 1939, do senhor Euzébio de Queiroz Filho ao presidente Getúlio Vargas, o primeiro dá conta de ter sido chamado a organizar, em agosto de 1932, e, posteriormente, a comandar essa polícia. Como narrou Queiroz Filho, a PE, "todos sabem que não tem quartel [e] terá que abandonar o morro de Santo Antonio onde se acha"[53].

Quanto à questão da formação desses policiais, Queiroz Filho igualmente elucida que o regulamento e a instrução do DASP determinavam que a nomeação de pessoal fosse feita por proposta do Comandante, após exame físico e intelectual e estudos sobre a capacidade do candidato[54]. Nesse sentido, conservam uma outra experiência e percepção sobre o seu papel e, principalmente,

---

[52] Acerca da política de "União Nacional", do papel do PCB nesse momento e do seu retorno à clandestinidade, ver: Dulce Pandolfi, *Camaradas e companheiros: história e memória do PCB* (Rio de Janeiro, Relume-Dumará, 1995), principalmente o capítulo VII.

[53] Arquivo Getúlio Vargas, CPDOC/FGV (GV 1939.08.02).

[54] Idem.

sobre a atuação da censura. As feições que esse grupo de agentes repressivos imputou ao Serviço de Censura marcaram profundamente a estrutura e a atuação futura do exercício censório. A visão que parte desse grupo tinha da censura – um exercício de repressão policial – permitiu, mais tarde, uma união desse órgão com o Dops nas batidas tanto nos *aparelhos* como nas redações dos jornais. Os conceitos que criaram o SCDP no pós-1945, portanto, perduraram no órgão até 1988.

Refletindo por esse parâmetro de continuidade e aglutinações na burocracia estatal, é importante, mais uma vez, sublinhar a bipolaridade da censura na década de 1940. Compreender como a censura agiu, nesse momento é perceber a existência de corpos polares com diferentes maneiras de agir e vinculados a um mesmo organismo. Essa aparente confusão, que, de certa forma, estabeleceu uma "harmonia" na ação, é a marca registrada da burocracia censória, que jamais perderia sua característica.

Assim, por mais que o Decreto nº 20.493, de 1946, almejasse inaugurar uma nova fase, resquícios da anterior, como a censura prévia, ainda permaneciam lá. Difícil, portanto, seria mudar as diretrizes censórias ou mesmo extingui-las pela via formal, já que possuíam raízes profundas na nossa cultura. Corroborando essa perspectiva, em maio de 1948, o Decreto nº 24.911, de 6/5/1948, buscou normatizar o instrumento perverso ao indicar que

> **Art. 134**: O ministro de Estado da Justiça e Negócios Interiores poderá autorizar a assistência aos trabalhos de *censura prévia, em caráter permanente ou ocasional, e representantes de entidades especializadas, e de fins educativos ou morais, interessadas na elevação do nível dos espetáculos públicos*, sem ônus para o Tesouro, e sem que isto importe em qualquer intervenção nos trabalhos da censura.
>
> **Parágrafo único**: A Secretaria do SCDP comunicará, com a devida antecedência, às entidades de que trata este artigo, o horário e local das exibições e dos ensaios gerais (ênfases minhas).

Arcaico ou ainda atrelado a influências pouco democráticas, o Decreto nº 20.493/46 é a primeira ponta do tripé para traçar o quadro legislativo censório do pós-1964. O recuo no tempo feito até aqui objetivou compreendê-lo, buscando suas origens. Para o jornalista Pompeu de Souza, o Decreto nº 20.493 é uma das chaves para perceber como a censura se valia de uma legislação "obsoleta" e como foi amplamente exercida no pós-1964, mesmo baseada em um decreto de 1946. Este, como se pode notar, ainda teve muita serventia, já que se encaixou como uma luva na ação censória. Mas o decreto de 1946 não pode ser lido separadamente, e o trajeto legislativo refeito até aqui tentou circunscrever essa questão. Há que continuar no caminho para estabelecer a correlação das outras duas pontas do tripé.

Uma volta ao tripé

Com base nesse meio século de estrutura censória no Brasil, compreende-se a importância do Decreto nº 20.493/46, composto de 136 artigos, subdivididos em 13 capítulos, que perfilava condutas e dispunha sobre o funcionamento interno do SCDP, a censura prévia, o cinema, o teatro e as diversões públicas, a radiofonia, os programas, as empresas, os artistas, o trabalho de menores, o direito autoral, a fiscalização, as infrações e as penalidades. Foi esse decreto que justificou a maioria dos pareceres dos censores, tanto para autorizar como para vetar, até 1988. Enorme e tentacular, era capaz de dar conta de cada diferente veto. Todos os censores que entrevistei o sabiam de cor e o citavam no artigo ou parágrafo adequado a cada situação. Difícil é lidar com o fato de que, feito em um período de redemocratização, justificou proibições ditatoriais.

Tomando por base o tripé legislativo proposto por Pompeu de Souza, nota--se que dois dos três vértices desse triângulo foram elaborados em tempos mais recentes (1968 e 1970). Conclui-se que estão circunscritos em uma mesma "vontade política". Essas duas pontas, portanto, poderiam ser analisadas em conjunto, dado que há certa harmonia entre elas. Mas o grande desafio é conjecturar como o entrelaçar da ponta mais remota, editada em 1946, constituiu com as duas outras normas um desenho geométrico possível.

No hiato entre a ponta de 1946 e os outros dois vértices – ou entre as demarcações de 1946 e os atos do pós-1964 –, há um curto período democrático brasileiro: os governos Dutra (1946-1951), Vargas (1951-1954), Café Filho (1954-1955), JK (1956-1961) e Jânio/Jango (1961-1964). De 1946 a 1963, a figura do censor obteve cada vez mais visibilidade. Esteve sempre a postos nos teatros, nos clubes, nos circos e em qualquer outra casa de diversão. Para garantir o cumprimento do seu trabalho, a partir de 1952, na segunda gestão de Vargas, deveriam ser remetidos ao SCDP, nos dez primeiros dias de cada ano, dois ingressos de acesso permanente do chefe do serviço e de seus censores aos estabelecimentos. Assegurando o desempenho da função, esses tíquetes deviam reservar lugares "nas três primeiras filas da plateia, em posição de visibilidade e audição" (Decreto nº 30.795, de 30/4/1952).

Atuando entre a legislação e os avanços técnicos, em janeiro de 1956, o *Diário Oficial* publicou a portaria nº 2, que autorizava "o Serviço de Censura de Diversões a exercer a censura prévia das exibições de televisão". Esta foi assinada tanto pelo chefe da Censura, tenente-coronel João Alberto da Rocha Franco, como pelo chefe de Polícia, general Augusto da Cunha Maggessi Pereira, demonstrando que o expediente de censurar, exercido, naquele momento, por um militar previamente, esteve também presente em períodos democráticos. O

102

exercício da censura ainda não tinha desenvolvido uma visão classificatória da programação. Cortavam-se os "excessos" – esse era o ideário.

Seis anos depois dessa portaria, o então primeiro-ministro, Tancredo Neves, e o ministro da Justiça, Alfredo Nasser, ratificariam que qualquer programa artístico dependeria da aprovação do Serviço de Censura, que não iria indicar "o melhor horário de exibição, e sim garantir a moralidade social ante qualquer abuso praticado no espetáculo".

Se o período anterior a 1964 circunscreve a questão censória ao Decreto nº 20.493, logo nos primeiros meses do governo Castelo Branco, em novembro de 1964, reorganizou-se o Departamento Federal de Segurança Pública (DFSP). Continuou sendo função desse departamento a censura das diversões públicas, com ênfase especial nos filmes. No organograma burocrático, a estrutura, que não se alterou até 1988, era a seguinte[55]:

Presidência da República
↓
Ministério da Justiça e Negócios Interiores (MJNI)
↓
Departamento Federal de Segurança Pública (DFSP)
(a partir de 1967, Departamento de Polícia Federal)
↓   ↓
Polícia Federal de Segurança   Superintendências Regionais da PF
(desaparece em 1967)
↓
Censura Federal
↓
Censuras Estaduais

Tendo esse desenho – as duas outras pontas do tripé – em perspectiva, frutos do pós-1968, seria possível concluir que esses trariam em si o traço autoritário do período de maneira cabal. Não foi bem dessa forma que aconteceu. Uma dessas leis, ou a segunda ponta do vértice, foi formulada de uma maneira pretensiosamente liberal e executada em um momento de arbítrio político. Foi elaborada nos últimos meses do governo Costa e Silva (1967-1969) e expõe bem os dilemas daquele período.

Para entender essa ambiguidade, é preciso situar a problemática no tempo. Assim, menos de um mês antes do AI-5, o então ministro da Justiça, Gama e Silva, editou uma lei, a de nº 5.536, de 21/11/1968, que dispôs sobre as novas

---

[55] No Apêndice do capítulo 3 existem organogramas das ramificações internas do DCDP.

regras de censura às obras teatrais e cinematográficas. Revolucionando conceitos, no seu artigo 1º sentenciou que a censura das peças teatrais seria classificatória. Um pouco mais adiante, mesmo proibindo quaisquer cortes nos textos, abriu uma brecha a esse avanço: desde que não atentem "contra a segurança nacional e o regime representativo e democrático, (...) [ou] incentive a luta de classes".

Esse instrumento jurídico também refletiu-se sobre o executor das medidas censórias – o censor. Assim, refez planos de carreira e estipulou que, para exercer tal cargo, era indispensável que se apresentasse o "diploma, devidamente registrado, de conclusão de curso superior de Ciências Sociais, Direito, Filosofia, Jornalismo, Pedagogia ou Psicologia". Tal regra não se alterou até a extinção da carreira, decretada pela Constituição de 1988. Menos de um ano depois dessa norma, o Decreto-lei nº 972, de 17/10/1969, que regulou o exercício da profissão de jornalista, no seu artigo 7º confirmaria "não haver incompatibilidade entre o exercício da profissão de jornalista e o de qualquer outra função remunerada, ainda que pública, respeitada a proibição de acumular cargos e as demais restrições da lei". Essa brecha jurídica, somada à prática comum entre jornalistas de ter empregos públicos como forma de se proteger um pouco da instável carreira, explica e justifica a existência de jornalistas que exerciam suas funções em concomitância com o exercício de cargos públicos.

Talvez o principal artigo da 5.536/68 seja o de número 15, que criou o Conselho Superior de Censura, órgão diretamente subordinado ao Ministério da Justiça. Essa norma e, principalmente, o dispositivo do CSC deram a esse recurso jurídico um caráter liberal e progressista, sublinhado pelo senador Pompeu de Souza, mas que nunca foi utilizado na sua plenitude máxima. A dubiedade da proposta de criar o CSC no momento vivido poderia confundir, mas é facilmente explicável, pois, como ironizava Millôr Fernandes, "se é de censura, não pode ser superior".

A 5.536/68 trouxe avanços – no sentido de propor algo transformador –, já que sugere a institucionalização de uma instância de recurso. O CSC, subordinado ao ministro da Justiça, deveria ser composto por dezesseis membros – oito deles ligados ao governo (Ministérios da Justiça, das Relações Exteriores, das Comunicações; Conselhos Federais de Cultura e de Educação; Serviço Nacional de Teatro; Instituto Nacional de Cinema e Fundação Nacional do Bem-Estar do Menor) e oito ligados à sociedade civil (Academia Brasileira de Letras, Associações Brasileiras de Imprensa, dos Autores Teatrais, dos Autores de Filmes, dos Produtores Cinematográficos, dos Artistas, dos Técnicos em Espetáculos de Diversão Pública e dos Autores de Radiodifusão). Esse conselho tinha por competência

104

(...) rever, em grau de recurso, as decisões finais relativas à censura de espetáculos e diversões públicas, proferidas pelo Diretor-Geral do Departamento de Polícia Federal e elaborar normas de critérios que orientem o exercício da censura, submetendo-se à aprovação do Ministério da Justiça (art. 17).

As propostas contidas nessa lei apontavam para um quadro liberal que, infelizmente, não se desenhou. Estabelecia um fórum intermediário entre a decisão da DCDP, apoiada pelo DPF, e o ministro da Justiça. Essa arena teria ainda uma maioria composta fora dos quadros do governo. Então, em tese, era perfeita. Alguns dias depois, foi decretado o AI-5, e o endurecimento tanto das políticas de Estado como das normas de censura se tornaria claramente visível.

Desde a sua idealização, entretanto, o CSC esteve sempre em pauta. Mas sua institucionalização deu-se no bojo da decretação da Anistia, em 1979. Elaborado em 1968, só foi implementado mais de uma década depois[56]. Há que ressaltar, portanto, as diferenças de panorama no qual foi criado, em 1968, e o período de sua formalização. Quando passou a vigorar, no entanto, dois complicadores lhe foram imputados, e estes despontaram durante o seu curto período de existência.

Por um lado, a ideia do Conselho era possuir uma maioria de componentes fora dos quadros do governo. O artigo 18 da lei de 1968 estabelecia que da "decisão não unânime do Conselho Superior de Censura caberá recurso ao Ministro da Justiça". Ou seja, a deliberação do Conselho não era soberana em uma maioria simples. Tal dificuldade gerou embates, pois era quase impossível que tantas opiniões concordassem e uma só voz destoante quebrasse essa harmonia tênue. Por outro lado, o artigo 3º dessa lei impõe uma interessante reflexão:

> (...) para efeito de censura classificatória de idade ou de aprovação, total ou parcial, de obras cinematográficas de qualquer natureza, levar-se-á em conta *não serem elas contrárias à segurança nacional e ao regime representativo e democrático, à ordem e ao decoro públicos, aos bons costumes ou ofensivas às coletividades ou às religiões ou ainda, capazes de incentivar preconceitos de raça ou de lutas de classes* (ênfases minhas).

Nessa superposição legislativa, aproximadamente um ano e meio antes de essa lei ser promulgada, em 9/2/1967, editou-se uma outra, a de nº 5.250, a Lei de Imprensa. No instante de sua edição, pré-AI-5, o dispositivo que regulava a liberdade de manifestação do pensamento e da informação, no seu artigo 1º, rezava que

---

[56] O Decreto nº 83.973/79 regularizou a ação do CSC.

(...) é livre a manifestação do pensamento e a procura, o recebimento e a difusão de informações ou ideias, por qualquer meio e sem dependência de censura, respondendo cada um, nos termos da lei, pelos abusos que cometer.

E continua no parágrafo 2º:

(...) o dispositivo nesse artigo não se aplica a espetáculos e diversões públicas, que ficarão sujeitos à censura, na forma da lei, nem na vigência do estado de sítio, quando o Governo poderá exercer a censura sobre os jornais ou periódicos e empresas de radiodifusão e agências noticiosas em relação aos executores daquela medida.

Mesmo não havendo um decreto oficial de estado de sítio, até porque o governo pós-AI-5 desejou construir uma autoimagem que negasse a existência de situações arbitrárias[57], a ausência de um pleno estado de direito vivido permitiu que tudo o que o parágrafo 2º estabelecia ocorresse. Assim, para muitos juristas, o AI-5 foi uma decretação não oficial de estado de sítio.

A pretensa liberdade contida na Lei nº 5.536/68 e o afunilamento político do momento posterior à sua decretação impuseram que não vingasse o que nela existia de mais transformador, por razões óbvias. Para interditar e justificar as proibições, o decreto de 1946 pareceu muito mais adequado aos pareceres dos censores.

Entretanto existe algo na Lei nº 5.536/68, principalmente no seu artigo 3º, já citado, que expõe as dúvidas presentes, como também foi motivo de preocupação do governo e do ministro da Justiça no pós-AI-5. Uma brecha para a possível aplicação da censura foi explicitada no artigo mencionado, definindo muito bem a sua atuação no pós-1968.

Mantendo uma continuidade, a censura no pós-1968, também nesse momento, esteve dividida em duas instâncias: uma se aplicava à diversão, outra à imprensa. Ambas com cunho político, contudo a primeira encoberta nas preocupações com a "moral e os bons costumes". O órgão fiscalizador da imprensa tinha um caráter secreto, fora do organograma tanto da Polícia Federal quanto do Ministério da Justiça.

Nessa direção, o artigo 3º da 5.536/68, ao sentenciar que nenhuma manifestação poderia ser contrária às questões de política e segurança da nação, como também aos elementos de moral e bons costumes, expõe que a censura, nesse momento, era percebida *sempre* como um ato político, e não restrito

---

[57] Acerca da propaganda do período civil-militar, em especial sobre a criação e atuação da Assessoria Especial de Relações Públicas (AERP), ver: Carlos Fico, *Reinventando o otimismo: ditadura, propaganda e imaginário social no Brasil [1969/1977]*. São Paulo, tese de doutoramento em história, FFLCH-USP, 1996.

apenas ao universo das diversões públicas. Tudo – do livro ao filme, do jornal à música, do teatro ao Carnaval – era objeto de censura: avaliação, aprovação ou proibição.

Censurar, portanto, é um ato político em qualquer esfera ou instante de sua utilização. Com graus de ingerência maiores ou menores, esse ponto é fundamental para compreender os mecanismos estabelecidos no pós-AI-5.

A partir dessas primeiras intervenções do ministro Gama e Silva na seara da censura, nota-se a preparação de um terreno legal para ações que viriam mais adiante. O importante a destacar é que os governos civil-militares no Brasil se preocuparam muito em reforçar o poder do Judiciário, dando aparência e conteúdo legais ao arbítrio.

A supremacia do econômico sobre o político, contudo, gera uma outra percepção em um artigo de Luiz Felipe Alencastro para a revista *Veja*[58]. Ao destacar o desproporcional peso que as equipes econômicas tiveram no governo federal desde o governo JK, certamente devido à influência do intenso processo industrial dos anos 1950, comenta que

> (...) a anormalidade veio em seguida, com a ditadura, quando as equipes econômicas se juntaram aos cartéis privados e estatais para impor sua lei de ferro ao governo federal, aos Estados e à sociedade. Violências e atos institucionais demoliram o que restava do arcabouço constitucional republicano. Rompeu-se a tradição da preeminência da norma jurídica que fazia do direito o elemento constitutivo da vida política. Tradição que os juristas da UDN haviam ajudado a incorporar à Constituição de 1946 como defesa contra a reedição das arbitrariedades perpetradas no Estado Novo.

A "quebra de tradições jurídicas" teve parte de seu sucesso garantido também pela legalidade forjada no pós-1968. Os exemplos são tristes, como os dos ministros Gama e Silva e Alfredo Buzaid, que construíram instrumentos jurídicos autoritários nos governos do pós-1964 e de 1968. Uma imagem distorcida poderia conferir ao ministro da Justiça do último governo militar, Petrônio Portella, uma direção oposta. Por essas lentes fora de foco, sua gestão foi um resgate do verdadeiro *locus* de atuação do Ministério da Justiça. Portella foi um ministro de curta, mas marcante, atuação, já que na sua gestão foi assinada a Anistia política recíproca.

Com todas as ressalvas que uma Anistia desse porte pode receber, nas reflexões de Kucinski[59], o processo de sua implementação, de forma "lenta, gradativa

---

[58] "Elogio do bacharelismo", 17/2/1999, p. 16.

[59] *O fim da ditadura militar*, op. cit., p. 29.

e segura", *proposto* por Geisel e ratificado no governo Figueiredo, exprimia o caráter controlador daquele governo. Nele, o processo deveria ser "(...) de cima pra baixo, e que nunca escapasse ao controle dos que o propunham". Assim, o ministro Portella "coroava" a sua vida política dando continuidade aos trabalhos que desenvolveu como presidente do Senado na gestão Geisel. Portanto a pasta da Justiça ainda mantinha o seu atrelamento às necessidades do regime[60].

No âmbito da censura, a ação do Ministério da Justiça significou que, em última instância, era esse ministério que centralizava a sua atuação, tanto no Estado Novo como no pós-1964. Dividido entre a atuação policial e as agências de inteligência e informação, o período autoritário tinha no Ministério da Justiça uma atuação também de cunho policialesco. As lentes desfocadas veriam na curta atuação de Portella, com a implementação do CSC, uma inverídica reversão desse papel. A diferença entre esses dois momentos foi pontuada também por Alencastro, que nos lembra de que, na ditadura varguista,

> (...) surgiu um patamar mais avançado no processo repressivo, porém, predominavam as operações de polícia, sem envolvimento direto do Exército. Operações que não chegaram a se generalizar.
> (...) 1964 quebra o ascenso da esquerda, mas também esfrangalha a conciliação das elites. (...) O AI-5 derruba o padrão evolutivo plantado desde a independência pelos herdeiros do despotismo ilustrado pombalino. Este padrão pressupunha um espraiamento progressivo das liberdades reservadas à burocracia do Império e às oligarquias. (...) A "evolução civilizadora" foi rompida por elites que enveredaram pela barbárie.[61]

Assim, o desenrolar dos acontecimentos nos leva de volta ao AI-5, em 13/12/1968, quando se estabeleceu o recesso do Congresso, a suspensão dos direitos políticos, a proibição das manifestações públicas e a suspensão dos *habeas corpus*. Esse endurecimento do regime obviamente mobilizou as ações de censura, que serviram de base para a concretização dessa força dura sobre o corpo social. Há que ter em mente, contudo, que tanto a Lei nº 5.536/68 como o AI-5 expõem projeto político maior e em andamento. O arcabouço legal para as questões censórias ainda não estava pronto em fins de 1968. A ausência de um aparato legal pronto e acabado não impediu que os atos censórios aconte-

---

[60] Aqui vale a referência à Missão Portella, nas vésperas da decretação do Pacote de Abril, em 2/4/1977, quando o Congresso foi fechado. A missão teve por objetivo caracterizar uma intransigência do MDB diante das reformas do Judiciário, e, assim, promover a "cirurgia política" que o pacote implementou para a manutenção do regime.

[61] Luiz Felipe de Alencastro, "1964: por quem dobram os sinos", em Janaína Teles (Org.), *Mortos e desaparecidos políticos...*, op. cit. O artigo foi publicado inicialmente no jornal *Folha de S.Paulo*, em 20/5/1994.

108

cessem logo nesse instante[62]. No próprio dia 13/12/1968, a imprensa carioca e a paulista receberam o seguinte "manual de comportamento"[63]:

Manual distribuído no Rio de Janeiro

1. Objetivos da censura:
a) obter da imprensa falada, escrita e televisiva o total respeito à Revolução de Março de 1964, que é irreversível e visa à consolidação da democracia;
b) evitar a divulgação de notícias tendenciosas, vagas ou falsas, que possam vir a trazer intranquilidade ao povo em geral.

2. Normas:
a) Não deverão ser divulgadas notícias que possam:
– propiciar o incitamento à luta de classes;
– desmoralizar o governo e as instituições;
– veicular críticas aos atos institucionais;
– veicular críticas aos atos complementares;
– comprometer no exterior a imagem ordeira e econômica do Brasil;
– veicular declarações, opiniões ou citações de cassados ou seus porta-vozes;
– tumultuar os setores comerciais, financeiro e de produção;
– estabelecer a desarmonia entre as forças armadas e entre os poderes da República ou a opinião pública;
– veicular notícias estudantis de natureza política;
– veicular atividades subversivas, greves ou movimentos operários.

4. Prescrições diversas:
a) a infração das normas do nº 3 implica a aplicação das sanções previstas em lei;
b) os espaços censurados deverão ser preenchidos de forma a não modificar a estrutura da publicação ou programa;
c) as presentes instruções entram em vigor no ato do recebimento, revogando-se as disposições em contrário.

Ass.: General de Brigada César Montagna de Souza

***

Manual distribuído em São Paulo

1) Manter o respeito à Revolução de 1964;
2) Não permitir notícias referentes a movimentos de padres e assuntos políticos referentes aos mesmos;
3) Não comentar problemas estudantis;

---

[62] O jornal *O Estado de S. Paulo* começa a receber censura na véspera do AI-5, como expôs o jornalista Oliveiros S. Ferreira (entrevistas à autora em 17/6 e 30/9/1997).

[63] Estas notas, publicadas pelo jornal *Resistência* em 21/1/1969, foram cedidas a mim pelo jornalista Elio Gaspari. No original que me foi entregue, não havia o item 3.

4) Não permitir críticas aos Atos Institucionais, às autoridades e às FFAA;
5) As notícias devem ser precisas, versando apenas sobre fatos consumados;
6) Não permitir informações falsas, supostas, dúbias ou vagas;
7) Não permitir notícias sobre movimentos operários e greves;
8) Não permitir aos cassados escrever sobre política;
9) Não publicar os nomes dos cassados a fim de não colocá-los em evidência, mesmo quando se trate de reuniões sociais, batizados, banquetes, festas de formatura. A prisão dos cassados poderá ser noticiada, desde que confirmada oficialmente;
10) Não publicar notícias sobre atos de terrorismo, explosão de bombas, assaltos a bancos, roubos de dinamite, roubos de armas, existência, formação ou preparação de guerrilhas em qualquer ponto do território nacional, ou sobre movimentos subversivos, mesmo quando se trate de fato consumado e provado.

Ass.: General Silvio Correia de Andrade

É importante ressaltar que o processo de elaboração e publicação do AI-5 ocorreu durante o desenrolar da crise do governo Costa e Silva. Com a doença do presidente e a iminência da sucessão, as articulações políticas da "linha dura" – que formulou aquele Ato Institucional – ocuparam a cena mestra do palco. Poucos meses depois do AI-5, estabeleceu-se a Lei de Segurança Nacional, que, no seu artigo 39, decretou

I. a utilização de quaisquer meios de comunicação social, tais como (...) cinema (...), como veículo de propaganda de guerra psicológica adversa ou de guerra revolucionária

Pena: Detenção de 1 a 4 anos

Art. 42: É punível a tentativa, inclusive os atos preparatórios, com um ou dois terços da pena prevista para o crime consumado.[64]

Sete meses se passaram entre esse ato legislativo e os últimos dias do governo Costa e Silva quando, em 17/10/1969, decretou-se a emenda constitucional nº 1, que, no seu artigo 8º, alínea "c", afirma ser de competência da União organizar e manter a Polícia Federal com a finalidade de "apurar infrações penais contra a segurança nacional, a ordem política e social ou em detrimento de bens, serviços e interesses da União", e, na alínea "d", regulou que seria função dessa Polícia promover a censura de diversões públicas. Desde a transferência da capital federal para Brasília, em 1960, foi esse o primeiro momento em que se expôs, com clareza, o *locus* da centralidade do poder de polícia, e, mais uma vez, a censura faria parte das suas atribuições. Essa mesma emenda, no artigo 153, parágrafo 8º, decreta que

---

[64] Decreto-lei nº 510, de 21/2/1969.

110

É livre a manifestação de pensamento, de convicção política ou filosófica, bem como a prestação de informações independente de censura, *salvo quanto a diversões e espetáculos públicos, respondendo cada um, nos termos da lei, pelos abusos que cometer. É assegurado o direito de resposta. A publicação de livros, jornais e periódicos não depende de licença da autoridade. Não serão toleradas a propaganda de guerra, de subversão da ordem ou de preconceitos de religião, de raça ou de classe, e as publicações e exteriorizações contrárias à moral e bons costumes* (ênfases minhas).

Os fatos posteriores demonstraram que um abismo havia sido aberto entre o texto da lei e as práticas de censura. Nesse sentido, muitas vezes se notou um rearranjo das normas jurídicas para que dessem legitimidade ao ato autoritário.

Continuando com a esquizofrenia das ações, o parágrafo 9º desse mesmo artigo garantia o segredo dos documentos pessoais, ao mencionar que "é inviolável o sigilo da correspondência e das comunicações telegráficas e telefônicas". Mas, como se habitava um mundo de ausência de garantias, dois artigos à frente, no de número 155, lê-se que o presidente da República pode decretar estado de sítio se entender que há uma grave perturbação da ordem ou ameaça de sua inversão. E esse mesmo artigo, no parágrafo 2º, alínea "e", especifica que o estado de sítio autoriza "a censura da correspondência, da imprensa, das telecomunicações e das diversões públicas"[65].

Mesmo não havendo a decretação formal de estado de sítio no Brasil pós-1964, houve a censura da imprensa e das diversões públicas e a violação da correspondência. Como hipótese de reflexão, o AI-5 pode ser considerado a imposição, não declarada, de um estado de sítio. Para ser decretado, entretanto, precisava da ratificação do Congresso, que estava fechado. É oportuno pensar, contudo, que o AI-5 é anterior a essa emenda constitucional. Se aos olhos de hoje pode ser compreendido como um "estado de sítio", nunca foi assim nomeado pelo governo que o concebeu, o qual, embora sempre tenha sido tão preocupado em legalizar desmandos, não deu ao seu mais duro ato o seu verdadeiro caráter, o que faz todo o sentido[66]. Quanto à questão de correspondência, por exemplo, a estratégia montada demonstra a colaboração

---

[65] O artigo 19 dessa mesma emenda decreta que "é vedado à União, aos Estados, ao Distrito Federal e aos Municípios instituir imposto sobre livros, jornais e os periódicos, assim como o papel destinado à sua impressão". Prática utilizada durante o Estado Novo, as pressões dali para frente serão de outra ordem, já que, como demonstrou Gisela Taschner (*Folhas ao vento: análise de um conglomerado jornalístico no Brasil*, São Paulo, Paz e Terra, 1992), a atuação do poder econômico do governo, muitas vezes o grande agente publicitário do órgão de imprensa, redefine atuações e prioridades na hora de se publicar.

[66] Agradeço ao advogado Nilo Batista, que me chamou a atenção para essa questão.

da Empresa de Correios e Telégrafos (ECT) com os órgãos de repressão, que para tal criou a Assessoria de Segurança e Informações Regionais (ASIR)[67], instalada nas sedes da empresa por todo o país. Essa Assessoria foi um núcleo até outubro de 1974. Em pleno governo do general Geisel, ela pareceu ganhar mais notoriedade ao ser renomeada[68].

Entre as atividades da ASIR, entre dezembro de 1971 e janeiro de 1973, a ECT remeteu ao Deops de São Paulo uma correspondência de vasto material impresso (jornais, livros e revistas) apreendido, que foi catalogado por data de procedência e postagem e endereço do remetente e do destinatário. O documento enviado ao Deops refere-se à circular secreta 002/66 e ao processo 37.731/64/SP, não encontrados, mas supõe-se que estes autorizassem a abertura de correspondência tida como suspeita no território nacional[69].

Dentro dessa linha de denúncias, dois outros exemplos foram localizados. Em junho de 1976, durante o governo da distensão de Geisel, as ASIR do Rio de Janeiro, São Paulo e Pernambuco remetem ao Deops/SP uma carta da Faculdade de Arquitetura e Urbanismo (FAU) da USP para o Diretório Acadêmico da Faculdade de Arquitetura e Urbanismo da Universidade Federal do Rio Grande do Sul. O assunto parece banal, a não aceitação pela FAU da orientação da Associação Brasileira de Escolas de Arquitetura. Mas a classificação do impresso era o que interessava ao burocrata: movimento estudantil[70].

Em dezembro daquele mesmo ano, um funcionário da ECT, Edson Silva, foi preso por três dias no Departamento de Operações e Investigações (DOI) e transferido para o Dops, onde ficou mais dez dias. O motivo: carregar um exemplar do jornal *Frente Nacional do Trabalho*, que os agentes que o prenderam, seus colegas de ofício, pensavam ser um pasquim "subversivo". Edson, depois de trabalhar na ECT, dava expediente como datilógrafo em um escritório de advocacia na avenida Ipiranga, em São Paulo, que ficava no andar debaixo

---

[67] As Assessorias de Segurança à Informação foram criadas em todos os ministérios e demais órgãos da administração, como universidades e autarquias. Esse tipo de rede de controle e circulação da informação baseava-se na Doutrina de Segurança Nacional e no combate aos "inimigos internos", doutrina da qual um dos idealizadores foi Golbery do Couto e Silva, chefe do SNI de 1964 a 1967 e chefe do gabinete civil da Presidência da República de 1974 a 1981, nos governos Geisel e Figueiredo. Sobre a Doutrina, ver *Brasil: Tortura nunca mais* (3ª ed. Petrópolis, Vozes, 1985); e Maria Helena Moreira Alves, *Estado e oposição no Brasil (1964-84)* (Petrópolis, Vozes, 1984).

[68] Arquivo Público do Estado de São Paulo, Acervo Deops, 50-Z-9-38253.

[69] Arquivo Público do Estado de São Paulo, Acervo Deops, 50-Z-45-313.

[70] Arquivo Público do Estado de São Paulo, Acervo Deops, 50-Z-45-452.

112

de onde se editava a *Frente*. Sua função era datilografar o estêncil do jornal e fazer as ilustrações dele. Após o episódio, foi demitido da ECT[71].

Curiosamente, talvez, na edição nº 226, de 3/1/1973, a *Veja* publicou uma matéria sobre o trabalho dos Correios. A conclusão é que a empresa é morosa, despreparada e podia levar até duas semanas para remeter um telegrama. Dirigida na época da reportagem pelo coronel Haroldo Corrêa de Mattos, percebe-se quase um abismo entre a eficiência em violar correspondência e a dificuldade em fazer que o material chegasse ao seu destino.

Esse trabalho de espionagem executado pela ECT, entretanto, remonta ao período anterior a 1964. Em correspondência de 10/1/1973, da Comissão Permanente de Controle Postal para o delegado do Dops, Mário Peixoto Alcides Cintra Bueno, fica-se sabendo que:

> (...) pela sua continuidade, posto que vem sendo realizado há vários anos, esses trabalhos se constituem em rotina diária deste setor de Triagem.
> Os impressos sujeitos às restrições recomendadas pelas letras "E" e "M" do artigo 18 do Decreto nº 28.151/51[72], foram separados dos demais e relacionados em quatro vias, com indicações de procedência, data de postagem, quantidade, espécie, nome e endereço do destinatário.
> A original da relação foi encaminhada ao Sr. Chefe da Assessoria Especial da Presidência da E.C.T./GB, outra via ao Chefe do Serviço Nacional de Informação, esta vai anexa a este relatório e ficou uma em nosso poder.
> As correspondências (impressos simples) apreendidos no decorrer destes três meses, que se trata de jornais, revistas, catálogos, panfletos, livros, boletins informativos

---

[71] A existência de violação de correspondência com o intuito de controle de informação e espionagem não é um expediente criado nesse momento. Não há como estabelecer a sua gênese, mas, em documentos depositados no Arquivo Getúlio Vargas, de agosto de 1939 e em papel timbrado do Ministério da Justiça e Negócios Interiores/Polícia Civil do Distrito Federal/Gabinete do Chefe de Polícia/Serviço de Censura da Imprensa, existe o seguinte texto: "O censor da Rádio Cruzeiro do Sul, sr. Eurides Faro Marques Henriques, em parte de seu serviço de ontem, 7, declarou haver apreendido uma longa e atrevida carta dirigida ao presidente Getúlio Vargas" (GV 39.08.08). Em outra, no mesmo arquivo, em troca de correspondência entre um senhor de nome Alvares a um outro de nome José, o primeiro destaca: "logo que você tiver recebido este meu comunicado, peço, meu caro José, me avise, pois eu temo muito a <u>censura</u>" (Arquivo Getúlio Vargas, CPDOC/FGV, GV 39.08.07).

[72] Na verdade, o decreto é o de nº 29.151, de 17/1/1951. Este aprovou o regulamento dos Serviços Postais e de Telecomunicações em pleno governo Dutra. A ECT só se tornou uma empresa em 1969. No decreto, o artigo citado, o 18, alínea "e", determina que "[o departamento não expede nem distribui] objeto, publicação ou artefato com endereço, dizeres ou desenhos indecentes, injuriosos, ameaçadores, ofensivos à moral, ou ainda, contrário à ordem pública e aos interesses do país". Na alínea "m", lê-se que o "[departamento não expede nem distribui] correspondência que atente contra a segurança nacional ou do regime".

etc., infringentes [às] letras "E" e "M" do Regulamento em vigor, com peso de 390 quilos[,] foram incinerados, serviço este executado com todo o cuidado e o máximo sigilo que o mesmo requer.[73]

Ilustrando uma rede de continuidades, na biografia do delegado Fleury, encontra-se a seguinte referência:

> (...) o símbolo do DOPS, o cavalo-marinho, escolhido por uma razão oficial: (...) "vigilante no mar, sempre ereto e eterno vigilante". Foi aprovado na gestão do delegado Odilon Ribeiro de Campos – ele era o favorito do governador Adhemar de Barros (1963-1966). Pretendendo ter olhos e ouvidos em toda parte, possuía uma rede de informações em todas as organizações sindicais. Como polícia do pensamento, tinha um professor para aulas exclusivas, Luís Apolônio, velho investigador do DOPS, tio do futuro ministro Delfim Moreira, e, posteriormente, o delegado Alcides Cintra Bueno Filho para fazer atenta exegese de documentos apreendidos.[74]

A execução desse "expediente" de censura na correspondência permaneceu depois de 1973. Em uma troca de informes entre a Divisão de Segurança e Informação (DSI) do Ministério das Comunicações e a DSI do Ministério da Justiça, datada de 1º/11/1974, sabe-se que a ECT interceptou na Guanabara exemplares do panfleto "MDB", postados pelo deputado Miro Teixeira. "O panfleto interceptado utiliza-se de chavões frequentemente explorados pela oposição e busca induzir os seus destinatários a votarem no MDB, no pleito de 15 de novembro de 1974"[75].

Essa "interceptação de correspondência" continuou e, quatro dias depois, a Assessoria de Segurança e Informação da ECT, em Fortaleza (CE), notificou a apreensão de um grande número de malotes que continham a brochura "MDB em ação nos comícios de rádio e TV – Democracia com Desenvolvimento e Justiça Social", e relatou que

> (...) o livreto interceptado é um documento de contestação aos Governos da Revolução, em vários setores da Administração e as suas páginas, segundo os autores, contêm subsídios para a propaganda dos candidatos do MDB às eleições de 15 de novembro de 1974.[76]

Além dos impressos apreendidos, os agentes da repressão também se preocupavam com a origem dos livros recebidos pelas livrarias brasileiras, que

---

[73] Arquivo do Estado de São Paulo, Acervo Deops, 50-Z-45-431.

[74] Percival de Souza, *Autópsia do medo*, op. cit., p. 40-1.

[75] Informe 536/74 (DSI/MJ, AN/RJ).

[76] Informe 544/74, de 5/11/1974, (DSI/MJ, AN/RJ).

passavam pelo setor de importação da Alfândega e eram recebidos por funcionários do Ministério da Fazenda[77]. A portaria nº 427, de 25/5/1977, assinada pelo ministro da Justiça do governo Geisel, Armando Falcão, impõe a censura prévia às publicações postadas, um procedimento realizado, de forma não legal, desde antes dessa norma. Os livros apreendidos, segundo relatórios do serviço de censura, foram incinerados em uma grande fogueira[78].

É oportuno perceber que há uma engrenagem em curso. Diversos órgãos das administrações federais, estaduais e municipais trabalham em conjunto para um mesmo fim. Todo esse processo de vigilância mais acirrada tem seu início, certamente, no fim de 1968. Com as regras sendo postas à mesa a partir de então, no dia 25/10/1969, cinco dias depois da publicação da emenda constitucional nº 1 no *Diário Oficial da União*, foi empossado, após eleição por vias indiretas, o general Emílio Garrastazu Médici (1969-1974), sendo o seu ministro da Justiça o jurista Alfredo Buzaid.

O Congresso Nacional, fechado desde o AI-5, foi reaberto para sagrar – na acepção de investir numa dignidade por meio de cerimônia – esse ato[79]. Portanto, vale aqui uma ressalva: se o período analisado é o do desmando, por que perseguir o seu rastro pela via legislativa? Primeiro, porque, se "tudo se podia fazer" tendo o AI-5 como retaguarda, é oportuno pensar que, mesmo assim, há toda uma máquina burocrática armada para executar os desmandos. Em segundo, porque será na análise mais ampla desse panorama legal, no período republicano, que observações de permanência e rupturas ficarão mais evidentes e, nesse sentido, mais chocantes. E, finalmente, porque, tendo essa noção de conjunto, compreende-se o quanto ela foi introjetada lentamente, sendo impossível ser anulada, anos mais tarde, apenas pela via formal.

Uma possível resposta a essa regulamentação é que, naquele momento, reinava, além do arbítrio, um jogo de farsas. O arcabouço legislativo montado autorizava que ações não legais pudessem ocorrer. Por isso essa marca da exceção. Negavam-se a violência e os desmandos que cometiam. Não havia para

---

[77] Uma relação das 27 livrarias paulistas que recebiam livros de Portugal, Argentina e México foi entregue pela ASIR aos agentes do DEOPS/SP. Cf. Arquivo do Estado de São Paulo, Acervo DEOPS, 50-Z-45-437.

[78] Em dezembro de 1973, uma das maiores livrarias de livros importados, a carioca Leonardo da Vinci, foi incendiada. O episódio, nos relatos de jornal da época e no depoimento de sua proprietária, Vanna Piraccini, parece ter sido um ato criminoso. A proprietária da livraria narrou também que, muitas vezes, encontrou em "feiras de livros" realizadas nas ruas do Rio os exemplares de seus livros apreendidos (entrevista à autora em 22/9/1998).

[79] O termo *sagrar* está na reflexão de Daniel Aarão Reis Filho, *Ditadura militar, esquerdas e sociedade* (Rio de Janeiro, Jorge Zahar Editor, 2000).

eles nem tortura nem censura. Não havia violação de direitos humanos. Tudo era legal e legalizável nessa lógica.

Assim, o mesmo Decreto-lei nº 1.077/70, a última ponta do tripé a que se refere Pompeu de Souza, também permitia dupla leitura: instituía a censura prévia ao mesmo tempo em que justificava sua não existência. Os poderes que o AI-5 outorgava legalizavam o ilegalizável. Como sublinha Maurício Maia[80],

> (...) o jornalista e advogado D'Alembert Jaccoud colocava o governo Médici contra a parede quando insistia na tese de que não poderia haver censura de caráter político no Brasil pela falta de uma autorização expressa. [Para D'Alembert,] "quem se der ao trabalho de ler a legislação em vigor não poderá acreditar que ela se exerça". (...) E o AI-5? Esse documento admite que o presidente da República poderá adotar, "se necessário à defesa da Revolução", as medidas da alínea E do parágrafo 2º do artigo 155 da Constituição (...) Não existe, porém, qualquer ato do presidente autorizando a medida para torná-la legal nos termos do AI-5.[81]

Publicado no primeiro dia do ano de 1971, o argumento do advogado veio à tona quando a máquina censória estava no auge de sua atuação. Do AI-5 ao Decreto nº 1.077/70 e seus complementares, uma armadura se formou. Ao meu juízo, o 1.077 justifica e legaliza a existência de censura prévia. Para Maia[82] e para Anne-Marie Smith[83], o decreto em si não era o instrumento de censura prévia, até porque, segundo os informes do governo, a censura não existia. Esses autores insistem em afirmar a ilegalidade jurídica da ação censória nos jornais por não existir nenhum instrumento que a autorize.

A inconformidade, certamente, está nas palavras de D'Alembert Jaccoud: "Quem se der ao trabalho de ler a legislação em vigor não poderá acreditar que ela se exerça". Mas não são essas palavras que põem o governo em xeque-mate. A lógica da ambiguidade, onde ele estava calcado, importava-se muito pouco com essas expressões desafiadoras[84].

---

[80] *Henfil e a censura: o papel dos jornalistas* (São Paulo, dissertação de mestrado, ECA-USP, 1999), p. 62.

[81] *Jornal do Brasil,* 1/1/1971, p. 2.

[82] Maia, op. cit.

[83] Anne-Marie Smith, *Um acordo forçado...,* op. cit.

[84] O mesmo jornalista, acompanhado de outros, como Pompeu de Souza, sofreu um expurgo infligido à imprensa em fins de 1977. O evento está inscrito nas armadilhas palacianas para a sucessão do presidente Geisel. A "linha dura" estava derrotada e o MDB lançaria a candidatura de oposição, do general Euler Bentes Monteiro. Os jornalistas que faziam parte da corte do general Golbery, segundo Bernardo Kucinski, promoveram uma sabotagem a essa candidatura sob o pretexto de que ameaçava o processo de abertura. A solução final da crise deu-se com a demissão do general Sylvio Fota e uma "limpa" em parte da imprensa. Kucinski, *A síndrome da antena parabólica...,* op. cit., p. 65 e *O fim da ditadura militar,* op. cit., p. 49-66.

Do terceiro vértice ao desmonte da máquina

O tripé normativo sugerido por Pompeu de Souza ficou pronto nos primeiros dias de 1970 – ano em que o Brasil do "ame-o ou deixo-o" seria tricampeão mundial de futebol no México. Ao ser elaborado o Decreto-lei nº 1.077, de 26/1/1970, na minha compreensão, legaliza-se a norma de censura prévia. Assim, se, de acordo com o capítulo 2 do Decreto nº 20.493/46, o serviço de censura deveria, antecipadamente, analisar e aprovar, na totalidade ou em partes, todas as exibições de cinema, teatro, *shows*, bem como a execução de discos, propagandas e anúncios na imprensa, o 1.077/70 vai bem mais longe. Sempre justificando as proibições pelo resguardo da "moral e dos bons costumes", como se assim lhes anulasse a intenção política, o governo proíbe publicações, nacionais ou importadas, que ofendam esses requisitos. Ou seja, a censura aplicava-se à imprensa nacional e aos exemplares estrangeiros que aqui chegassem e que estivessem em desacordo com as normas. Essas regras eram praticadas desde o AI-5, com circulares enviadas às redações, mesmo que a emenda da Constituição dissesse o contrário[85].

Entre o decreto de 1946 e o de 1970, tendo como foco de ação o estabelecimento de censura prévia, foi assinada a portaria nº 242-DG, do diretor-geral do DPF, coronel Newton Cipriano Leitão, de 18/5/1967, que tinha por objetivo normatizar e orientar o serviço de censura tanto no órgão central, em Brasília, como nas delegacias regionais. Muito semelhante às regras estabelecidas em 1946, essa portaria de 1967 desejava apenas a uniformidade da ação, mas estabeleceu também a censura prévia de filmes, programas de rádio e TV, novelas, músicas, peças de teatro, e todas as manifestações artísticas. Não há, contudo, nenhuma referência à imprensa. Em 1970, entretanto, a questão era outra.

Uma análise[86] do Decreto-lei nº 1.077/70, feita por três censores federais à época da sua edição, elucida o poder devastador que este podia exercer. Nessa direção, os censores indicam que

---

[85] No estudo de Anne-Marie Smith (*Um acordo forçado...*, op. cit., p. 237, nota 79), a autora lembra que o decreto 1.077/70 impunha o registro dos periódicos junto ao DPF, e que o MDB "entrou com uma ação judicial alegando que a lei era inconstitucional. O Supremo Tribunal Federal recusou-se a pronunciar sentença no caso, alegando que o próprio MDB não publicava um jornal e, portanto não estava diretamente afetado pela lei". É importante sublinhar também que na 3ª edição, de 1979, do *Vade-mécum da comunicação*, seu autor, Reinaldo Santos, atribui ao decreto a regra de censura.

[86] A reflexão está no livro de Carlos Rodrigues, Vicente Alencar Monteiro e Wilson Q. Garcia, *Censura Federal – leis, decretos-lei, decretos e regulamentos* (Brasília, C.R. Editora, 1971). Tido como a "bíblia" dos censores, me foi presenteado pela censora paulista *Margarida*, apelido a

(...) o governo considerou, ao baixar o Decreto nº 1.077/70, que o emprego desses meios de comunicação [imprensa escrita e cinema] obedece a um plano subversivo, que põe em risco a segurança nacional e que tais publicações estimulam a licença, insinuando o amor livre e ameaçam destruir os valores morais da sociedade brasileira.

Unindo sempre perspectivas de segurança nacional e, portanto, noções políticas, com demandas da moral, a legislação não parou aí. Assim, o tripé indicado por Pompeu de Souza recebeu ajustes, mas sua base estava montada. Para completar o arcabouço, foram editadas duas portarias (a de nº 11-B, de 6/2/1970, e a de nº 219, de 17/3/1970) e uma instrução (a de nº 1-70, de 24/2/1970, do ministro da Justiça). Todas se baseavam na legalidade que o parágrafo 8º do artigo 153 da Constituição Federal de 1967 permitia. Tamanha era a arbitrariedade imposta por esse conjunto que os censores se apressaram em justificá-lo dizendo que esses instrumentos

(...) são perfeitamente constitucionais, segundo declarações do próprio ministro da Justiça, professor Alfredo Buzaid, e constituem um serviço do Estado, não se podendo, jamais, considerá-los como uma nova forma de autoritarismo, que repugnaria a formação democrática do povo brasileiro.[87]

O Decreto-lei nº 1.077/70 autodefine-se no seu segundo artigo, ao deliberar que competirá ao ministro da Justiça "(...) verificar, quando julgar necessário, antes da divulgação de livros e periódicos, a existência de matéria infringente" à moral e aos bons costumes em qualquer meio de comunicação, cabendo ao DPF a execução dessa tarefa. Ao apontar um árbitro, o ministro da Justiça no 1.077/70 parece iluminar uma instância superior reguladora de qualquer desmando, um *locus* apaziguador que impedisse descalabro. Talvez essa não seja a melhor leitura. Creio que, no fundo, o que o decreto esclarece é que quem dita as regras de censura é o ministro da Justiça. Portanto censura é uma questão de Estado, com atuação de polícia na execução das medidas. Por isso, talvez, o Conselho Superior de Censura só tenha saído do papel em 1979, quando o AI-5 deixou de vigorar, pois antes não havia nem espaço, mesmo que fictício, para esse tipo de arena.

Nesse sentido, quando os delegados regionais da PF se reuniram no Rio de Janeiro, no início de setembro de 1970, para receberem instruções de como agir no caso da censura, sua assembleia teve uma pauta de dois pontos: as atri-

---

ela atribuído a pedido. Os três autores eram censores e jornalistas, e entrevistei o único vivo, Queiróz Garcia. Essa compilação de legislação, realizada para ordenar um serviço, embasava os pareceres.

[87] Rodrigues, Monteiro e Garcia, *Censura Federal*, op. cit., p. 143.

118

buições da PF a partir de 1º de outubro e as recomendações sobre sua atuação. As instruções de trabalho centraram-se em oito pontos, que eram os seguintes:

Primeiro: quanto às normas gerais, pautava-se pela veracidade das notícias publicadas; pelo cumprimento da Lei de Imprensa, a de nº 5.250/67, e pela proibição do uso de expressões como "fonte fidedigna", "pessoa ou político bem informado", "fontes autorizadas da Presidência", "fontes autorizadas do ministério", "assessores";

Segundo: quanto à política, deliberava que era proibido notícias, declarações, entrevistas etc. de pessoas atingidas pelos Atos Institucionais e membros de organizações estudantis; bem como de declarações contra o governo, ou animosidade entre membros do regime, ou fatos políticos não comprovados; não criticar os Atos Institucionais e a legislação vigente, não divulgar notícias de prisões e censura;

Terceiro: quanto aos atos atentatórios ao patrimônio, interditava notícias sobre assaltos a estabelecimentos de crédito;

Quarto: quanto aos costumes, proibia a divulgação de crimes ou cenas obscenas que atentassem contra a moralidade da família brasileira;[88]

Quinto: quanto aos problemas religiosos, vetava tanto a divulgação da atitude política de clérigos quanto os episódios que criassem animosidades nessa seara;

Sexto: centrava-se nas questões financeiras e proibia a divulgação das políticas econômicas do governo;

Sétimo: quanto às questões sociais, censurava a divulgação de movimentos operários, greves, ou qualquer outro tema que promovesse a "subversão da ordem pública". Era também interditado o comentário a "movimentos subversivos em países estrangeiros, planos de condutas violentas, guerrilhas etc., assim como filmes para televisão de movimentos dessa natureza";

As "**recomendações finais**" determinavam serem proibidos, "sob qualquer hipótese ou pretexto e, no tocante às matérias acima especificadas, "manchetes", títulos, fotografias ou legendas de caráter sensacionalista, malicioso ou que não correspondam exatamente ao texto".[89]

Isso posto, as regras estão claras. Não há nada caótico e perdido na burocracia, como muitas análises tentam apontar. Não há acefalia. Até mesmo os temas censórios estão expostos desde o início, como as notas recebidas no dia do AI-5 comprovam. Mas o jornal *O Estado de S. Paulo* continuou expondo o sentimento corrente da época, no artigo "Liberdade em debate na ABI", de 23/3/1972, (p. 6), ao refletir que,

---

[88] Vale sublinhar que questões da moralidade estão na mesma pauta que as temáticas políticas, de modo a reforçar a ideia de que havia uma só censura.

[89] "Recomendações para a imprensa escrita, falada e televisada/Ministério da Justiça". Fundo DSI/MJ, AN/RJ. Esse documento também se encontra citado no trabalho de Maia (op. cit., p. 63).

(...) como a legislação é contraditória, por força do grande número de portarias e instruções que complementam os diplomas de arrocho fundamentais, os jornais continuam à mercê de decisões subjetivas que variam consoante o critério da autoridade encarregada de interpretar os textos.

O difícil, certamente, era aceitar a intromissão de censores na redação. No pós-AI-5, eles eram das Forças Armadas, mas, com o passar do tempo e os acertos dos pontos a serem seguidos pela PF, eles e elas (os técnicos de Censura) eram dessa polícia e ligados à DCDP. Assim, o Decreto nº 1.077/70 direcionou a responsabilidade final, a orientação dos atos censórios, ao ministro da Justiça, que deveria ser o comandante das ordens, seu mentor, legislador, executor e juiz.

Existe, contudo, um interessante debate sobre quando se teria iniciado essa segunda fase da censura no pós-AI-5, com a interdição efetiva nas redações. Para o jornalista Paolo Marconi[90], a partir de notas proibitivas localizadas, a data dessa segunda fase seria 10/6/1969. No trabalho de Maia[91], por sua vez, a reunião da PF que definiu os oito pontos a serem censurados demarcou o começo do ato censório naquele dia. Assim, o *start* estipulado é a data daquele relatório: 1º/10/1970. Para Maia, foi essa reunião, e não o Decreto nº 1.077/70, de janeiro, que representou o marco. Eu prefiro pensar que uma máquina estava em andamento desde o AI-5 e que é difícil demarcar o que foi mais importante e deu a partida. Pensando no processo de censura, cada novo ajuste legal contribuiu para o aperfeiçoamento daquela engrenagem.

Nessa sequência de acertos legislativos, inaugura-se outro debate igualmente oportuno: a existência de um decreto secreto, de nº 165-B/71[92], que ratificava a posição de comando do Ministério da Justiça. Isso porque os dez pontos proibitivos do 165-B/71 saem do gabinete do ministro. Portanto a legislação mostra, de forma cabal, onde o centro da censura sempre esteve. Os dez pontos proibidos pelo 165-B/71 são:

a. campanha pela revogação dos Atos Institucionais, notadamente o Ato Institucional nº 5, de 13 de dezembro de 1968;

---

[90] *A censura política na imprensa brasileira, 1968-1978*, op. cit.

[91] Maia, op. cit.

[92] O 165-B foi decretado um ano antes de os telefonemas proibitivos ("De ordem superior, fica proibido...") adentrarem as redações. Comparativamente, as chamadas telefônicas aos jornais entre 1972 e 1975 muito se aproximam dos dez pontos divulgados em 13/12/1968 às imprensas paulista e carioca. No entanto, entre o 1.077/70 e as ligações proibitivas, tem-se a edição do decreto secreto 165-B, em março de 1971. Meses antes, em 11/11/1970, foi editado o Decreto nº 69.534, que autorizava a edição de decretos secretos. Cf. Hélio Silva, *Os governos militares, 1969-1974* (São Paulo, Editora Três, 1998), p. 11.

b. manifestações de inconformidade com a censura em diversões e espetáculos públicos, livros, periódicos e em exteriorizações pelo rádio e televisão, realizada com base no Decreto-lei nº 1.077/70, de 26 de janeiro de 1970;
c. apreciações que envolvam contestações ao regime vigente;
d. divulgação de notícias sensacionalistas que possam prejudicar a imagem do Brasil no exterior;
e. divulgação de notícias com o objetivo de agitar os meios sindicais e estudantis;
f. divulgação de notícias a respeito da existência de censura, salvo a de diversões públicas, bem como de prisões de natureza política;
g. divulgação de notícias tendenciosas a respeito de assaltos a estabelecimentos de crédito, nomeadamente a descrição minuciosa de quaisquer crimes ou atos antissociais;
h. divulgação de quaisquer notícias que venham a criar tensões de natureza religiosa;
i. divulgação de notícias que venham a colocar em perigo a política econômica do Governo;
j. divulgação alarmista de movimentos subversivos em países estrangeiros, bem como a divulgação de qualquer notícia que venha a indispor o Brasil com nações amigas.[93]

O estudo legislativo do período, como se pode notar, além das leis e decretos publicados na *Coleção de Leis*, também faz uso de uma gama de normas e portarias secretas que só a recente abertura de arquivos, como o da DSI e o do Dops, possibilitou encontrar. Essa gama inédita de material, que é a própria fala da burocracia sobre si, infelizmente não estava acessível quando Anne-Marie Smith realizou sua pesquisa, no fim dos anos 1980. Não dando o real valor ao Decreto nº 1.077/70, Smith[94], ao meu juízo, atribuiu ao processo de censura prévia uma inconstitucionalidade que os juristas da época, vinculados ao Estado, se esforçaram para corrigir ou maquiar. Essas arbitrariedades cometidas, legalizadas ou não, também eram escondidas pelo governo. Embora existisse uma lei "que permitia" a censura prévia, havia uma "recomendação" do governo aos meios de comunicação para que não tocassem no assunto da existência de censura. A regra era fazer a censura prévia em alguns jornais, muito embora fosse proibido divulgar o assunto.

Por mais que fosse aviltante, a censura prévia no pós-1964 não era ilegal em termos jurídicos. Sua existência, para a imagem construída pelo governo, não poderia ser divulgada. Certamente o mais difícil, pelo foco do cidadão, nesse regime ditatorial civil-militar foi conviver com a violação dos direitos civis e políticos "legalizada" por normas e decretos. Os governos do pós-1964 criaram jurisprudências, que serviam de capa de legalidade. Atos como banimento,

---

[93] GM 165-B, de 29/3/1971, (DSI/MJ), em depósito no AN/RJ.
[94] *Um acordo forçado...*, op. cit., p. 96.

expulsão do país e censura prévia são terríveis, mas eram legais. Ou seja, eram executados sob o amparo da lei e pela força bruta.

Mesmo "legalizando" a censura na imprensa, o governo não queria que essa imagem de autoritarismo transparecesse. Assim, em 26/6/1973, a PF distribuiu uma nota aos órgãos de comunicação – rádios, jornais e TVs –, na qual,

> (...) de ordem superior fica proibido, até posterior liberação, qualquer crítica ao sistema de censura, seu fundamento e sua legitimidade, bem como qualquer notícia, crítica ou referência escrita, falada e televisada, direta ou indiretamente formulada contra órgãos de censura, censores e legislação censória.

Nesse mesmo ano de 1973, ocorreu um interessante embate entre um órgão de imprensa e o governo ditatorial, que expõe a face da censura. O jornal *Opinião*, de propriedade de Fernando Gasparian e sob censura prévia desde janeiro daquele ano até abril de 1977, recorreu da intervenção governamental nas suas publicações. Como narra Smith, o ministro da Justiça declarou que o periódico estava sendo censurado com base não no Decreto nº 1.077/70, mas, sim, no AI-5. Por seis votos a cinco, o tribunal imputou a inconstitucionalidade de censura ao *Opinião*. Suspensa a censura, no dia seguinte, 20/6/1973, o presidente Médici revogou a liberação do jornal, baseando-se no AI-5 e em um decreto de março de 1971.

Essa norma é a de nº 165-B/71, que se encontrava, na época das pesquisas de Smith, em um arquivo ainda indisponível ao pesquisador. Por não ter conhecimento desse decreto secreto, Smith afirmava que

> (...) o aspecto mais extraordinário desse despacho, todavia, era sua referência a outro despacho até então desconhecido, de 30 de março de 1971, mediante o qual Médici adotara o artigo 9º do AI-5, o qual permitia a censura prévia em defesa da revolução. Até aquele momento, presumia-se que o artigo 9º seria invocado apenas em caso de estado de sítio declarado, conforme especificado na Constituição. Tal despacho evidenciava ainda mais a discrepância entre o AI-5 e a Constituição.
>
> Parece não haver dúvidas na cabeça de ninguém de que esse despacho, declaradamente de 1971, na verdade foi preparado em 1973 em resposta à crise do julgamento do caso *Opinião*. Em vez de simplesmente declarar que a censura decorria do AI-5 e que, portanto, escapava à jurisprudência dos tribunais, o governo aparentemente chegou ao extremo de inventar um documento antedatado autorizando o uso do artigo 9º. O regime de exceção mais uma vez arremedava as normas do processo, o que tanto ressaltava as formalidades legais apropriadas quanto demonstrava que o poder do regime se colocava acima da lei.[95]

---

[95] Smith (*Um acordo forçado...*, op. cit., p. 132) nesse trecho teve como fonte o livro de José Antonio Pinheiro Machado, *Opinião x Censura – momentos de um jornal pela liberdade* (Porto Alegre, L&PM, 1978).

É importante esclarecer detalhadamente o episódio que envolveu o *Opinião*, pois ele desmascara uma farsa, já que era proibido mencionar que havia censura. Assim, o caso do *Opinião* torna-se emblemático. O decreto secreto nº165-B/71 foi usado para justificar essa intervenção. Se Smith acredita que essa instrução pudesse ser uma invenção, Maia[96] analisa que "essa hipótese conta com um leve indício a seu favor". Isso porque existe um ofício, 163-B, de 2/5/1973. Assim, o 165-B, de dois anos antes, tem uma numeração posterior à desse...

O episódio de 1973 que envolveu o jornal foi explicado no editorial número 230 do *Opinião*, de 1º de abril de 1977, cujo título é "Fim de uma etapa". Às vésperas de interromper sua circulação pelas pressões econômicas advindas da censura política, o corpo editorial assinala que isso ocorria

> (...) talvez por termos sido nós, precisamente, a primeira publicação que recorreu da censura e que desvendou os mecanismos em que se firmava. Contra a censura apelamos ao Tribunal Federal de Recursos, pela voz destemerosa do advogado Adauto Lúcio Cardoso, que levantou a preliminar de sua inconstitucionalidade. Ganhamos a causa naquele Tribunal. Mas a decisão foi anulada pelo Presidente Médici, ficando então nós, do OPINIÃO, e o país inteiro sabendo que a censura prévia à imprensa resultava de um despacho presidencial de 1971, até então secreto, baseado no AI-5. Desde então, a censura nos dedicou uma atenção toda especial. O preço que pagamos foi o de conviver, até hoje, com a censura prévia, com o veto a alguns de nossos melhores colaboradores, com a paulatina erosão dos temas que nos eram permitidos, com a destruição do estilo, da qualidade dos nossos textos submetidos a uma censura frequentemente bronca e sempre surda a qualquer apelo.

Retornando, entretanto, à discussão acerca da data do decreto secreto, ao que parece, a prática do governo não foi a de arremedar, e sim a de criar uma roupagem legal ao seu arbítrio. Certamente o decreto secreto nº 165-B/71 circulou de forma interna no governo, até porque se encontra como material da DSI e foi seguido à risca por seus executores, os censores do DPF. Isso permite a reflexão de que a censura jamais foi caótica e que os censores tinham conhecimento e voz de comando acerca da direção a tomar. Se ele foi criado em 1971 ou em 1973, é uma conjectura mais restrita ao reino das hipóteses. E, como filosofa Millôr Fernandes, "hipótese é uma coisa que não é, que a gente diz que é, para ver como seria se fosse".

Nesse sentido, uma portaria anterior, a de nº 11-B/70, já havia regulado o braço executor dessas tarefas: o DPF e suas delegacias regionais. O texto dessa norma permitiu um precedente bastante interessante, pois era notório que o corpo censório era pequeno e despreparado. No seu parágrafo único, estabelece que

---

[96] Maia, op. cit., p. 81.

(...) o Delegado Regional do Departamento de Polícia Federal, no exame de livros e periódicos, poderá utilizar a colaboração de pessoas por ele designadas, inclusive estranhos aos quadros do serviço público, desde que moral e intelectualmente habilitadas a realizá-lo.[97]

A partir dessa deliberação, tanto estranhos aos quadros do DPF foram convocados a serem censores, como policiais de outros departamentos desse órgão foram deslocados para exercer essa função. Não havia a necessidade de formar censores, era só seguir à risca os "dez mandamentos" do Decreto nº 165-B ou os oito pontos do encontro de setembro de 1970. E essas "instruções" foram aplicadas em especial, naquele momento, à imprensa. Censores da antiga e cidadãos convocados a serem censores foram designados para um serviço especial. Vinculado ao gabinete do ministro da Justiça, criou-se o Serviço de Informação do Gabinete (Sigab).

Diferente do DIP em muitos aspectos e principalmente porque foi legalizado por um decreto, o Sigab esteve fora de qualquer organograma, tanto do Ministério da Justiça como do DPF – era um órgão entre o ministro da Justiça e o diretor da Polícia Federal, que não foi instituído formalmente. Ao Sigab cabia o telefonema diário às redações de todo o país em que se informava o que era proibido publicar, assim como a visita aos jornais sob censura prévia para checar o cumprimento das ordens[98].

Nesse sentido, uma censura claramente direcionada à imprensa teve o seu expoente máximo no período republicano brasileiro, durante o Estado Novo, com a existência do DIP. No pós-1964 e refletindo as diferenças dos dois momentos de arbítrio, esse papel foi desempenhado por um órgão de exceção, do qual saíam os telefonemas e os *bilhetinhos* às redações de jornais com os famosos "De ordem superior, fica proibida a divulgação..."[99].

---

[97] A censora carioca entrevistada, *Marina*, pseudônimo a ela designado a seu pedido, entrou para a Censura no começo da década de 1970 sem concurso e por apadrinhamento. Por saber falar, ler e escrever em francês, seu trabalho foi solicitado, primeiramente, para destrinçar a literatura daquele idioma.

[98] O Sigab tem uma origem que muito se assemelha à da Oban, que foi uma iniciativa conjunta do II Exército e da Secretaria de Segurança Pública do governo Abreu Sodré, como uma tentativa de centralizar as atividades de combate às crescentes ações de guerrilha urbana em São Paulo. Criada em 29/6/1969, a Oban permaneceu até setembro de 1970 em caráter extralegal (não era encontrada no organograma do serviço público). Isso demonstra que esse tipo de expediente era usado pelo governo ditatorial para manter em sigilo operações mais incisivas.

[99] Entre 1972 e 1975, a grande imprensa recebeu os famosos *bilhetinhos* da censura. A partir de 1975, quando a censura deixou o *Estadão*, apenas os alternativos, a *Tribuna da Imprensa* e a *Veja* (até a saída de Mino Carta) continuaram censurados. Os alternativos ou quebraram por pressões econômicas ou resistiram bravamente, mesmo alterados pelos cortes da tesoura da censura.

124

Como se pode notar, desde fins de 1967 a máquina administrativa foi sendo preparada para executar as políticas de governo. Vários órgãos de competência do Ministério da Justiça foram reestruturados. A malha da censura recebeu ajustes legais e também, em 1969, houve uma reordenação do Ministério da Justiça. Foi nesse momento que se criou, efetivamente, a Polícia Federal, que deveria ser organizada e mantida em todo o território nacional. Suas funções deveriam ser:

a. executar os serviços de polícia marítima, aérea e de fronteira;
b. reprimir o tráfico de entorpecentes, o descaminho e o contrabando;
c. apurar os ilícitos penais contra a segurança nacional, a ordem política, social e moral ou que vulnerem bens, serviços e interesses da União;
d. prevenir e apurar as infrações penais, cuja prática tenha repercussão em mais de um Estado, exigindo, em consequência, tratamento centralizado e uniforme;
e. *executar os serviços de censura de diversões públicas.*

Não por acaso, esse decreto também criou a Divisão de Segurança e Informação (DSI)

(...) como órgão de assessoramento do ministro de Estado e complementar do Conselho de Segurança Nacional, para fornecer dados, observações e elementos necessários à formulação do conceito de estratégia nacional e do Plano Nacional de Informações; colaborar na preparação dos programas particulares de segurança e de informações relativos ao MJ e acompanhar a relativa execução.[100]

Munido desse mar de normas jurídicas e, principalmente, com todas as instituições fundadas com bases nessas regras, percebe-se que as transformações por que passou a censura no pós-1968 compunham uma estratégia maior, que visava, nos três primeiros anos do governo Médici, calar notícias e informações e centralizar as atividades censórias no intuito de forjar uma imagem do governo e de ganhar adesões.

Em uma visão parcial de quem era o inimigo, *grosso modo*, podiam-se arrolar as guerrilhas urbanas e rurais, no plano interno, e a vitória comunista no Vietnã, no plano externo. Mas a censura não ficou restrita a esse governo, já que continuou com seu sucessor, o general Geisel. Além disso, também se encontram episódios de censura nos governos Figueiredo e Sarney.

Pensando nessas continuidades, pode-se concluir que *interditar* seja um ato permanente e enraizado no imaginário coletivo social. Assim, as esferas políticas que o controlavam também refletiam em suas ações parte dos anseios populares. Nesse sentido, o domínio das normas censórias tem ares de uma

---

[100] Decreto-lei nº 64.416, de 28/4/1969.

atitude vinda do primeiro escalão do governo, do Ministério da Justiça. Ou seja, talvez nunca se tenha dado efetivamente a transferência da orientação do que censurar para o DPF, sendo essa polícia muito mais seu braço executor do que seu cérebro pensante.

Durante grande parte do governo Médici, a concentração do poder foi total no Ministério da Justiça. Assim, o SCDP executou as tarefas, mas não foi o órgão que decidiu o que deveria ser proibido. A sua estrutura foi sempre tacanha, comparada ao volume de material que recebia para analisar e emitir parecer. O órgão só recebeu uma reestruturação a partir de 1972, quando o advogado e jornalista Rogério Nunes assumiu o cargo de diretor da Censura.

As alterações desse panorama no âmbito do Serviço de Censura são fáceis de explicar, já que o governo Médici enfrentava, nesse período, as questões da sucessão presidencial. Os primeiros *bilhetinhos* às redações são dessa época e proibiam exatamente as notícias da transmissão do cargo majoritário do país. Foi a partir das mudanças do DPF, em junho de 1972, que a censura passou à divisão (DCDP). Sempre como um executor de ordens, o DCDP assumiu essa função no instante em que a guerrilha urbana e rural – um dos principais "inimigos" do governo Médici – já estava bem enfraquecida. No centro do comando e pensando as questões censórias, certamente estava o ministro da Justiça, Alfredo Buzaid, que teve como subordinados dois truculentos generais, a dirigir o DPF nesse período: o general Nilo Canepa e depois o general Antônio Bandeira.

Principalmente entre 1972 e 1975, as principais redações de jornais recebem telefonemas proibitivos, fazendo dessa a função da censura. Sempre que inquirido sobre o porquê desses atos, Rogério Nunes afirmava que estavam procurando no lugar errado, já que não era ele que possuía o controle dessa atividade. A resposta de Nunes é uma das chaves para compreender a censura durante o governo Médici e por um bom período do governo Geisel. Isso porque o corpo de censores, acrescido de elementos convidados, foi deslocado para o Sigab, o órgão responsável pelas ligações aos jornais e pela ida às redações. Vinculado diretamente ao gabinete do ministro da Justiça, fisicamente esteve mais perto deste do que do DPF.

Ou seja, a censura aos jornais e revistas recebeu um tratamento diferenciado. Foi executada por alguns censores contratados antes de 1964 e por outros incitados a colaborar. Ligados diretamente ao ministro da Justiça, recebiam de seu gabinete as ordens e, por isso, Rogério Nunes não era o chefe deles. Mas isso não quer dizer que os subordinados de Nunes no DCDP não fizessem censura política. Executavam essas normas em livros, música, cinema. Os jornais eram um caso para o ministro, como também os livros proibidos que eram listados no gabinete do ministro da Justiça[101].

Para aumentar essa pequena estrutura, foi em 1974, seis anos depois da legislação censória de Gama e Silva, materializada na Lei nº 5.536/68, que aconteceu o primeiro concurso para técnico de Censura, cargo cunhado por aquela lei.

É interessante perceber também que todas as reformulações do DPF, como a que ocorreu em 1975, continuaram pautando a criação do Conselho Superior de Censura, que permanecia apenas no papel. Mais uma vez, decidiu-se que o conselho deveria "elaborar normas e critérios que orientassem o exercício da censura de espetáculos e diversões públicas, e rever, em grau de recurso, as decisões finais sobre a matéria".

Mas essa instância de recurso cedo ou tarde se tornaria real, mesmo que longe de exercer seus poderes imaginados. A revista *Veja*, no dia do décimo aniversário do AI-5, 13/12/1978, publicou uma grande reportagem com o título "Sem choro nem vela". O texto começava com a seguinte reflexão: "Dez longos anos durou o Ato Institucional nº 5 e, no entanto, a menos de um mês de sua morte oficial, sequer se sabe a quem entregar o cadáver". Para o ministro Gama e Silva, seu mentor, mesmo depois dessa década, ainda não era a hora de extingui-lo, "ele deveria ficar como uma advertência, uma espada pairando sobre as cabeças". Por decreto, o ato deixou de existir no dia 1º/1/1979, mas suas raízes na cultura nacional ainda permaneceriam por muito tempo.

Dentro desse processo de mudanças, no fim de julho de 1979, o ministro da Justiça, Petrônio Portella, encaminhou ao presidente da República, o general João Batista Figueiredo (1979-1985), um ato que "nasceu" dias antes do AI-5 e levou onze anos para ser sancionado. Ao instituir o CSC, estabeleceu um fórum com poderes de rever os pareceres do DCDP sobre a produção cultural, no qual o autor da obra poderia reivindicar uma reavaliação dos cortes propostos. O conselho era uma tentativa de materializar as transformações no tabuleiro do poder sem AI-5. Era uma maneira também de responder às pressões acerca da má vontade atribuída aos censores naqueles novos tempos. A única esfera fora da reavaliação do CSC era a televisão.

Embora devesse ser composto de 16 membros, o conselho formou-se com 12 representantes, que eram: Geraldo Sobral Rocha (Associação Brasileira de

---

[101] Várias listas de livros proibidos encontram-se no material do DCDP, em depósito no Arquivo Nacional do Rio de Janeiro e no de Brasília.

Cineastas), Ricardo Cravo Albim (Abert)[102], Roberto Pompeu de Souza (ABI), João Emílio Falcão (Associação Brasileira de Produtores Cinematográficos), Lafayette de Azevedo Pondé (Conselho Federal de Educação), Alcino Teixeira de Melo (Embrafilme), Arabela Chiarelli (Funabem), Pedro Paulo Wandeck de Leoni Ramos (Ministério das Comunicações), Octaciano Nogueira (Ministério da Justiça), Guy de Castro Bandrão (Ministério das Relações Exteriores), Orlando de Miranda (Serviço Nacional de Teatro) e Daniel da Silva Rocha (Sociedade Brasileira de Autores Teatrais).

No início de janeiro de 1980, o CSC punha fim a uma proibição de quase uma década. Os maiores de 14 anos já poderiam assistir, sem cortes, ao musical *Calabar*, de Chico Buarque, cinco vezes proibido pelo general Antônio Bandeira, diretor-geral do DPF nos anos 1970. Uma máquina legislativa para a questão da censura foi montada *pari passu* às necessidades de seu uso. Se tida como completa a partir de 1971, foi utilizada por mais uns cinco ou seis anos em alguns jornais e nos *alternativos*, no caso da imprensa. Nas áreas de música, cinema e TV, essa intervenção teve um período maior.

O Decreto-lei nº 1.077/70 e também o decreto secreto nº 165-B/71 perderam seus poderes no dia 1º/1/1979, seguindo a legislação que extinguiu os Atos Excepcionais e instituiu um caminho para a Anistia, que não "foi ampla, geral e irrestrita". Finalmente, mais de uma década depois de ter sido criado, o CSC foi formalmente instituído.

A trajetória do CSC não cumpriria as expectativas geradas para uma câmara de acordos entre produtores de cinema, escritores, atores e o governo censor. Houve um grande impasse entre o departamento de censura da PF e esse fórum. Foi muito difícil para os censores adaptar-se aos novos tempos. Soma-se a isso a morte prematura do ministro Petrônio Portella, que alterou novamente o tabuleiro do poder.

No mesmo início de janeiro de 1980, período em que parte do CSC dava seus primeiros passos para remexer em mais de uma década de cortes e proibições, morria o ministro Portella. Convidado por Portella para ser chefe do DCDP, o jornalista e ex-chefe da Censura em São Paulo, José Vieira Madeira, tentava demonstrar alterações no panorama, já que era tido como uma pessoa flexível.

Se a imagem de Portella está vinculada à de articulador da Anistia, cinco anos antes de sua posse como ministro da Justiça, o então líder do governo

---

[102] Uma coletânea dos pareceres do CSC foi organizada por Ricardo Cravo Albim, *Driblando a censura* (Rio de Janeiro, Gryphus, 2002).

Petrônio Portella, durante os dias que se sucederam ao assassinato do jornalista Vladimir Herzog, declarou

> (...) embora lamente o suicídio do jornalista (...) "[asseguro] que o governo será implacável na apuração das responsabilidades dos agentes da desordem, daqueles que pretendem implantar a ditadura totalitária em nossa terra".[103]

Não assumindo, na época, o assassinato de Herzog, Portella ocupou o cargo de ministro por pouco mais de um ano. Com o seu prematuro falecimento, Madeira, tido como um censor liberal, deixou a direção geral do DCDP. Quem assumiu, em uma cerimônia secreta, foi uma censora de carreira, historiadora formada pela USP e braço direito da censura política (o Sigab) em São Paulo, Solange Hernandez, conhecida como Solange *Tesourinha*.

Em tempos de Anistia, sua posse foi considerada um retrocesso. Sua gestão marcou uma centralização das atividades censórias, cobrada em relatórios periódicos de seus subordinados. O escândalo mais famoso desse momento foi o processo de censura do filme *Pra Frente, Brasil*, de Roberto Farias. Aprovado pelos censores, foi vetado pela diretora da Censura. Entre idas e vindas, recursos ao CSC e pareceres de censores sendo retirados do processo, o filme, depois da Copa do Mundo de 1982, chegou às salas de cinema de todo o país.

Esse quadro revela que havia uma assincronia ou um descompasso entre os caminhos desejados para o Serviço de Censura e sua atuação. Reflexões de um momento de transição também apontadas pelo governo Figueiredo, uma máquina legislativa começava a ser desmontada. Mas as forças que a sustentavam ainda mostravam suas garras. A "vitória" de Tancredo Neves no colégio eleitoral, mesmo depois da frustração pelas Diretas Já, parecia indicar que um novo momento se inaugurava. Não podíamos, ainda, votar para presidente. Teríamos, contudo, um civil na presidência depois de vinte anos. A *Tesourinha* parecia ficar distante, para trás, com a posse de José Sarney. A censura, afirmavam, finalmente chegaria ao fim...

Há ou não censura na Nova República?

O quadro é mais ou menos assim: normas em vigor, porque o Decreto nº 20.493/46 não perdeu sua vigência com a Anistia e com o ministro que decretou, a caneta, o fim da censura oficial. O Estado brasileiro não patrocinaria, segundo Fernando Lyra, ações de repressão aos costumes, ao pensamento e às

---

[103] *Folha de S.Paulo*, 28/10/1975, p. 3.

manifestações. A censura seria de classificação indicativa do melhor horário de exibição dos programas e da faixa etária ideal para assistir a cada um deles.

Entre o ato público no Teatro Casa Grande, em julho de 1985, promovido pelo ministro Lyra e por intelectuais para decretar o fim da censura e o primeiro choque da realidade, foram apenas dezesseis dias de ilusória mudança. Uma nota da coluna "Radar", da revista *Veja*, noticiou que

> (...) o governo terá de descascar o abacaxi representado pelo filme *Je vous salue, Marie*, de Jean-Luc Goddard, no qual a Virgem Maria é uma jogadora de basquete que fala palavrões e aparece nua em diversas cenas. Exibido na Europa no início do ano e condenado pelo papa João Paulo II, o filme fez um enorme sucesso de público. No Brasil, a Igreja Católica e o governo tentaram evitar que *Je vous salue, Marie* fosse importado, mas o filme já havia chegado ao país e começara a ser legendado. Se o governo for sensível aos argumentos da Igreja, que considera o filme um atentado à imagem de Nossa Senhora, e proibi-lo, o ministro Fernando Lyra será obrigado a desdizer sua famosa frase "Adeus, Censura".[104]

Corroborando com os avisos da nota e retornando ao início e aos festivais, outro filme tomaria conta do cenário nacional nesses idos de 1986. Diferentemente do panorama do primeiro FestRio que consagrou Coutinho e seu *Cabra Marcado* dois anos antes, o episódio de 1986 demonstraria a continuidade de processos de censura.

Assim, na festa de premiação do III FestRio, quando o *hors-concours*, *Ran*, de Akira Kurosawa, iria ser exibido, o mesmo teatro do Hotel Nacional escuta um protesto do fundo do salão. Um homem de cabelos cacheados e uma longa túnica azul alertava o público para a beleza de *Je vous salue, Marie*.

Com exibição autorizada pelo DCDP em território nacional, o filme foi condenado às salas clandestinas de cinema durante as madrugadas pelo presidente Sarney, em atenção a um pedido da cúpula da Igreja. O homem de azul que afirmava que o filme de Goddard "era lindo!" era o cantor e compositor Caetano Veloso, o mesmo que vinte anos antes compusera a música *É proibido proibir!* – um hino contra o arbítrio e a censura, inspirado, certamente, nas manifestações estudantis francesas de maio de 1968.

Mas talvez Caetano também pudesse esbravejar que a censura introjeta conceitos e formas de agir que "canetada" nenhuma consegue apagar de uma hora para outra, do dia para a noite. Esse inconsciente de valores, ações e desejos

---

[104] "Um abacaxi na mesa da Censura", *Veja*, 14/8/1985, p. 43. Para uma reflexão sobre a censura ao filme, ver o artigo de Annie Goldmann, "Je vous salue, Marie: um filme cheio de graça", *Revista Estudos Avançados*. São Paulo, IEA/USP, nº 5, p. 76-9, 1989.

130

localiza-se no terreno de uma "cultura política" enraizada e que se espalha pelo tecido social. Como definiu Serge Berstein,

> (...) a "cultura política" é uma chave. Ela introduz a diversidade, o social, os ritos, os símbolos lá onde reina, acredita-se, o partido, a instituição, o imóvel. Ela permite sondar os rins e os corações dos atores políticos. Seu estudo é, então, mais que enriquecedor, indispensável, por menos que se entenda sobre sua definição e seus limites. (...) A cultura política aparece, assim, como o produto de uma história revista e corrigida, fundadora de tradições. Construção da memória coletiva, a importância da cultura política reside na adesão dos indivíduos que a interiorizam e a fundam como um dos motores (mas não o único) de seus comportamentos políticos. Essa passagem essencial do coletivo ao individual, motivando os atos políticos, opera pelos canais habituais de socialização.
> (...) Resultado de uma longa elaboração adquirida pelo indivíduo na época de sua formação intelectual, reforçada no calor dos acontecimentos e engajamentos políticos, ela é o contrário de uma obstrução passageira ou de um fenômeno contingente. (...) Ela é bastante interiorizada e estrutura a partir daí o comportamento político por um longo período, quem sabe até por toda a existência.[105]

Nesse sentido, o importante a destacar nessa gama de decretos e leis por todo o período republicano era a busca por um lugar para a censura. Esse *entulho* não foi menosprezado pelo período autoritário, que procurou, em vários níveis de atuação, forjar uma legalidade. Para tal, também instituiu mecanismos que possibilitassem sua atuação, revestindo-a de um manto legal. Toda a crise se instalou por ocasião do processo de passagem do autoritarismo à democracia. Naquele instante, tanto a censura como os censores tornaram-se uma pecha, como muitos deles declararam nas entrevistas.

Ninguém queria assumir essa tarefa de proibir. A censura foi rejeitada pelo Ministério da Justiça e pelo Ministério da Educação e Cultura no governo João Figueiredo. Ninguém a queria pelo estigma que carregava. O acadêmico Eduardo Portela, que "estava ministro" da Educação e Cultura, declarou que suas funções eram incompatíveis com o ato de proibir. Petrônio Portella também não percebia mais a censura como um assunto de sua pasta. Para onde deslocar os censores era a questão do início dos anos 1980.

Se neste capítulo refletimos sobre a legislação censória, no próximo se buscará, no histórico da agência de censura (o SCDP e, posteriormente, o DCDP), as formas reais e concretas dessa ação. O foco também está nas gerações de censores, suas semelhanças e maneiras diversas de compreender esse ofício,

---

[105] Serge Berstein, "L'historien et la culture politiques", op. cit.

o "caldo cultural" desses representantes sociais da intervenção. Enraizada nas múltiplas formas de compreender a sociedade, a censura muitas vezes constitui um desejo de parte dos cidadãos, que dão a esses homens e mulheres o poder de lhes determinar o que ver, ler, escutar... pensar. O ato de censurar, portanto, também é fruto da aprovação de certas camadas sociais. Será sobre esse embate de permissões e negativas a sequência da reflexão.

Polícia Especial do Distrito Federal. Rio de Janeiro, 1932.

Fachada da Delegacia de Costumes e Diversões, praça da República, Rio de Janeiro. Em matéria publicada pelo *Correio da Manhã*, lê-se: "(...) não de todo mal alojada; mesmo assim, é distante da Polícia Central. Por outro lado, não conta com instalações próprias, tendo sido improvisado um xadrez, no vão existente ao lado do Arquivo Nacional".

Fotomontagem comemorativa da Copa do Mundo de Futebol de 1950. Nela pode-se ver o zagueiro do Vasco da Gama e da seleção brasileira, Augusto da Costa.

Augusto da Costa, zagueiro e capitão da seleção brasileira na Copa do Mundo de Futebol de 1950. Da esquerda para a direita, é o terceiro em pé.

PELA PRESENTE ANEXAMOS

OFICIO Nº 1182/68 DO MINISTÉRIO DA JUSTIÇA - DEPARTAMENTO DE POLÍCIA FEDERAL QUE DETERMINA A PROIBIÇÃO DA EXIBIÇAO DE FILMES E REPORTAGENS QUE MOSTREM TUMULTOS RELACIONADOS COM MANIFESTAÇÕES ESTUDANTIS.

ASS. MILTON PARNES - PRESIDENTE DO CONTEL

MIN. DA JUSTIÇA
DEPARTAMENTO DE POLICIA FEDERAL
DELEGACIO REGIONAL -GB
OF. Nº 1182 / 68/ GDR   EM 25 DE JUNHO DE 1968

SENHOR PRESIDENTE:

ATRAVÉS DE RADIOGRAMA DIRIGIDO A ESTA DELEGACIA REGIONAL, O CHEFE DO SERVIÇO DE CENSURA KKKK DE DIVERSÕES PÚBLICAS, DO DEPARTAMENTO DE POLÍCIA FEDERAL, EM BRASILIA , SOLICITOU QUE FOSSE PROMOVIDO JUNTO AO ÓRGÃO COPETENTE DESSE CONSELHO NACIONAL DE TELECOMUNICAÇÕES, MEDIDA PROIBITIVA DA EXEBIÇÃO DE FILMES / REPORTAGENS QUE MOSTREM TUMULTOS EM QUE SE ENVOLVEREM ESTUDANTES, RELACIONADOS AOS ÚLTIMOS ACONTECIMENTOS, OU QUE VENHAM ENVOLVER-SE EM FATOS SEMELHANTES, SE DEFLAGRADOS COMO OS ANTE- RIORES, CUJA REPERCUSSAO CARACTERIZA-SE MUITO PROMOCIONAL, ESTUMULANTE E ENCORAJADORA AOS DESANDOS DESSES MOÇOS, MAL ORIENTADOS NA PRESENTE TRANSMUDANTE FASE DA GERAÇÃO , EM QUE OS RESULTADOS TEM SIDO TRÁGICOS PELA EXTENSÃO DA VIOLÊNICA DE QUE SE VALEM.
PELA INTERMEDIAÇÃO RELACIONADA A PROVIDÊNCIA QUE VENHA A SER POSTAS EM PRÁTICA E A URGENCIA REQUERIDA, LEVO A VOSSA SENHORIA O AGRADECIMENTO ANTEPOSTO A EFETIVAÇÃO DA MEDIDA SOLICITADA.
COM A OPORTUNIDADE REITERO A VOSSA SENHORIA OS PROTESTOS DE MINHA ESTIMA
E CONSIDERAÇÃO
ASS. GENERAL LUIZ CARLOS REIS DE FREITAS - DELEGADO REGIONAL

AO ILUSTRISSIMO SENHOR DOUTOR JOAO ARISTIDES WILTZEN
DD PRESIDENTE DO CONSELHO NACIONAL DE TELECOMUNICAÇÕES - CONTEL VSC/WMM

"Bilhetinhos" da censura (notas de proibição). 25/6/1968.

Prédio do Departamento de Polícia Federal, em Brasília, conhecido como "Máscara Negra".

3

Máscara negra: censores e interdições
As trilhas da liberdade de expressão

> Acabou nosso carnaval
> Ninguém ouve cantar canções
> Ninguém passa mais brincando feliz
> E nos corações
> Saudades e cinzas foi o que restou
> (...)
> E no entanto é preciso cantar
> Mais que nunca é preciso cantar
>
> (Vinicius de Moraes e Carlos Lyra,
> *Marcha da Quarta-feira de Cinzas*)[1]

A tentação de ver: a Constituição de 1988 e a permanência do ato censório

Estabelecer os marcos de início e término de alguns eventos é, por vezes, interrogação para curiosos e estudiosos de temas históricos. Assim, questões como quando teria começado a censura na mais recente ditadura brasileira, em que momento se optou por praticar atos de tortura aos presos políticos e como perceber o encadeamento de eventos que põem fim ao governo militar vêm sendo colocadas, buscando criar uma cronologia e racionalizar os fatos, dando--lhes uma lógica[2]. Acima de tudo, as datações ordenam e permitem acompanhar continuidades e rupturas no processo. Mas também expõem olhares convergentes ou não para um mesmo corte de tempo.

---

[1] Vinicius de Moraes e Carlos Lyra compuseram, em 1963, o hino da UNE. Na mesma noite, compuseram também a *Marcha da Quarta-feira de Cinzas*. Mais tarde, Lyra declararia, talvez em um arroubo de exagero, que não havia se dado "(...) conta do que estava acontecendo. Mas [que ele] estava prevendo o golpe que viria a ocorrer entre 31 de março e 1º de abril de 1964!". Ver José Castello, *Vinicius de Moraes: o poeta da paixão, uma biografia* (São Paulo, Companhia das Letras, 1994), p. 226.

[2] Bernardo Kucinski, *O fim da ditadura militar*, op. cit.; Elio Gaspari, "Alice e o Camaleão", em Elio Gaspari, Zuenir Ventura e Heloisa Buarque de Hollanda, *70/80: cultura em trânsito:*

138

As duas pontas do vértice – o começo e o fim de eventos – são problemáticas de difícil arquitetura, principalmente quando se pretende demarcar a extremidade. Localizar quando terminou e sentenciar "então acabou!" é tarefa complexa. Como lembra o jornalista Elio Gaspari, só o *Jornal do Brasil* noticiou, no dia 31/12/1978, em manchete de primeira página, que o "Regime do AI-5 acaba à meia-noite de hoje". Na extinção daquele ato institucional,

> (...) os cidadãos readquiriam o direito ao *habeas-corpus*, o Congresso e o Judiciário voltavam a ser poderes independentes e estavam revogadas as penas de morte e banimento.
> Nenhum outro jornal publicou essa informação. (...) A ditadura militar ia acabar, mas ninguém estava mais prestando atenção nisso.
> (...) Essa foi a principal característica do desmanche do regime ditatorial iniciado em abril de 1964. Ele foi se desmanchando aos poucos, com tanta precisão que até hoje não se pode dizer quando acabou. Talvez o certo seja dizer que não foi desmontando. Foi *camaleonicamente transformado*. A transformação foi chamada de "lenta, gradativa e segura distensão", pelo seu executor, o general Ernesto Geisel.[3]

O conceito de um *camaleão* que se adapta às circunstâncias é muito pertinente para aquele e também para outros momentos da história do Brasil. Nas reflexões de Kucinski sobre esse instante, que se completam com as de Gaspari, as elites brasileiras souberam se moldar e se adaptar ao processo de abertura para continuarem no poder. Assim, o autor entrelaça o processo de distensão brasileiro às pressões por um desenvolvimento econômico que necessitava de liberdade política. Somava-se a isso, segundo o autor, a eleição de Jimmy Carter para a Presidência dos Estados Unidos, quando este propõe uma nova política externa, baseada no respeito aos direitos humanos. Cabia ao governo brasileiro, então, realinhar-se a esse novo panorama e, assim, *lidar* com a questão da tortura política e da censura à imprensa, entre outros itens aqui exercidos no pós-1964.

---

da repressão à abertura (Rio de Janeiro, Aeroplano Editora, 2000); Zuenir Ventura, "Depois de 21 anos, o desacordo" em Gaspari, Ventura e Hollanda, op. cit.

Elio Gaspari foi, durante muito tempo, um dos principais interlocutores do chefe da Casa Civil do governo Geisel, general Golbery do Couto e Silva. Nesse período, foi Golbery o articulador da aproximação do governo com a imprensa para garantir o fim da censura. Nesse processo, houve novos expurgos dentro das redações, como forma de "limpar o território" e garantir o pacto. Acerca do arquivo pessoal de Golbery, doado a Gaspari, o jornalista prepara uma coletânea de cinco volumes. Três deles já foram publicados: *A ditadura envergonhada* (São Paulo, Companhia das Letras, 2002), *A ditadura escancarada* (São Paulo, Companhia das Letras, 2002) e *A ditadura derrotada* (São Paulo, Companhia das Letras, 2003).

[3] Gaspari, Ventura e Hollanda, op. cit., p. 12 (ênfase minha).

139

Essa nova ordem mundial, que exigiu mudanças na política interna do país, não se traduziu apenas em possíveis avanços de panorama democrático no Brasil. Atos como a Lei Falcão – que regulou a propaganda eleitoral – e o Pacote de Abril de 1977 – que, além de fechar o Congresso Nacional, buscou redefinir o tabuleiro do poder – também fizeram parte do cenário e expuseram a *camaleônica* forma de redefinir o momento político. Tanto a Lei Falcão como o Pacote de Abril foram reflexos do quadro que as eleições de 1974 delinearam. Aquele pleito demonstrou um substancial avanço do MDB em relação ao partido do governo, a ARENA.

Desse modo, em junho de 1976, às vésperas das eleições municipais que ocorreram em novembro, o governo alterou as regras e decretou o fim da livre utilização, pelos candidatos, do horário eleitoral na televisão. Somam-se a essa estratégia novas cassações de deputados estaduais e federais do MDB – Marcelo Gato, Nelson Fabiano, Amaury Müller, Nadyr Rosseti e Lysâneas Maciel. Segundo Kucinski , "(...) todas as cassações haviam sido provocadas por discursos acusando o Exército de violações de direitos humanos"[4]. Já que meses antes, em outubro de 1975 e janeiro de 1976, morriam, vítimas de tortura, nas dependências do Doi-Codi em São Paulo, o jornalista Vladimir Herzog e o metalúrgico Manoel Fiel Filho.

A suspensão do horário eleitoral gratuito, determinada pela Lei Falcão, não teve o resultado previsto, e o número de votos dados ao MDB dobrou o do pleito de 1972[5]. Assim, em 2/4/1977, alegando a "ditadura da minoria", supostamente exercida pela oposição, o governo fechou o Congresso, decretou novos atos institucionais e tentou inverter o panorama de vitória que a oposição conseguira nas eleições de 1974, principalmente na renovação de dois terços do Senado. Para impedir novas alterações no perfil dessa Casa e, assim, ver suas propostas inviabilizadas pela perda de bancada, o governo instituiu o senador biônico, e a maioria simples substituiu os dois terços exigidos anteriormente para a aprovação de emendas constitucionais. Das duas cadeiras para o Senado por estado que as eleições contemplariam, apenas uma concorreria. Na perspectiva de jogadas políticas, as estratégias montadas refletiam um panorama mais amplo e estavam inscritos nos

---

[4] *O fim da ditadura militar*, op. cit., p. 37.

[5] Sobre a lei e os "perigos" de uma televisão e rádio livres, o ministro da Justiça, Armando Falcão, fez comentários, em suas memórias, dizendo ter sido um instrumento útil, porém falho, que deixou, segundo ele, saudades aos que, também segundo suas reflexões, são obrigados a ver os programas eleitorais de agora. Armando Falcão, *Tudo a declarar* (2ª ed. Rio de Janeiro, Nova Fronteira, 1989), p. 351-8.

140

(...) cuidados para que a distensão fosse lenta, gradativa e segura, exprimiam o caráter controlado que Geisel atribuía ao processo que propunha. Ou seja, um processo de cima para baixo, que nunca escapasse ao controle dos que o propunham.[6]

Todas essas "precauções" a que o governo Geisel dispensou atenção podem ser percebidas como atos contínuos na busca de fins determinados, principalmente garantindo a escolha de seu sucessor. É importante visualizar, portanto, como outros episódios, ocorridos na década de 1980, ainda estão imbuídos dessa mesma noção de "garantia". Mesmo com a decretação formal do fim do AI-5 e de outros "entulhos autoritários" em dezembro de 1978, as marcas que todo esse processo deixou na sociedade brasileira permaneceram. Pode-se afirmar que a legislação autoritária existiu porque uma parcela conservadora da sociedade clamava por essas ações repressivas e/ou preferia fechar os olhos para a sua existência. Igualmente se podem encontrar traços de permanência dessa intervenção autoritária do Estado depois do fim formal de decretos e leis desse cunho. Penetraram de tal forma no "caldo cultural" que, extintos "pela caneta", continuam nas mentes e nos gestos de muitos. Nessa direção, quanto aos anos de 1984 e 1985, Zuenir Ventura ressaltou que,

(...) se 1984 foi para a cultura o ano do consenso, tecido pela campanha das Diretas e pela eleição e morte de Tancredo, 1985 foi o ano do dissenso, isto é, do debate e da polêmica; em uma palavra, do desacordo. (...) [19]85 desarrumou o que 1984 tinha arrumado – na aparência. Mas isso, em lugar de ser o fim do mundo, parece ser o começo de outros tempos.[7]

Nas palavras desse autor, há a descrição de eventos que expõem a fragilidade de alguns acordos. A reflexão, contudo, remete a algo que os transcende como fatos. Nesse sentido, como analisou Berstein[8], a importância da *cultura política* está no pacto que os indivíduos, em sociedade, estabelecem e, principalmente, incorporam, dando perfis aos seus comportamentos políticos. Se em julho de 1985 o ministro da Justiça, Fernando Lyra, jurou solenemente que a "censura está extinta", seis meses depois o país descobriu o engano do ministro. Nos primeiros dias de fevereiro de 1986, a portas fechadas no Palácio do Planalto, o presidente José Sarney ordenou que se proibisse *Je vous salue, Marie*, de Jean-Luc Godard – que, no imaginário, ficou como o último ato de censura[9].

---

[6] Kucinski, *O fim da ditadura militar*, op. cit., p. 29.

[7] Gaspari, Ventura e Hollanda, op. cit., p. 266.

[8] Serge Berstein, "L'historien et la culture politiques", op. cit.

[9] Em um levantamento mais jornalístico do que propriamente uma reflexão histórica, o trabalho de Inimá Simões, *Roteiro da intolerância...*, op. cit., apresenta um roteiro dos filmes censurados

A narrativa do filme é uma metáfora da exposição bíblica sobre a Virgem Maria. Mantendo suas características cristãs – é casta e concebe virgem –, a mãe de Jesus de Godard trabalha em um posto de gasolina como frentista, joga basquete, aparece nua e seu namorado não entende como ela pode estar grávida.

Diante de um presidente da República intransigente, o ministro da Justiça ainda tentou argumentar sobre o direito que tinham os não católicos de ver o longa-metragem, mas José Sarney mostrou-se irredutível: "A responsabilidade é minha e não posso deixar de proibir"[10]. Poucos dias depois, o presidente faria uma reformulação ministerial, procurando conferir sua feição a um conjunto anteriormente selecionado pelo presidente eleito, Tancredo Neves. Lyra seria, então, um ex-ministro.

A polêmica em torno de *Je vous salue, Marie* demonstra que as mudanças eram apenas aparentes. Assim, donas-de-casa em Belo Horizonte fizeram passeatas pela proibição do filme, em apoio às diretrizes da CNBB. Dom Luciano Mendes de Almeida, na época secretário-geral da entidade, divulgou uma nota de apoio ao fim da censura desde que as obras que usassem personagens religiosos não os expusessem de forma diferente da adotada pelas linhas da Igreja. Para dom Luciano, não existia censura, havia orientação sobre o que fazer e como apresentar. Assim feito, tudo estaria bem.

Escritas no *calor da hora*, as reflexões de Annie Goldmann[11] mostram a percepção de que o "perfume de escândalo" que centrou o lançamento do filme de Godard "escureceu seu verdadeiro significado". No entender da autora, o grande *élan* da película é trazer para o contemporâneo o mistério da natividade de Jesus, respeitando a modernidade do tempo vivido no presente. Assim, o maravilhoso medieval da cristandade é aproximado do imaginário dos heróis deste instante. Semelhanças coligam as narrativas tendo como palco "uma cidade alheia aos mistérios da fé". No entender de Goldmann, no início dos tempos, como em 1986, perdeu-se a oportunidade de apreender o significado da vinda do filho de Deus.

Censurar e permitir, entretanto, são ações duais na sociedade brasileira. As manifestações de parcelas da sociedade civil que clamavam por mais censura

---

entre 1964 e 1985. Tendo por base os pareceres censórios em depósito no AN/Brasília, finaliza seu texto relembrando que, dias após a promulgação da Constituição de 1988, *A última tentação de Cristo*, de Martin Scorcese começou a ser bombardeado por críticas, pela imprensa, às vésperas de seu lançamento.

[10] O ex-ministro e ex-deputado federal (PMDB/PE) Fernando Lyra concedeu entrevista à autora em 12/12/1998.

[11] Annie Goldmann, "Je vous salue, Marie: um filme cheio de graça", *Revista Estudos Avançados*. São Paulo, IEA/USP, n 5, pp. 76-9, 1989.

142

demonstram que, durante o tempo em que esteve em vigor, no período pós--1964, a tesoura e os cortes respondiam aos anseios de parte dos brasileiros. O chefe da Censura Federal do governo Sarney, penúltimo técnico de Censura a exercer o cargo, Coriolano Loyola Cabral Fagundes, recebia dezenas de cartas e mensagens de diferentes estados, nas quais era solicitado que cenas ousadas fossem proibidas de serem veiculadas[12]. As "senhoras de Santana" em São Paulo, quando achavam um programa pouco sério ou com excesso de palavrões, enviavam abaixo-assinados com centenas de nomes para a Censura, em que pediam mais rigor[13].

Prática recorrente, em 2/2/1977, a União Cívica Feminina dirigiu-se ao diretor do DCDP, Rogério Nunes, denunciando cenas impróprias na novela *Duas vidas*, da TV Globo[14]. Dias antes, o mesmo diretor da Censura Federal respondia ao paulista Emílio Bassoi, que em carta solicitava ao presidente Geisel mão firme na intervenção censória. Rogério Nunes, incumbido pelo presidente de responder, afirmava estar satisfeito, pois,

> (...) quando alguns pais de família, como V.S., apelam ao senhor presidente da República reclamando mais rigor na Censura imposta aos veículos de comunicação social, sentimo-nos estimulados e convictos de que estamos lutando a batalha certa.[15]

Esse expediente de queixar-se às autoridades não se inaugurou naquele momento[16]. Percebe-se, contudo, que ele esteve presente também durante toda a ditadura civil-militar pós-1964. Muitos censores lembraram que existia um

---

[12] Entrevista à autora em 18/8/1998.

[13] Esse material encontra-se em depósito no acervo do DCDP do AN/Brasília.

[14] Seção Administração Geral. Correspondência Oficial, Ofícios de Solicitação (DCDP, AN/Brasília).

[15] Seção Administração Geral. Série Correspondência Oficial, Subsérie: Ofícios de Comunicação (DCDP, AN/Brasília).

[16] Um tipo de demanda como essa foi analisado por Eduardo Silva em *As queixas do povo* (São Paulo, Paz e Terra, 1988), tendo como fonte as cartas dos leitores, com todo tipo de crítica e reclamação, publicadas na coluna de "queixas do povo" do *Jornal do Brasil*. O cenário era a cidade do Rio de Janeiro nos primeiros anos do século XX, e o autor reconstrói os problemas que a expansão urbana causava a ela, tendo como foco o jornal mais popular entre as camadas populares naquele momento. Outros exemplos são: a tese de doutoramento em história, de Jorge Ferreira, "Trabalhadores do Brasil: o imaginário popular, 1930-45" (Rio de Janeiro, FGV, 1997), baseada nas cartas enviadas ao presidente Getúlio Vargas; e a dissertação de mestrado em antropologia, de Luciana Quillet-Heymann, "As obrigações do poder: relações pessoais e vida pública na correspondência de Filinto Müller" (Rio de Janeiro, PPGAS/UFRJ, 1997), calcada nos pedidos encaminhados a Filinto Müller, chefe de Polícia do Distrito Federal no primeiro governo Vargas. Na verdade, os dois trabalhos referem-se a cartas com pedidos de natureza pessoal.

grupo de senhoras, esposas de ministros, generais etc., que eram as primeiras a assistir aos filmes e a fazer uma pré-censura. No final, o censor precisava corroborar suas análises e dar o parecer oficial, que tornava legal o desejo delas. O estabelecimento dos critérios e atitudes censórias passava pelo arbítrio tanto dos censores oficiais como dos oficiosos, estando eles ou elas ligados ao governo como servidores públicos remunerados ou não.

Exemplificando esses apelos populares por censura, entre janeiro e junho de 1972, durante o governo Médici, o Movimento Auxiliar de Recuperação da Juventude Brasileira despachou correspondência ao Ministério da Educação e Cultura. A DSI daquele ministério fez questão de notificar ao SCDP de Brasília as propostas desse movimento[17]. Algo similar aconteceu dois anos antes, em 26/11/1970, quando Ruy Carlos de Barros Monteiro, secretário particular do ministro da Justiça, expediu para o DPF um abaixo-assinado recebido. Nele se pediam "medidas governamentais contra o abuso das piadas de mau gosto, que estariam sendo feitas sobre portugueses em programas de rádio e de televisão". Quem respondeu a essa demanda foi o censor Wilson Queiroz Garcia, então chefe do Serviço de Censura, citando o artigo 40, item II e o artigo 41, alínea e, do Decreto nº 20.493, de 24/1/1946, para concluir sugerindo "que o SCDP transmita às suas [turmas de censura] instruções no sentido de que não aprovem nenhum programa naquelas condições"[18].

Meses depois, em 21/6/1971, o Movimento de Arregimentação Feminina (MAF) de São Paulo remeteu ao ministro da Justiça, Alfredo Buzaid, um artigo do jornal *O Estado de S. Paulo*, publicado em 12/6 (p.12), com o título de "Violência e erotismo, temas prediletos". A correspondência analisa que há uma

> (...) completa irresponsabilidade de nossa censura cinematográfica. O "MAF" pede a Vossa Excelência, que vem demonstrando tão grande interesse na defesa da mocidade, que leve a quem de direito tão grave fato, para que medidas enérgicas e imediatas sejam tomadas para pôr um termo a tais exibições.

Em sintonia com os pedidos do MAF, o artigo do *Estadão* se inicia com a referência do pedido do presidente à nação por uma juventude sadia como condição básica para a defesa da nacionalidade.

---

[17] Seção Administração Geral. Série Correspondência Oficial, Subsérie: Informações Sigilosas (DCDP, AN/Brasília). O funcionamento das DSIs foi destrinchado nas reflexões de Carlos Fico, *Como eles agiam. Os subterrâneos da ditadura militar: espionagem e polícia política* (Rio de Janeiro, Record, 2001), que elucidou, pelos documentos oficiais e muitas vezes secretos e/ou confidenciais, a sistemática e métodos do aparelho repressor brasileiro no pós-1964.

[18] Seção Administração Geral. Série Correspondência com a Sociedade Civil, Caixa 1 (DCDP, AN/Brasília).

Nesse sentido, saberão eles que, em 1970, nada menos que 100 milhões de ingressos foram vendidos aos nossos jovens, e que nesse mesmo ano a censura foi obrigada a lhes vedar a exibição de 50% dos filmes nacionais, muitos deles produzidos com o recurso do próprio governo? Saberão que filmes do padrão de *Memórias de um gigolô* foram financiados pelo Instituto Nacional de Cinema, órgão do MEC? Saberão que neste mesmo momento o INC está financiando a produção de mais de trinta filmes, sem conhecer o roteiro de nenhum deles? Não serão mais do que suficientes para que o assunto passe a ser analisado em profundidade, como uma contribuição ao esforço que se vem realizando com o objetivo de preservar a nossa juventude?[19]

Nessa mesma linha de consideração e desejando "preservar" a família e a juventude, em março de 1971, o presidente Médici recebeu um abaixo-assinado com 106 assinaturas,

(...) com o intuito de colaborar com V. Ex^{cia}. Para que a ordem e o progresso sempre reinem em nossa pátria. [Assim], solicitam se digne V. Ex^{cia}. determinar que se proceda uma advertência à revista *Manchete* por intermédio da autoridade competente, por ter a dita empresa publicado o artigo especial na edição nº 981, de 6/2/1971, intitulado "A grande crise da família", não contando outro artigo não menos subversivo da moral pública, "A vida sexual das solteironas".[20]

Retornando à interdição de *Je vous salue, Marie*, se, em 1986, cenas de sexo na novela das oito e nas telas de cinema provocavam uma reação popular, a prática de escrever ao governo para solicitar uma ação rigorosa é, como se demonstrou, um fenômeno anterior a esse momento. Esse expediente, portanto, refletia uma continuidade. Persistia uma parcela da sociedade ainda desejosa de tutela, como também um governo interventor na seara pública e privada. Uma fatia mais conservadora solicitava que o Estado ainda lhe dissesse o que ver, a "protegesse" e tirasse de seu mundo algo que lhe ficou como pornografia. Fernando Lyra, na condição de ministro da Justiça por menos de um ano – de março de 1985 a fevereiro de 1986 –, teatralizou o fim da censura em um decreto de cima para baixo. Mas muitos, ao que parece, ainda precisavam dela.

Nessa onda de pedidos e proibições que *Je vous salue, Marie* protagonizou, outro filme também foi destaque naquele momento. *O último tango em Paris*, de Bernardo Bertolucci, em que Marlon Brando e Maria Schneider participam de uma cena de sexo bastante comentada, teve sua exibição na TV brasileira proibida. Arrastando filas aos cinemas em 1972 em vários países, levou sete anos para entrar no circuito dos cinemas brasileiros. Nos idos de 1985, a Cen-

---

[19] Seção Administração Geral. Série Correspondência com a Sociedade Civil, Caixa I. DCDP, AN/Brasília.

[20] Idem.

sura aprovou sua exibição na televisão com cortes. Mas o filme não foi ao ar. Voltaram atrás, tornando difícil responder a Caetano Veloso, que continuava a esbravejar: "Que Nova República é essa? Quero que alguém me explique o que está acontecendo".

Havia um descompasso de discurso e prática, como a pergunta de Caetano indicava. Outra demonstração dessa "desarmonia" foi, por exemplo, o abaixo--assinado da "Campanha nacional contra o erotismo e a pornografia instalada nos comerciais e novelas exibidos na TV". Em 1986, as 40 mil assinaturas que, na cidade de Fortaleza, se engajaram nessa *luta*, convocavam "(...) uma Nova República liberal, não libertina"[21].

No intuito de saciar completamente as indagações coletivas que Caetano explicitava, há que se entender, entretanto, que essa série de correspondências enviadas ao governo fazia parte de uma estratégia. A ação de setores mais conservadores da Igreja, ancorados na vigília da "moral e dos bons costumes", tinha na CNBB seu braço organizacional. Essa entidade, para ter êxito nas empreitadas pela censura, agia em três diferentes níveis: ia diretamente ao Planalto, pressionava donos de emissoras e também dispunha de

> (...) uma terceira arma, a mais eficiente: bispos e padres pedem aos fiéis, nas missas, que se manifestem. Periodicamente, o Palácio do Planalto, o Ministério da Justiça e a própria Censura são abarrotados pelo correio por toneladas de cartas, telegramas, e telex de protesto. (...) Muitas vezes, por desinformação, os remetentes enviam as próprias instruções recebidas, inclusive o modelo do texto sugerido pelo padre ou bispo da região.[22]

Utilizando-se do artifício do envio da carta, na campanha contra a liberação do filme de Godard, o Centro Bíblico Católico, em nome da Liga do Professorado, ambos com sede em São Paulo, escreveu dezenas de cartas e telegramas para o ministro Fernando Lyra. Nelas, o diretor, "dr. Frei Paulo Avelino de Assis", exigia que o filme não fosse exibido num lugar sem que houvesse um controle absoluto, pois "não existe o direito de criar salas, para ali desrespeitar pessoas. (...) É questão de direito e de justiça. Minha mãe [no sentido da mãe de Deus] tem o direito de ser respeitada *em toda a parte*"[23].

Nessa direção, os questionamentos de Caetano Veloso transmitem o espírito do momento. Há uma assincronia entre os que ambicionam mudanças – poten-

---

[21] Seção Administração Geral. Série Correspondência com a Sociedade Civil, Caixa III (DCDP, AN/Brasília).

[22] "O cerco da Igreja", *Veja*, 9/9/1986, p. 22.

[23] Acervo DCDP, AN/Brasília.

cializadas nas campanhas das Diretas Já –, e todas as forças que compunham o Estado. O país ainda era governado pelas diretrizes da emenda constitucional de 1969, formulada no berço do AI-5. Nesse sentido e retornando à proibição de *Je vous salue, Marie,* segundo o jurista Raymundo Faoro, "as constituições modernas garantem que todo mundo pode ter ou não uma religião. O governo é obrigado a manter neutralidade. Com a proibição [ao filme de Godard], Sarney tomou partido"[24].

Corroborando com as atitudes do presidente Sarney e expondo a permanência desse olhar, o ministro da Justiça no governo Geisel, Armando Falcão, sentenciou: "Se fosse ministro, não deixaria passar. *Todo mundo deve ser poupado da tentação de ver*" (ênfase minha)[25]. Nesse sentido, o presidente Sarney colocava o governo, naquele momento, mais próximo de tudo o que o ex-ministro representava, pois, sem assistir ao filme, também proibiu a sua exibição em todo o território nacional. Para o presidente e para o ex-ministro da Justiça no governo Geisel, ainda cabia ao governo tutelar o cidadão.

Sintonizado com Falcão e Sarney, o chefe do Serviço de Censura em São Paulo, o censor de carreira Drausus Seiman Dorneles Coelho, valendo-se do mesmo argumento do governo que instituiu o AI-5, vetou que a entrevista de Marília Gabriela com o inglês Ronald Biggs fosse ao ar na TV Bandeirantes. Para o censor, Biggs denegria a imagem do país ao explicar que viera para o Brasil depois de assaltar um trem na Inglaterra porque "um amigo me contou que era um ótimo lugar, onde uns cem nazistas viviam sem ser incomodados"[26].

Nesse quadro de tantas "pequenas censuras", todas as disputas que envolveram o *Je vous salue, Marie* desvendaram a permanência de atitudes, findadas apenas pela caneta. Nessa direção, lembrando a invasão do campus da PUC paulista em 1977, oito anos depois agentes da PF voltaram a caçar alunos para apreender a fita de vídeo da película de Godard[27]. Dias depois, foi o delegado

---

[24] "A censura de Sarney", *Veja*, 12/2/1986, p. 60-2.

[25] Idem. Nove anos antes dessa declaração, em 5/2/1977, o então ministro da Justiça, Armando Falcão, pronunciava que tanto pela Emenda Constitucional nº 1, de 1969, como pelo AI-5 o país vivia em pleno Estado de Direito e democracia. E, por isso, cabia a censura (*O Estado de S. Paulo*).

[26] *Veja*, 11/6/1986, p. 130.

[27] No artigo da *Veja* de 12/3/1986, sob o título de "Veto difícil", o jornalista menciona a invasão da PUC na década de 1970. Uma ótima oportunidade, não utilizada, de historiar o momento em que o coronel Antônio Erasmo Dias, secretário de Segurança Pública do governo Paulo Egídio (1975-1979) prendeu centenas de estudantes em pleno processo de distensão do governo Geisel. A reportagem, contudo, aponta o episódio mas não o explicita, deixando sem sentido a citação.

Romeu Tuma, diretor da PF, que veio ao Rio convencer o reitor da UFRJ, o físico Horácio Macedo, a comparecer à Superintendência da PF na cidade e nomear os estudantes que assistiram ao filme na universidade. Lembrando o seu antecessor no cargo por quase vinte anos, Macedo estava inspirado por Pedro Calmon, reitor da mesma universidade de 1948 a 1966, que, na época, se chamava Universidade do Brasil. Calmon, vendo a Faculdade Nacional de Direito cercada por policiais militares que ameaçavam invadir o campus, decretou: "Alto lá! Aqui só se entra com exame de vestibular".

De todo esse panorama, um dado é claro: desde a posse de Sarney, em março de 1985, até o início de 1987, a Nova República continuou utilizando o expediente dos atos censórios. Conforme os dados do DCDP, foram 261 letras de música cortadas e 25 terminantemente vetadas. Novelas e textos teatrais também tiveram cenas suprimidas, e o conjunto de censores, que era de 150 técnicos, aumentou para 220, já que houve um concurso de admissão em 1986. Sempre apartando diversão e bons costumes das questões políticas, o diretor do DCDP, Coriolano Fagundes, ao justificar essa permanência de "pequenas censuras", sublinhou que estas não eram ligadas ao segundo ponto. O importante a concluir, entretanto, é que essa manutenção do ato censório demonstrava o peso de uma tradição, de uma burocracia e, principalmente, de vozes conservadoras que o mapeamento desse quadro expõe.

No descompasso entre muitos anseios, aspirações e as ações, a Nova República despontava com reformas, a mais importante delas realizada por uma Assembleia Nacional Constituinte. No embate entre reformular o legislativo e retirar os rastros do "entulho autoritário", a nova Constituição, marcada pelo título de *Constituição cidadã*, definiu, na área dos direitos individuais, atribuir ao Serviço de Censura um caráter classificatório e indicativo.

Semente plantada pelo ministro Lyra no período em que esteve à frente da pasta da Justiça e auxiliado pelo chefe da Censura de então, o censor Coriolano Fagundes, o projeto de lei que transformava o Serviço de Censura em Serviço de Classificação de Espetáculos, subordinado diretamente ao gabinete do ministro, foi engavetado por seu sucessor, Paulo Brossard. Sintonizada com uma legislação extremamente avançada, a proposta de Lyra e Fagundes deixaria a cargo do Estado apontar o melhor horário e a faixa etária mais conveniente para a exibição dos programas. Muitos achavam que essa ideia, incorporada às diretrizes da Constituinte, não vingaria. Mas, em 5/10/1988, a Carta revelava que:

> **Art. 220:** A manifestação do pensamento, a criação, a expressão e a informação, sob qualquer forma, processo ou veículo, não sofrerão qualquer restrição, observado o disposto nesta Constituição.

§ 1º Nenhuma lei conterá dispositivo que possa constituir embaraço à plena liberdade de informação jornalística em qualquer veículo de comunicação social (...).
§ 2º É vedada toda e qualquer censura de natureza política, ideológica e artística.
§ 3º Compete à lei federal:
I - regular as diversões e espetáculos públicos, cabendo ao poder público informar sobre a natureza deles, as faixas etárias a que não se recomendem, locais e horários em que sua apresentação se mostre inadequada;
II - estabelecer os meios legais que garantam à pessoa e à família a possibilidade de se defenderem de programas ou programações de rádio e televisão que contrariem o disposto no art. 221, bem como da propaganda de produtos, práticas e serviços que possam ser nocivos à saúde e ao meio ambiente.
(...)
§ 6º A publicação de veículo impresso de comunicação independe de licença de autoridade.[28]

É importante destacar, entretanto, que, em janeiro de 1987, durante a elaboração do anteprojeto da nova Constituição, o jurista Afonso Arinos presidia a Comissão de Estudos Constitucionais. Esta não atribuiu ao DPF a responsabilidade pela classificação de espetáculos de diversão pública. Era o começo do fim. Naquele instante, o censor e diretor do DCDP, Coriolano Fagundes, refletia que era preciso "(...) destituir o Estado do papel de proibir. A tutela estatal sobre a vontade do maior de idade é exorbitância"[29]. Nesse sentido, a Constituição estabeleceu também que

a. é livre a manifestação do pensamento, sendo vedado o anonimato (Artigo 5º, item IV);
b. é livre a expressão da atividade intelectual, artística, científica e de comunicação, independente de censura ou licença (Artigo 5º, item IX);
c. compete à União exercer a classificação, para efeito indicativo, de diversão pública e de programas de rádio e televisão (Artigo 21, item XVI);
d. Entretanto, "na vigência de estado de sítio, restrições relativas à inviolabilidade da correspondência, ao sigilo das comunicações, à prestação de informações e à liberdade de imprensa, radiodifusão e televisão" (Artigo 139, item III);
e. é vedado "instituir impostos sobre livros, jornais, periódicos e o papel destinado à imprensa (Artigo 150, item VI, letra d);
f. até que se edite a regulamentação do art. 21, XVI, da Constituição, os atuais ocupantes do cargo de censor federal continuarão exercendo funções com este compatíveis, no Departamento de Polícia Federal, observadas as disposições constitucionais. § único: A lei referida disporá sobre o aproveitamento dos censores federais, nos termos deste artigo.[30]

---

[28] Constituição Federal de 1988, capítulo V – Da Comunicação.
[29] *Jornal do Brasil*, 16/1/1987.
[30] Ato das Disposições Constitucionais Transitórias – ADCT – Artigo 23.

Na busca constante por demarcar cortes nos processos históricos, o fim da censura, agora decretado na Constituição, foi saudado como o suposto término de um dos mais perversos instrumentos de repressão: a proibição da livre expressão. As regulamentações jurídicas acerca da censura, contudo, recomeçaram tão logo a Constituição foi promulgada. Por meio de decreto, o antigo Conselho Superior de Censura foi transformado em Conselho Superior de Defesa da Liberdade de Criação e Expressão, também vinculado ao Ministério da Justiça. Este deveria elaborar uma jurisprudência de critérios e normas para uma censura indicativa e classificatória da programação. Caberia ao órgão apontar o melhor horário de apresentação e faixa etária apropriada para assistir ao programa e nada mais.

Naqueles idos de 1988, quando a Constituição foi outorgada, o deputado federal pelo PMDB Fernando Lyra já era ex-ministro. A pasta da Justiça no governo Sarney teve, portanto, três titulares, e o segundo foi o jurista Paulo Brossard. Militante do MDB, deputado federal e senador pelo Rio Grande do Sul, foi líder do PMDB no Senado no início da década de 1980. Ficando quase três anos no governo, de fevereiro de 1986 a janeiro de 1989, não demonstrou ter o mesmo afinco em pôr fim à censura como demonstrou o seu antecessor.

Durante sua gestão, o Decreto nº 1.077/70, que regulamentou a censura prévia nos governos pós-1964, voltou a ser utilizado. Segundo o ministro, "a legislação, seja ou não a mais justa, terá que ser cumprida"[31]. O ministro Brossard foi substituído pelo jurista mineiro, ex-deputado e membro do Supremo Tribunal Federal, Oscar Dias Corrêa, na época com 67 anos. De tendência bastante conservadora, acreditava na volta da censura, já que, segundo ele, esta

> (...) vai acabar sendo imposta pela própria sociedade, que chegará à conclusão de que é necessária. Os próprios autores acabarão se censurando porque vão sentir na carne os abusos. O que ocorre hoje é o resultado de uma liberação após estancamento: o dique estava impedido, agora houve um rompimento, mas em breve as águas vão serenar. Os abusos acabarão naturalmente.
> (...) O espectador não tem condições de saber o que está influindo deploravelmente em seu espírito. A matéria é complexa e delicada. Não tenho dúvidas de que a sociedade encontrará meios corretivos e acabará dominando a boa norma, pois se a sociedade não tiver boas normas, dissolve-se e acaba.[32]

Para colocar em prática sua concepção, dias depois dessa entrevista e menos de quatro meses depois da promulgação da Constituição de 1988, o ministro

---

[31] "Os quase 200 anos de censura no Brasil", *Revista Meio e Mensagem*, 2/2/1987 (Acervo Dedoc/ Editora Abril).

[32] "Uma voz conservadora", *Veja*, 1/2/1989, p. 6.

Oscar Dias Corrêa formulou um projeto de lei que devolvia ao Estado a função de selecionar o que deveria ou não ser visto pela população. Nesse sentido, tomava para si o julgamento de Armando Falcão, acreditando-se o responsável por preservar o outro da tentação de ver.

No bojo dessa proposta, verdadeiro retrocesso, mais uma vez parcelas conservadoras da Igreja Católica protagonizaram o desfecho e revelaram sua força e prepotência em impor seus anseios. Nessa direção, o projeto do ministro certamente era uma resposta aos fatos ocorridos no Carnaval carioca de 1989. Sendo a festa de Momo um momento de inversão de valores, essas mudanças ocorriam com o consentimento do poder estabelecido, ou seja, com dia e hora para começar e terminar. Em um desses momentos de *quebra permitida* – durante o mês de fevereiro de 1989, na mesma semana em que a entrevista do ministro da Justiça ao semanário *Veja* foi publicada –, uma escola de samba carioca desfilaria na festa profana do Carnaval uma imagem mundialmente identificada com a cidade do Rio. E isso, ao que parece, continuava não sendo permitido.

Em um enredo de protesto, a luxuosa Beija-Flor queria entrar na avenida Marquês de Sapucaí falando do lixo. "Ratos e urubus, larguem a minha fantasia" era uma procissão de mendigos, loucos, profetas, prostitutas etc. O "povo da rua" era o centro dessa narrativa, e um dos carros alegóricos trazia uma réplica de estátua que causou polêmica. Em um samba que se perguntava se tudo que reluz é ouro, dando brechas para as ilusões, a escola queria trazer para a avenida um Cristo mendigo.

Desafiando a sua própria máxima de que "pobre gosta de luxo, quem gosta de pobreza é intelectual", o carnavalesco Joãosinho Trinta percebeu, no embate, que tipo de uso a Arquidiocese do Rio de Janeiro aceitava para a imagem do Cristo. Em um dos mais bonitos desfiles do Carnaval carioca, a Beija-Flor passou pela avenida debaixo de um temporal que começou e findou enquanto ela lá esteve. Em uma opereta mergulhada na sujeira e nos símbolos da marginalidade, o Cristo veio coberto por um enorme saco de lixo preto em que se liam os dizeres: "Mesmo proibido, olhai por nós!".

Apenas quatro meses depois de a Constituinte aprovar o artigo 220, que acabava com a censura, o cardeal-arcebispo do Rio, dom Eugênio Salles, proibia que uma figura, no seu entender apenas católica, frequentasse uma festa como o Carnaval. E, mais uma vez, parcelas conservadoras da Igreja demonstraram seu poder. Como no filme de Godard, visto por muitos em sessões clandestinas como uma forma também de protesto à proibição, o Cristo da Beija-Flor saiu, mas coberto.

As disputas em torno dessa imagem e, principalmente, o sentimento de contestação que o desfile da escola de samba adquiriu geraram uma comoção. Todos queriam participar dele e desafiar a ordem, já que esta é sempre a função da festa de Momo. Poucos se lembram de quem venceu o Carnaval daquele ano. A Beija-Flor, mesmo em segundo lugar, foi a grande campeã.

Trazendo como refrão a estrofe "Liberdade! Liberdade! Abra as asas sobre nós. E que a voz da igualdade seja sempre a nossa voz", uma referência ao Hino da Proclamação da República, a Imperatriz Leopoldinense foi a vencedora oficial. Sintonizada com os "ideários de mudança" que a Constituição de 1988 propagava, o enredo centrava-se nas ondas de imigração que povoaram o país. Tendo como imagem a de um berço plural que acolhe todas as diversidades, glorificava a liberdade que aqui julgava existir. Talvez por isso tenha vencido o Carnaval.

***

A festa de Momo, como arena de manifestação política antes e após 1964, foi diversas vezes utilizada. E a ação censória nesse espaço refletia a sua importância. Muito anterior a esse momento, o Carnaval esteve sempre na mira do Serviço de Censura. As músicas compostas para essa festa deveriam receber a liberação do órgão, tanto antes como depois de 1964, para serem executadas nas rádios, na TV, no cinema e nos bailes.

O assessor técnico da Secretaria de Segurança Pública da Guanabara e ex--integrante da Polícia Especial do primeiro governo Vargas, Pedro José Chediak, foi o chefe da Censura durante o governo Juscelino Kubitschek (1956-1961)[33]. Um dos episódios de confronto na sua gestão ocorreu em janeiro de 1960, quando a música *Marcha do condutor* causou polêmica quando proibida[34]. A letra de Jeremias Pelegrino, Válter Moreno e Amílcar Chamareli diz:

> Seu condutor não leve a mal.
> Encontrei sua mulher agarradinha com o fiscal.
> Ele diz que é seu amigo.
> Amigo ele não é.
> Enquanto você dá duro, ele passeia com sua mulher.

Acusada de ofender a classe dos condutores de bonde, a poesia, quase ingênua, criou comoção popular, ao ter sua execução proibida. Chediak mandou recolher até os discos já prensados, mas a canção já tinha *caído na boca do povo*.

---

[33] Entrevista à autora em 7/6/1999. Tive acesso também ao seu arquivo pessoal, que contém cópias de documentos publicados do *Diário Oficial* e em jornais. Chediak permitiu também que fosse divulgado seu verdadeiro nome.

[34] *Diário Carioca*, 6/1/1960.

152

As pressões contra essa marchinha iniciaram-se no final do ano anterior, quando o jornal *O Globo*, de 26/12/1959, na seção "Ouvinte desconhecido", publicou uma nota intitulada "Licenciosidade". Nela exigia atitudes "enérgicas e acauteladoras dos interesses da Família Carioca". O chefe da Censura resolveu então mobilizar esse "grupo de censores oficiosos" e designou um funcionário de plantão para receber as denúncias de abuso nos programas de rádio e TV. Essa arregimentação, que respondeu ao clamor de Chediak, iria se repetir inúmeras vezes depois de março de 1964.

Parte da imprensa apoiava as atitudes interventoras do chefe da Censura com notas que parabenizavam sua atuação e declaravam que sua "nomeação foi um ato acertado". Outros sentenciavam sua oposição ao mencionar que

> (...) não somos da mesma opinião do sr. Chediak. (...) Discordamos do censor maior e fazemos questão de declarar nesta coluna, porque o que se diz nos círculos da TV é que se engana a censura colocando nos originais algo mais grosseiro e o simples corte do absurdo chega para liberar o resto, que recebe o beneplácito da censura. Isto quer dizer que os mais espertos já entenderam que o aparelho de repressão quer somente parecer que existe, embora condescenda com o que não deve.[35]

O rigor censório nessa seara e em outras certamente aumentaria no pós--1964, mas nem por isso freria o *ludíbrio jocoso* que o Carnaval permite. Nesses três dias de "outra ordem", as críticas ao momento vivido são feitas em vários tons. Assim, no Carnaval de 1967, o Salgueiro desfilou a *História da liberdade no Brasil*, levando os autores do enredo, Arlindo Rodrigues e Fernando Pamplona, a se explicarem perante a repressão estatal. Nas lembranças do próprio Pamplona, em um dos três prefácios que abrem o livro de Roberto Moura,

> (...) depois de muita discussão democrática e votação em assembleia, demos uma de D. Quixote e o Salgueiro resolveu contar, em [19]67 (antes do AI-5, é lógico), a história das nossas verdadeiras revoluções, baseado no maravilhoso livro *A história da liberdade no Brasil*, de Viriato Correia. Resultado: mesa cativa para o pessoal do DOPS; coronel perguntando por que não contávamos a *liberdade* até os nossos dias. "Que é isso, coronel? Paramos em Deodoro porque não somos juízes do nosso tempo."
> Cortaram a luz do Salgueiro, que só pôde continuar seus ensaios com um gerador emprestado por uma companhia italiana de cinema, que não tinha nada com o peixe. Quadra vazia (...) Resultado: desfilamos pobres e com pouco mais de 800 pessoas, mas castigamos um terceiro lugar.

---

[35] "Moral em porcentagem", de Bornet. Sem data ou local de publicação. Arquivo pessoal Pedro José Chediak.

Depois de Palmares (palavrinha logo em seguida proibida), Chica da Silva, Chico Rei e a História da Liberdade, o *Sal* ficou mais manjado e a censura aporrinhou pacas.[36]

No primeiro Carnaval depois de 13/12/1968, a pressão exercida pela repressão e a expectativa pelo desfile eram grandes. Portanto tudo foi ainda mais complicado: no rol de proibições, as escolas não podiam desfilar com travestis e os enredos deveriam abordar temas nacionais. O Salgueiro, com uma trama muito diferente daquela de dois anos antes, foi absolutamente nacionalista. Venceu apresentando a *Bahia de todos os deuses,* da mesma dupla, Fernando Pamplona e Arlindo Rodrigues. A polêmica dessa vez ficou por conta da Império Serrano, de Mestre Fuleiro, que escolheu como tema os *Heróis da liberdade.* Em uma referência a um hino nacional, enuncia que:

> De lamento em lamento
> De agonia em agonia
> Ele pedia
> O fim da tirania
> (...) Ao longe, soldados e tambores
> Alunos e professores
> Acompanhados de clarim
> Cantavam assim:
> Já raiou a liberdade
> A liberdade já raiou
> (...) Samba, meu samba
> Presta esta homenagem
> Aos Heróis da Liberdade

Temática posta para fora de cena, a evocação da liberdade, a referência aos estudantes e a menção de patrulhamento pelos soldados certamente não eram o que mais se desejava, oficialmente, ouvir no momento. A censura proibiu o samba alegando a utilização de uma frase do Hino da Independência ("já raiou a liberdade"). Na interpretação oficial, o ato maculava um dos símbolos da nação. A escola desfilou e o samba foi ovacionado nas arquibancadas montadas na avenida Presidente Vargas, bem perto da Candelária. A Império Serrano amargou um quarto lugar, mas a música, gravada por Elza Soares, "(...) ganhou fervor cívico quando cantada nas rodas de samba cariocas daquela época, dos subúrbios ao Teatro Opinião"[37].

Entre o Carnaval de 1969 e o de 1989, inúmeros episódios políticos, culturais e econômicos alteraram o panorama e traçaram um outro país. Mas um

---

[36] Roberto M. Moura, *Carnaval: da redentora à Praça do Apocalipse* (Rio de Janeiro, Jorge Zahar Editor), 1986.

[37] Ibidem, p. 29.

dado é muito relevante: as simbologias da liberdade e da contestação também perpassam esses momentos de confronto, expressos nessas festas de Momo.

Partindo do pressuposto de que essa festa é uma ocasião em que rupturas são "permitidas", é oportuno perceber que a temática da liberdade foi várias vezes introduzida. É curioso, contudo, que tanto a *liberdade* como a *democracia* aparecem nessas representações como um bem inato. Essas noções não são exclusivas dessa manifestação, mas circundam vários setores da sociedade brasileira, que as entendem como conceitos adormecidos nas raízes históricas do país. Nesse raciocínio, os períodos em que não há *liberdade* e *democracia* são sempre percebidos como exceções. E quantas exceções existem na República brasileira!

Uma visão crítica a essa ideia da sociedade brasileira como "democrática por natureza" foi elaborada por Daniel Aarão Reis Filho acerca do processo de Anistia e de oposição ao regime militar. Para o autor,

> (...) a sociedade brasileira pôde repudiar a ditadura, reincorporando sua margem esquerda e reconfortando-se na ideia de que suas opções pela democracia tinham fundas e autênticas raízes históricas. (...) Em tudo isto sobressai uma tese: a sociedade brasileira viveu a ditadura como um pesadelo que é preciso exorcizar, ou seja, a sociedade não tem, e nunca teve, nada a ver com a ditadura. [Então], como explicar por que a ditadura não foi simplesmente escorraçada? Ou que tenha sido aprovada uma anistia recíproca?[38]

No contexto desse pacto, dez anos depois da assinatura da Anistia recíproca e cobiçando frear uma suposta "liberdade concedida e mal utilizada", logo após o Carnaval de 1989, o projeto do ministro da Justiça, Oscar Dias Corrêa, recuperava para o governo a função de vigília. Para tanto criava a Secretaria de Classificação Indicativa – a brecha que a Constituição permitia. Composta de classificações de filmes, peças, *shows* etc., extinguiu o cargo de censor federal e criou o de analista policial federal. Ambicionava reinstalar uma máquina burocrática estatal que a Constituição de 1988 delimitou como desnecessária.

Entre a vontade de reeditar a censura e pôr fim à categoria de censor, muitas idas e vindas perpassaram o debate sobre o papel do Estado nessa seara. A

---

[38] Reis Filho, *Ditadura militar, esquerdas e sociedade,* op. cit., p. 10. É importante também sublinhar uma imagem cunhada pelo mesmo autor quando analisou as recentes apropriações imagéticas dos anos de chumbo, como o filme *O que é isso, companheiro?*. Formulando a expressão de uma "memória da conciliação", onde a dor não tem lugar, Reis Filho demonstra certa continuidade de olhares sobre um dado momento histórico. Ver Daniel Aarão Reis Filho, "Um passado imprevisível: a construção da memória da esquerda nos anos 60" em Daniel Aarão Reis Filho et al., *Versões e ficções: o sequestro da história* (São Paulo, Editora Fundação Perseu Abramo, 1997).

regulamentação mais atual da função estatal deu-se em meados de 2000 – uma década depois. Com base no Estatuto da Criança e do Adolescente, a portaria nº 796/2000 instituiu o Estado como um vigilante preocupado com a exposição de menores a imagens e informações de cunho pornográfico. Mas restringiu sua atuação à classificação indicativa de programações como teatro, TV e cinema.

A trajetória dos censores e o término de sua carreira no organograma do DPF são uma narrativa paralela a esta. Complementa, contudo, uma visão de um não financiamento estatal à burocracia censória. Mas *proteger o outro da tentação de ver* estará sempre nas prioridades de quem luta pela permanência da censura como órgão regulador. Redesenhar as gerações de censores do pós-1964, portanto, permite refazer esse quadro e mapear o debate sobre o tema. Desrespeitando propositadamente cronologias, muitas vezes esse esboço buscará traços fora desse marco de tempo. O intuito é demonstrar permanências no processo.

Formando os censores. Da Polícia Especial aos intelectuais

> Hoje você é quem manda
> Falou, tá falado
> Não tem discussão
> A minha gente hoje anda
> Falando de lado
> E olhando pro chão, viu
> Você que inventou esse estado
> E inventou de inventar
> Toda a escuridão
> Você que inventou o pecado
> Esqueceu-se de inventar
> O perdão.
>
> (*Apesar de você*, Chico Buarque)

O censor pode ser definido como o que pratica ato censório, como o crítico – no sentido de quem encerra um julgamento –, ou como o funcionário público encarregado da revisão e da censura de obras literárias e artísticas ou do exame crítico dos meios de comunicação de massa (jornais, rádio, TV etc.). Esse ofício surgiu no Império Romano, quando a função designava o encarregado da contagem populacional e da vigilância ao cumprimento dos bons costumes.

Nas sociedades modernas contemporâneas, adquiriu também uma leitura psicanalítica. Os censores seriam, assim, uma parte do superego – definido como *locus* da personalidade responsável por ideias e valores, que age inconscientemente

156

sobre o ego contra as pulsões que provocam culpa. Essas pulsões refletem uma tendência permanente, e em geral inconsciente, que dirige e incita a atividade do indivíduo. Nesse sentido, o papel do censor, do superego, seria o de defensor, guardião, vigilante e zelador, para que partes recalcadas do inconsciente não emergissem no consciente.

Trazendo essas noções para o Brasil de fins da década de 1980, percebeu--se como é difícil para alguns abrir mão desse "zelador" da moral e dos bons costumes. Assim, para muitos o censor tem de ser personificado pelo Estado, senão não há serventia e eficácia. E esses muitos que desejam a censura, na época, estavam tanto no aparelho de governo como na sociedade civil, como se demonstrou anteriormente. É do pacto entre esses dois polos que a necessidade e materialidade desse "defensor" se concretiza. Mas não se quer dizer, entretanto, que o fim da censura, no caso brasileiro, reflita o término desse pacto. O que se perceberá é que o acordo, também *camaleonicamente*, se adaptou e a censura não terminou, mas se enquadrou.

Vale sublinhar, contudo, que o embate acerca da existência ou não desse "guarda" – policial – certamente esteve presente por toda a história republicana. Perseguindo o momento em que, definitivamente, se pode determinar o término do cargo de censor, tudo fica um pouco mais complexo. Novamente é difícil sentenciar quando, "enfim, acabou", pois, mesmo quando se extinguiu o cargo de censor, procurou-se manter o exercício censório.

Nas questões práticas da burocracia estatal, em outubro de 1988, quando se outorgava a *Constituição cidadã*, determinou-se que não haveria mais censura oficial – financiada pelo Estado. Em fevereiro do ano seguinte, estabeleceu-se a extinção do cargo de censor, mas o retorno da intervenção estatal. Entretanto, uma ação prática se vislumbrava: existiam cerca de 220 técnicos de Censura ainda na ativa, espalhados por todos os cantos do país. Onde realocar esses funcionários federais era uma demanda a ser respondia. Mas por quem?

A resposta à questão está na apreensão e construção da imagem do censor. Figuras construídas como chistosas, sublinhando uma falta de preparo cultural para o cargo, os censores, após a Constituição de 1988, perceberam a *pecha* que adquiriram com o advento do processo de abertura política. Promulgada a Carta Constitucional e estabelecido o fim da censura, eles, do dia para a noite, não tinham mais função nem espaço físico para ficar no DPF. "Sentamos nos corredores", lembra-se *Carolina* – censora carioca desde 1972, aposentada em 1995[39].

---

[39] *Carolina* e *Mariana* são duas censoras cariocas que optaram por conceder uma entrevista em conjunto, em 23/1/1998. Foram minhas primeiras entrevistadas e me receberam com grande

Identificadas como o símbolo do autoritarismo, suas funções existiram antes, durante e depois de momentos marcadamente ditatoriais da República brasileira – o Estado Novo e o pós-1964. Para manter a prática da censura mesmo depois de 1988, o ministro Oscar Dias Corrêa abria mão do personagem, mas queria garantir o papel.

A discussão acerca do "lugar da censura" é anterior ao fim dos anos 1980. A vontade de retirar os censores, tanto do organograma do DPF como do Ministério da Justiça, estava presente nos debates que antecederam o processo de estabelecimento da Anistia política, no fim do governo Geisel, e continuaram nos primeiros meses do governo do general João Batista de Oliveira Figueiredo (1979-1985).

Dez anos antes de a Carta Constitucional da Nova República ser promulgada, essa situação já vinha se configurando. No início do governo do general Figueiredo, despontava uma censura classificatória e indicativa. Se muitos decretos, leis e atos institucionais foram extintos no fim de 1978, a Lei nº 5.536/68 – o "presente de Gama e Silva" dias antes de decretar o AI-5 –, entretanto, aparecia para o então ministro da Justiça, Petrônio Portella, como a grande salvação. Finalmente se colocaria em vigor o Conselho Superior de Censura. No ideário de um órgão gestor do que liberar e de como fazê-lo, o ministro parecia respirar aliviado.

É oportuno sublinhar que o ministro Portella era bastante ligado aos meandros que formularam a Lei nº 5.536/68[40]. Anteriormente, como líder do Senado no governo Geisel, foi incumbindo de negociar com o MDB a reforma do Judiciário. A *missão Portella* objetivava tanto rachar o partido de oposição e, assim, obrigar a uma nova composição política que aumentasse o poder da ARENA como caracterizar a intransigência do MDB, o que gerou o "pacote" de 2/4/1977, com o fechamento do Congresso Nacional. As reformas divulgadas em 20 de junho, como reflete Kucinski, eram

> (...) no seu conjunto muito mais autoritária do que a Constituição promulgada pela Junta Militar em 1969, até então em vigor. O reforço do autoritarismo legalizado,

---

cordialidade. *Carolina* depois fez mais um depoimento para sanar minhas dúvidas. Na época, *Carolina* tinha 50 anos, e *Mariana*, 56. Ambas já estavam aposentadas. Por meio delas, cheguei a uma rede de amigos e amigas, censores, com quem conversei. O pedido para que seus nomes verdadeiros não aparecessem foi aqui respeitado.

[40] Udenista, aderiu à Arena, com a decretação do AI-2, em outubro de 1965. Em março de 1971, indicado pelo senador Filinto Müller, tornou-se presidente do Senado. A partir de 1973, ocupou a presidência nacional de seu partido. Foi definido como um "perito na arte de manipular os homens. Nunca fecha totalmente as portas para os inimigos" (*Veja*, 13/12/1978, p. 22).

158

como compensação pela perda de alguns dos poderes ditatoriais, foi o resultado natural das negociações de Geisel com seus interlocutores militares e empresariais que pesaram mais do que os interlocutores das oposições liberais do senador Portella.[41]

Na vertente *camaleônica* do governo Geisel, o processo de Anistia política também foi negociado. Assim, se nos primeiros dias de junho de 1977 a censura prévia retirou-se de alguns jornais como *Movimento*, *O São Paulo* e *Tribuna da Imprensa*, medidas restritivas tinham de compensar certa "flexibilidade". Essa "abertura" culminou, em fins de 1978, com a revogação de vários atos e decretos, principalmente o AI-5, e em uma Anistia não ampla, nem geral, nem irrestrita, mas recíproca.

Nos desdobramentos desse panorama, a ponderação de onde realocar a censura também se inscreveu. Muitos censores ainda não tinham plena consciência de que suas funções estavam sendo esvaziadas, mas compreendiam que o quadro estava se alterando. O caminho até o fim seria longo, quase uma década. Naqueles fins da década de 1970, entretanto, uma diretriz preocupava os técnicos em Censura: o lugar na burocracia estatal ao qual seriam vinculados. Concursados para o DPF, os aprovados tornavam-se funcionários federais do Ministério da Justiça. Nesse sentido, o tema em destaque, em março de 1979, era como contemplar os dois ministros Portela: Eduardo, da Educação e Cultura, e Petrônio, da Justiça.

Ambos não aspiravam a que os censores fizessem parte dos seus ministérios, tendo em vista que cada um julgava que a solução seria transferi-los para os quadros do outro Ministério. O diretor do DPF, coronel Moacir Coelho – que foi por onze anos, de 1974 a 1985, responsável por esse órgão – também não os queria, já que "a censura pode ir para qualquer lugar, menos ficar na polícia, porque em nenhum país do mundo, a não ser no Brasil, ela é assunto policial"[42].

Assim, *nesses novos tempos*, a visibilidade do censor que, munido de sua tesoura e de uma caneta vermelha, definia quanto se teria de acesso à informação, tornava-se um grande incômodo. No próprio prédio da sede do DPF em Brasília, onde era o "seu lugar", o censor era posto de lado. Na realidade, sempre o foi. Não era considerado um policial e muitos acreditavam que realizavam uma tarefa intelectual. Por isso, a Polícia Federal não os incorporava plenamente. Eram uma função à parte, porém de raízes profundas naquele território.

Como todo policial federal, desempenharam suas atividades no prédio sede do DPF. Mais conhecido como o *máscara negra*, o edifício, construído na

---

[41] *O fim da ditadura militar*, op. cit., p. 67-8.

[42] *Jornal do Brasil*, 8/3/1979.

gestão do ministro da Justiça Armando Falcão, no governo Geisel, tem uma arquitetura que lembra muito a figura dos *meganhas* – policiais de óculos Ray--Ban, tipos truculentos e cruéis que andavam em furgões C-14 ou nas populares Veraneio, automóveis típicos dos anos 1970. Todo em vidro fumê preto, não se sabe o que acontece lá dentro. *Eles*, de lá, veem tudo o que se passa aqui fora, protegidos nessa escuridão.

Nesse espaço da vigília, e do espaço ocupado e desocupado pela censura, ainda em 1979, mesmo já indesejada, localizava-se em todo o segundo andar do prédio. No seu subsolo, ainda existem mais de sete cabines, cobertas de tapetes e com 20 poltronas verde-oliva, com luminárias individuais, onde filmes e novelas eram vistos e cortados. Em uma jornada de oito horas de trabalho diário, com equipes de três censores que formulavam pareceres individuais, examinavam pelo menos dois filmes de 35 milímetros e quatro de 16 milímetros. Para os longas-metragens, havia um auditório de 400 lugares.

Por isso o grande desafio foi como se desfazer dessa enraizada estrutura. Nessa perspectiva, a década de 1980 foi palco de inúmeras tentativas de dar uma solução à questão. Para cumprir tal tarefa, houve atos públicos demarcando o seu fim. Por exemplo, o teatro Casa Grande, no Rio, e a cerimônia do seu fim conduzida pelo ministro Fernando Lyra. Mas o retorno dessa *fênix* trazia sempre a desesperança e o receio da volta dessa prática. Os censores, entretanto, não esperaram que alguém definisse o seu término. Antes que o "enfim, acabou" fosse decretado e que, como uma corporação, perdessem alguma vantagem funcional, resolveram agir.

O objetivo desse grupo era manter o DCDP subordinado ao DPF contra a vontade do penúltimo chefe da Censura, Coriolano Fagundes. Ou, caso o órgão controlador da censura deixasse de existir, que eles permanecessem funcionários do DPF. Os censores temiam perder vantagens financeiras e funcionais que a função de policial federal lhes garantia. Em uma reportagem do *Jornal do Brasil*, de 16/1/1987, intitulada "Censura organiza seu 'lobby'", compreende-se o porquê de "todo esse amor" pela carreira policial.

> O censor federal não é apenas funcionário público. Como policial federal, ele possui um *status* comparável aos funcionários da Receita Federal e do Corpo Diplomático, e a perda de gratificações pela função policial poderia reduzir à metade os seus salários: Cz$ 18 mil em média podendo chegar até Cz$ 40 mil.[43]

---

[43] Em janeiro de 1987, o salário mínimo valia Cz$ 964,80 (novecentos e sessenta e quatro cruzados e oitenta centavos). Os censores, portanto, recebiam de 18,65 a 41,45 salários mínimos. Atualmente ninguém pode ganhar mais que o presidente da República, que recebe um pouco mais R$ 12 mil (doze mil reais). Alguns censores que entrevistei esbravejaram. Poderiam ter

160

Dois dias depois, o mesmo jornal carioca noticiava a possível exoneração de Coriolano Fagundes. Era uma clara vitória da "linha dura" da Censura, que queria manter-se no DPF. Com esse ato, os censores ganhavam o apoio do diretor-geral da PF, Romeu Tuma, e do ministro da Justiça, Paulo Brossard.

Buscando garantir, pela lei e pelo lobby político, sua manutenção dentro do *máscara negra*, o prédio sede do DPF, o último diretor da DCDP, o censor de carreira Eustáquio Mesquita, declarava que "ser censor nos realiza". E, para permanecer nesse lugar, em 17/9/1986, fundaram a Associação Nacional dos Censores Federais (Anacen). O discurso que justificava a criação da entidade calcava-se no sentimento de desproteção e na percepção de estarem à margem da burocracia do Estado. Competia à Anacen, segundo o seu estatuto, "representar seus associados, em juízo ou fora dele, para a defesa dos direitos e interesses gerais da classe, quer sejam eles coletivos ou individuais". Nesse sentido, a Associação também era uma resposta às novas diretrizes e pessoas que comandavam o Serviço de Censura a partir da Nova República.

O primeiro presidente da Anacen foi o censor Arésio Teixeira, ligado à chefia de Censura de 1981 a 1985, na gestão do ministro da Justiça Ibrahim Abi-Ackel, no governo do general João Figueiredo. Solange Hernandez, a Solange *Tesourinha*, era a legítima representante da "linha dura" da censura. Sintonizada com as reflexões de Armando Falcão, enquanto foi a "dona da tesoura", desaprovou, segundo os registros do DCDP, 2.517 letras de música, 173 filmes inteiros, 42 peças de teatro e 87 capítulos de novelas. Para visualizar a radicalidade da censora, o cineasta Neville d'Almeida lembrou-se de sua negociação com Solange Hernandez para a liberação do filme *Rio Babilônia*. Sempre muito simpática, intransigente e firme nas suas posições, sentenciou que "(...) o povo não está preparado para isso. (...) O problema do seu filme não são os detalhes, mas a essência"[44].

Imbuída desse espírito que Solange *Tesourinha* personificava, a entidade de proteção aos censores, a Anacen, dentro das diretrizes que a "ala dura" apresentava, precisava conquistar sócios. Em janeiro de 1987, dos 220 censores na ativa, 160 já eram membros da instituição. Nessa época, a técnica em Censura e presidente em exercício da Anacen, Maria Lívia Fortaleza, tentando compatibilizar a vigência de um órgão censório com as diretrizes de uma Nova República, declarou que:

---

salários (na ativa ou aposentados) de até R$ 20 mil (vinte mil reais), cerca de 111 vezes o salário mínimo, que, em outubro de 2001, era de R$ 180,00. Mas tinham de se contentar com o teto máximo permitido.

[44] *Folha de S.Paulo*, 16/4/1983, p. 29.

abraçamos a carreira policial e esta postura não é incoerente [com o novo governo]. Podemos ser meros classificadores, podem até mudar o nome da função. Eu pessoalmente sou contra proibir qualquer coisa.[45]

O que não podia era deixar o DPF.

Os censores estavam, então, enraizados nas benesses de ser policial, mas há que refletir se sempre foi assim. Embora a censura tivesse sido vista tantas vezes como um "trabalho intelectual", os últimos censores já se admitiam policiais para se manterem protegidos pelas vantagens que o Estadoproporcionava. Mas nem sempre foi dessa maneira que compreenderam o seu "ofício". É oportuno traçar perfis e estabelecer gerações nesse processo. Para tanto, nas ideias de Jean-François Sirinelli, há que fazer antes uma advertência. O conceito de *geração*, como qualquer outro, pode correr o risco de uma banalização. No caso, há que se preocupar em não restringi-lo à sucessão etária de um grupo e evitar a sua generalização, o que lhe dá um caráter descritivo, e não analítico. Nesse sentido, *geração* é

> (...) aparentemente um fator natural, mas também um fator cultural, por um lado, modelado pelo acontecimento e por outro derivado, às vezes, da autorrepresentação e da autoproclamação: o sentimento de pertencer – ou ter pertencido – a uma faixa etária com forte identidade diferencial. Além disso, e a constatação vai no mesmo sentido, a geração é também uma reconstrução do historiador que classifica e rotula.
>
> (...) A geração existe, portanto, no território do historiador, ao mesmo tempo como objeto de história e como instrumento de análise. (...) Por um lado, a geração-padrão não existe. [Essa é] seguramente uma peça essencial da "engrenagem do tempo", mas cuja importância pode variar conforme os setores estudados e os períodos abordados.[46]

A intenção aqui é analisar as múltiplas trajetórias desses mais de duzentos censores. O desafio é entender a censura por dentro e identificar como setores mais conservadores da sociedade brasileira recolocaram ou redefiniram o ato de censurar no seu contemporâneo. E, mais que isso, como, apesar da *pecha* que lhes era atribuída, foram reabsorvidos por essa burocracia. O dilema centra-se na definição do ato censório ou como um trabalho intelectual e/ou como uma atividade policial. Essa questão percorreu a trajetória desse grupo, que chegou, em fins dos anos 1980, a ser composto por pouco mais de duas centenas de pessoas. Definir o caráter da censura e seus embates internos também é compreen-

---

[45] *Jornal do Brasil*, 16/1/1987.

[46] Jean-François Sirinelli, "A geração", em Marieta de M. Ferreira e J. Amado (Orgs.), *Usos e abusos da história oral*, op. cit., p. 131-7.

162

der as diversas facetas de quem a compõe. Por isso, policiais e/ou intelectuais colaboracionistas com a máquina repressora, há que nomeá-los e refletir sobre quem executou essa *arte*.

Os intelectuais, os censores e os policiais

> A alma individual ao inflamar-se e a coletividade
> ao pôr-se em movimento são dois mistérios – de
> natureza diferente – que não temos como penetrar.
> (...) A sedição se prepara, instila-se nos espíritos.
> Não podemos medir claramente seus efeitos na ação
> nem recuperar a arriscada alquimia que transmuta
> a sedição em Revolução, mas podemos seguir seus
> traços e sabermos com certeza que ela se comunica
> por um instrumento temível: o livro.[47]

A palavra como ato de transformação é muito mais associada a mudanças revolucionárias de esquerda. No entanto os intelectuais que aqui são esquadrinhados exerceram uma atividade de cerceamento, o lugar oposto, talvez, de onde se poderia imaginar encontrá-los, ainda mais porque serviram a governos autoritários. Ocupando-se da função censória, analisaram livros, filmes, programas de rádio e TV, reportagens e artigos de jornais etc., na busca de ideias assincrônicas com o momento político vivido. Ao fim, cortaram o que não acharam "apropriado", tendo em suas mãos uma das pontas, mas não a única, do poderoso controle da informação.

A interrogação que persiste é por que exerceram esse papel. Fazendo um paralelo com as palavras de Darnton – expostas na epígrafe deste tópico – há que considerar tanto atitudes individuais como estratégias coletivas. Ou seja, como um determinado pensador agiu e/ou uma parcela geracional, membros de um espaço de sociabilidade etc., enfrentaram as "armadilhas da sedição". Assim, traçar o perfil de quem se engajou em um ideário censório e o porquê de *trabalhar* para ele é, no mínimo, um dilema que intriga. Refletindo sobre essa questão, Sirinelli concluiu que "a intelectualidade algumas vezes pecou"[48]. Mas o caso aqui não é de julgamento.

Na construção de uma gênese desse episódio, recua-se um pouco no vetor de tempo aqui considerado: o pós-1964. No exemplo de José Barbosa da Silva,

---

[47] Robert Darnton, *Edição e sedição: o universo da literatura clandestina no século XVIII* (São Paulo, Companhia das Letras, 1992), p. 160-1.

[48] Jean-François Sirinelli, "Os intelectuais", op. cit., p. 259.

o *Sinhô*, tem-se uma trajetória oposta a essa. Nascido no Rio de Janeiro, em setembro de 1888, faleceu, aos 41 anos, em agosto de 1930. Pianista, considerado por muitos o maior compositor da primeira fase do samba carioca, trabalhou nos bailes de "agremiações dançantes", como o Dragão Clube Universal e o Grupo Dançante Carnavalesco Tome a Bença da Vovó. Era frequentador das rodas de samba da casa da Tia Ciata – baiana moradora da Praça Onze –, onde encontrava, entre outros sambistas, o Donga[49]. Em 1917, foi surpreendido quando Donga gravou e registrou como sendo dele, em parceria com Mauro de Almeida, o samba *Pelo telefone*, que, na casa da Tia Ciata, todos chamavam de *O roceiro*.

Sinhô ficou conhecido pelo seu gosto pela sátira e por fazer comentários políticos ao momento vivido. Em dezembro de 1921, lançou uma marcha carnavalesca dedicada ao *glorioso clube dos fenianos*, muito tocada no Carnaval de 1922, e colocou-o em apuros no ano seguinte[50]. Quando, em 1923, o presidente Artur Bernardes (1922-1926) decretou intervenção federal no Estado do Rio de Janeiro, *Sinhô* e seu samba *Fala baixo* foram identificados à oposição estatal que alvoroçava o momento. A marcha proferia

> Quero te ouvir cantar
> Vem cá rolinha, vem cá
> Vem pra nos salvar!
> (...) És a minha paixão
> (...) És o meu coração
> (...) Não é assim que se maltrata uma mulher.

Sinhô apresentou essa música em plena festa da Igreja de Nossa Senhora da Penha e, pelo título, fez-se uma aproximação à censura política vigente. Já a palavra "andorinha" foi identificada ao apelido que alguns jornais cariocas deram ao presidente da República. Quando se viu *no olho do furacão*, fugiu para a casa de sua mãe para não ser preso[51]. O interessante aqui é perceber

---

[49] Sobre a figura e a importância da Tia Ciata, ver Roberto M. Moura, *Tia Ciata e a pequena África no Rio de Janeiro* (Rio de Janeiro, Funarte/INM/Divisão de Música Popular, 1983) e Mônica Pimenta Velloso, "As tias baianas tomam conta do pedaço. Espaço e identidade cultural no Rio de Janeiro", *Estudos Históricos* (Rio de Janeiro, CPDOC/FGV, vol. 3, nº 6, 1990), p. 207-28.

[50] Dados sobre *Sinhô* recolhidos no arquivo de Almirante, no MIS-RJ.

[51] A referência a essa música como um comentário malandro acerca da censura vigente é de Sérgio Cabral e está em um dos três prefácios que compõem o livro de Roberto M. Moura, *Carnaval...*, op. cit. A mesma observação também se encontra no trabalho de Marcos Antonio Marcondes, *Enciclopédia da música brasileira: popular, erudita e folclórica* (2ª ed. São Paulo, Art Editora/Publifolha, 1998). Ambos, contudo, erram na data e atribuem a perseguição a *Sinhô* ao estado de sítio, que, segundo esses autores, teria sido decretado em 1921. O governo

164

que, se o governo Artur Bernardes tinha opositores como o sambista, Jackson de Figueiredo, pensador católico sergipano, era seu fiel defensor. Fundador da revista católica *A Ordem*, fora

> (...) rapaz agitado e furioso nascido em 1891, em Aracaju, morreu precocemente aos 37 anos, em 1928, e foi o mais virulento e dramático pensador católico do país no início do século. (...) Jackson de Figueiredo se converteu ao catolicismo em 1918. (...) Torna-se um homem severo, que preza a rigidez hierárquica, defende o respeito meticuloso à ordem e à tradição e *chega a exercer o posto de "censor de imprensa" durante o governo Artur Bernardes.*[52]

Neste fato expõe-se uma temática bastante mapeada e conhecida: a relação dos intelectuais com o aparelho de Estado no Brasil ou fora dele e o uso de suas habilidades a serviço de um governo. Nesse mote, o livro de fins dos anos 1970, de Sergio Miceli[53], demonstrava como a "classe pensante" foi cooptada pelo Estado Novo, "tornando intelectuais funcionários públicos", de vários matizes, como José Lins do Rêgo, Rachel de Queiroz, Carlos Drummond de Andrade e Mário de Andrade, por exemplo.

Assim, o *status* de que gozava um grupo seleto, escolhido para estar nas "trincheiras do poder", nos vários níveis da administração pública, dava a esses tanto participação efetiva nos processos decisórios como prestígio. Na classificação de Miceli, foram "homens de confiança" e "administradores da cultura", colaborando como árbitros do Estado nos assuntos culturais e políticos. Nos parâmetros de uma história dos intelectuais, a premissa de "servir ao Estado", nas reflexões de Sirinelli, impõe ao historiador o deparar-se com a noção de

> (...) responsabilidade intelectual. (...) Nem complacente, nem membro, *ao contrário*, de qualquer pelotão de fuzilamento da história, o historiador dos intelectuais não tem como tarefa nem construir um Panteão, nem cavar fossa comum.[54]

É o próprio autor que aponta uma saída para o impasse ao afirmar que "(...) o problema não é ético, mas histórico" e, assim, o insere nos dilemas e desafios de uma história dos intelectuais. Engajados em estruturas mais à esquerda ou

---

Bernardes, porém, foi de 1922 a 1926, e a intervenção estatal foi decretada em 10/1/1923 devido às manifestações de oposição ao governo e teve Aureliano Leal como interventor no Rio. O relevante, entretanto, é que no imaginário ficou a ideia de que a música era uma resposta à arbitrariedade com que Bernardes conduziu o seu governo.

[52] José Castello, *Vinicius de Morais, o poeta da paixão*, op. cit, p. 75 (ênfases minhas).

[53] Sergio Miceli, *Intelectuais e classe dirigente no Brasil (1920-1945)* (São Paulo, Difel, 1979).

[54] "Os intelectuais", op. cit., p. 260.

mais à direita, muitos pensadores e letrados *emprestaram* seus talentos a um projeto político-ideológico. Recorrendo novamente a Sirinelli,

> (...) se a coragem – às vezes até o sacrifício – muitas vezes caracterizou o engajamento dos intelectuais, tal virtude, também neste caso, não pode ser creditada apenas à corporação e não representa em si mesma um dos traços constitutivos do meio intelectual. (...) A ingenuidade é grave quando se supõe que o engajamento político procede da lucidez, ela própria alimentada pela razão. E forçoso é constatar que, nesse engajamento, o sentimento e a afetividade algumas vezes prevaleceram sobre a razão.[55]

Das múltiplas possibilidades de compreender esse envolvimento político, o autor destaca um caráter, o afetivo. Esse, talvez, possa não justificar, porque nem seria esse o caso, mas indicar uma das maneiras de compreender a relação entre os intelectuais e a censura. Faz-se oportuno um pequeno parêntese sublinhando também as diversas gradações possíveis ao traçar essa parceria.

***

No instante em que *Sinhô* e Jackson de Figueiredo se encontraram em cena, as ponderações de uma "geração de letrados", que apreendeu diferentemente o Brasil, estavam em voga. Tomando de *empréstimo* as análises da "geração de intelectuais de 1870", os "mosqueteiros", delineadas por Sevcenko, percebe-se um grupo dividido em duas categorias: os "vencedores", "escritores de casaca"; e os *ratés*, os derrotados, repartidos entre os boêmios e os "escritores-cidadãos"[55].

Os "de casaca" – do emprego público – teriam abdicado da missão de transformar o país pela literatura e decidido engajar-se no aparelho de Estado. As diferenças e possibilidades de participação econômica e política entre os intelectuais que viviam no Rio de Janeiro ou em São Paulo no período da *Belle Époque*, para José Murilo de Carvalho, certamente auxiliam a compreendê-los. Fundamentalmente, esse autor chama a atenção para o fato de, no Rio, uma cidade de serviços e comércio, ter havido um envolvimento com o aparelho de Estado, herança da capital federal. Já São Paulo se caracterizaria por uma herança imigrante e europeia de intelectuais que, atrelados às oligarquias, ao adentrarem uma "elite pensante", buscaram vincular-se a uma noção de vanguarda[57].

---

[55] Ibidem, p. 259-60.

[56] Nicolau Sevcenko, *Literatura como missão* (São Paulo, Brasiliense, 1983). É claro que as ponderações do autor foram apropriadas aqui de maneira parcial e são utilizadas de maneira mais ilustrativa do que central à análise.

[57] José Murilo de Carvalho, "Aspectos históricos do pré-modernismo no Brasil", em J. M. de Carvalho et al., *Sobre o pré-modernismo* (Rio de Janeiro, Fundação Casa de Rui Barbosa, 1988), p. 13-30.

166

Imprimindo perfis a essas classificações, os "de casaca" eram, naquele momento, Coelho Neto, Olavo Bilac e Olegário Mariano; os *ratés* boêmios, Lima Barreto e João do Rio, e os "escritores-cidadãos", que buscaram uma ação política e intelectual, a transformação da realidade pela via da literatura, Euclides da Cunha e Graça Aranha[58].

*** .

Retornando ao sambista e ao pensador católico a partir desse quadro, *Sinhô* e Jackson de Figueiredo eram, em grupos diferentes, letrados que enfrentaram as questões pertinentes naquele instante, como a da raça, do branqueamento da nação e da própria definição de pátria e de nacionalidade[59]. O compositor seria também um *raté* boêmio, enquanto Jackson, um "escritor de casaca". Mas nem o ferrenho defensor católico nem o sambista presenciaram o novo cenário político que emergiu da Revolução de 1930.

Na década de 1930, outra feição da participação de "homens de letras" no governo se construiu. Anteriormente à posse de Getúlio Vargas como chefe do governo provisório, *Sinhô* e Jackson de Figueiredo já haviam falecido e, portanto, não assistiram à formulação do Decreto nº 21.240, de 4/4/1932, por Oswaldo Aranha, ministro da Justiça e Negócio Interiores, e Francisco Campos, ministro da Educação e Saúde Pública.

Antes de destrinçar esse instrumento jurídico, é fundamental delinear, em linhas muito gerais, o papel que os intelectuais tiveram no primeiro governo Vargas, principalmente depois da instalação do Estado Novo, em 1937, enquanto um mando autoritário e centrado no poder Executivo abarcou como raízes os diversos matizes do pensamento político da década de 1920.

Geração posterior à dos "mosqueteiros" de 1870, parte dos modernistas de 1922 atuou na esfera político-cultural do governo Vargas[60]. Temática bastante analisada, a cooptação de intelectuais para o projeto cultural esta-

---

[58] Entre as gerações de 1870 e de 1960, duas outras tiveram vez: a geração modernista de 1922 e a de 1945. A primeira interpretou o país como se estivesse em atraso em relação à Europa. Propunha-se, portanto, a "acertar o relógio" do seu desenvolvimento em relação ao velho continente, enfatizando o que lhe era nacional. A segunda esteve no aparelho de Estado e tentou uma mudança por dentro, pela estrutura de decisão.

[59] Thomas Skidmore, *Preto no branco: raça e nacionalidade no pensamento brasileiro* (Rio de Janeiro, Paz e Terra, 1976); Alberto Torres, *O problema nacional brasileiro* (Brasília, UnB, 1982); Oliveira Vianna, "O idealismo da Constituição", *Margem da história da República* (Brasília, UnB, 1981), vol. 1.

[60] João Luís Lafetá dividiu em duas etapas a participação intelectual pós-1930. Na primeira fase, a arte é uma forma de observar e criticar a sociedade brasileira. Não há um projeto político e

do-novista expõe a atração que a complexa trama formada por "tradição" e "modernidade", que caracterizou o período, exerceu sobre parte da *intelligensia* nacional[61].

O engajamento de intelectuais como Carlos Drummond de Andrade, Cassiano Ricardo, Menotti del Picchia, Plínio Salgado, Rosário Fusco, Gilberto Freyre, Almir de Andrade e Azevedo Amaral emprestou uma pequena noção da resposta de parte da intelectualidade aos apelos do projeto do Estado Novo. Sustentado por uma trama que sublinhava tanto a tradição como a modernização, ressalta que

> (...) vindos das mais diferentes origens foram desembocar em uma corrente comum que se inseria no projeto de construção do Estado nacional. Modernistas, integralistas, positivistas, católicos e socialistas são encontrados. (...) Os intelectuais se destacaram neste trabalho de interpretar o regime e se transformar em doutrinadores da nova ordem.[62]

A condução desse processo centrou-se na figura de um ministro. Francisco Campos, enquanto esteve à frente do Ministério da Educação e Saúde Pública, foi o

> (...) grande agente e condutor dessa verdadeira revolução (...), que percebia a relação profunda entre "produtores intelectuais" e meio social e garantia condições para que toda a vida cultural girasse em torno dos problemas da nacionalidade e da busca de soluções.[63]

Segundo Francisco Campos, considerado o típico ideólogo do Estado, a este cabiam três fundamentais funções: as reformas educacionais, a das instituições jurídicas e a das instituições políticas[64].

---

a questão é muito mais de linguagem. Na segunda etapa, a noção de atuação política é clara. Há, assim, uma tensão entre os projetos estéticos e ideológicos anteriores. Ver João Luís Lafetá, "Estética e ideologia", *Argumento*, São Paulo, ano I, nº 2, 1973.

[61] Esta discussão baseia-se em uma enorme bibliografia, da qual cito apenas: Antonio Candido, "Literatura e cultura de 1900 a 1945", em A. Candido, *Literatura e sociedade* (São Paulo, Nacional, 1980); Eduardo Jardim, "Modernismo revisitado", *Estudos Históricos*, Rio de Janeiro, CPDOC/FGV, nº 2, 1988; Gilda de Mello e Souza, "Vanguarda e nacionalismo na década de vinte", *Cadernos de Literatura e Exercícios de Leitura* (São Paulo, Duas Cidades, 1980), p. 249-78.

[62] Lucia Lippi de Oliveira, Mônica P. Velloso e A. M. de C. Gomes, *Estado Novo: ideologia e poder* (Rio de Janeiro, Zahar Editores, 1982), p. 11, 48.

[63] Angela de Castro Gomes, *História e historiadores* (Rio de Janeiro, FGV, 1996), p. 138.

[64] Mônica Pimenta Velloso, "Cultura e poder político: uma configuração do campo intelectual", em Lucia Lippi·de Oliveira, Mônica P. Velloso e A. M. de C. Gomes (Orgs.), *Estado Novo, ideologia e poder*, op. cit, p. 78-9.

168

Por isso, pode-se decodificar o Decreto nº 21.240/32 como um reflexo direto dos parâmetros do novo governo. Nele, a temática abordada definiu a atuação da censura, como também estabeleceu uma maneira de interpretar a função. Por esse instrumento, vinculado às duas pastas – Justiça e Educação –, instituía-se a "nacionalização do Serviço de Censura dos filmes cinematográficos e criava a 'taxa cinematográfica'"[65]. Em resumo, o preceito atendeu aos clamores de uma indústria e comércio cinematográficos nascentes, determinando que os favores fiscais estariam vinculados a compensações de ordem educativa. Assim, estabeleceu uma *censura cinematográfica acentuadamente cultural*, já que os

> (...) filmes documentários, seja de caráter científico, histórico, artístico, literário e industrial, representam, na atualidade, um instrumento de inigualável vantagem, para a instituição do público e propaganda do país, dentro e fora das fronteiras. Considerando que os filmes educativos são material de ensino, visam permitir assistência cultural, com vantagens de atuação direta sobre as grandes massas populares e, mesmo, sobre analfabetos.

Isso posto, quando o Serviço de Censura foi aparelhado, disseminou-se a base de um modelo que perdurou por um tempo considerável. Além disso, sempre que a temática da censura foi alterada na legislação, calcou-se nessa ideia básica lançada em 1932. E, pelas diretrizes desse decreto, instituiu-se uma comissão de censura, composta por cinco membros:

- um representante do chefe de polícia;
- um representante do juiz de menores;
- o diretor do Museu Nacional;
- um professor designado pelo Ministério da Educação e Saúde Pública; e
- uma educadora indicada pela Associação Brasileira de Educação.

Esses recebiam um pró-labore por essa atividade, mesmo já ocupando outros cargos administrativos. Unindo as forças e fazendo da censura um tema tanto policial quanto de política de Estado, esse grupo tinha mandato de um ano e podia ser substituído ou reconduzido ao cargo. Nota-se, entretanto, que não há aqui nenhuma referência a censores policiais para executar essa tarefa. A polícia fazia o papel de vigilante das decisões, mas não de formulador.

No elenco das tramitações dessa comissão, esses "escolhidos", que examinariam as películas de cinema, estabeleceriam o melhor público para assistir ao filme, que receberia a classificação de educativo ou não, e observariam todo o material de propaganda pertinente. No rol das interdições, a norma expõe os cinco itens de interdição:

---

[65] *Coleção de Leis do Brasil*, vol. II, p. 6-10.

- ofensa ao decoro público;
- sugestão de crimes ou maus costumes;
- alusão à não cordialidade entre os povos;
- insulto à coletividade ou desrespeito a credos religiosos; e
- ferir a dignidade nacional, a ordem pública, as forças armadas ou as autoridades.

Essa comissão concedia ao longa-metragem examinado um certificado de censura, que garantia sua mostra em todo o território nacional. Tal expediente jamais foi extinto. O que se alterou foram os itens de interdição ou a composição dos "observadores", que mais tarde passaram a ser os censores federais. Para obter esse documento – garantia de circulação e exibição para o filme –, fazia-se necessário o pagamento de uma taxa, criada a partir desse decreto. A "taxa cinematográfica para a educação popular", cobrada por metro de filme, acrescida de um selo de 10$000 (dez mil contos de réis) pela primeira via e 5$000 pelas demais, geraram um recurso ao Estado na execução dessa "tarefa". O montante arrecadado era recolhido à tesouraria do Departamento Nacional de Ensino – órgão gerenciador do recurso.

Coube ao Ministério da Educação e Saúde Pública, como instituição gestora da verba, criar o "convênio cinematográfico educativo", que permitiu produzir cinejornais, mais tarde veiculados pelo DIP. O importante desse decreto, entretanto, foi tanto vincular ao Ministério da Educação e Saúde Pública a administração desse capital arrecadado pelas taxas de censura como ser o responsável pela comissão de censura.

Dois anos depois de iniciar o seu recolhimento, durante a administração dessa pasta pelo ministro Gustavo Capanema, esse montante financiou também a "(...) *Revista Nacional de Educação*, nos seus dezenove números, cuja tiragem atingiu mais de 12 mil exemplares nos pontos mais remotos do território nacional". A Comissão encarregada de gerir o capital da "taxa de censura" foi presidida pelo

(...) professor Roquette Pinto, dentro de um espírito de tolerância, necessário à execução de uma lei (...) desempenhou-se de modo satisfatório. Com a taxa cobrada pela Censura, foi custeada a Revista Nacional de Educação. (...) Este serviço dever-se-ia ampliar, conforme o plano do professor Roquette Pinto, ao Instituto Brasileiro de Educação Popular, abrangendo além da Revista Nacional de Educação, Rádio, Discoteca, Biblioteca Popular.[66]

Refletindo as diretrizes que norteavam a seara da censura naquele momento, Capanema concluiu, no mesmo documento, que esta "(...) a maneira por que

---

[66] AG/g 3400.00/2, Arquivo Gustavo Capanema, CPDOC/FGV.

se dá em diversos países, *deixou de ser apenas policial para ser cultural*" (ênfase minha). Assim, a pasta da Educação ainda indicava o presidente e um funcionário do ministério para a função de secretário e arquivista. Já à Justiça competia a fiscalização, e as autoridades policiais deveriam zelar pela exibição de películas somente de posse do certificado de censura.

O ministro da Educação e Saúde Pública, portanto, conduzia as normas do proibido, dando-lhe pinceladas de fomento à cultura, além de definir como e onde gastar os recursos arrecadados, e de constituir a comissão censora. Na época, fizeram parte desse "seleto grupo" alguns intelectuais de renome, como Prudente de Moraes Neto e, por indicação deste, Vinicius de Moraes, que o substituiu em 1936. Dias depois da nomeação do poeta, Alceu Amoroso Lima, "(...) crítico literário e expoente da intelectualidade católica, [que] exerceu durante o Estado Novo um importante papel de mentor intelectual e guardião dos valores morais do catolicismo junto ao ministro Capanema"[67], escreveu a esse mesmo ministro agradecendo a nomeação[68].

A relação de Vinicius de Moraes com esse grupo de intelectuais autoritários e católicos construiu-se entre 1932 e 1938. Nesse período, Vinicius de Moraes lançava seus primeiros passos em uma vida profissional, publicando livros e poemas. Em outubro de 1932, estreou com o poema *A transformação da montanha*, na revista *A Ordem*, naquele momento dirigida por Tristão de Athayde (pseudônimo de Alceu Amoroso Lima). Nesse período, Vinicius de Moraes também trabalhou "(...) como censor de cinema do Ministério da Educação", que, segundo seu biógrafo fez questão de justificar, "[era] estranha função para um poeta libertário"[69].

Ocupando o lugar deixado com a saída de Prudente de Moraes Neto, na comissão de Censura, tornou-se amigo deste aos 23 anos e o substituiu no posto de censor, cargo que, como seu biógrafo novamente sublinha, "(...) ocupara somente para exibir sua assinatura ao pé do certificado oficial que antecede as projeções, pois jamais censurara filme algum"[70]. Apenas rubricando qualquer parecer, por um tempo, Vinicius de Moraes embolsou do governo Vargas subvenções para executar essa tarefa e, por consequência, administrar suas contas.

---

[67] Oliveira, Velloso e Gomes, op. cit., p. 11.

[68] Telegrama datado de 21/11/1936 (GC/Lima, A. b 0052. Arquivo Gustavo Capanema, CPDOC/FGV).

[69] José Castello, *Vinicius de Moraes, o poeta da paixão*, op. cit., p. 67.

[70] Idem, *Vinicius de Moraes: uma geografia poética* (Rio de Janeiro, Relume-Dumará, 1996), p. 33.

Ao querer desculpá-lo, seu biógrafo ressalta um mal-estar. Esse sentimento de desconforto também era vivenciado pelo poeta. Em correspondência com sua irmã mais nova, Letícia Cruz de Moraes, a Leta, que na época vivia na Inglaterra, Vinicius narrou esse seu estado de depressão. Em 13/1/1937, contou a Leta que se encontrava cercado "(...) de burrice farpada em volta de" si. Referindo-se ou não às tarefas que realizava, nessa mesma carta, aludiu ao "doce trabalho" como "navegando e temperando"[71]. Poucos anos depois, na década de 1940, Vinicius de Moraes permutaria posições, tornando-se crítico de cinema do jornal *A Manhã*.

Na linha de pontuar participações/colaborações de intelectuais nesse governo, Sergio Miceli, ao ressaltar a situação de Carlos Drummond de Andrade, que, na sua opinião, é das mais delicadas, auxilia a elaborar essa "sensação de desconforto". Drummond não era um funcionário público qualquer, ele era o chefe de gabinete do ministro da Educação. Sendo assim, ocupava uma função de confiança e lealdade ao ministro e, por consequência, ao governo. Nas reflexões tanto de Miceli como de Helena Bomeny[72], o percurso de Drummond pela administração trouxe a de dilemas pessoais que, se não determinaram o rumo de sua obra, refletiram-se, certamente, nos seus escritos. Nesse sentido, para o próprio Drummond,

> (...) o emprego no Estado concede com que viver, de ordinário sem folga, e essa é a condição ideal para bom número de espíritos: certa mediania que elimina os cuidados imediatos, porém não abre perspectivas de ócio absoluto. O indivíduo tem apenas a calma necessária para refletir na mediocridade de uma vida que não conhece a fome nem o fausto.

Depois de citar um sem-número de intelectuais brasileiros, de Machado de Assis a Lima Barreto, Coelho Neto e José Veríssimo, que também exerceram cargos em diversos governos, ratifica que:

> (...) seriam páginas e páginas de nomes, atestando o que as letras devem à burocracia, e como esta se engrandece com as letras. (...) Há que contar com elas, para que se prossiga entre nós certa tradição mediativa e irônica, certo jeito entre desencantado e piedoso de ver, interpretar e contar os homens. (...) O que talvez só um escritor-funcionário, ou um funcionário-escritor, seja capaz de oferecer-nos, ele que constrói,

---

[71] Essa carta está reproduzida no livro organizado por Ruy Castro, *Querido poeta. Correspondência de Vinicius de Moraes* (São Paulo, Companhia das Letras, 2003), p. 47-8. Nas notas de Castro há o comentário de que nesse período o poeta era representante do Ministério da Educação para a censura cinematográfica.

[72] Helena Maria B. Bomeny, *Mineiridade dos modernistas: a república dos mineiros* (Rio de Janeiro, tese de doutorado em sociologia, Iuperj, 1992).

sob a proteção da Ordem Burocrática, o seu edifício de nuvens, como um louco manso e subvencionado.[73]

O estigma de um intelectual que colabora para um governo, sendo também um censor, é tão forte que, quando a Censura esteve vinculada ao Ministério da Educação, foram estes que compuseram o conselho dos que aprovavam ou vetavam. Esse enlace, na ditadura varguista, apontou um caráter reflexivo que o ofício censório possuía. Tal imagem perdurou e muitos censores a tinham como um trabalho de cunho intelectual.

Nessa perspectiva do aspecto reflexivo do ofício e com base na observação da legislação, feita no capítulo anterior, constata-se uma ruptura: com o fim do Estado Novo, policiais da Polícia Especial foram transferidos para o Serviço de Censura, retomando a feição de polícia que o órgão teve até os anos 1930. Prudente de Moraes Neto e Vinicius de Moraes estiveram, portanto, na Comissão de Censura pré-DIP e Estado Novo, ratificando a noção de um "trabalho reflexivo" e executado por "homens de letras", que também escreviam em jornal.

Para vislumbrar a entrada de jornalistas nessa seara no governo Vargas, toma-se, por exemplo, a trajetória do médico e jornalista aposentado Álvaro Vieira, que serviu no prédio cinzento da rua da Relação, no Rio de Janeiro, para o Serviço de Censura dos primeiros anos da ditadura Vargas[74].

Adentrando os porões desse edifício nesse corte de tempo, constata-se que o chefe de polícia era o ex-deputado Batista Luzardo, que nomeou Salgado Filho para a 4ª delegacia a fim de estruturar um serviço de censura. Este escolheu quatro jornalistas para auxiliá-lo e cerca de trinta jornalistas foram contratados para executar o ofício censório. Na argumentação de Álvaro Vieira, os escolhidos para cumprir as exigências do posto deveriam ter uma característica. "Era melhor que a censura fosse exercida por jornalistas do que por policiais." Essa narrativa perdurou e também justificou muitos dos que fizeram os concursos para censor das décadas de 1970 e 1980.

---

[73] Carlos Drummond de Andrade, *Passeios na ilha*, apud Sergio Miceli, *Intelectuais à brasileira* (São Paulo, Companhia das Letras, 2001), p. 195-6. Existe uma coleção no AN/Rio de Janeiro, denominada "Arnaldo Luis Fontes", composta de 24 depoimentos de servidores do DIP, realizados em 1985 e doados ao arquivo em 1992. Entre os depoentes está Carlos Drummond de Andrade, que esteve no DIP de novembro de 1945 a março de 1946 para ser secretário de Américo Faço, trazendo consigo o jornalista Prudente de Moraes Neto e o médico Gastão Cruz.

[74] Domingos Meirelles, "Memórias de um censor do DIP (e outras histórias)", *Boletim da ABI*, Rio de Janeiro, nov./dez., 1974, p. 6-7.

A partir de 1932, a censura prévia instalou-se nas redações e Álvaro Vieira responsabilizou-se por executá-la nos jornais *O Globo*, *Correio da Manhã* e *Diário da Noite*. Com a substituição de Batista Louzardo por Filinto Müller na chefia de Polícia, a censura foi deslocada para o gabinete do ministro da Justiça e Negócios Interiores, Agamenon Magalhães, prática também ocorrida no pós-1968.

No âmbito das medidas repressivas estabelecidas no Estado Novo, além da censura prévia, implementaram-se também as notificações do governo às redações. Refletindo acerca disso, em 1974, aos 76 anos, o ex-chefe do Serviço de Controle da Imprensa do Estado Novo Sampaio Mitke, que também foi jornalista, divulgou, em depoimento, que suas atribuições como censor não incluíam a execução da censura prévia. Semelhante ao que aconteceu no pós-1968,

> (...) nós transferíamos para os jornais a responsabilidade pela publicação das notícias que desagradavam o governo. O trabalho era limpo e eficiente. As sanções que aplicávamos eram muito mais eficazes do que as ameaças da polícia, porque eram de natureza econômica.[75]

Utilizavam-se de telefonemas ou mensagens de telex como seus colegas das décadas de 1970 – parte dos *bilhetinhos da censura* do DIP foram reunidos por David Nasser[76]. Prática que informava aos jornais o que estava autorizado ou não a ser impresso, para o chefe de Polícia, Filinto Müller, esse expediente não podia ser chamado de censura. Nesse sentido, Müller, respondendo ao juiz de menores, Saul Gusmão, que pedia ao DIP a proibição de publicações em jornal que envolvessem policiais e menores, sublinhou

> (...) que no tempo em que a "censura" era exercida pela polícia, tive a oportunidade de tomar medidas amplas a este respeito. (...) Hoje, todavia, a "censura" já não existe, cumprindo apenas ao DIP dar instruções aos jornais sobre os diferentes assuntos. Deste modo, imediatamente após o recebimento da sua carta, oficiei ao Dr. Lourival Fontes, diretor daquele Departamento, transmitindo sua justa solicitação.[77]

O jornalista e conselheiro da ABI, Edmar Morel, não concordaria com essa declaração de Filinto Müller. Ratificando uma noção recorrente no processo de censura no Brasil republicano, Morel afiançou que esta foi desempenhada

---

[75] Ibidem.

[76] David Nasser, *A revolução dos covardes*, op. cit. Mário Lago referiu-se, no seu depoimento a Mônica Pimenta Velloso, sobre essas notificações do que estava proibido durante o Estado Novo. Ver Mônica P. Velloso, *Mário Lago, boêmia e política* (Rio de Janeiro, FGV, 1997).

[77] FM 33.04.19 chp/ad (Arquivo Filinto Müller, CPDOC/FGV).

por órgãos tanto do Exército como da polícia e do Ministério da Justiça. Demonstrando que as práticas de censura prévia e autocensura estiveram presentes tanto na ditadura varguista como no pós-1964, Morel recorda-se de que, em 1935, o diretor do Serviço de Censura era o comandante da polícia de choque, o integralista Pacheco de Andrade. Um *"galinha verde* fazendo censura em jornais democráticos. Mas o DIP era diferente: institucionalizou a censura e a mentira"[78].

A presença de intelectuais na seara da Censura concedeu a esta a faceta de um trabalho reflexivo, mas não conferiu aos seus integrantes posteriores a imagem de "homens pensantes". O constrangimento de lá ter trabalhado fica claro na narrativa do biógrafo de Vinicius de Moraes, que buscou eximi-lo da culpa de ter estado lá e, portanto, de ter colaborado. Nesse sentido, ficou muito mais marcada a assiduidade de policiais nesse espaço.

Assim, um ano depois de ter entrevistado um censor do DIP, o jornalista Domingos Meirelles localizou Martins Alonso, na época com 57 anos. Secretário de redação do *JB* por quase quarenta anos, foi também um "homem do lápis vermelho", como insinua o título do artigo. Usava um lápis de duas pontas, a vermelha para riscar o desnecessário e a azul para "marcar as retrancas"[79]. Talvez percebendo que a autocensura era mais eficiente, Alonso desenhou os meandros da censura prévia nas redações e, sublinhando sua ação policial, reforçou a ideia de os censores serem policiais. Relembrando o processo, narrou que,

> (...) sem nenhum preparo intelectual, chegavam sempre às redações por volta das 22 horas, para examinar as provas de *paquet* (provas impressas dos textos já compostas nas oficinas). A sua presença era antipatizada e eles procuravam evitar os repórteres e se entender só com os diretores e secretários dos jornais.

Jornalismo e censura, ao que parece, tecem muitas tramas. A participação de jornalistas dentro do Serviço de Censura, portanto, foi algo que perpassou toda a sua trajetória. Outro exemplo pode ser vislumbrado no início da década de 1960, quando o governador Carlos Lacerda nomeou Ascendino Leite para comandar o Serviço de Censura na Guanabara. Paraibano, exerceu o jornalismo durante trinta anos nas redações do *A Manhã*, da sucursal carioca da *Folha de S.Paulo*, do *Diário Carioca* e do *Diário de Notícias*.

Permaneceu no cargo de chefe da Censura por nove meses e, ao deixá-lo, foi *recompensado* pelo governador com a concessão da 4ª Vara de Órfãos. Esse cartório,

---

[78] "A égua farpa enfrenta a censura", *Boletim da ABI* (Rio de Janeiro, jan./fev., 1975), p. 4.

[79] Domingos Meirelles, "O homem do lápis vermelho", *Boletim da ABI* (Rio de Janeiro, jan./fev., 1975), p. 13.

dentro do Fórum do Rio de Janeiro, para registro de heranças e testamentos, foi de sua responsabilidade até 1986, quando completou 70 anos e foi jubilado.

Aposentado, retornou a João Pessoa e passou a dedicar-se à literatura. No início de 1989, a coluna Zózimo, no *JB*, noticiou que o prêmio Machado de Assis, da Academia Brasileira de Letras, seria dado a um ex-censor. Localizado, Ascendino Leite reviu, depois de quase três décadas, sua ocupação à frente do comando da Censura. Assim, declarou que aceitou o posto porque estava cansado da vida de jornal e também o

> (...) cargo já havia sido rejeitado por dois intelectuais, mas aceitei por causa das minhas ideias de disciplina. Era preciso limpar o teatro das imundices insuportáveis e dos maus costumes.[80]

Se por um lado há esse perfil, que atribui à Censura esse caráter "intelectual", também existiu a frequência de membros do Exército nos órgãos do DPF. Essa polícia, criada no pós-1964, ratificou cada vez mais essa noção de que censura é um ato de polícia.

Unindo temporalidades, trinta anos depois dos episódios que envolveram o DIP e os "intelectuais de Estado" e da ditadura de Vargas, encontraram-se Vinicius de Moraes e Carlos Drummond de Andrade em um polo da luta. Em fevereiro de 1968, muitos meses antes de o AI-5 entrar em vigor, a atriz Maria Fernanda e o Serviço de Censura chocaram-se na proibição de *Um bonde chamado desejo*. Para tentar desfazer o impedimento, uma comissão de intelectuais foi recebida em audiência pelo presidente Costa e Silva, em descanso no Palácio Rio Negro, em Petrópolis. Nesse grupo, encontravam-se, entre outros, Drummond e Vinicius[81].

Três meses depois do incidente com a atriz, que envolveu o diretor do SCDP, Manoel de Souza Felipe Leão Neto, o general Bretas Cupertino – diretor do DPF – nomeou o tenente-coronel Aloysio Muhlethaler de Souza para o cargo. Quase como uma resposta a essas reformulações que o aparelho de Estado implementava, o jornalista Ruy Castro escreveu para o *Correio da Manhã* que "(...) a luta da Censura contra a Cultura se arrasta, e aparentemente sem qualquer perspectiva de solução a curto prazo". Para a Censura, segundo o jornalista, "(...) um palavrão ou uma mulher mais ou menos nua ou qualquer conceituação política ou pseudo, bastam para que os alarmistas do poder vejam as sacrossantas instituições sacudidas"[82].

---

[80] "Prêmio sem censura", *JB*, Caderno B, 5/1/1989.

[81] A narrativa completa desse episódio encontra-se analisada na Apresentação deste livro.

[82] "Por trás da censura", *Correio da Manhã*, 10/7/1968.

176

Considerada uma tarefa do DPF e, que, portanto, era realizada por policiais, o general Bretas Cupertino, entretanto, lembrava que a "(...) prática censória é idêntica a uma perícia, requer do indivíduo vasto conhecimento do assunto, excelente nível intelectual"[83]. Mais uma vez, o general evidenciava a mescla de policiais e "intelectuais" no Serviço de Censura. Nesse panorama de intercâmbios, compunham o serviço, no final da década de 1960, os seguintes funcionários (censores de carreira)[84]:

- Aldo Vinholes de Magalhães;
- Antonio Fernando de Sylos;
- Augusto da Costa, **ex-integrante da Polícia Especial**;
- Cândido Monteiro de Castro;
- Carlos Alberto Gutierrez Dias;
- Carlos Lúcio de Menezes, **jornalista**;
- Carlos Rodrigues, **jornalista**;
- Coriolano de Loyola Cabral Fagundes, **censor desde 1961 em Brasília**;
- Ernani Ferreira;
- Francisco Dutra de Andrade;
- Guilherme de Sena Varjão;
- Hélio Duarte Mourão;
- Hélio Guerreiro;
- Hildon Rocha, **jornalista**;
- José Augusto da Costa;
- José Vieira Madeira, **jornalista**;
- Josino da Silva Amaral;
- Manoel de Souza Felipe de Leão Neto;
- Manoel Marcílio Nogueira, **jornalista**;
- Maria Ribeiro de Almeida;
- Maria Selma Miranda Chaves;
- Maria Silvia Barreto Nogueira;
- Milton Cruz;
- Nagib Curi;
- Orlando Viegas;
- Oswaldo Scrivano;
- Ozéas Pereira de Oliveira;
- Padre Renato Dumont;
- Pedro José Chediak, **ex-integrante da Polícia Especial**;
- Romero Lago;

---

[83] "Censura terá novo critério", *O Estado de S. Paulo*, 21/7/1968.

[84] Dados recolhidos nos arquivos da Anacen e nas fichas funcionais dos lotados no SCDP/SR/ Rio de Janeiro (AN/Rio de Janeiro).

- Silvio Domingos Roncador;
- Vicente de Paula Alencar Monteiro, **jornalista**;
- Wilson Aguiar;
- Wilson de Queiroz Garcia, **jornalista**.

Preocupado com o bom desempenho dos censores, o general Cupertino enfatizava que todos eram reciclados periodicamente em cursos de aperfeiçoamento e especialização na Academia Nacional de Polícia (ANP). Essa prática foi instaurada pelo então chefe do SCDP, Antônio Romero Lago, segundo as normas das portarias nº 123, de 10/10/1966, e nº 134, de 24/11/1966, e existiu por quase vinte anos, sendo executados também pelos últimos técnicos de Censura concursados, já na Nova República.

Na estrutura acadêmica instalada nesses cursos, para formar e atualizar os censores, o primeiro, de 1966, foi composto dos seguintes professores: o coronel Oswaldo Ferraro de Carvalho ministrou técnica de censura; o censor Coriolano Fagundes, direito aplicado; e a atriz Sylvia Orthof, teatro. Em 1976, a professora de técnica e censura de teatro foi Maria Clara Machado e, no ano seguinte, professores da Universidade de Brasília ministraram também disciplinas para os censores. O exercício de ter docentes vindos de órgãos de Inteligência do Exército, representantes da Censura e membros das universidades e das artes foi uma prática constante. Para se prepararem melhor, como "mestres do ato censório", os censores Coriolando Fagundes e José Vieira Madeira, também jornalista, cursaram, em 1967, com o professor Eidemar Massoti, na Universidade Católica de Minas Gerais, a cadeira de censura cinematográfica. A cátedra de legislação especializada era de especial atenção. Em 1971, o censor Rogério Nunes proferiu esse curso, oferecido antes tanto por Coriolano Fagundes como pelo chefe do Sigab, Hélio R. Damaso Segundo[85].

Se por um lado se nota essa preocupação formadora do censor como um técnico, por outro, a capa de defensora da moralidade e dos bons costumes de que a censura se investia teve um grande baque no início de 1967. O processo que se alastrou por todo o ano seguinte envolvia o então chefe do Serviço de Censura, Antônio Romero Lago.

Romero Lago, na verdade, chamava-se Hermelindo Ramirez Godoy. Nascido no Rio Grande do Sul em 1920, foi preso em 1944 como mandante de um homicídio. Fugiu e registrou-se com uma nova identidade, vindo para o Rio de Janeiro e indo trabalhar no Palácio do Catete. Amigo do general

---

[85] Os dados acima foram recolhidos na Academia Nacional de Polícia, em Brasília, onde dezessete tomos do Departamento de Ensino registram esses quase vinte anos de atividades.

178

Riograndino Kruel, diretor do DPF no governo Castello Branco, Romero Lago foi nomeado para um cargo de enorme poder e prestígio na época: a chefia do Serviço de Censura.

Em junho de 1967, a revista *Realidade* publicou uma longa reportagem sobre a estrutura da Censura. Vasculhou o quarto andar do prédio onde o DPF estava alocado em Brasília e encontrou os 16 homens do serviço – dirigidos por Romero Lago – que,

> (...) com o nível de cultura de médio para baixo, esses 16 cidadãos têm o poder de proibir filmes para menores, cortar cenas e até interditar uma fita inteira.
>
> (...) A equipe aguenta ver quatro filmes de longa por dia, mais um tanto de documentários e jornais cinematográficos. A ordem de exibição é a de chegada, mas os nacionais têm preferência. Os censores trabalham em grupo de dois, três e quatro. No subsolo do Banco Nacional de Desenvolvimento Econômico (onde a censura ocupa o quarto andar), eles têm uma sala de projeção: 300 lugares, luz e som perfeitos.[86]

Dentro desse panorama da incompetência, a existência de censura política envolta na capa de "moral e bons costumes" reapareceu pontuada na imprensa também por todo o período pré-1968. Em maio daquele ano, muitos meses antes de o AI-5 entrar em vigor, o que causava polêmica era a liberação do filme *Superbealdades*. O ministro da Justiça, Gama e Silva, empossou o substituto do general Riograndinho Kruel como diretor do DPF. O novo diretor, general Bretas Cupertino, teve de pronto uma incumbência: abrir uma sindicância para compreender o porquê de esse filme ter sido liberado e interditado seguidamente.

No centro dessa polêmica, apareceu o nome de Augusto da Costa, censor federal com uma carreira de 33 anos de serviço. Tendo como formação o curso secundário completo, Augusto da Costa, que nasceu em 22/10/1920, no Rio de Janeiro, apresentou uma trajetória bastante inusitada. Jogador de futebol, zagueiro do Vasco da Gama, foi o capitão da seleção brasileira de 1950, que perdeu a final por 2 × 1 contra o Uruguai em pleno recém-inaugurado Maracanã. O censor narrou o seu percurso após aquela perda de campeonato, lembrando ter retornado ao trabalho no dia seguinte

> (...) porque desde 1941 eu era também funcionário público. Sempre joguei futebol e trabalhei. Fui, então, à minha repartição, no Largo da Carioca. *Eu era polícia especial*. Tive de aturar os meus colegas de polícia me gozando.
>
> (...) Aprendi uma lição: a gente deve batalhar sempre. Nunca deve pensar que já conseguiu o máximo. Isso virou um dogma na minha cabeça. Sempre luto o máximo

---

[86] "Isto é proibido", *Realidade*, junho/1967, p. 14.

que posso. É o que fiz no meu emprego de funcionário público. *Entrei como polícia especial, cheguei a censor federal* quando me aposentei.[87]

Redesenhando o espaço de trabalho desse censor e jogador de futebol, é importante observar que, em meados dos anos 1940, dentro das reformas por que passou a Polícia do Distrito Federal, foi instaurado, em março de 1944, o Departamento Federal de Segurança Pública (DFSP). Sua atuação estava restrita à área do Distrito Federal e tinha como incumbência a segurança pública, agindo em nível nacional apenas na parte de polícia marítima, aérea e de fronteiras. Dentro das alterações do governo do general Eurico Gaspar Dutra (1946-1951) na seara da polícia, na metade do ano de 1946, as atribuições do DFSP foram estendidas para todo o território nacional em alguns casos, como o comércio clandestino de entorpecentes e crimes contra a fé pública, quando era de interesse da Fazenda Nacional. Portanto a centralização das atividades de polícia transferiu-se para Brasília com a mudança da capital federal, em 1960. Devido à carência de pessoal, o DFSP, na nova capital, foi reestruturado com base em modelos das polícias da Inglaterra, dos Estados Unidos e do Canadá, passando a ter, efetivamente, atribuições em todo o território brasileiro a partir da Lei nº 4.483, de 16/11/1964.

Todavia, com a nova Constituição Federal promulgada a 18 de setembro daquele ano, os estados passaram a ter poderes para atenderem suas necessidades de governo e administração, sendo considerada uma espécie de limitação dessa autonomia a existência de um órgão de segurança com atuação nacional.[88]

O DFSP tornou-se DPF pelo artigo 210 do Decreto-lei nº 200, de 25/2/1967. No organograma, a direção-geral contava com órgãos técnicos e de apoio, em Brasília, incumbidos das tarefas de planejamento, coordenação e controle. Para as atividades de execução, o DPF dispunha de 27 superintendências regionais, 54 delegacias de Polícia Federal, doze postos avançados, bases fluviais e duas bases terrestres.

Na busca por estabelecer quem era quem nesse universo censório policial, tem-se que Augusto da Costa, como funcionário do DPF, realizou inúmeros cursos de aperfeiçoamento técnico em Censura, como o da Academia Interamericana de Polícia no Panamá, o do Departamento de Estado norte-americano

---

[87] Mesmo localizado pela pesquisa, Augusto da Costa se recusava a falar. Utilizei aqui seu depoimento a Geneton Moraes Neto, *Dossiê 50* (Rio de Janeiro, Objetiva, 2000), p. 59 e 62-3, com ênfases minhas. Seu filho, Augusto da Costa Filho, tornou-se censor em 1972. Sobre a passagem de policiais da Polícia Especial do governo Getúlio Vargas ao cargo de censor, ver o capítulo 2 deste livro, sobre a legislação censória.

[88] Disponível em: <www.dpf.gov.br>.

(1962), o de informação e contrainformação, na ANP, em Brasília (1963), o da Polícia Federal, ANP, em Brasília (1963), o básico de cinema, na Escola Superior de Cinema da Universidade Católica de Minas Gerais, realizado na ANP, em Brasília (1966), o de censor federal, ANP, em Brasília (1967), o de introdução à técnica de teatro, ANP, em Brasília (1967), e o técnico de Censura (categoria promoção), ANP, em Brasília (1969 e 1971)[89].

Um colega de Augusto da Costa na Polícia Especial também foi para o Serviço de Censura. Pedro José Chediak, que também se tornou censor em meados dos anos 1940, com o fim daquele tipo de polícia, foi o último chefe do Serviço de Censura quando o Distrito Federal ainda era o Rio de Janeiro e fez a transferência do órgão para Brasília no início dos anos 1960[90]. Um policial de família de professores do Colégio Pedro II, Chediak cunhou fama na Censura por suas atitudes polêmicas e repressivas. Ao decretar a Portaria nº 005, proibia o *striptease* em todo o território nacional, medida derrubada por Romero Lago, que fez da distância de cinco metros da câmera a possibilidade do nu nas telas.

No governo Castello Branco (1964-1967), o diretor do DPF, general Riograndino Kruel, nomeou Romero Lago para substituir Pedro José Chediak na chefia do SCDP. Durante sua gestão, o prédio do BNDE abrigou alguns setores da Polícia Federal, entre os quais a Censura. Romero Lago, ou Hermelindo Ramirez Godoy, foi o diretor do SCDP durante as gestões do general Riograndino Kruel e do coronel Newton Cipriano Leitão.

No governo Médici, o general Bretas Cupertino tornou-se o diretor-geral do DPF, e o diretor SCDP, que estava sendo comandado por Manoel Felipe Leão, substituto de Romero Lago, foi o tenente-coronel Aloysio Muhlethaler de Souza. Quando o ministro Alfredo Buzaid assumiu a pasta da Justiça, nomeou o general Walter Pires para diretor-geral do DPF e Wilson Aguiar para diretor do SCDP. Em São Paulo, o general Denizart Soares de Oliveira era o delegado da PF na cidade e existiam quinze censores chefiados por Josino da Silva Amaral. Em outubro de 1970, Geová Cavalcanti substituiu Wilson Aguiar

---

[89] Dados retirados de sua ficha funcional (Acervo DCDP, AN/RJ). Existem apenas 97 fichas como essas, que infelizmente não indicam o número total de censores que passaram pela divisão no Rio. Os documentos desse acervo não têm classificação aqui porque tive acesso a eles em sua fase de organização. Gostaria mais uma vez de agradecer à direção do AN e aos responsáveis pela Coordenadoria dos Documentos Escritos (CDE) do Serviço de Documentos do Executivo (SDE) pelo privilégio do convívio e pela compreensão da minha necessidade de pesquisa.

[90] Entrevista à autora em 7/6/1999.

no SCDP. Cearense e bacharel em direito, tinha 28 anos na época e esteve à frente do Serviço de Censura enquanto os generais Nilo Caneppa e Antonio Bandeira dirigiram o DPF.

O coronel Moacyr Coelho foi o diretor-geral do DPF por longos onze anos. Assumiu no governo Geisel e lá permaneceu até o fim do governo Figueiredo. Nomeou para diretor do DCDP, primeiro, Rogério Nunes e, depois, José Vieira Madeira, ambos jornalistas e censores de carreira[91]. Cada um ficou no cargo o tempo de um mandato de presidente da República. Madeira havia dirigido a Censura em São Paulo e foi substituído pela mais famosa censora, Solange Hernandez. Nos tempos da Nova República, foi Coriolano de Loyola Cabral Fagundes que substituiu *Tesourinha* e tornou-se o penúltimo diretor do DCDP.

O que sempre chamou a atenção no labor censório, contudo, foi o pequeno número de censores para o volume monstruoso de tarefas. Nessa direção de preocupações, em maio de 1970, o *JB* noticia que

> (...) para atender as suas atuais preocupações com a moral pública, o Serviço de Censura Federal precisa de 120 censores com nível universitário e 400 fiscais. Mas só tem 17, sendo quatro emprestados pelo Estado da Guanabara. Em Brasília, centro das decisões, só quatro funcionários durante a semana passada.
> (...) o presidente Médici autorizará a contratação, por sete meses, de 30 censores e 100 fiscais.

De tal modo, o expediente da autocensura nas redações e demais meios de comunicação auxilia a compreender o porquê do número reduzido de censores.

Temática das mais espinhosas, ter executado autocensura é um tabu para a maioria dos jornalistas. Mais no reino da ilusão do que propriamente na narrativa dos fatos, o antigo secretário de redação do *JB*, Martins Alonso, declarou romanticamente que

> (...) o fantasma da autocensura, que rondava as redações durante as crises políticas, era exorcizado sempre com repugnância. A autocensura era repelida como um insulto pela própria direção dos jornais. Ela era também uma ofensa ao espírito:
> Além de seu caráter espúrio, ela deixava marcas que só apareciam com o tempo: empobrecia intelectualmente os repórteres e estrangulava a criatividade nas redações.[92]

Acerca destas "dificuldades" – autocensura e pequeno número de censores –, a reflexão se centra a seguir.

---

[91] José Vieira Madeira, segundo sua ficha funcional, havia feito os cursos de literatura brasileira, segurança nacional e informações, apreciação cinematográfica, na UnB, e teatro, na Escola Martins Pena (RJ).

[92] Domingos Meirelles, "O homem do lápis vermelho", op. cit., p. 13.

Da necessidade à *pecha*

> Há nada como um tempo
> Após um contratempo
> Pro meu coração
> E não vale a pena ficar
> Apenas ficar chorando, resmungando
> Até quando, não, não, não
> E como já dizia Jorge Maravilha
> Prenhe de razão
> Mais vale uma filha na mão
> Do que dois pais voando
>
> Você não gosta de mim
> Mas sua filha gosta
>
> (*Jorge Maravilha*, de Julinho da
> Adelaide, 1974).[93]

Para driblar as táticas do Serviço de Censura, depois de se ver cerceado pelas proibições a *Calabar*, Chico Buarque cunhou um heterônimo batizado de Julinho da Adelaide, filho da favelada Adelaide de Oliveira. A estratégia deu resultado e músicas como *Acorda amor*, *Jorge Maravilha* e *Milagre brasileiro* passaram sem grandes problemas pelo "pente-fino". A ousadia continuou e Julinho da Adelaide concedeu uma entrevista ao jornalista Mário Prata. A reportagem foi intitulada "O samba dúplex e pragmático de Julinho da Adelaide" e foi publicada no jornal *Última Hora*, nos dias 7 e 8/9/1974. A verdadeira identidade do cantor só viria a público um ano depois, em outra reportagem, então no *Jornal do Brasil*. Usando o mesmo pseudônimo, Chico Buarque escreveu também o livro *Fazenda-modelo*, recebido com reservas por parte da crítica.

A artimanha de Chico Buarque tinha razão de ser. A prática na Censura era a seguinte: ao chegar uma letra com o seu nome, os censores carimbavam como interditada. Esse expediente aconteceu a partir da gravação de *Apesar de você*, interpretada pelas autoridades como uma ofensa ao presidente Médici. Tentando alternativas, Chico lançou o disco *Sinal Fechado*, em 1974, com músicas de outros compositores, exceção feita a *Acorda amor*, feita em parceria com sua alma gêmea, Julinho da Adelaide. A letra dessa canção dizia o seguinte:

> Acorda amor
> Eu tive um pesadelo agora
> Sonhei que tinha gente lá fora
> Batendo no portão, que aflição

---

[93] Manto Costa, *Meu caro Júlio, a face oculta de Julinho da Adelaide* (Rio de Janeiro, Sette Letras, 1997).

Era a dura, numa muito escura viatura
(...)
Se você corre o bicho pega
Se fica não sei não
Atenção
Não demora
Dia desses chega a sua hora
Não discuta à toa não reclame
Clame, chame lá, clame, chame
Chame o ladrão, chame o ladrão, chame o ladrão
Não esqueça a escova, o sabonete e o violão.

As dubiedades das poesias de Chico – imposições de um momento de arbítrio – tornaram-se mais tarde um objeto de especulação e análise. As considerações tentavam responder a quem eram dirigidas e o que realmente ambicionavam dizer as letras. Ao registrar a música como uma lenda, Humberto Werneck diz que os dois primeiros versos de *Jorge Maravilha* "permitiram supor que o destinatário da canção fosse o general Geisel, cuja filha, Amália Lucy, se havia declarado fã de Chico Buarque. Nunca me passou pela cabeça fazer música para a filha do Geisel, vem desde então desmentindo o compositor"[94]. Ele conta que fez esses versos pensando nos policiais que iam apanhá-lo em casa para prestar depoimento e no elevador pediam um autógrafo para a filha. O pior era quando, além da filha, também o pai parecia estar do lado de Chico.

A censora *Carolina*, que atuou no DCDP do Rio de Janeiro, contudo, tem certeza de que na letra *Jorge Maravilha*, os versos "você não gosta de mim, mas sua filha gosta" são uma mensagem aos censores. Já a censora *Margarida* rememorou que os censores, ao receberem as letras das músicas, cantavam alto uns para os outros tentando pegar qualquer segunda intenção, tudo meio improvisado e com pouca estrutura. *Margarida* – paulista, formada em pedagogia pelo Mackenzie – prestou o primeiro concurso para técnica de Censura em 1974, aos 27 anos, e foi assessora de Solange Hernandez quando esta assumiu a direção do DCDP, em Brasília, em 1981[95].

Carolina, que é maranhense e veio estudar letras no Rio de Janeiro, foi convidada a ingessar no Serviço de Censura em 1972, já que não conseguia emprego na sua área. Por dominar a língua francesa, foi chamada, por relações

---

[94] Humberto Werneck, "Gol de letras", em *Chico Buarque: letra e música* (São Paulo, Companhia das Letras, 1989).

[95] Entrevista concedida à autora em 2/10/1997 e 1º/4/1998, na sua sala na Superintendência do DPF em São Paulo.

familiares, para censurar os livros estrangeiros. Demonstrada a precariedade burocrática, só quatro anos depois da instauração da censura prévia, em 1970, é que foi realizado o primeiro concurso para técnico de Censura. Interessante é perceber que este aconteceu no governo Geisel, que pregava a abertura política e o fim da censura. Esses concursos, segundo os dados da ANP, ocorreram nos anos de 1974, 1975, 1977, 1979, 1980 e 1985 – este último em plena Nova República – e ofereceram aos quadros do DCDP um total de trezentos censores em todo o país, todos funcionários concursados, policiais federais vinculados ao DPF e subordinados ao Ministério da Justiça, que deveriam cumprir nove requisitos para ser censor:

- ser brasileiro;
- ter 18 anos completos;
- estar quite com as obrigações militares;
- estar em gozo dos direitos políticos;
- ter procedimento irrepreensível;
- apresentar diploma de conclusão de curso superior nas áreas de ciências sociais, direito, filosofia, jornalismo, pedagogia ou psicologia;
- passar no concurso;
- ser aprovado no teste psicotécnico e no exame médico.[96]

Margarida prestou o concurso de 1974 e disputou uma das dezesseis vagas para São Paulo. Ressaltou que a seleção era muito concorrida e que deveria suprir as vagas deixadas pelos primeiros censores – policiais estaduais que retornaram aos seus postos no final dos anos 1970. Explicando a *opção* pela carreira, *Carolina* mencionou que o salário era atraente e que 90% dos que faziam o "vestibular para ser censor" o escolhiam por significar um emprego seguro. A ausência de serviço na área pleiteada e o fato de ser uma tarefa de poucas horas de trabalho e de "fundo cultural", além de proporcionar a estabilidade de uma carreira federal com bons salários, foram os principais motivos declarados pelos censores que entrevistei. O discurso que justificava a *escolha* da carreira era sempre o mesmo, desde os primeiros censores concursados até os últimos, em plena Nova República. Exemplo disso é o depoimento de *Teresa*, psicóloga paulista que foi selecionada no último concurso, em 1985, e alegou as mesmas relevâncias[97].

Na primeira triagem, em 1974, como havia muitos censores "convidados" já exercendo o cargo, o concurso também serviu para legalizar a situação funcional

---

[96] "Candidato a censor terá que passar no teste de Cooper para ser aprovado", *Jornal do Brasil*, 30/7/75.

[97] Entrevista concedida à autora em 7/11/1999.

deles. Um grande número desses candidatos já censores, entretanto, não passou no exame psicotécnico. Envoltos nesse estigma da incapacidade de labutar numa área em que, a princípio, se deveriam utilizar sensibilidade e inteligência para julgar a propriedade de difundir textos, imagens e informações, os censores, nesse concurso, viram-se numa armadilha. Dos setenta que pleiteavam legalizar sua situação, 30%, ou seja, 21 foram reprovados. A notícia veio à baila e os preteridos se defendiam, afirmando que no DPF a Censura era hostilizada, já que seu ofício era visto como uma

> (...) função policial sem caráter de polícia. As vítimas replicam que o seu trabalho exige formação de nível superior, conhecimentos aprimorados, capacidade subjetiva na interpretação da lei e dos conhecimentos de moral.[98]

O carimbo de incompetentes tornou-se a marca permanente de definição dos que exerceram a censura. Apontando mais uma vez para essa suposta má formação, Dias Gomes refletiu, na sua autobiografia, que criava suas histórias com base na situação política

> (...) satirizando e criticando o "sistema", em tempos que a Censura ainda o permitia. O *Bem-Amado* era uma pequena janela aberta no paredão de obscuridade construído pelo regime militar. Não que a Censura não percebesse e não mutilasse os textos, mas tinha certa dificuldade em fazê-lo, já que os censores não primavam pela inteligência. (...) Eram realmente brilhantes nossos censores. Tanto quanto seus superiores, como prova o memorando enviado pelo folclórico general Bandeira, [diretor] da Polícia Federal, e que me foi mostrado pelo próprio chefe da Censura, Wilson Aguiar. "Recomendo a todos os censores ler com especial cuidado os textos do sr. Dias Gomes, linha por linha e *principalmente* nas entrelinhas."[99]

Relembrado pelo escritor, o chefe da Censura Wilson Aguiar era jornalista, mestre em comunicação e coordenou o Serviço de Censura no final dos anos 1960, aos 53 anos, contando com um contingente de 74 censores em todo o país. Em outubro de 1970, alterações no DPF fizeram do advogado Geová Cavalcanti, um cearense de 28 anos, o novo chefe da Censura. Menos de um ano depois, contudo, o general Caneppa substituíria Walter Pires no comando geral do DPF. O advogado, policial desde 1936 e censor de carreira Rogério Nunes tornou-se o novo diretor da Censura. São de sua lavra as grandes transformações nessa seara, que, logo de início, deixou de ser um serviço para se converter numa divisão – a DCDP –, ganhando assim em autonomia dentro do DPF.

---

[98] "A censura reprova os seus censores", *Jornal do Brasil*, Caderno B, 17/3/1976.

[99] Dias Gomes, *Apenas um subversivo – autobiografia* (Rio de Janeiro, Bertrand Brasil, 1998), p. 276-7.

A carreira censória pode ser erroneamente percebida como masculina. Mas, segundo *Margarida* – que censurou peças, programas de TV e rádio, letras de música, cartazes de cinema –, sempre existiram mais mulheres que homens. A tarefa do censor era um ofício que se aprendia fazendo, e os aprovados no primeiro concurso não realizaram depois, na Academia Nacional de Polícia, em Brasília, um curso preparatório para o exercício da função. Instruiram-se das regras com os censores antigos e com a "Bíblia" – um volume editado em 1971, que compilava os principais decretos e leis para justificar os pareceres de aprovação ou não do objeto analisado[100].

Esse esforço de agrupar as regras censórias, como apontado anteriormente, foi realizado por Carlos Rodrigues, Vicente Alencar Monteiro e Wilson de Queiroz Garcia – todos censores de carreira e jornalistas de formação que exerciam tal tarefa no DPF desde o começo dos anos 1960. Movidos pela decretação da Lei nº 1.077/70 – a lei de censura prévia – e por todo o debate sobre ilegalidade desse ato, os censores/jornalistas, ao codificarem o arcabouço legal e elaborarem a "Bíblia", estariam também respondendo às demandas de seus colegas de redação. As aflições de Evandro Carlos de Andrade expunham, por exemplo, que

> (...) até hoje não se sabe exatamente qual o limite da liberdade de imprensa entre nós, uma vez que nenhuma lei estabelece tais limites. Pelo contrário, o que existe é um ato institucional que permite tudo ao governo (no sentido lato do termo) e não permite nada à nação.
>
> (...) O certo é que a liberdade não será plenamente restabelecida por ato de generosidade dos opressores do momento, mas pelo reconhecimento de que é melhor concedê-la por bem. O presidente Médici mesmo já disse que a liberdade precisa ser conquistada; partindo dele, é mais um conselho do que um comentário anódino.[101]

A necessidade de descrever e instruir sobre como censurar, arrolando as "normas de agir", induziu outros três censores a comporem e publicarem trabalhos tentando decifrar os meandros da Censura. Um livro de pouca relevância, a empreitada de Selma Chaves expressa os vínculos construídos durante sua carreira. Censora da geração do início dos anos 1960, dirigiu o Serviço de Censura, no Rio, quando Solange Hernandez era a diretora do DCDP[102]. Produzida

---

[100] Rodrigues, Monteiro e Garcia, *Censura Federal...* op. cit.

[101] "A liberdade de imprensa", *O Estado de S. Paulo*, 1/9/1970. Nessa reportagem, o jornalista se refere a Olavo Hansen, militante trotskista do PORT, preso no dia 1º/5/1970 pelo Deops/ São Paulo, e ao seu assassinato, sob tortura.

[102] Selma Chaves e Mariotavia Cunha, *Censura: sim ou não* (Rio de Janeiro, s. n., s. d.).

como uma tese em sociologia, a reflexão de Sheila Feres[103] – censora em São Paulo – rendeu um grande debate, pois veio a público durante um simpósio sobre censura, dentro das discussões pós-Anistia[104]. É interessante e oportuno pontuar que uma censora na ativa doutorou-se em uma instituição paulista de renome, tendo como temática o seu ofício. Já a avaliação de Coriolano de Loyola Cabral Fagundes é uma análise ampliada, no tempo e no espaço, da temática da censura[105].

Vale destacar que tanto Coriolano Fagundes, em Brasília, como Selma Chaves, no Rio, e Sheila Feres, no interior do estado de São Paulo, receberam-me e concederam-me depoimentos. As duas censoras, entretanto, solicitaram-me o uso de pseudônimos, prática também demandada por Wilson de Queiroz Garcia – o único dos três autores da "Bíblia" ainda vivo por ocasião da elaboração desta pesquisa.

Para respeitar tal pedido, estabeleci a seguinte estratégia: quando utilizo seus depoimentos orais, cito seus "codinomes". Quando me refiro as suas produções, como agora, os nomeio. Isso posto, é importante sublinhar um desses três censores. Assim, comentando a trajetória de Queiroz Garcia, é forçoso perceber que esse censor/jornalista assumiu um papel de destaque na burocracia censória. Dirigiu o Serviço de Censura no Rio de Janeiro de 1974 a 1977, como também o órgão, no âmbito estadual, que realizou a censura à imprensa. O Sigab era vinculado diretamente ao gabinete do ministro da Justiça e possuía agências em todos os estados da federação. Mais que isso, na multiplicidade de suas atividades Queiroz Garcia compunha uma engrenagem que explica por que a censura podia contar com um número reduzido de censores. Semelhante às diretrizes da autocensura que a grande imprensa instituiu para si, algumas empresas de comunicação foram além. Montaram para si um aparato paralelo que lhes garantisse não ter problemas com o governo nessa seara. Localizei essa estrutura em duas organizações: na Rede Globo e na Editora Abril. Faz-se aqui, portanto, um parêntese.

**

Circunscrevendo, primeiro, o caso da Rede Globo, pinça-se o episódio que envolveu a novela *Despedida de casado*. O ano era 1976. Naquele instante, o

---

[103] Sheila Maria Feres, *A censura, o censurável, o censurado* (São Paulo, tese de doutorado em sociologia, Fundação Escola de Sociologia e Política de São Paulo, 1980).

[104] Simpósio "Censura: histórico, situação e solução", Brasília, 3/12/1980.

[105] Coriolano de Loyola Cabral Fagundes, *Censura e liberdade de expressão* (São Paulo, Taika, 1974). À guisa de curiosidade, o meu exemplar desse livro foi um presente do autor, quando

188

jornalista Arthur Xexéo, repórter do *JB*, cobrindo a censura à novela da Globo, publicou uma reportagem sobre o caso na primeira página do jornal, em um sábado, 24/12/1976. Com a proibição de ir ao ar, a história seria substituída por uma reprise de *Gabriela* e, depois, por outra, de enredo romântico, *Nina*.

Quase vinte anos depois desse fato, em 27/4/1996, na sua coluna do mesmo jornal, Xexéo relembrou o episódio. Em ambas as referências, há alusão a José Leite Ottati – ex-funcionário do DPF contratado pela, na época, TV Globo. Isso porque, segundo o jornalista, ao encontrá-lo nos corredores da emissora, em 1976, ouvira de Ottati que este teria avisado a direção da emissora de que essa temática não passaria pela Censura. Não foi ouvido e a novela foi proibida.

Na trilha dessa narrativa, Walter Clark – figura de destaque e poder na Globo da década de 1970 até meados de 1980 – relatou os embates com a censura no período. Segundo Clark, até 1968 a TV Globo não tinha sofrido nenhuma intervenção da Censura. No dia 1º/9/1969, foi ao ar o *Jornal Nacional* – o primeiro programa diário e ao vivo em cadeia nacional da TV brasileira. Semelhante à estratégia do *JB* em 1970, a Globo também instaurou um sistema de controle revestido da ideia de um "Padrão Globo de Qualidade"[106]. Esta tática também receberia o auxílio de pesquisas de opinião feitas por Homero Icaza Sanchez – o "Bruxo" –, encarregado de identificar as motivações da audiência. Definindo toda essa tática, Clark explicou que, "(...) enquanto a Censura agia para subjugar e controlar a arte e a cultura do país, perseguindo a inteligência, nós continuávamos trabalhando na Globo para fazer uma televisão com a melhor qualidade possível"[107].

Walter Clark, contudo, não conseguiu manter suas estratégias nesse tom por muito tempo. Outros ingredientes tiveram de ser acrescidos para manter a programação da TV a salvo no ar. Um ponto de atrito certamente foi protagonizado por Dias Gomes.

Há, portanto, diferentes opiniões e versões dos episódios. Em uma cena de novela, por exemplo, um personagem de Dias Gomes teria dito que "televisão tem que estatizar mesmo! Televisão que tem Ibrahim Sued no ar não merece

---

estive em Brasília para entrevistá-lo. Naquele momento, Coriolano era pastor evangélico, mas, na época em que escreveu o livro, frequentava terreiros de umbanda e dedicou o volume a uma "mãe-de-santo", sua amiga. Não perdendo o vício de censor, antes de me presentear, rasgou a folha de dedicatória.

[106] Relatei, no primeiro capítulo, o episódio que envolvia o diretor do jornal, José Sette Câmara, e o editor-chefe, Alberto Dines, por ocasião da formulação das "Instruções para o controle de qualidade e problemas políticos".

[107] Walter Clark, *O campeão de audiência* (São Paulo, Best Seller, 1991), p. 228.

moleza do governo!". Após a crítica do autor ao colunista Ibrahim Sued, então funcionário da Globo, dificuldades apareceriam. Para não ter problemas com a Censura e com o temido general Antonio Bandeira, que dirigia o DPF na ocasião, Clark decidiu que,

> (...) daí pra frente, passei a jogar o jogo: ele [Dias Gomes] escrevia o que queria, eu punha no ar o que podia. Não iria oferecer o meu pescoço em holocausto, para ele posar de campeão da liberdade. Contratei um ex-diretor do Departamento de Censura da Guanabara, o Ottati, e o coloquei ali com a missão de ler tudo que ia para o ar, fazendo a censura mais rigorosa que fosse possível. Eu preferia decidir o que ia ou não para o ar do que ouvir dos censores do regime.[108]

Instituída a autocensura, o "Padrão Globo de Qualidade" teve acrescidos outros ingredientes para o seu *sucesso*. Em sintonia com a imagem, divulgada pelo governo autoritário, de um "Brasil Grande", formulou-se também uma "assessoria militar" ou uma "assessoria especial" composta por Edgardo Manoel Ericsen[109] e pelo coronel Paiva Chaves. Segundo Clark, "ambos foram contratados com a função de fazer a ponte entre a emissora e o regime. Tinham boas relações e podiam quebrar os galhos, quando surgissem problemas na área de segurança"[110].

Assim, há uma série de correspondências trocadas entre a direção da TV Globo e o DPF. Enviadas ao diretor-geral do DPF, coronel Moacyr Coelho e/ou ao chefe do DCDP – Rogério Nunes –, as cartas eram assinadas por Ericsen[111].

Sendo esses os homens no Rio, em Brasília, esse esquema contava ainda com a figura de Guy Cunha – gerente de programação da emissora na cidade –, a quem o ex-diretor do DCDP – Coriolano Fagundes – se referiu como a pessoa que vinha até ele para negociar os cortes na programação. Dentro da Central Globo de Programação, duas outras figuras auxiliavam nessa estratégia, Borjalo e Duarte Franco, que, por ironia do destino, se casou com uma censora[112].

Toda essa teia de relações e influências, contudo, não livrou a Globo de problemas com a Censura. No próprio ano de 1976, ficou célebre o episódio que envolvia o Balé Bolshoi. A TV foi proibida de exibir um videotape em comemoração dos duzentos anos do grupo soviético. No dia 28/3/1976, 111

---

[108] Ibidem, p. 257-8.

[109] Ver no capítulo 4, na seção "Os policiais", o papel que Manoel Edgardo Ericsen teve por ocasião dos episódios, quando ex-militantes das esquerdas armadas foram à TV para expressar um arrependimento público.

[110] Clark, op. cit., p. 199.

[111] Fundo DCDP, AN/Brasília.

[112] Ambos me concederam entrevista.

190

países transmitiriam o espetáculo *Romeu e Julieta,* e Armando Falcão, então ministro da Justiça, proibiu que a Globo o colocasse no ar[113]. Nessa hora o que valeu e falou mais alto foi a voz de comando do chefe da pasta da Justiça, sempre imbuído na *missão* de poupar o outro da "tentação de ver".

É preciso frisar, entretanto, que a relação entre o Serviço de Censura e a Globo foi montada seguindo a perspectiva de que um censor aposentado saberia como limitar a programação às regras impostas. José Leite Ottati foi o chefe do serviço em 1967 e se aposentou no início dos anos 1970. Convidado por Clark, permaneceu na Globo até falecer, em fevereiro de 1987. Foi substituído pelo jornalista e censor aposentado Wilson Queiroz Garcia, que, ao deixar o cargo na TV, no início dos anos 1990, alocou nele a ex-censora Maria Helena da Costa Reis. Essa engrenagem só se desfez no final da década de 1990, fruto das alterações de cúpula que a Rede Globo implementou. Certamente também porque era patente que o momento era outro.

Nesse *jogo* curioso de papéis que se invertem e apenas como um comentário curioso, um ex-censor, jornalista e chefe do Serviço de Censura em São Paulo em meados da década de 1970, Manoel Marcílio Nogueira, tinha um grande sonho: ser ator da emissora e, com esse intuito, realizou inúmeras pequenas "pontas". Entretanto declarou que se sentia perseguido por seus novos colegas, atores, quando eles descobriam o seu trabalho anterior[114].

No cerne dessa estratégia de adotar a autocensura para evitar problemas outras organizações implementaram táticas parecidas. É importante pontuar que tal prática preservava as empresas, mas também fazia delas colaboradores de um esquema repressivo. Ou seja, ao não querer perder os "dedos", acreditavam estar cedendo apaenas alguns anéis. Infelizmente, contudo, eram os leigos telespectadores e/ou leitores que "pagavam a conta" da desinformação. Manter a estrutura no ar ou o jornal nas bancas, mesmo que autocensurado, para esses empresários da comunicação era um preço (menor) a ser pago. Os fins justificariam os meios.

Nessa direção, esquema semelhante a esse da Globo foi adotado pela Editora Abril. Isso fica exposto em uma correspondência de Waldemar de Souza, funcionário da Abril e conhecido como "professor", a Edgardo de Silvio Faria – advogado do grupo e genro do sócio minoritário Gordino Rossi.

Datada de 31/7/1975 e intitulada "Instruções para censura prévia da revista *Homem*", Waldemar informa a Edgardo que as normas eram as seguintes:

---

[113] *Veja*, 7/4/1976.

[114] Entrevista concedida à autora.

- Seios, apenas mostrar um;
- Genitálias, nem à sombra;
- Nádegas, só se diluída com recursos técnicos;
- Palavrão, segundo o Ministério da Justiça, só se estiver apropriado ao contexto.[115]

No mesmo documento, Waldemar de Souza adverte sobre o fato de que estabeleceu contato tanto com o chefe do Serviço de Censura em São Paulo – o censor de carreira e jornalista José Vieira Madeira – como com o diretor do DCDP – Rogério Nunes – para facilitar a aprovação da revista e sua ida para as bancas sem cortes.

Acerca de Edgardo de Silvio Faria, Mino Carta, em sua autobiografia, menciona que "havia um certo zum-zum de que [ele] tinha ligações com figuras da repressão"[116].

Esses vínculos do "professor" Waldemar de Souza com membros do governo, entretanto, são anteriores a esse período e justificam seu potencial de negociação. Para compreender essa *afinidade*, em novembro de 1971, o relações-públicas do DPF, João Madeira – irmão de José Vieira Madeira –, expediu uma carta ao diretor-geral da Editora Abril. Nela ratificava o convite do general Nilo Caneppa, na época diretor do DPF, a Waldemar de Souza, diretor responsável daquela empresa, para que fosse a Brasília ministrar um curso especial aos censores[117].

Em maio de 1972, o próprio general Caneppa enviou a Vitor Civita, diretor--geral da Abril, uma correspondência de agradecimento pelas palestras sobre censura de filmes, de Waldemar de Souza na ANP. Para continuar colaborando, no ano seguinte, Souza formulou uma brochura intitulada "Segurança Nacional: o que os cineastas franceses esquerdistas já realizaram em países da América do Sul e pretendem repetir aqui no Brasil". E, em 1974, com o general Antonio Bandeira no comando do DPF, Waldemar de Souza, em caráter confidencial, expôs o porquê de censurar *Kung Fu* e sua mensagem que "infiltra a revolta na juventude".

Coriolano Fagundes, que, além de censor, também era professor de reciclagem e especialização dos censores na ANAP, lembrou que "o professor" fazia uma linha dura e radical de combate às ideias comunistas, sendo, por vezes, mais rígido que os próprios censores.

A partir da posse do general Geisel, o general Golbery do Couto e Silva estabeleceu uma agenda de negociações com setores da grande imprensa para

---

[115] Dedoc/Editora Abril, pasta "Censura".

[116] *O castelo de âmbar*, op. cit., p. 177.

[117] Acervo DCDP, AN/Brasília.

192

suspender a censura prévia. Durante esse processo, buscava-se garantir aliados ao processo de abertura. No interior da Editora Abril, entretanto, *Veja* e Mino Carta enfrentavam a mais intensa ação da censura e, principalmente, o desagrado de Armando Falcão, ministro da Justiça, às atitudes de Carta.

Em fevereiro de 1974, um mês antes da posse de Geisel, o general Bandeira divulgou os 26 pontos proibidos de serem publicados para "evitar a censura prévia"[118]. Ou seja, ou se perpetrava a autocensura, ou se conviveria com um censor na redação. Ou pior, para uma revista semanal como a *Veja*, a censura realizada por Brasília mataria o periódico. Este teria de ficar pronto muito antes e, assim, se tornaria "velho" quando chegasse às bancas.

Os pontos proibidos pela PF, portanto, referiam-se às notícias de luta armada, sequestros, roubos, divulgação de censura etc. Ao fim desse documento, Waldemar de Souza identificou o responsável oficial por zelar pelo cumprimento dessas normas. Escreveu o nome, o endereço e o telefone no DPF e em casa, do chefe do Sigab em São Paulo, Richard Bloch. Para que qualquer problema fosse resolvido, ele deveria ser procurado diretamente.

Passando pela aprovação de Bloch de tudo que chegaria a ser impresso, percebe-se também que a prática de Censura não garantiria todos os empregos. Sempre existem os que não compactuam. Nesse sentido, um acordo firmado entre a Abril e o governo não permitiu a permanência de Mino Carta, que teve de deixar a redação de *Veja* e, assim, assegurar o fim da censura à revista. O significado e a ação do Sigab são o tema seguinte.

Bilhetinhos do Sigab: os rostos das vozes

> Quando o sr. ministro Armando Falcão assumiu o Ministério da Justiça, supúnhamos que sua tarefa seria difícil e afanosa, habituados que estávamos ao seu dinamismo e à sua imaginação política. Ao contrário, porém, do que imaginávamos, seu trabalho tem sido fácil e se executa pelo telefone.[119]

O comentário sagaz de Castelinho – o jornalista Carlos Castello Branco, que deu corpo e alma ao "Informe JB" por longo tempo – remete a uma aspiração coletiva por ocasião da posse do general Ernesto Geisel (1974-1979) na Presi-

---

[118] Dedoc/Editora Abril.

[119] "Informe JB", *Jornal do Brasil*, 30/5/1974, p. 4. Um recorte do jornal com essa nota, escrita pelo jornalista Carlos Castello Branco, foi encontrado no material da DSI/MJ em depósito no AN/Rio de Janeiro.

dência da República. Confiantes na promessa de uma "abertura, lenta, gradual e segura", parcelas dos cidadãos brasileiros acreditavam que o fim do arbítrio estivesse próximo. Seria o término da censura, da tortura, dos horrores que caracterizaram o governo do general Emílio Garrastazu Médici (1969-1974) como os "anos de chumbo". A frustração viria em doses homeopáticas, mas chegaria. O decorrer do mandato de Geisel mostrou outra intenção, e ação, por trás dessa máscara.

Tendo como foco central as demandas censórias executadas pelo Estado brasileiro no pós-1964, o ano de 1972 é um marco para compreender o papel dos censores dentro do processo de controle da informação imposto pelos governos autoritários pós-1964. O governo do general Médici estava na metade de seu mandato e o ministro da Justiça, Alfredo Buzaid, tinha como seus colaboradores, entre outros, o general Nilo Caneppa, no DPF, e o policial de carreira Rogério Nunes, que, à frente do Serviço de Censura, faria que este se transformasse em uma divisão.

Em junho, a segunda montagem de *Hair* estreou no teatro Casa Grande, na zona sul do Rio de Janeiro. Nos rádios, a música *Detalhes*, de Roberto Carlos, tocava sem parar. Em setembro houve as comemorações do sesquicentenário da Independência. E muito diferente da *farra* que foram os festejos de sete anos antes, por ocasião dos quatrocentos anos da cidade – com direito a hino, concurso de misses, jogo de futebol, concursos de peças teatrais e a reedição de livros sobre a história do Brasil –, os 150 anos da Independência foram uma comemoração oficial e de farda, com os cantores Don e Ravel esbravejando que "esse é um país que vai pra frente".

No dia 5/3/1972, às 10h30min, chegou um comunicado do DPF à Agência Folha, do Grupo Folha da Manhã, que determinava que ficaria "(...) proibida a divulgação de qualquer notícia sobre o incidente ocorrido entre a Polícia Militar de Mato Grosso e posseiros no município de Santa Terezinha, em que estariam envolvidos um padre e um bispo"[120].

Essa não fora a primeira vez que os jornais receberam esse tipo de intervenção. Meses antes de ser decretado o AI-5, o *Correio da Manhã* acolheu a proibição de exibir filme e/ou reportagem relacionados às manifestações estudantis. Datada de 25/6/1968 era assinada pelo general Luiz Carlos Reis de Freitas – da delegacia regional da PF na Guanabara.

---

[120] Banco de Dados/ *Folha de S.Paulo*. O primeiro trabalho a utilizar esse material foi realizado pelo jornalista Paolo Marconi, *A censura política na imprensa brasileira*, op. cit. Tive acesso a três conjuntos desses *bilhetinhos*: os do *Jornal do Brasil*, os da *Folha de S.Paulo* e os da rádio JB.

194

A singularidade do informe recebido em 1972 está, contudo, na sua permanência. Esses telefonemas e telex que "aterrissavam" nas redações deixaram de ser esporádicos para se tornarem quase diários. Depois de um total de 303 notas de proibição recebidas pelo Grupo Folha, no dia 17/10/1975, às 20h15min, três anos e sete meses depois do primeiro *bilhetinho*, a Agência Folha comunicava aos editores de seus jornais que,

> (...) através de telefonema, o agente Nilo Ferreira, da Polícia Federal, transmitiu-nos a íntegra do "rádio" proveniente do DPF de Brasília, cujo texto segue abaixo, informando tratar-se de uma solicitação aos jornais: "Face problema estudantil Bahia estar sendo explorada agitação antinacional, solicita-se a colaboração do prestigioso órgão de comunicação no sentido de não ser dada cobertura àquela manobra".

As intervenções do governo no controle das informações a serem divulgadas na grande imprensa deram-se segundo duas estratégias: ou se tinha um censor na redação, diariamente, ou se aceitavam esses informes e se realizava a autocensura. O Serviço de Censura também se dividiu em dois para atender a essas demandas. Toda a censura à imprensa era feita por censores do DCDP alocados no Sigab, que, no Rio de Janeiro, ocupou o quinto andar da rua Senador Dantas, número 61.

A maior parte da grande imprensa recebeu telefonemas proibitivos, como declarou o jornalista Boris Casoy. O Grupo Folha da Manhã optou por se autocensurar e receber as instruções do DPF acerca do que publicar. Na opinião do jornalista, aquela não era uma hora de atos heroicos e se deveria, acima de tudo, preservar fisicamente o jornal[121]. Em 1978, no "aniversário" de 10 anos do AI-5, o jornalista Alberto Dines – que na época da decretação do Ato era o editor-chefe do *JB* – relembrou que dois majores chegaram à sede do jornal no dia 13/12/1968 e

> (...) a direção me convocou para receber instruções. O *Jornal do Brasil* não pretendia opor-se a eles, causar qualquer problema. Então pediu licença à direção – longe dos censores evidentemente – para me conceder o direito de que pelo menos nesta primeira edição do *Jornal do Brasil* sob censura fosse registrada nossa resistência.[122]

Uma imagem do *bilhetinho* ao *Correio da Manhã* faz parte do primeiro caderno de imagens deste livro. O acervo de imagens do *Correio da Manhã* está em depósito no AN/Rio de Janeiro.

[121] Entrevista à autora em 21/4/1999.

[122] A resistência apareceu na primeira página, no canto esquerdo, onde a meteorologia previa tempo quente. *Boletim da ABI*, Rio de Janeiro, nov./dez./1978.

Concomitantemente aos informes recebidos por Boris Casoy, no dia 19/9/1972, Alberto Dines recebeu também um informe do DPF. Esse tipo de mensagem começou a chegar dias antes, precisamente no dia 14, e permaneceria mesmo depois da saída de Dines do jornal, em 1973. Por mais de três anos, os *bilhetinhos da censura* aportaram em todas as principais redações do país, por telefone ou por entrega em mãos, e indicavam o que poderia ser divulgado. Ficaram conhecidos como os: "De ordem superior, fica proibido...".

Naquele dia 19/9/1972, o inspetor Costa Sena determinava ao *JB* a proibição de divulgar o "(...) discurso do líder da maioria [a ARENA], senador Filinto Müller, negando que exista censura no Brasil". Então ficava combinado assim: não existe censura e se veta que se diga o contrário, fazendo da existência dessa intervenção estatal na liberdade de expressão uma temática impublicável nas páginas dos jornais e revistas.

Para o DPF, contudo, a sistematização das intervenções começou um pouco antes. Em um relatório do Sigab, encaminhado pelo general Nilo Caneppa ao ministro Alfredo Buzaid, o general relata as atividades de censura à imprensa um pouco antes de deixar o cargo. Assim, contabilizou oitenta intervenções de 10/8/1971 a 3/1/1973. As preocupações giravam em torno de temáticas como: subversão, publicações, política, clero, sucessão presidencial, tóxicos, política econômica, apreensão de jornais e/ou revistas e assuntos diversos[123]. Com a posse do general Antonio Bandeira na direção do DPF, em 29/5/1973, há uma clara demonstração do endurecimento das visões censórias. Em menos de um mês no cargo, ordenou a apreensão de dez filmes liberados pela gestão anterior e determinou que a transmissão dos informes às redações – os *bilhetinhos* – receberia um tratamento policial e controlado, com data e horário determinados, instalando o terror também entre os seus funcionários. O medo de que Brasília – personificado na figura de Bandeira – não gostasse de qualquer liberação assustava os censores. Exemplificando a loucura que se instalou, Raimundo Pereira, na época no *Opinião*, lembrou que

(...) um funcionário da censura do Rio [ameaçou] impedir a saída de uma edição do [jornal] porque nós havíamos acrescentado o nome do Secretário Geral da ONU, Kurt Waldheim, a [um] trecho de uma matéria já censurada em Brasília. "Não é possível", dizíamos. "Você tem de compreender que o acréscimo do nome Kurt Waldheim não representa nenhuma mudança." [...] Escute, [disse o censor], não somos nós, do Rio, que fazemos a censura; nós fazíamos, mas ela foi levada para Brasília porque os superiores não gostavam. Agora vocês não vivem reclamando

---

[123] Ofício 2/73, Sibag/DG (Fundo: DSI/MJ, AN/Rio de Janeiro).

que eles cortam o nome do Chico Buarque da autoria de uma música? Como vou lá saber se os homens lá em cima não têm implicância com esse tal de Kurt Waldheim?"[124]

Reflexo da posse do general Bandeira no DPF, o Serviço de Censura no Rio foi considerado flexível demais. A fama do general Juarez, chefe da Censura no Rio de Janeiro, no início dos anos 1970, era a de ser um censor que dava expediente na praia e apenas dois dias na semana. Em plenos anos 1960, entretanto, Vinicius de Moraes conheceria esse censor. Ao fazer a letra de *Garota de Ipanema*, em parceria com Tom Jobim, havia se inspirado na bela Heloísa Eneida Meneses Paes Pinto.

> (...) Quando se espalha a notícia de que Helô é a musa inspiradora de *Garota de Ipanema*, d. Eneida [mãe da moça] decide tomar uma atitude. Procura o marido, Juarez Pinto – um militar alagoano de formação conservadora, que viria a exercer, durante o regime militar, o papel de censor do semanário *O Pasquim*.[125]

Em fins de 1970 e por longos sessenta dias, parte da redação do *Pasquim* ficou presa na Vila Militar, no Rio de Janeiro. Ziraldo, Sérgio Cabral, Jaguar, Fortuna e Tarso de Castro foram detidos às vésperas das eleições de 1970. A Operação Gaiola talvez tenha tirado de circulação 10 mil pessoas, como estima Maria Helena Moreira Alves[126]. Desde junho daquele ano, *O Pasquim* estava sob censura prévia, obrigando a redação a enviar para o DPF os textos. A primeira censora do jornal foi a "dona Marina", ou Marina de Almeida Brum Duarte[127], e, segundo Ziraldo,

> (...) havia uma relação cordial com a primeira censora destacada para cuidar do *Pasquim*. Dona Marina recebia os jornalistas em casa, oferecia café e discutia os cortes: "Não, isso aqui não convém sair, não. Vamos tirar isso... Não, vocês não vão fazer eu perder meu emprego".[128]

No mote das lembranças, por vezes misturando datas e fatos, o cartunista Jaguar rememorou que

> (...) nós descobrimos que [ela] tinha um ponto fraco: gostava de beber. Todo dia a gente botava uma garrafa de *scotch* na mesa dela e depois da terceira dose ela aprovava

---

[124] Raimundo Pereira, "Os censores têm sentimento de culpa? Alguns já confessaram que têm vergonha da profissão", *Boletim da ABI*, Rio de Janeiro, mar./abr. 1976, p. 8.

[125] José Castello, *Vinicius de Moraes, o poeta da paixão*, op. cit., p. 246

[126] Maria Helena Moreira Alves, op. cit., p. 161.

[127] Na sua ficha funcional consta que nasceu em 29/1/1918, no Rio Grande do Sul, era casada e foi fiscal e técnica de Censura. Teve duas carteiras como censora, as de número 49 e 424. Era contratada, ou seja, não fez concurso para técnico de Censura (Acervo DCDP, AN).

[128] Maurício Maia, op. cit., p. 166.

tudo. Resultado: foi despedida... no lugar dela entrou o general Juarez Paz Pinto, excelente figura humana. (...) Já aposentado como general (...) ele recebia a gente em uma *garçonnière*, debaixo de um enorme retrato da Brigite Bardot com os peitos de fora.[129]

Retirada do *Pasquim*, mas não da Censura, parece ter "aprendido" a lição. Em 1978, a censora Marina Brum Duarte, ao analisar o jornal *Repórter*, não lembra em nada a figura desenhada por Ziraldo e Jaguar, foi extremamente rigorosa ao sentenciar o seu parecer. Para ela, o

> (...) jornal supra, aos moldes do Pasquim, é uma peça subversiva completa e acabada de comunicação imediatista pelas fotos, legados e *slogans*. Reedita os acontecimentos de 1968 entre a polícia e estudantes, inclusive com detalhes: missa, velório e ação do clero na morte do jovem estudante Edson, etc. Traz textos de entrevistas com meretrizes, fotos de sexo grupal entre marginais em plena via pública, que supomos, tenham sido preparados para impacto do leitor desavisado. À última página, comenta a detenção do escritor Callado no Galeão. O delegado Fleury e sua comentada vida funcional de torturas, etc., além de reavivar o caso do coronel da Aeronáutica Hélio Lívio versus Mascaro. O mais importante, porém, a nosso ver é a nota no verso da 2ª página, quando se refere à sucessão presidencial por um civil a carta de um leitor. Consideramos o jornal uma provocação aos órgãos de segurança. Sua mensagem óbvia é a de agitar e desprestigiar as autoridades vigentes, utilizando e explorando a marginalidade e sua patologia no flagrante desrespeito à moral e aos bons costumes.[130]

Uma década depois dessa raivosa nota de dona Marina, o país havia mudado bastante. Fora assinada uma Anistia política recíproca em 1979, e um civil, por via indireta, fora eleito presidente da República. A morte de Tancredo Neves, em 1985, levou ao poder o maranhense da ARENA, José Sarney. Mas a movimentação que tomou conta do país em fins de 1983, exigindo eleições diretas, mesmo sem sucesso, levou novamente o povo às ruas.

O espírito de transformação foi canalizado para uma Carta Constitucional, promulgada em 1988. Seguindo essas tendências de novos ares, por ocasião da promulgação constitucional, quase todos os jornais e revistas semanais publicaram matérias sobre episódios da censura no pós-1964. No jornal *Correio Braziliense*, Ziraldo relembrou o período de censura no *Pasquim*. Ao mencionar o general Juarez, revelou uma relação de intimidade, em que o militar chamava os jornalistas de "meus meninos" e aconselhava: "Sejam ambíguos, generalizem". Famoso contador de casos, como bom mineiro, mas ainda preso a um passado, o chargista parecia seguir os conselhos do general e sonegou detalhes. Assim, não nomeando,

---

[129] Bernardo Kucinski, *Jornalistas e revolucionários...*, op. cit., p. 162-3.
[130] Parecer nº 885/78, Fundo DCDP, AN/Rio de Janeiro.

198

(...) silencia como se ainda estivesse sob censura. Mineiro legítimo, não revela sequer o ano em que a história aconteceu. Mas como consolo, conta outro caso: Em um ano qualquer (também segredo), ele viajou a Florença. E enviou de lá um cartão postal endereçado a três censoras então responsáveis pela vigilância no *Pasquim*. No cartão, a imagem mostrava o Davi de Michelângelo, de costas. E o texto assinado pelo cartunista explicava: "Tô mandando ele de costas porque, se estivesse de frente, vocês cortavam o p... dele". Quando Ziraldo voltou, não encontrou mais as três censoras. Elas foram afastadas do jornal porque deram liberdade demais ao censurado.[131]

A narrativa dos fatos, na verdade, não é bem essa. As censoras deixaram *O Pasquim* porque liberaram uma reportagem que discutia o racismo no Brasil. Eram tempos do general Antonio Bandeira no DPF. Enfurecido, veio pessoalmente de Brasília ao Rio para puni-las e "explicar" que aqui não havia segregacionismo. Este episódio me foi narrado pela censora *Carolina*, uma das três que enfrentou a ira do general.

Ao fazer referência ao postal Davi de Michelângelo, *Carolina* o tirou da gaveta. Era ela uma das três censoras do *Pasquim*[132]. Pontuando os acontecimentos, sublinhou que o general Juarez foi considerado extremamente condescendente com os órgãos de imprensa, sendo substituído por Wilson de Queiroz Garcia. Jornalista e censor de carreira, Queiroz Garcia, com essa nomeação, tanto acumulou a direção da Censura de Diversões Públicas como respondeu pela seção da Guanabara do Sigab.

Após esse atrito com *O Pasquim*, o jornal passou a ser censurado via Brasília, como também ocorria com o *Opinião* e o *Movimento*. Esse tipo de expediente visava *quebrar* o jornal, já que o obrigava a fechar com muita antecedência, afastando ainda mais os anunciantes e fazendo com que chegasse às bancas "meio velho e requentado". O desejo também era afastar os censores dos jornalistas. Até porque o contato nas redações, segundo *Carolina*, era visto por seus superiores como uma espécie de lavagem cerebral do censor.

É importante pontuar, portanto, que as regras censórias eram de difícil padronização. Cada jornal, um caso. Nesse sentido uma análise cuidadosa das colunas *Datas* e *Gente* da revista *Veja*, a partir de 1973, causa surpresa. Eram comuns as pequenas notas recolhidas do *Diário Oficial*, com as proibições daquela semana. Assim, noticiavam-se os filmes que o general Antonio Bandeira, diretor-geral do DPF, proibiu em 5/9/1973. Ou a constatação de que talvez o

---

[131] *Correio Braziliense*, 12/3/1989, p. 6-7.
[132] Depoimento à autora em 23/1/1998 e 30/4/1998.

escritor Plínio Marcos não voltasse à dramaturgia, já que sua peça *Abajur lilás* teve recusado o recurso de veto à censura pelo Ministério da Justiça.

Quase sempre no canto final da página, as notas informavam e marcavam uma posição – divulgavam a existência de uma censura oficial imposta e não corroboravam a proibição. Não foi sempre que a *Veja* pôde agir dessa forma, tecendo uma "resistência". A partir de 1974, o panorama se alteraria muito dentro da redação do semanário. Vale ressaltar também que, em muitos instantes, se divulgaram nessas revistas notas oficiais como fatos verídicos, sem a devida verificação de sua veracidade. Esse tipo de expediente auxiliava os órgãos de repressão a difundir inverdades, como mortes por tortura noticiadas como atropelamentos[133].

O jornalista Raimundo Pereira, ex de *Veja* e na época no *Movimento*, queixava-se de não ter a mesma regalia que outros jornalistas menos visados pelo serviço de Censura. A mutilação dos jornais censurados, contudo, nem sempre era notada pelos leitores. Sua reflexão sobre a censura no *Opinião* e no *Movimento* expõe as várias regras possíveis. Assim,

> jornais como [esses], que não podem colocar versos de Camões nem receitas de doces no lugar das matérias censuradas [em uma referência aos do grupo Mesquita], contribuem involuntariamente para que o leitor tenha uma ideia mais favorável do que é realmente a censura. (...) Muitas pessoas ficam estupefatas quando sabem que a censura corta de jornais como o nosso, centenas (eu disse mesmo centenas) de notícias que são livremente publicadas em outros jornais.[134]

O diretor do *Estado de S. Paulo*, mesmo tendo recursos criticados por Pereira e vetados a ele, parecia concordar com Raimundo Pereira. Aplicando a legislação ao conjunto de decretos que "regularizavam" a censura, conferindo-lhe um poder que vinha de outra esfera, Júlio Mesquita afirmava que a

> Legislação de censura para os meios de comunicação é contraditória, por força do grande número de portarias e instruções que complementam os diplomas de arrocho fundamentais, os jornais continuam à mercê de decisões subjetivas que variam consoante o critério da autoridade encarregada de interpretar os textos.[135]

---

[133] Um exemplo da publicação de versões oficiais poderia ser a notícia da morte do militante da ALN, Norberto Nehring, ocorrida em abril de 1970, algo que não foi exceção na imprensa brasileira. Um histórico desse fato encontra-se na seção "Os policiais" do capítulo 4, como também no Anexo desta publicação. A trajetória da revista *Veja* no período foi analisada no trabalho de Juliana Gazzotti, *Imprensa e ditadura: a revista Veja e os governos militares (1968/1985)* (São Carlos, dissertação de mestrado em ciência política, UFSão Carlos, 1998).

[134] Raimundo Pereira, "Os censores têm sentimento de culpa?...", op. cit., p. 8

[135] "Liberdade em debate na ABI", *O Estado de S. Paulo*, 23/3/1972, p. 6.

200

Permitido a uns, negado a outros, seguindo esses instantes de ver impresso o ato censório, volta-se ao exemplo de *Veja*. Nessa mesma sequência de notas publicadas pela revista do material censurado em outros lugares e que saía na coluna *Datas*, vários livros são listados como proibidos, o que refaz um verdadeiro inventário do que foi impedido de circular em território nacional. De *Sexo para jovens e adultos*, de um desconhecido Robert Charthman, a *La internacional comunista desde la murte de Lenin*, de Leon Trótski, eram alvos de interdição em setembro de 1975[136]. Para se ter uma noção de volume, em 1973, os censores DCDP do DPF, sob o comando do general Antonio Bandeira, apreciaram 7.309 filmes para cinema e TV, 1.201 peças de teatro e cerca de 25 mil músicas. Desse total, interditaram 37 filmes e 11 peças. Estranhamente, contudo, o relatório não cita o número de músicas censuradas. Perseguindo a trilha do controle total do material impresso e lido pela população, desde abril de 1973, segundo a Portaria nº 209/73, todas as revistas nacionais e estrangeiras que aqui circulassem deveriam registrar-se na DCDP. Ao ser concedido o registro, esse órgão estabelecia a obrigatoriedade ou não de censura prévia. Mas fica sempre uma pergunta: onde foi parar esse material todo? Desde abril de 1972 até novembro de 1988, todo o acervo censurado – livros, discos, filmes, revistas –, segundo o artigo 23 do Decreto nº 20.493/46 e o artigo 5º do Decreto-lei nº 1.077/70, deveria ser, e foi, incinerado[137].

Encarada como censura política, a interdição na imprensa foi realizada pelo Sigab tendo como chefe, nos anos 1970, em Brasília, Helio Romão Damásio Segundo. No Rio, a coordenação desses trabalhos coube, por um bom período, a Wilson de Queiroz Garcia. Em 1/4/1975, o chefe do Serviço de Censura na Guanabara, e também o chefe do Sigab, era Wilson de Queiroz Garcia[138]. Em um ofício, ao divulgar que Chico Buarque de Holanda estava sob censura, nomeou alguns componentes do Sigab na cidade, um total de 23 censores:

- Ana Maria Vieira,
- Augusto da Costa,

---

[136] Era o Ministério da Justiça que estabelecia a lista de livros proibidos, como fica evidente no ofício do Sigab/DG, quando o chefe do serviço Wilson de Queiroz Garcia declarou que o livro *Presença dos EUA no Brasil* não constava da lista dos proibidos pelo Ministério da Justiça (Fundo Sigab, AN/Rio de Janeiro).

[137] Fundo DCDP, AN/Brasília. Segundo me confidenciou a censora paulista *Margarida*, houve uma ordem, no fim da década de 1980, para "queimar tudo". Depois, houve uma contraordem, mas muito já havia sido destruído.

[138] É muito difícil estabelecer os nomes e os períodos em que cada ocupante esteve no cargo. O DPF não permite consulta aos seus arquivos e informa que o material sobre a censura já estava no AN.

- Eugenia Costa Rodrigues,
- Frederico da Silva Simões,
- Maria Ribeiro de Almeida,
- Maria Cecília Martins,
- Odette Martins Lanziotti,
- Rogério Freitas Fróes,
- Solange da Silva Vidal,
- Sônia Maria Galo Mendes.[139]

A dupla função exercida por Queiroz Garcia trazia experiências hilariantes. Há diversos documentos em que o chefe do Serviço de Censura, Wilson de Queiroz Garcia, escreve para o chefe do Sigab na Guanabara, Wilson de Queiroz Garcia, que depois responde ao próprio. Um exemplo está na correspondência do Centro de Informações da Polícia Federal (Sigab/DF), em que é solicitado com o fim de confrontar, atualizar e, eventualmente, abrir novas fichas de controle, "(...) com a máxima presteza e tão completo quanto possível, um levantamento das tendências e opiniões dos principais jornais e revistas do Estado do Rio de Janeiro". Queiroz Garcia, na qualidade de diretor do SCDP, responde à solicitação e pede os dados ao Sigab. E no Sigab ele transmite a si mesmo os dados, em um ofício encaminhado ao SCDP[140].

Em São Paulo, o Sigab foi dirigido por Richard Bloch, um empresário aposentado e sem vínculos com o DPF, tendo como assessora direta Solange Hernandez, advogada e historiadora formada pela USP, que auxiliava no preenchimento dos pareceres respeitando decretos e leis. Nesse período, Solange *Tesourinha* era apenas uma voz, seu nome "(...) é muito temido nas emissoras de TV de São Paulo. Essa senhora, cujo rosto e qualificação são desconhecidos, é quem telefona da Polícia Federal para as redações, determinando as notícias que não podem ser divulgadas"[141]. A censora *Margarida* registrou que a censura aos jornais era feita por censores homens, já que o trabalho era feito à noite, quando o material descia para a impressão.

Sendo esses os dados do Sigab paulista dos anos 1970, seus companheiros no Serviço de Censura da mesma cidade, dirigindo o órgão, nos anos 1970 e 1980, foram o jornalista Manoel Marcílio Nogueira, o jornalista José Vieira Madeira, José Augusto da Costa, Maria Inês e Drausus Seiman Dorneles Coelho. No comando geral do DPF, Rogério Nunes exerceu o cargo desde meados do

---

[139] Ofício Sigab nº 242/75, Fundo Sigab, AN/Rio de Janeiro. Entrevistei, além de Queiroz Garcia, uma censora do Sigab que aparece com pseudônimo a seu pedido.

[140] Ofício Sigab nº 417/75, Fundo Sigab, AN/Rio de Janeiro.

[141] *O Estado de S. Paulo*, 26/1/1977, p. 9.

202

governo Médici e lá ficou até o final do governo Geisel, quando foi substituído por José Vieira Madeira. O censor de carreira e jornalista José Vieira Madeira era tido por muitos como um censor condescendente, que permitia o diálogo, o que parecia ser um ganho.

Como pontuado anteriormente, Rogério Nunes costumava afirmar, quando questionado sobre o motivo por que censurava jornais, que estavam procurando no lugar errado. O DCDP não controlava a censura à imprensa. Cedia seus censores, mas estes estavam vinculados diretamente ao gabinete do DPF e ao Ministério da Justiça. Por onze anos, do início do governo Geisel ao fim do governo Figueiredo, o diretor-geral do DPF foi o coronel Moacyr Coelho. Muitos dos informes que chegaram às redações entre 1974 e 1975 levavam a sua assinatura, que, somada às dos generais Caneppa e Antonio Bandeira, emitiram as ordens de proibição, via Sigab, para a imprensa.

No início do governo Geisel, quando dirigia o SCDP, parte da imprensa começou a noticiar que a censura ia acabar, ou ia se tornar "mais inteligente", evitando abusos desnecessários. Nesse momento, Mino Carta, da *Veja*, e Armando Falcão, ministro da Justiça, entraram em rota de colisão. Ausente da censura prévia ao semanário até aquele momento, Richard Bloch passou, como já mencionado, a ser o responsável pelo que saía publicado na *Veja*.

Às vésperas da decretação do fim do AI-5 e das negociações pela Anistia, mas, principalmente, depois que o general Geisel já havia escolhido o seu sucessor, e parte da grande imprensa novamente colaborava com o governo na construção dessa imagem de harmonia, dois grandes jornais, um do Rio de Janeiro e um de São Paulo, resolvem "presentear" o seu público leitor: contar--nos tudo o que a censura impediu que soubéssemos. A *Folha de S.Paulo*, em 5/3/1978, e o *Jornal do Brasil* de 18/6/1978 trouxeram um dossiê sobre os temas censurados. No cotidiano da censura do jornal paulista, os temas foram: tóxicos, Flávio Cavalcanti, Adauto Cardoso (senador da ARENA e advogado do *Opinião* contra a censura)[142], Clóvis Stenzel (senador e líder da ARENA), Cirne Lima (ministro da Agricultura), sucessão de Médici, OAB, Figueiredo Ferraz (prefeito de São Paulo), a censura, epidemia de meningite[143]. As reflexões de Elio Gaspari para o *Jornal do Brasil* dividem, erroneamente, os períodos de censura em quatro:

---

[142] Um perfil desse senador foi analisado por Lucia Grinberg, "Adauto Lúcio Cardoso da UDN à ARENA", em Beatriz Kushnir (Org.), *Perfis cruzados, trajetórias e militância política no Brasil* (Rio de Janeiro, Imago, 2002).

[143] A médica publicou uma dissertação de mestrado em Saúde Pública acerca da manipulação das notícias sobre as doenças na época. Ver Rita de Cássia Barradas Barata, *Meningite, uma doença sob censura?* (São Paulo, Cortez, 1988).

a) 13/12/1968 a 14/9/1972: 1º *bilhetinho*;
b) 14/9/1972 a 18/6/1973: quando se libera o noticiário sobre a sucessão presidencial e se apresenta o general Geisel;
c) 15/3/1974 a 8/10/1975: da posse de Geisel ao bilhetinho 270, proibindo as manifestações estudantis;
d) Até 8/6/1978: fim dos censores nas redações.

O jornalista se centrou na experiência de um jornal. O processo, contudo, possui outro perfil.

Primeiro, as notas não começam no AI-5 e, segundo, o universo de proibições, de 1972 a 1975, chegou a 303 informes. As notas de proibição neste longo período de mais de dez anos, cumpriram várias funções. Como definiu Raimundo Pereira, em certo momento, o que importava ao governo Médici era ajudar o ministro Delfim Netto a criar uma imagem de inflação de 12%, quando, na realidade, era 30%. Isso posto, seria possível divulgar que a "imprensa ia melhor". Nas reflexões posteriores de Gaspari, em 1978 reportar essas notas era uma nova artimanha *cameleônica:* o Pacote de Abril de 1977, o avanço político do MDB, os embates da luta armada, os militantes de esquerda mortos, a tortura, nada disso entrou em questão. A divulgação foi feita, mas de modo bastante transverso. A análise ganhou um invólucro de certa placidez e notícias de um tempo remoto. Eram as "contingências do momento" e novamente parte da grande impressa cumpria a sua missão.

Semelhante sentimento de distância que o passar do tempo pode proporcionar são as "lembranças" a respeito de Richard Bloch. Boris Casoy relembrou que muitas vezes pegava o telefone e ponderava: "'Mas, sr. Bloch, assim não vai ser possível, essa matéria pode passar'. E ele respondia: 'O sr. tem razão, pode publicar'"[144]. Após deixar o Serviço de Censura, Bloch um dia ligou para Casoy, queria conhecê-lo, saíram para almoçar. Em 1986, a *Veja* entrevistou o ex-censor, que declarou ter aceitado o trabalho a convite do amigo, general Denizard Soares de Oliveira, superintendente regional do DPF em São Paulo e porque "(...) gostava de saber antes o que seria publicado"[145].

Amabilidades como essas eram tão comuns como atos mais extremados. O censor Helio Guerreiro, que chegou a dirigir o Serviço de Censura no Rio de Janeiro no início dos anos 1980, também foi um dos muitos censores à *Tribuna da Imprensa*. Em 21/9/1976, Hélio Fernandes recebeu um bilhete do pessoal da oficina:

---

[144] Entrevista à autora em 21/4/1999.

[145] *Veja*, 3/9/1986, p. 29.

Sr. Hélio,

O censor Guerreiro, além de armado, vem ameaçando fisicamente colegas da redação. Esta madrugada, por exemplo, ele afirmou nas oficinas que, se soubesse quem tinha feito o *Opinião*, daria um tiro. Isto foi visto e ouvido pelo pessoal da Oficina.[146]

Se em 1978 tem-se esta série de "exorcismos", mesmo que plácidos, acerca do ato censório, em 1977, houve um concurso para o cargo, que reuniu 5 mil candidatos e motivou as Faculdades Integradas Estácio de Sá, no Rio, a formular um curso preparatório[147]. Nesse mesmo ano também, expurgos atingem as redações e o mais famoso deles retirou Cláudio Abramo da *Folha de S.Paulo*. Indiferente às mais de mil assinaturas de intelectuais pelo fim da Censura, entregues no começo do ano ao ministro Falcão, o governo continuava contratando censores e interferindo no tabuleiro de poder, um pouco mais à esquerda, que algumas redações da grande imprensa ainda mantinham. O governo Geisel segurava a bandeira do fim da Censura com uma mão e aumentava a máquina censória com a outra.

Sem que o fim da interdição tenha sido algo palpável, mas com certeza diminuto, o governo Geisel chegou ao término. Sua imagem, no processo histórico, apresenta um descompasso entre promessas e realidade. Como rei morto, rei posto; seu sucessor, o general Figueiredo, mexeria nos personagens vislumbrando a promessa de abertura política.

No início do mandato, alterou o panorama no DPF. Exonerou Rogério Nunes e nomeou um censor/jornalista de carreira, e tido como liberal, para o comando do DCDP. José Vieira Madeira, deslocado de São Paulo, era um sinal que o general precisava para demonstrar sua intenção de propor mudanças. Mas a Censura ainda parecia longe do fim.

Com uma trajetória muito semelhante à de outros censores/jornalistas, Vieira Madeira foi pauteiro do *Globo* e do *Dia* e, quando *A Noite* fechou, fazia parte da equipe do *Repórter Esso*. Transferido para Brasília, logo em 1961 fez concurso para o Ministério da Justiça. Trabalhar na censura foi decorrência natural dessa trajetória que buscou a segurança de um emprego público. Empossado diretor do DCDP a convite do ministro da Justiça, Petrônio Portella, Madeira deixou o cargo em novembro de 1981. Como já relatado, a substituição do ministro da Justiça, com a morte de Portella, levou ao cargo Solange Hernandez, legítima representante da "linha dura" da censura. O ministro Abi-Ackel escolheu alguém que desejava reestruturar, mas jamais acabar com a censura.

---

[146] "A censura à imprensa", *Boletim da ABI*, Rio de Janeiro, jan./fev. 1977, p. 3.

[147] *Jornal do Brasil*, 27/6/1977 e *O Dia*, 31/7/1977.

Marcadamente centralizadora, Solange Hernandez, no que parecia ser o apagar das luzes da censura, com a instituição do Conselho Superior de Censura – órgão entre o DPF e o ministério da Justiça para rever as decisões do DCDP – determinou maior rigor e organização no trabalho censório. Relatórios mensais de atividades passaram a ser exigidos dos censores, mas o grande embate se deu por ocasião da censura ao filme *Pra frente, Brasil*, de Roberto Farias. O filme, analisado por três censores, como de praxe, sendo um deles Coriolano Fagundes, foi liberado. A narrativa visitaria pela primeira vez os duros momentos de luta armada do início da década de 1970 no Brasil, com direito também a cenas de tortura explícita.

Pareceres sumiram do processo, censores foram punidos por suas atitudes e o filme só foi liberado após a Copa do Mundo de Futebol de 1982[148]. A disputa ali se deu entre as duas alas de censores, os mais liberais, ligados a Coriolano Fagundes; e os mais radicais, ligados à diretora da Censura. Em agosto de 1982, Solange declarou à imprensa que havia retirado os pareceres de dentro do processo e justificou sua atitude afirmando preocupar-se com a saúde mental da população. Sintonizada aos temores do ex-ministro Falcão, também ela se sentia no dever de poupar o outro da "tentação de ver".

Imaginada de maneira jocosa pelo músico Leo Jaime, a censora tornou-se, assim, o símbolo de uma interdição estatal conservadora, arcaica e, principalmente, violenta. Para ela, Leo Jaime fez *Solange*

> Eu tinha tanto pra te dizer
> Metade eu tive que esquecer
> E, quando eu tento escrever,
> Sua imagem vem me interromper
> Eu tento me esparramar
> E você quer me esconder
> Eu já não posso nem cantar
> Meus dentes rangem por você
> Solange, Solange, Solange
> Eu penso que vai tudo bem
> E você vem me reprovar
> Cê não me deixa nem pensar
> Seu nome está em cada lugar
> Você é bem capaz de achar
> Que o que eu mais gosto de fazer
> Talvez só dê pra liberar
> Com cortes pra depois do altar

---

[148] O cineasta Roberto Farias, que também foi diretor da Embrafilme, narrou-me que recebeu uma cópia do processo de julgamento do filme com os pareceres originais em sua casa, em uma carta anônima.

É claro que a música foi censurada, mas a eleição de Tancredo Neves e a posse de José Sarney deram à ala mais flexível da Censura o poder. Coriolano Fagundes tornou-se diretor do DCDP e enfrentou os dilemas de um "fim da censura" que não se sustentava. Radicalmente diferente do homem que se definia como um "democrata liberal, civil e civilista"[149,]

> (...) longe da tesoura desde 1988, o último diretor da Divisão de Censura Federal acompanhou os últimos suspiros da censura oficial no Brasil. Considerado de postura liberal no governo Sarney, hoje ele mudou completamente a sua visão. "Tenho uma nova ordem de valores", relata Fagundes, que há um ano virou pastor da Igreja Assembleia de Deus. Não assiste [a] televisão, que considera "obra do maligno" e deixou de frequentar cinemas. Não vê nem mesmo os telejornais. "As cenas picantes nos intervalos deterioram a programação", critica. Fagundes assinou o último ato de censura no país: a proibição do filme *Je vous salue, Marie* em 1986. "Na época assinei o ato interditório contra a minha vontade. Hoje o faria com a maior tranquilidade", diz o ex-censor, que anda de *Bíblia* na mão. Na sua opinião, nem um departamento de censura nem a Justiça podem dar jeito na bagunça. "Não bastam soluções humanas, que são todas paliativas", discursa o pastor. "Para barrar a caminhada pervertida da humanidade, só resta Jesus Cristo".[150]

Assincrônico no depoimento de 1996 ao ato de sua gestão que findou a censura, Coriolano Fagundes é lembrado por seus companheiros como o que participou do fim do cargo de censor pela Constituição de 1988. Durante sua existência, os três maiores grupos de censores estavam no Rio de Janeiro, em São Paulo e em Brasília, chegando a somar cerca de duzentos em todo o território nacional. Na pluralidade de perfis desse grupo, *Margarida* chamou a atenção para uma reflexão interna de alguns censores sobre o seu próprio trabalho, que lembra muito o discurso de *Carolina* e *Mariana*, quando a primeira criou para si a ideia de que entrou para a censura como forma de resistência. Assim, para ela, "(...) depois de ficar um ano *pirada* por trabalhar na Censura, resolvi que poderia ajudar estando do lado de cá e evitando absurdos e cortes". Para *Margarida*, os "censores eram um gueto dentro da PF, policiais que queriam ser intelectuais. E a Constituição de 1988 os tornou *pechas*". Com o fim da censura subvencionada pelo Estado, os censores foram deslocados para outras áreas da PF: Polícia Marítima, Segurança Bancária, Administrativo, Departamento Pessoal, Comunicação Social etc. *Margarida* foi trabalhar na Corregedoria de Polícia e muitos dos censores/jornalistas foram transferidos para a Assessoria de Imprensa.

---

[149] *Veja*, 25/12/1985.

[150] "O último censor", *IstoÉ*, 24/8/1996.

Em fins da década de 1990, dos 220 censores que existiram, 116 estavam na ativa e foram elevados à categoria de delegado. Dos 104 aposentados, 36 eram advogados e 71 não tinham nenhuma formação jurídica. Não querendo deixar o DPF, atingiram o cargo máximo na hierarquia, em 1998, dez anos depois que a Constituição brasileira acabou com a censura no país,

> (...) só na quinta-feira, 18, um projeto de lei foi aprovado na Câmara para acabar de vez com os 240 cargos de censores que ainda figuram na folha de pagamento da União – da época da ditadura militar ainda existem 84 na ativa. Desde a redemocratização do Brasil, eles não exercem mais suas funções de vetar matérias jornalísticas, proibir livros, dizer quais músicas podem ser ouvidas ou determinar que filmes devem ou não ser assistidos. Passaram a ocupar cargos burocráticos em assessorias de imprensa ou em delegacias da Polícia Federal, recebendo salários de R$ 3,3 mil a R$ 4,6 mil.[151]

Assim, mais uma vez, vencia a "linha dura" representada por Solange Hernandez e os afiliados à Anacen. A entidade deveria lutar por manter os censores dentro do máscara negra. E, mesmo com os novos ares do país, esses técnicos/policiais/intelectuais lá ficaram. Eram os "restos" de uma velha ordem que se moldaram camaleonicamente para perder anéis e não dedos.

---

[151] "Tesoura cega", *IstoÉ*, 24/6/1998.

Apêndice

DEPARTAMENTO DE POLÍCIA FEDERAL

DIVISÃO DE CENSURA DE DIVERSÕES PÚBLICAS – DCDP

SERVIÇO DE CENSURA DE DIVERSÕES PÚBLICAS – RJ
SCDP – SR/RJ

Protesto de artistas contra a censura, em frente ao Teatro Municipal do Rio de Janeiro (praça Carlos Gomes/Cinelândia), em 12/2/1968.

Passeata de artistas contra a censura. Rio de Janeiro, 12/2/1968. Da esquerda para a direita: Tônia Carrero, Eva Wilma, Odete Lara, Norma Benguell e Cacilda Becker.

Protesto contra a censura. Cinelândia, Rio de Janeiro, 12/2/1968.

Revisão prévia

Na sexta-feira da semana passada, recebemos uma comunicação do Major Braga, do SICAP, órgão da Polícia Federal, de que nosso jornal, a partir do próximo número, passará a receber o que o Major chamou de "revisão prévia".

Nota publicada no jornal *Opinião*, nº 8, 25/12/1972 a 1/1/1973.

Quarta capa da revista *Binóculo*, de 1981.

4
O jornal de maior tiragem: a trajetória da *Folha da Tarde*
Dos jornalistas aos policiais

Os jornalistas

> (...) a liberdade de imprensa só é usada pelos donos
> das empresas. Em quarenta anos de jornalismo,
> nunca vi liberdade de imprensa. Ela só é possível
> para os donos do jornal. Os jornalistas não podem
> ter opinião, mas os jornais têm suas opiniões
> sobre as coisas, que estão presentes nos editoriais
> e nos textos das pessoas que escrevem
> com linhas paralelas às do jornal.
> (...) A grande imprensa, como está definida pelo
> nome, é ligada aos interesses daquela classe que
> pode manter a grande imprensa. Na medida
> em que esta classe está em contradição com
> a conjuntura nacional, os jornais podem exercer
> um papel de esclarecimento. Mas é preciso não
> esquecer que esse esclarecimento vai até o nível dos
> interesses da própria grande imprensa. Ela tem
> interesses peculiares, pertence a pessoas
> cujos interesses estão ligados a um complexo
> econômico, político e institucional.
> Mas pode exercer um papel de educação.[1]

Onde folhas, *troncos e raízes se encontram*

Esta investida está dividida em duas ramificações. Nas raízes dessa separação, busca-se a gênese dos intrincados caminhos e relações entre parcelas da imprensa e esferas de poder a partir dos encontros de jornalistas e censores. Assim, se

---

[1] Cláudio Abramo, op. cit., p. 116.

na análise acerca dos censores se constatou que muitos deles eram jornalistas, existiram também em uma parte da grande imprensa no período pós-1968 jornalistas que eram policiais.

Nesse sentido, o objeto aqui é mapear uma experiência de colaboracionismo de uma fração da imprensa com os órgãos de repressão no pós-AI-5. Ou seja, tem-se como mote a atuação de alguns setores das comunicações do país e suas estreitas relações com a ditadura civil-militar do pós-1964. Além de não fazerem frente ao regime e às suas formas violentas de ação, percentuais da imprensa também apoiaram a barbárie. Assim, como Cláudio Abramo sublinha, se há

> (...) um equívoco que a esquerda geralmente comete é o de que, no Brasil, o Estado desempenha papel de controlador maior das informações. Mas não é só o Estado, é uma conjunção de fatores. O Estado não é capaz de exercer o controle, e sim a classe dominante, os donos. O Estado influi pouco, porque é fraco. Até no caso da censura, ela é dos donos e não do Estado. Não é o governo que manda censurar um artigo, e sim o próprio dono do jornal. Como havia censura prévia durante o regime militar, para muitos jornalistas ingênuos ficou a impressão de que eles e o patrão tinham o mesmo interesse em combater a censura.
>
> (...) A ditadura jogava bruto, censurava o jornal, sonegava notícias, mentia, manipulava índices de custo de vida. (...) Houve um período em que não se podia acreditar em nada que saía impresso; era publicado nos jornais que um guerrilheiro tinha morrido atropelado, quando na verdade tinha morrido numa cela, sob torturas mais bárbaras.[2]

Na ponderação de Abramo, percebe-se sua visão particular e peculiar acerca do tema da censura. Seu olhar encontra, entretanto, respaldo na realidade vivida, como se poderá notar. O jornalista aponta para um acordo entre parte da imprensa e o Estado autoritário do pós-1964. Tendo esse panorama em mente, uma questão se cria: que parâmetros os veículos de comunicação deveriam ter?

Nas análises de outro "homem de jornal", Mino Carta, seriam três as regras básicas que norteiam a imprensa: fiscalizar o poder, buscar a verdade dos fatos e fomentar o espírito crítico. O que se nota algumas vezes, contudo, é que as relações no interior da imprensa e a sua expressão externa (o jornal, a revista, o periódico etc.) refletem as tramas sociais e de poder intrínsecas àquela conjuntura. É claro que esse tipo de "conversa" da imprensa com o poder de Estado vem desde remotos tempos tanto no Brasil como fora dele. Vale destacar que, no Brasil, as empresas de comunicação têm quase sempre no governo suas principais contas publicitárias, tornando esse diálogo, no mínimo, permissivo.

---

[2] Ibidem, p. 118-20.

Mino Carta, jornalista desde o início da década de 1950, quando cobriu, para um jornal de Roma, a Copa do Mundo no Brasil, elaborou, a meu juízo, uma lúcida e também amarga reflexão acerca do tema. Suas mágoas não deturpam a imagem da função do jornalista, muito pelo contrário. Carta esteve nos principais jornais do país, fundou e também dirigiu as redações de revistas como *Quatro Rodas* e *Veja*, da Editora Abril, *IstoÉ*, *Senhor* e *Carta Capital*. Este meio século de intensos colóquios, tanto com as letras como com as esferas de decisão, está estampado no seu primeiro romance, que tem muito de autobiográfico, mesmo que o autor não goste do termo. Nele, Mino Carta, ao explicitar a relação entre imprensa e poder no país, diz que

> (...) a presença de profissionais competentes, de grandes jornalistas respeitados pelas redações, atrapalha a sucessão no feudo e compromete os interesses de quem manda, na instância intermediária e na suprema. Reparem: a nossa imprensa serve o poder porque o integra compactamente, mesmo quando, no dia a dia, toma posições contra o governo ou contra um outro poderoso. As conveniências de todos aqueles que têm direito a assento à mesa do poder entrelaçam-se indissoluvelmente.[3]

Seguindo as ideias desse *homem de imprensa*, pode-se entender que as empresas jornalísticas são clãs, feudos, oligarquias. É importante constatar que os quatro principais jornais do eixo Rio–São Paulo – *Jornal do Brasil*, *O Globo*, *Folha de S.Paulo* e *O Estado de S. Paulo* – são, ou foram até há bem pouco tempo, empresas familiares, molde copiado também por outros periódicos e por algumas editoras, tanto de livros como de revistas, como a Bloch e a Abril, por exemplo. As características que essa composição impõe mostram, no setor de comunicações do país, as dificuldades e armadilhas demarcadas pelas ideias de Mino Carta.

Há, portanto, até aqui dois quadros. Os desenhos feitos por Carta – acerca dos "jornais familiares" – e por Abramo – dos limites de uma organização de caráter privado que "vende/negocia" com um serviço público: a veracidade das informações impressas. Partindo desses esboços, caminha-se por cotejar as conexões e as relações de apoio, na perspectiva do colaboracionismo de parte da imprensa ao Estado estabelecido. Assim, pode-se perceber que esse "colaborar" tem várias cores e tonalidades e foi exercido tanto de maneira individual como coletiva.

---

[3] Mino Carta, op. cit., p. 228. Nesse livro, todos os nomes são fictícios. A felina reflexão do autor sobre a relação imprensa e poder, entretanto, não tem seu início nesse romance. Doze anos antes, no prefácio ao livro póstumo de Cláudio Abramo (*A regra do jogo: o jornalismo e a ética do marceneiro*, op. cit.), Carta já era igualmente crítico, analítico e mordaz.

Nessa ponderação, escolheu-se trabalhar, a meu juízo, com o que há de mais forte nessas conexões de cooperação. Isso não significa que, por vezes, as expressões mais sutis de exercer esse apoio também não sejam bastante grotescas. Com essas advertências em mente, podem-se distinguir as nuanças do colaboracionismo, que podia ser exercido tanto de maneira individual como coletiva. Vale salientar que esse modo de agir não é exclusivo desse jornal escolhido. Suas características peculiares, entretanto, tornaram-no um *locus* privilegiado desta análise[4].

Na esteira dessa reflexão e para ilustrar essa imagem colaboracionista que alguns meios de comunicação adquiriram, tomemos, por exemplo, as críticas feitas por um boletim interno e de propaganda, produzido por militantes da ala tida como a mais radical, a esquerda armada. Nessa visão, é importante pontuar, tem-se a expressão de pessoas que se encontravam "cercadas e sem perspectivas de sobrevivência". Assim, a Ação Libertadora Nacional (ALN) – um dos dezoito grupos clandestinos da esquerda armada existentes – editava no mimeógrafo um tabloide (clandestino) denominado *Venceremos* e nele se encontra essa outra percepção. Em um editorial intitulado "A proposta revolucionária", expõe-se esse clamor militante e se evidencia a distância entre o que se vivia e as informações transmitidas à população.

> A verdade revolucionária deve ser dita e ouvida. Não pode, para isso, contar com os meios de comunicação existentes (Jornais, rádios e TV's) uma vez que, direta ou indiretamente, estão sob controle da ditadura militar fascista.

Exemplificando esse *gap* e a preeminência dessa "proposta", dessa necessidade, os militantes destacam o episódio ocorrido no dia 3/9/1971 na casa de saúde Dr. Eiras, no bairro de Botafogo no Rio, de propriedade de Leonel Miranda, ex-ministro da Saúde do governo do general Costa e Silva. Ocupada por "grupos revolucionários da Ação Libertadora Nacional", teve o capital que seria destinado ao pagamento de seus funcionários "expropriado em nome da revolução". Na "ação", houve perdas humanas e o pasquim advertiu aos seus leitores que

---

[4] Cláudio Abramo refere-se a um jornal chamado *O Expresso* e diz que "os conservadores têm a seu lado as TVs e os jornais e, por isso, não precisam de mais um jornal, embora a direita tenha mantido *O Expresso*, em que trabalhava a fina flor da escória brasileira; era um jornal do DOI--Codi" (op. cit., p. 135). Procurei muito por esse periódico, mas não o encontrei. Nessa busca frustrada, deparei com um outro periódico: o escolhido aqui para a análise. Fica, de qualquer forma, a referência e a pontuação de que, ao que parece, não são casos isolados. O jornalista Percival de Souza, por exemplo, cita um outro jornal que poderia ser muito interessante para este trabalho, se pudesse ser encontrado: o jornal interno do Dops.

A imprensa da ditadura procurou explorar politicamente a morte dos guardas, apresentando-os como vítimas inocentes. No entanto, é preciso ficar bem claro que – consciente ou inconscientemente – naquele momento agiram como defensores dos exploradores e de seu governo, atacando os guerrilheiros. Por isso não foram poupados e nem o serão aqueles que tomarem a mesma atitude.[5]

Isso posto e antes de esmiuçar esse território e suas múltiplas visões, há que fazer outra ressalva. A experiência que aqui será destrinçada foi centrada no pós-1968. Neste sentido, ao delimitar esse marco, não se está esquecendo o apoio, por parte de alguns periódicos da grande imprensa ao golpe de 1964. A instauração do AI-5, em 13/12/1968, e mesmo um pouco antes, com a tendência de endurecimento do governo, porém, altera um pouco esse quadro de apoio que parte da imprensa forneceu ao golpe transformando-se em críticas aos rumos do novo governo. No pós-AI-5, portanto, um novo pacto se estabeleceu. E é dele que se vai tratar aqui[6].

***

O objeto eleito para a reflexão é o periódico *Folha da Tarde*, do Grupo Folha da Manhã. Esse jornal foi criado em 1º de julho de 1949 com o *slogan* "o vespertino das multidões", e assim permaneceu até 31 de dezembro de 1959. Retornou em 19 de outubro de 1967 e foi extinto em 21 de março de 1999. O período que interessa a esta análise, entretanto, é o que vai do seu ressurgimento até o dia 7 de maio de 1984. Nesses dezessete anos, entre 1967 e 1984, o país foi dos "anos de chumbo" ao processo das Diretas Já e a *Folha da Tarde* teve uma redação tanto de esquerda engajada como de partidários do autoritarismo que reinava no Brasil.

Assim, nas páginas desse jornal, há desde denúncias sobre os tempos vividos até, principalmente, o reflexo do seu apoio às conjunturas do momento. Os homens e mulheres que lá trabalharam, seu corpo de jornalistas, são um grupo diverso, múltiplo. Viveram a força do arbítrio não só nas prisões e mortes relatadas mas também naquelas sentidas na própria pele. Muitos também fizeram um pacto com os agentes da repressão. Como se poderá notar, a trajetória da

---

[5] Jornal *Venceremos*, nº 4, agosto/1971 (Acervo Dops-RJ, Arquivo Público do Estado do Rio de Janeiro, Setor: Terrorismo, pasta 11, informação 114/72, Assunto: Ações Terroristas). Agradeço a Edson Teixeira da Silva Júnior, meu colega no Grupo de Estudos sobre Ditadura Militar, no Núcleo de Estudos Contemporâneos (NEC) do Departamento de História da UFF, que me cedeu sua cópia desse documento.

[6] A resistência ao golpe civil-militar de março/abril de 1964 na imprensa tem sua gênese dias depois deste, nas colunas de Carlos Heitor Cony no jornal carioca *Correio da Manhã*, e de Carlos Lacerda no *Jornal da Tarde*, em São Paulo, como também nas charges da Hilde Weber, ainda no governo Castello Branco, no mesmo jornal paulista. O material publicado por Cony, na época, foi reunido no livro *O ato e o fato*, op. cit. Sobre a repercussão de suas ideias, ver também Beatriz Kushnir, "Depor as armas – a travessia de Cony e a censura no partidão", op. cit.

218

Folha da Tarde espelha tanto as rupturas e mudanças no panorama brasileiro como os caminhos percorridos pelo Grupo Folha da Manhã para se adaptar aos percalços e às efervescências políticas daquele período.

Para apreender essa história, contudo, é indispensável visualizar as transformações por que passou o Grupo Folha da Manhã. E, para compreender essas quase duas décadas da *Folha da Tarde*, há que voltar ao início dos anos 1960 e redesenhar as transformações ocorridas no interior da empresa naquele instante. Na concepção de Carlos Guilherme Mota e de Maria Helena Capelato

> (...) em 13 de agosto de 1962 encerra-se a terceira fase das *Folhas*. Os antigos diretores se retiram, passando a empresa a ser dirigida por Caio Alcântara Machado (alguns meses apenas), Carlos Caldeira Filho, Francisco Rangel Pestana e Octávio Frias de Oliveira, tendo ainda como vice-presidente Quirino Ferreira Neto.
>
> Em 4/11/1962 houve nova alteração na diretoria, Octávio Frias passava a Diretor-Presidente, o Vice-Presidente sendo agora Carlos Caldeira Filho. A diretoria se completava ainda com Alberto Bononi, Francisco Cruz Maldonado, F. Rangel e José Reis. Caio de Alcântara Machado passava a ser o Presidente Consultivo e como Diretores Adjuntos figuravam Carlos Laino Jr., Francisco D. César, Sílvio Donato e Waldo Barreto.[7]

Foi a partir desse quarto momento[8], no início da década de 1960, que a sociedade Octavio Frias de Oliveira e Carlos Caldeira Filho assumiu o controle acionário da empresa Folha da Manhã, que surgiu com esse nome em

---

[7] Maria Helena Capelato e Carlos Guilherme Mota, *História da Folha de S.Paulo: 1921-1981* (São Paulo, Impres, 1981, p. 183). Vale destacar que o livro em questão nasceu do convite do então secretário do Conselho Editorial da *Folha de S.Paulo*, Otavio Frias Filho aos professores. A respeito dessas análises de encomenda, é ilustrativa a reflexão de Mino Carta no prefácio ao livro póstumo de Cláudio Abramo. Para Carta, inspirado em Hannah Arendt, "de fato, não há história de jornais e jornalistas que mantenha um razoável apego à realidade, quer dizer, que não enxovalhe o compromisso básico da profissão. As evocações que as empresas jornalísticas fazem dos seus feitos, e mesmo livros com pretensões a pesquisa científica, de autoria de profissionais embandeirados de ensaístas, magnificam sistematicamente os donos e diminuem, quando não cancelam, quem bolou e fez o serviço. A omissão é uma das formas mais sutis e eficientes de assalto à verdade. Omitida, ela vai ao fundo como um barco furado e ninguém mais a recupera" (Abramo, op. cit., p. 7-8).
O mesmo comentário feito por Carta poderia ser atribuído ao livro de Carlos Eduardo Lins da Silva, *Mil dias: os bastidores da revolução de um grande jornal* (São Paulo, Trajetória Cultural, 1988), que ignorou o fato de o "Projeto Folha" ter sido iniciado por Cláudio Abramo. O "Projeto Folha" iniciou-se a partir de 1978, dentro de um panorama de mudanças pelo qual o jornal passaria. Esse projeto, segundo a empresa, buscava consolidar a nova linha editorial do periódico paulista, incorporando estratégias de marketing e buscando fazer, nas palavras do jornal, "um jornalismo crítico e imparcial". Mas tal tópico será analisado mais adiante.

[8] Para os autores, a cronologia do jornal segue os acontecimentos políticos do país. Assim, os outros três momentos são: 1) "os primeiros tempos", entre 1921 e 1931; 2) "a voz da lavoura" (1931-1945) e 3) "uma nova visão empresarial", de 1945 a 1962.

1º/7/1925[9]. Iniciou-se, a partir de então, o que Mota e Capelato definiram como "autonomia financeira à busca de um projeto político-cultural (1962--1981)"[10]. Os empresários, contudo, já haviam estabelecido sua parceria um ano antes, quando, em 1961, empreenderam a construção da Estação Rodoviária de São Paulo.

Dividido em três edições diárias, o conglomerado possuía a *Folha da Manhã*, a *Folha da Tarde* e a *Folha da Noite* até fins dos anos 1950. As transformações realizadas de 1962 até o fim daquela década instituíram para a empresa os seguintes periódicos: *Folha de S.Paulo* (o *Folhão*, a reunião das três antigas *Folhas*), *Última Hora*, de São Paulo (em 1965), *Notícias Populares* (também em 1965), *Cidade de Santos*[11] (a partir de julho de 1967) e *Folha da Tarde* (a partir de outubro de 1967). Essa estrutura perdurou até 1992, quando a família Frias assumiu o controle total do conglomerado. No fim da década de 1990, a *Folha da Tarde* foi extinta, surgindo em seu lugar o jornal *Agora São Paulo*, da mesma tendência popularesca que marcou trinta dos 32 anos da *Folha*[12].

Seguindo as análises de Capelato e Mota, compreende-se que a década de 1960 foi um momento de reestruturação para o Grupo Folha da Manhã. Para esses autores,

> (...) em um quadro de inflação, a esclerose administrativa tornava a "*Folha*" um jornal envelhecido, contrastando com iniciativas de uma época em que o neocapitalismo desenvolvimentista emergia. E tímido, politicamente, em um momento em que as ideologias fervilhavam.[13]

Assim sendo, o período entre 1962 e 1981, a primeira etapa da sociedade Frias/Caldeira, apresenta três fases distintas da empresa. Entre 1962 e 1967, houve uma reorganização financeiro-administrativa e tecnológica; entre 1968 e 1974, ocorreu uma "revolução tecnológica"; e entre 1974 e 1981, definiu-se

---

[9] Octavio Frias de Oliveira lembra esses primeiros tempos em um depoimento ao jornalista Alberto Dines (Org.), *Histórias do poder: 100 anos de política no Brasil* (São Paulo, Editora 34, 2000), v. 1, p. 374-91.

[10] O quinto momento inicia-se com a implementação do "Projeto Folha", no final dos anos 1970.

[11] O grupo contemplou a cidade de Santos com um jornal, porque esta era um reduto de Carlos Caldeira.

[12] No início de 2001, foi a vez de outro jornal, de mesmo perfil e também pertencente ao Grupo Folha da Manhã chegar ao fim. Em 20/1, o jornal *Notícias Populares*, definido como um "veículo de informação para o trabalhador, principalmente dos grandes centros urbanos", deixou de circular. O jornalista Maurício Maia prepara sua tese de doutoramento em comunicação, na ECA-USP, sobre esse periódico (*O juízo da morte: a violência letal dolosa nas páginas de* Notícias Populares *e no Tribunal do Júri de São Paulo, 1960-1975*).

[13] *História da Folha de S.Paulo*, op. cit., p. 187.

um projeto político-cultural. Vistas dessa forma, estas três etapas refletem uma perspectiva endógena. Não existe, na reflexão de ambos, nenhuma análise que contemple as diretrizes da empresa *versus* as questões políticas e sociais vividas pelo país. O percurso da *Folha da Tarde* poderá demonstrar que o período entre 1968 e 1974 esteve longe de ser apenas um instante de transformações tecnológicas.

Nessa direção, o início da década de 1960 foi o grande palco das mudanças internas do grupo. Por um lado, alterações de forma: os três jornais são reunidos em um, que recebe o nome de *Folha de S.Paulo*; de outro, as de estrutura, com a nova direção da empresa[14]. Com a substituição de Nabantino Ramos por Octavio Frias de Oliveira e Carlos Caldeira Filho, em 1962, a linha editorial, a partir de então, tornou-se francamente antijanguista. Como outros jornais, os do grupo também apoiaram as mobilizações e os acontecimentos que culminaram na ação de 31 de março/1º de abril de 1964.

Concomitantes com o alinhamento editorial, ocorriam alterações em âmbito empresarial. A *Folha de S.Paulo,* a partir de então, buscou ampliar seu público, adquirindo uma frota própria. Assim, pôde conquistar o leitor do interior do estado, aumentando sua influência. Quanto às transformações na forma e no conteúdo do jornal, o cargo de diretor de redação do *Folhão* foi ocupado por José Reis, homem do jornal desde 1948, que esteve à frente da *Folha* até 1967. Para Capelato e Mota, entretanto,

> (...) nesse período, o jornal procurará atuar com extrema imparcialidade – na perspectiva liberal tradicional – abrigando e ouvindo as opiniões contrárias, mas evitando se posicionar claramente. Imaginava-se buscar "neutralidade".
> Se Nabatino procurava fazer um jornal moderno, mas "do tipo inglês" (como dizia), no período do professor José Reis buscou-se uma forma menos austera, tipo *Jornal do Brasil*.[15]

O papel do "transformador editorial" do jornal, contudo, apresenta controvérsias. Para uns, o crédito é de José Reis; já outros sentenciam que a grande personalidade da *Folha* até 1977 foi Cláudio Abramo. Convidado, em fins de 1965, por Octavio Frias de Oliveira, Abramo, que havia deixado *O Estado de S. Paulo* em junho de 1963, foi trabalhar na empresa Transaco, de Frias, que realizava corretagem de ações. Lá, Abramo realizava análises diárias para o jornal.

---

[14] Anterior às questões vividas no interior da administração do jornal, o ano de 1961 foi palco de uma greve de jornalistas. Não apenas circunscrita aos jornais desse grupo, outra paralisação como essa só iria ocorrer dezoito anos depois.

[15] *História da Folha de S.Paulo*, op. cit., p. 188-9.

Mais tarde, Frias o colocou dentro do jornal como chefe de produção e, em 1967, Abramo assumiu a secretaria-geral da *Folha*.

Para Abramo, o convite para ingressar no jornal pela primeira vez lhe salvou a vida econômica naquele momento, contudo, "(...) às vezes, acho que ter ido para a *Folha* foi um dos maiores erros que cometi na vida, pois ajudei muito o jornal e hoje sou marginalizado"[16]. Corroborando essa imagem que Abramo teve de si no jornal, no livro de Capelato e Mota a figura central desse processo transformador é creditada a José Reis. Nesse sentido, a mágoa parece ser o tom que cerca os jornalistas. Redesenhando a figura emblemática de Cláudio Abramo, Mino Carta o compara a *Rétif de la Bretonne*[17]. Nas memórias de Carta publicadas, onde os verdadeiros nomes são trocados, ele reflete que

> (...) quem compara a *Crônica* [*Folha de S.Paulo*] de anos atrás com a de hoje descobre quando nascem as principais inovações, a vivacidade da primeira página, o pluralismo das páginas dois e três, a agilidade da estrutura, a preocupação com o rigor da informação. Com a saída de Alberti [Cláudio Abramo] do *Arauto* [*O Estado de S. Paulo*], o estilo literário cartorial teve sua revanche. Com a saída de Alberti da *Crônica*, o jornal ganhou em excentricidade.[18]

As dores e feridas parecem marcar a trajetória dos *homens de jornal*. O tempo de Cláudio Abramo na *Folha* e, principalmente, o seu processo de saída, auxiliam a explicar muito do Brasil e da relação entre imprensa e poder naquele instante. Faço aqui um parêntese para que se elucide essa questão.

Cláudio Abramo assumiu o jornal em 1967 e esteve à frente dele quando, entre 1969 e 1972, este viveria um momento de censura imposta pelo regime militar, que não findou no início dos anos 1970 para a totalidade da imprensa. Em 1972, Abramo foi nomeado diretor de redação da *Folha*, sendo afastado pouco depois e substituído por Ruy Lopes, da sucursal de Brasília. Ficou longe dos jornais por cerca de dois anos e, em 1974, esteve, com outros jornalistas, em um seminário na universidade norte-americana de Stanford.

Ao retornar ao país, um ano depois, em janeiro de 1975, durante o governo da distensão de Geisel, foi preso pelo DOI-Codi com sua segunda esposa,

---

[16] *A regra do jogo*, op. cit., p. 85.

[17] *Rétif de la Bretonne* é um conhecido escritor de literatura erótica e colaborador da Revolução Francesa. Redesenhado por Sérgio Paulo Rouanet, *O espectador noturno. A Revolução Francesa através de Rétif de la Bretonne* (São Paulo, Companhia das Letras, 1988), descobrimos um *flâneur*. Sua obra foi escrita para influenciar os rumos da Revolução, mas pode ser lida como a de um cronista, um narrador do período.

[18] *O castelo de âmbar*, op. cit., p. 85.

Radhá, acusado de subversão[19]. Em meados desse mesmo ano, Abramo retornou à *Folha* e criou a "Página Três", dando início a uma reformulação ainda discreta do jornal. Essas alterações só começariam a efetivar-se em 1976, quando retornou à direção efetiva da redação, em conjunto com Octavio Frias de Oliveira e Otavio Frias Filho.

Em setembro de 1977, foi novamente afastado da direção da redação por imposição do ministro do Exército, general Sylvio Frota, em um episódio que envolveu o jornalista da *Folha* Lourenço Diaféria, que escreveu, na Semana da Pátria, uma crônica que, na percepção dos militares, ofendia a memória do duque de Caxias. Na perspectiva de Abramo, Diaféria "(...) agiu como um provocador ou um manipulador. Por conta da publicação da crônica, colocou em risco um projeto muito maior. Por isso acho que agiu como provocador policial". No dia seguinte à prisão de Diaféria, o general Hugo de Abreu, chefe da Casa Militar do presidente Ernesto Geisel, ligou para o jornal e Frias pediu a Abramo que se demitisse, tendo sido então substituído por Boris Casoy.

Dois dias depois dessa demissão, em 22 de setembro, o coronel Antônio Erasmo Dias, secretário de Segurança Pública do Estado de São Paulo no governo Paulo Egídio, invadiu o campus da PUC para reprimir o Terceiro Encontro Nacional de Estudantes, prendendo 2 mil pessoas e ferindo cinco. Menos de um mês depois, em 12 de outubro, o general Frota foi exonerado após uma tentativa de golpe contra o presidente.

Para relativizar imagens e demonstrar que, muitas vezes, se criam mitos nas redações, é importante a reflexão de Bernardo Kucinski[20] sobre Cláudio Abramo. Para Kucinski, "o livro póstumo de Cláudio Abramo revela um jornalista extremamente contraditório, um homem não realizado e até infeliz. Um homem fiel ao paradigma da esquerda humanista, mas ao mesmo tempo com raiva das esquerdas. Cláudio Abramo desperdiçou energia tentando inutilmente reeducar os donos da imprensa brasileira, fazer deles uma elite educada para o espaço público republicano e o compromisso social".

---

[19] Nesse mesmo ano de 1975, outros jornalistas também seriam presos, como Marco Antônio Coelho e Paulo Markun. No dia 24 de outubro, agentes do Deops foram à casa de Vladimir Herzog, diretor de jornalismo da TV Cultura/Fundação Padre Anchieta, acusado de pertencer a uma célula de jornalistas do Partido Comunista Brasileiro, para intimá-lo. No dia seguinte, Vlado apresentou-se espontaneamente na rua Tutoia, sede da Operação Bandeirantes (Oban) e faleceu horas depois, sob tortura. Para despistar, foi simulado um suicídio por enforcamento. Cf. Fernando Pacheco Jordão, *Dossiê Herzog: prisão, tortura e morte no Brasil* (São Paulo, Global, 1979); e Paulo Markun (Org.), *Vlado: retrato da morte de um homem e de uma época* (São Paulo, Brasiliense, 1985).

[20] Bernardo Kucinski, *A síndrome da antena parabólica...*, op. cit., p. 73.

Isso posto, continuemos a trajetória do *Folhão* em setembro de 1977. O jornalista Boris Casoy, que substituiu Abramo, teve o seu primeiro trabalho em jornal na *Folha de S.Paulo*, em 1974, onde, convidado por Octavio Frias de Oliveira, foi editor de Política. Ele havia trabalhado anteriormente, entre 1971 e 1972, como secretário de imprensa do prefeito de São Paulo, José Carlos Figueiredo Ferraz (ARENA/SP), e, posteriormente, como assessor de imprensa do ministro da Agricultura, Luís Fernando Cirne Lima, no governo do general Médici (1969-1974).

Quando exonerado do governo Figueiredo Ferraz, aceitou o convite de Caio Alcântara Machado – presidente consultivo do Grupo Folha da Manhã após as alterações de novembro de 1962 – para trabalhar na firma de eventos Alcântara Machado Feiras.

Três meses depois de assumir a editoria de Política da *Folha de S.Paulo*, em junho de 1974, foi promovido a editor-chefe no lugar de Ruy Lopes, transferido para Brasília como diretor da sucursal. Desse período, relembrou que o jornal era uma obra que surgia após reunião entre ele, Cláudio Abramo, Octavio Frias de Oliveira e o filho deste, Otavio Frias Filho. "Durante muitos anos, a gestão da redação, a análise dos problemas, a posição editorial do jornal foi produto dessa reunião que a gente fazia. (...) Eram momentos difíceis, (...) em que o jornal lidou com a própria sobrevivência". Ficou na *Folha* até junho de 1976, quando se afastou e passou a dirigir a Escola de Comunicação e o setor cultural da FAAP. Acerca de seu desligamento do jornal, declarou que este trabalho tinha se tornado uma carga muito pesada, para o qual "(...) não estava preparado psicologicamente nem tecnicamente"[21].

Retornou à *Folha de S.Paulo* em 1977, onde passou a escrever uma coluna sobre os bastidores políticos, intitulada "Painel". Em setembro desse mesmo ano, tornou-se editor responsável pelo jornal no lugar de Cláudio Abramo, que se ausentou após a crise que envolveu o jornalista Lourenço Diaféria. Permaneceu nesse cargo até 1984, quando Otavio Frias Filho assumiu a direção do jornal. Voltou, então, a escrever a coluna "Painel" desse jornal[22].

Vale destacar que o "caso Diaféria" ocorreu meses depois do fechamento do Congresso Nacional pelo presidente Geisel para a aprovação do chamado "pacote de Abril"[23]. Após a decretação dessas medidas, ficava claro que existia um projeto, articulado pelo Palácio do Planalto, de contenção do MDB, de acordo

---

[21] Entrevista de Boris Casoy ao CPDOC/FGV, 1995.

[22] Entrevista concedida à autora em 18/3/1999.

[23] O "Pacote de Abril" possuía catorze emendas a artigos da Constituição Federal, três artigos novos e seis decretos-leis que alteravam o controle: a) do processo legislativo, com a adoção

com os planos de distensão lenta, segura e gradual. Até porque, nas eleições de novembro de 1974, como já se expôs anteriormente, o MDB havia feito 335 deputados estaduais, 160 federais e vários senadores. Em termos numéricos, essa vitória do partido de oposição, como analisa Bernardo Kucinski, significou que o MDB teve

> (...) nada menos que 14,5 milhões de votos para seus candidatos ao Senado, ao mesmo tempo em que (...) a ARENA recebia apenas 10, 1 milhões. (...) O MDB avançou substancialmente, dos 21% alcançados em 1970, para 38% em 1974. A votação da ARENA (...) caiu de 48%, em 1970, para 41% em 1974. Foram 11 milhões de votos para os deputados da oposição e 11,8 milhões para os do governo. (...) O número de cadeiras da ARENA, na Câmara Federal, caía de 223 para 204; quase dobrava o número de cadeiras do MDB, de 87 para 160.
> (...) A situação no Senado punha em perigo o futuro mecanismo parlamentar do regime, pois 22 das cadeiras do Senado em disputa (um terço do total de cadeiras), o MDB ganhara 16, e nenhuma dessas 16 estaria em jogo nas eleições seguintes, em 1978, quando, ao contrário, das 44 cadeiras que então seriam disputadas (os outros dois terços do Senado), quarenta eram cadeiras da ARENA. Bastaria que o MDB ganhasse 17 das 44 cadeiras para ter maioria no Senado em 1978. Com isso teria poder de veto.[24]

Assim, em abril de 1977, quando o pacote foi baixado, o presidente estava às vésperas de escolher o seu sucessor. Em setembro desse mesmo ano, após publicar a crônica de Diaféria, a *Folha de S.Paulo* passou pela sua maior crise de relacionamento com os governos militares. No dia 20 de setembro, a direção da empresa Folha da Manhã decidiu suspender todos os editoriais e artigos da *Folha de S.Paulo* em decorrência da prisão do jornalista Lourenço Diaféria.

Como destacou o jornalista Carlos Brickmann, houve mais um fato importante nesse episódio[25]. Otavio Frias demitiu-se de todos os cargos que ocupava na empresa e se retirou. O jornal passou a ser de responsabilidade de Boris Casoy

---

do "senador biônico"; b) do executivo federal, ampliando de cinco para seis anos o mandato presidencial; c) dos executivos estaduais, com a indicação de governadores; d) das campanhas eleitorais, com a Lei Falcão; e) do voto urbano, diminuindo o poder do voto das regiões mais politizadas.

[24] Bernardo Kucinski, *O fim da ditadura militar,* op. cit., p. 25-6.

[25] O depoimento do jornalista é relevante nesse instante, pois Brickmann foi, de maio de 1984 até maio de 1989 e, de fevereiro de 1990 a agosto de 1991, editor-chefe da *Folha da Tarde*. No período em que dirigiu a *Folha da Tarde*, reduziu-se a "tiragem" do jornal, no sentido de retirar os "tiras" da redação. O jornalista começou na empresa em janeiro de 1963, como copy-desk. Um ano depois, tornou-se editor de Internacional na *Edição Caipira* – aquela que fechava às 18h. Foi o editor mais novo da história da *Folha de S.Paulo*, com dezoito anos (entrevista à autora em 21/4/1999).

e, administrativamente, de Wanderley de Araújo Moura. Tal atitude tem consequências até hoje. Tornou Frias o "acionista majoritário" ou o *publisher*", já que exerce, ainda no presente, seu poder sem cargo definido. Refletindo sobre esse momento, Cláudio Abramo destaca que,

> (...) em geral, os jornais explicitam a sua opinião nos editoriais. No Brasil, ficou estabelecido que os grandes jornais têm que ter sua opinião. Embora a *Folha*, em 1977, tivesse suspendido os editoriais sem sofrer nenhum traumatismo. Talvez porque tenha feito no momento em que estava sendo pressionada; e daí não tenha sofrido um impacto muito grande em seu prestígio. Parece até que aconteceu o contrário, porque aquilo foi tomado como uma atitude de reação à pressão a que o jornal estava sendo submetido.[26]

Na sequência desse episódio, a *Folha* chegou a ser acusada pelo coronel Erasmo Dias de conter em seus quadros "muitos elementos subversivos", sendo ameaçada de enquadramento na Lei de Segurança Nacional. Em virtude desses fatos, o proprietário do jornal, Octavio Frias de Oliveira, decidiu pelo afastamento de Cláudio Abramo do posto de editor-chefe e por sua substituição por Boris Casoy, como também pela extinção da coluna *Jornal dos Jornais*, escrita aos domingos pelo jornalista Alberto Dines[27]. Das lembranças de Mino Carta quanto ao período e o episódio, há a recordação de

> (...) uma conversa que tive com Octávio Frias de Oliveira no gabinete de Cláudio, nos últimos dias de agosto de 1977. Eu tinha informações de que o confronto estava próximo e tudo me levava a crer que a dupla Geisel-Golbery preparava uma esparrela sob medida para o general Frota. Frias não concordava, duvidava das intenções de Geisel, que no seu entender ainda não escolheram o seu sucessor, e dos reais poderes de Golbery. Frota caiu exatamente 25 dias depois de Cláudio, dia 12 de outubro. E Golbery observaria: "mas se foi Frota quem pressionou, por que não chamam Cláudio Abramo de volta à direção da redação?".[28]

---

[26] *A regra do jogo*, op. cit., p. 117.

[27] Vinte e três anos depois do episódio, Octavio Frias de Oliveira declarou acerca do fato ocorrido, admitindo a pressão do governo sobre o jornal para que Cláudio Abramo saísse do posto (Dines, *Histórias do poder...*, op. cit., p. 380-1). Na entrevista, contudo, afirmou não se lembrar do nome do chefe da Casa Militar e circunscreveu o acontecido ao governo Costa e Silva, quando ocorreu no governo Geisel. Também declarou que, em seguida, Abramo teria se tornado o correspondente da *Folha de S.Paulo* em Paris. Na verdade, em 1980, Abramo retornou à *Folha*, convidado novamente por Otavio Frias Filho e Boris Casoy para ser correspondente do jornal em Londres. Três anos depois, com o mesmo cargo, transferiu-se para Paris.

[28] Abramo, op. cit., p. 11-2. Mino Carta também me narrou esse episódio em uma entrevista em 16/12/1998. Os detalhes da "crise militar" até a demissão do general Sylvio Frota são descritos em Bernardo Kucinski, *O fim da ditadura militar*, op. cit., p. 49-66.

226

Feito esse parêntese, algo é certo. Quando Abramo chegou pela primeira vez à *Folha de S.Paulo*, em fins da década de 1960, o jornal se encontrava em um momento de afirmação. O ano de 1967 foi o período inicial das transformações da *Folha*, quando o grupo passou a investir em tecnologia, com a aquisição de máquinas *offset*, e no aumento da frota para acelerar a entrega de seus jornais. Essas alterações se iniciaram pelo jornal *Cidade de Santos,* em 8/7/1967, e chegaram à *Folha de S.Paulo* em 1º/1/1968. No meio do caminho, em 19/10/1967, contemplaram na *Folha da Tarde*, que renasceu a partir de então. A utilização do *offset* permitiu que a *Folha da Tarde* fosse o primeiro jornal paulistano a publicar fotos coloridas na primeira página.

Credita-se, portanto, a esses primeiros anos do grupo uma grande mudança em termos empresariais, com a ampliação substancial de seu público leitor. Assim é que, em 1965, o grupo adquiriu o jornal *Notícias Populares*, fundado dois anos antes[29]. E, doze anos após a posse de Frias e Caldeira, a *Folha de S.Paulo* transformou-se, como comprovaram as pesquisas do Ibope, no jornal mais lido no interior do estado de São Paulo[30].

---

[29] Nas reflexões de Maurício Maia compreende-se que o *Notícias Populares* (*NP*) foi criado por Herbert Levy para proporcionar uma "substância popular" à sua própria candidatura ao governo de São Paulo pela UDN. Com a decretação do AI-2, em outubro de 1965, o periódico perdeu a sua função e, para Levy, tornava-se inútil manter um jornal já que não teria direito a voto no ano seguinte. Percebe-se, na análise de Maia, que as diretas para governador também "foram enterradas pelo AI-3, baixado em fevereiro de 1966. O *NP* tornou-se propriedade do Frias e do Caldeiras logo depois da abertura das urnas em outubro de 1965, quando se constatou a perda eleitoral dos candidatos governistas no Rio e em Minas. O ambiente político ficou completamente alterado e a derrota de Carlos Lacerda, na Guanabara, turvou as perspectivas de poder da extinta, [pelo AI-2], UDN. O Ministério da Justiça, como as lideranças políticas do Congresso Nacional, já discutiam abertamente o fim das diretas programadas para 1966. Levy seria candidato ao governo por São Paulo e Lacerda concorreria como civil a presidente".
Adquirido pelo Grupo Folha, o jornal teve conservados em seus quadros o editor, o romeno Jean Mellé, e o dublê de jornalista e policial Waldemar Ferreira de Paula. Waldemar veio a se tornar, anos depois, editor da seção policial, com a saída de Ramão Gomes Portão, o primeiro editor dessa área no jornal, que deixou o *NP* brigado, em 1970, pouco antes da morte de Mellé. Jean Mellé foi substituído por um escrivão de polícia e, cerca de um ano e meio depois, o *NP* passou ao comando de Ibrahim Ramadan, oriundo do *Jornal do Brasil*, que permaneceu com Waldemar e seu parceiro, Percival Gould Faro (Peri Faro).
À guisa de curiosidade, em 2/12/1975, dentro do processo trabalhista que envolveu Waldemar e o grupo Folha, a prostituta Iracy Gomes da Silva, casada havia cerca de sete anos com Waldemar e mãe de dois de seus filhos, fez uma denúncia sobre pagamento a jornalistas das *Folhas* por parte de policiais de São Paulo. Em 4/6/1976, a acusadora retirou a denúncia justificando ter sido manipulada para tal (Arquivo Público do Estado de São Paulo, Acervo Deops/SP, documento OP 1529).

[30] Cf. Capelato e Mota, *História da Folha de S.Paulo*, op. cit., p. 203. Sobre o Ibope, é relevante destacar que foi fundado em maio de 1942, pelo então proprietário da Rádio Kosmos de São

Novos panoramas para o Grupo Folha da Manhã começam a ser traçados a partir da concorrência de outros jornais. Em 1966, a *Folha* teve de enfrentar um novo competidor, o *Jornal da Tarde* (JT), da família Mesquita, também dona do tradicional *O Estado de S. Paulo*. Foi a partir das estratégias de disputa com o *Jornal da Tarde* que se pôde compreender o porquê do renascer da *Folha da Tarde*. Portanto é importante ter o *Jornal da Tarde* como um paralelo. Assim, para o jornalista Ivan Ângelo, um dos primeiros do *JT*, o jornal

> (...) começou a circular a 4 de janeiro de 1966. Quando chegamos a São Paulo, na primeira semana de dezembro de 65 – um bando de uns doze garotos mineiros que amavam os Beatles e os Rolling Stones – para ajudar a fazer um jornal diferente que ia sair em São Paulo, chamado *Jornal da Tarde*, já havia uma equipe trabalhando nesse projeto, no quinto andar da rua Major Quedinho, 28. (...) Começamos imediatamente (...) orientados por Mino Carta, o editor-chefe, e Murilo Felisberto, o secretário de Redação, mancomunados com Ruy Mesquita, o diretor. Nada de teoria. Prática. Mão na massa. Um mês de ensaios para que cada um dos setenta jornalistas profissionais que formavam a primeira equipe soubesse direitinho seu papel no dia da estreia. Um mês de números zeros (edições experimentais que se preparam antes do número 1), seguidos de discussão diária, correção diária de rumos, procura diária de um estilo de texto, de *lead*, de foto, de enfoque, de título, de diagramação.[31]

Nesse sentido, desde o seu início, a *Folha da Tarde* tem um espelho, um objeto de reflexo. O "desejo do patrão" sempre foi fazer um jornal como o *Jornal da Tarde*. Assim, a trajetória dos 32 anos da *Folha da Tarde* esteve intimamente vinculada às questões nacionais do período e aos processos de

---

Paulo, Auricélio Penteado. Tornando-se "(...) o primeiro instituto de sondagem da opinião pública a surgir no Brasil [utilizando-se de] técnicas aprendidas nos EUA com o estatístico George Gallup. [Penteado teve como parceiros nessa empreitada:] Cícero Leurenroth, fundador da Standart Propaganda, João Alfredo Souza Ramos, da Agência Panam, Richard Penn, da Colgate-Palmolive, Bazilio Machado Neto, da Associação Comercial de São Paulo, além de outros colaboradores com pequenas cotas de participação. [O objetivo do instituto era] a realização de pesquisas sobre os hábitos, gostos e preferências do público, estudos de mercado e o serviço de monitoramento dos ouvintes durante todas as horas do dia, apurando os índices de audiência de cada emissora e programa e desempenhando a mesma atividade em relação à televisão a partir de 1954. A direção do instituto passaria, em 1950, às mãos dos sócios Paulo Tarso Montenegro, José Perigault, Guilherme Torres e Hailton Santos. Mais tarde, o Ibope seria controlado pela família Montenegro, que o dirige até hoje" (Aureo Busetto, "Pela legitimidade de prever: Ibope, imprensa e lideranças políticas nas eleições paulistas de 1953 e 1954", *Estudos Históricos*, Rio de Janeiro, nº 31, 2003, p. 130-1).

[31] Ivan Ângelo, "O jornal da era do Aquário", disponível em: <http://www.jt.com.br/frame/indexqu.htm>. Acerca da trajetória do jornal no período de censura, está sendo preparada, por Juliana Gazzotti, uma tese de doutoramento no Departamento de Ciências Sociais da Universidade Federal de São Carlos ("O *Jornal da Tarde*: ideologia e indústria cultural, 1966-1975").

228

acomodação do grupo com os sobressaltos políticos. As diferenças entre o *JT* e a *Folha da Tarde* expressam as distintas opções feitas pelos donos de cada um desses jornais.

Apresentando uma outra imagem, são interessantes as reflexões de Fernando Gabeira acerca da imprensa no final dos anos 1960. Em uma entrevista, em 4/10/1979, na sua volta do exílio, avaliou que,

> (...) nesse momento da imprensa brasileira, a única coisa interessante que aconteceu foi no *Jornal da Tarde* de São Paulo, (...) que era puramente formal, ou seja, um jornal bonito, mas que não propunha nenhuma questão importante. Bonito, mas muito bem-comportado.[32]

O *Jornal da Tarde* é igualmente lembrado por suas receitas de bolo, publicadas nos espaços onde matérias foram cortadas pelo censor. Era uma forma de, na concepção do jornal, denunciar que estava sob censura, mesmo que, como já relatou Oliveiros S. Ferreira, os leitores ligassem reclamando que as receitas não davam certo. Para Frei Betto, contudo,

> (...) o *Jornal da Tarde* e o *Estado de S. Paulo* (do qual 25 anos depois me tornei colaborador) atenuavam a sua cumplicidade com a mentira oficial publicando, nos espaços censurados, receita de bolo ou poemas de Camões. Os acólitos do regime adaptavam-se, substituíam o noticiário cortado, antecipavam-se à tesoura do censor, exercendo sem escrúpulos o aprendizado que faria a escola no jornalismo brasileiro: a autocensura. A insólita lição ensinava que o bom profissional deve alienar-se de suas ideias e convicções para escrever como o patrão escreveria e editar como o governo editaria. Não era apenas a força de trabalho alugada sob o imperativo da sobrevivência, como a prostituta que se oferece na esquina. Era a própria consciência adulterada, associando autoridade e verdade, como o torturador de dentes careados e salário mínimo afoga a sua vítima numa banheira, em defesa de uma liberdade de que ele não usufrui.[33]

Questão delicada. É difícil avaliar o quanto tal prática, o enxerto de material em espaços censurados, realmente avisou o leitor de que o jornal estava sob censura. Na perspectiva de Brickmann, "(...) com o tempo, os leitores perceberam. No início, nem todos, mas os leitores que formam opinião sempre per-

---

[32] H. B. Hollanda e C. A. Messeder, "Patrulhas ideológicas", em Elio Gaspari, Zuenir Ventura e Heloisa Buarque de Hollanda, *70/80: cultura em trânsito*, op. cit., p. 128-9.

[33] Frei Betto, *Batismo de sangue* (São Paulo, Casa Amarela, 2000), p. 99.

Quanto à questão da autocensura e do controle da informação dentro das próprias redações, valem como referência as reflexões sobre tal prática durante os quinze anos de período autoritário no Brasil e suas consequências no contemporâneo, feitas por Kucinski, *A síndrome da antena parabólica*, op. cit., p. 50-69.

ceberam. No começo, antes de publicar poemas, o *Estadão* publicou anúncios do tipo 'agora é samba'. E recebeu cartas de apoio à iniciativa cultural. O primeiro poema, aliás, nem foi de Camões, foi o *I-Juca Pirama*"[34]. Para redimensionar as ponderações do jornalista e pontuando o censo comum, a atitude do Grupo Estado é sempre vista na esfera do combate. Assim,

> (...) o *Estadão* e o *Jornal da Tarde* passaram a resistir à censura imposta pela ditadura, preenchendo as lacunas das matérias vetadas com trechos de *Os Lusíadas*, no primeiro, e com receitas culinárias no *Jornal da Tarde*, decisão que teve grande repercussão, inclusive no exterior.[35]

Nesse universo de construções imagéticas *a posteriori*, fica uma questão: e a *Folha da Tarde*, que legado deixou? É impossível refazer esse desenho prendendo-nos somente ao espaço da redação. O corpo de redação da *Folha da Tarde*, de 1967 a 1984, é formado por dois grupos distintos: os de antes e os de depois do AI-5. A existência dessas duas *castas* se cruza intimamente com os acontecimentos políticos do momento. Além de reportar a realidade para as folhas impressas, muitos dos que lá trabalharam tiveram engajamento contra ou a favor da repressão. Por isso, ganhar *as ruas* é fundamental para compreender o jornal.

Vale, contudo, uma advertência: se existem imagens dúbias e até opostas sobre a trajetória dos jornais da família Mesquita, não é diferente o que se pensa sobre os da família Frias[36].

A reflexão, portanto, se centra nas tramas do interior do prédio amarelo da alameda Barão de Limeira, 425. Nesse local reuniram-se, segundo Kucinski,

> (...) Otávio Frias, o homem de negócios que prosperara em tempos de ditadura [e] Cláudio Abramo, o mentor elegante e culto que o introduziu no mundo do jornalismo e o seduziu para o projeto de modernização do jornal da família.[37]

---

[34] Entrevista à autora em 21/4/1999.

[35] Alípio Freire, Izaías Almada e J. A. de G. Ponce (Orgs.), *Tiradentes: um presídio da ditadura. Memórias de presos políticos* (São Paulo, Scipione Cultural, 1997), p. 43.

[36] Gostaria de destacar que solicitei, tanto a Octavio Frias de Oliveira como a seu filho, Otavio Frias Filho uma entrevista para conversar sobre a *Folha da Tarde*. Ambos, porém, alegaram uma agenda conturbada, que os impedia. Vale sublinhar que, diferentemente de rádios e televisões, que são concessões do governo e, portanto, passíveis de serem dadas ou retiradas, jornais são empresas privadas prestadoras de serviço. Vendem a narração dos fatos ocorridos e suas análises acerca deles. Mas, como ressalta Abramo, a regra que parece imperar é a de que entendem o jornal como sendo do dono. Assim, "se o jornal não quiser publicar, não publica, mesmo porque não é meu. (...) O jornal é deles e eles fazem o que quiserem" (Abramo, op. cit., p. 118).

[37] Bernardo Kucinski, *A síndrome da antena parabólica...*, op. cit., p. 66.

230

Assim, compreender o porquê de a *Folha da Tarde* renascer em 1967 também é uma forma de adentrar essa teia de relações. As uniões e separações dos Frias com figuras como Cláudio Abramo e seus pares indicam os difíceis caminhos que unem idealismo e realidade no Brasil pós-1968, tendo como palco o prédio amarelo. Para ver e rever alguns desses embates, faz-se importante trazer à tona a trajetória desse periódico.

Por que a Folha da Tarde *renasceu?*

Os caminhos percorridos pela *Folha da Tarde* são um reflexo dos limites e possibilidades do Brasil após o AI-5. Mas, principalmente, espelham as escolhas que cada um achava possível fazer naquele momento. O jornal imprimiu tanto em suas páginas como na disposição da sua redação os trajetos eleitos pelo Grupo Folha da Manhã. As questões políticas estiveram ou não impressas nas suas páginas, respeitando acordos e conveniências. Na retrospectiva feita por Cláudio Abramo, o jornalista pondera o instante vivido e as alternativas possíveis dos donos do jornal, algo entre os anéis ou os dedos, e comenta que,

> (...) de 1969 até 1972 a *Folha* atravessou um período negro, em que não havia espaço político algum no jornal. Na verdade, o jornal não tinha condições de resistir às pressões do governo, e por isso não provocava. Foi uma política muito sábia, que Frias aplicou ao jornal. Se provocasse, o governo cobraria do jornal. Foi nessa época que se formou o núcleo policial da Agência Folha, composto por remanescentes do grupo que estava na *Folha* quando fui para lá, em 1965. Esse pessoal mais tarde passaria para a *Folha da Tarde*, transformando-a no jornal mais sórdido do país.[38]

Parece contraditória a posição de Abramo ao concordar com as atitudes de Frias naquele momento. Até porque a vida desse jornalista foi marcada por duas outras escolhas desse empresário. A de 1977 e, em 1972, quando os *bilhetinhos* da censura já estavam invadindo as redações[39]. Nessa época, Cláudio Abramo foi afastado do jornal por Frias, seguindo o conselho de um amigo de Abramo, que o achava pessimista diante do momento vivido... Mas, ao que parece, tudo valia a pena para preservar o jornal enquanto instituição. E esse sempre foi o discurso dos que buscaram justificar os métodos utilizados para preservar o "bem maior".

A *Folha da Tarde* renasceu em uma brecha ainda aberta em fins de 1967 e que logo se fechou. Se o jornal despontou sob um signo arrojado, foi perdendo esse fôlego no decorrer da caminhada. Para fazer frente ao *Jornal da Tarde,* tido

---

[38] *A regra do jogo*, op. cit., p. 87.

[39] Uma reflexão sobre esse *expediente* está contemplada no último item do capítulo 3.

por muitos como mais à esquerda, ou menos à direita, o Grupo Folha da Manhã relançou a *Folha da Tarde*, com uma diretriz, naquele instante, de reportar a efervescência cultural e as manifestações estudantis a pleno vapor. O jornalista Ivan Ângelo, ao redesenhar o momento, pergunta-se o que acontecia no mundo entre 1966 e 1970 e responde

> (...) a Nova Mulher inaugurava-se ruidosamente. (...) Os jovens passavam as senhas da sua revolução através da conspiração internacional do rock'n'roll. Para eles, a guerra era o mal, heróis eram os que estavam contra ela. Herói era Classius Clay, aliás, Muhammad Ali, aquele maldito que se recusou a lutar no Vietnã. Heróis eram aqueles caras que viravam carros e jogavam pedras e coquetéis Molotov na polícia, em maio de 68, em Paris, e queriam pôr fogo na Sorbonne, porque a universidade "estava morta". Herói era Guevara, que foi procurar a revolução em outro lugar, quando Cuba encaretou.[40]

Nessa "nova ordem mundial", o *JT* e a *Folha da Tarde*, quando chegaram às bancas, encontraram no Brasil os festivais de música que revelaram Caetano Veloso, Chico Buarque, Gilberto Gil, Gal Costa, Geraldo Vandré e muitos outros. O próprio Roberto Carlos, tido como mais "enquadrado", mandava tudo para o inferno. No teatro, o Oficina encenava *O rei da vela*, e quatro peças de Plínio Marcos estavam em cartaz em São Paulo[41].

Dois anos antes, Antonio Callado e Carlos Heitor Cony estiveram presos juntos em uma cela do quartel da Polícia do Exército da rua Barão de Mesquita, no Rio de Janeiro. Lá também estava Glauber Rocha[42]. Quando saíram, publicaram, respectivamente, *Quarup* e *Pessach*. Mas também havia a efervescência contestatória dos movimentos estudantis, que cresciam em uma progressão geométrica, e os primeiros passos da luta armada. Assim, eram tempos em que as radicalizações engatinhavam[43].

Nesse panorama e saudado pelo *Jornal do Brasil* com a manchete "São Paulo tem novo vespertino", a reportagem informava que

> (...) impressa em *offset* e com fotos a cores, volta a circular a partir de hoje, depois de seis anos, a *Folha da Tarde*, de propriedade da empresa Folha da Manhã, presidida

---

[40] Ivan Angelo, "O jornal da era do Aquário", cit.

[41] Acerca das origens do teatro Oficina, ver Marcelo Ridenti, *Em busca do povo brasileiro: artistas da revolução, do CPC à era da TV* (Rio de Janeiro, Record, 2000), p. 161-4.

[42] Essa prisão centra-se no episódio das manifestações contra a reunião da OEA no Rio, em 1965, em frente ao Hotel Glória. Cf. Ridenti, *Em busca do povo brasileiro*, op. cit.; ou Kushnir, "Depor as armas", op. cit.

[43] Nas análises de Marcelo Ridenti (*Em busca do povo brasileiro*, op. cit.), há todo o traçado de uma grande parcela dessa geração que aliou engajamento político à expressão artística, demonstrando, assim, as múltiplas facetas dos personagens ante as demandas do momento vivido.

pelo senhor Otávio Frias de Oliveira, que ainda publica, em São Paulo e Santos, os seguintes jornais: *Folha de S.Paulo* (1ª e 2ª edições), *Última Hora* (três edições diárias em *offset*), *Notícias Populares* e *Cidade de Santos* (também em *offset*).

O novo vespertino dirigido pelo jornalista Jorge Miranda Jordão veio substituir a terceira edição da *Folha S.Paulo*. Seu aparecimento está sendo encarado como de grande importância para o jornalismo paulista, pois ele irá concorrer na faixa de público do *Jornal da Tarde*.

Essa proposta cumpriu seu papel por pouco mais de um ano e oito meses. No meio do caminho entre essa intenção e a realidade, tem-se a decretação do AI-5. Seguindo o desenho do novo tabuleiro político a partir de então, esse jornal passou a ter uma péssima fama e a sua redação foi completamente reformulada. Se no período até meados de 1969 tem-se a bonança, depois reinaram as trevas. Para muitos ativistas políticos de esquerda da época, o Grupo Folha definiu uma política comercial em que cabia um jornal de esquerda, um popular e um policial. A tentativa pré-AI-5 da *Folha da Tarde* foi uma experiência, uma aposta em um nicho de mercado, que não pode ser sustentada com as alterações do cenário. Já o caminho que se seguiu neste jornal foi além de uma outra aposta em direção oposta, também uma escolha.

Nesse sentido, é imprescindível apreender o panorama político brasileiro daquele momento para compreender os caminhos percorridos por esse jornal. Até porque a realidade não pedia licença e adentrava a redação até fins de 1968. A distorção dos fatos e/ou o alinhamento às ideias autoritárias é que deram o tom do jornal no pós-AI-5. A *Folha da Tarde*, a partir de então, trancou sua porta e muitas vezes não reportava o que estava lá fora, mas criava dentro da redação uma narrativa acerca da realidade vivida.

Esquecendo-se dos três pressupostos básicos do jornalismo – fiscalizar o poder, buscar a verdade dos fatos e fomentar o espírito crítico –, a *Folha da Tarde* tornou-se um exemplo claro do colaboracionismo de parte da imprensa com o poder autoritário no pós-AI-5. Colaboraram tanto jornalistas como donos de jornal. E foi dentro de uma redação de jornalistas/censores, jornalistas/policiais, que tudo aconteceu.

O retrato da *Folha da Tarde* poderia começar a ser feito pelas acusações a ela dirigidas. Mas talvez seja importante primeiro capturar um projeto que naufragou. Os meses mais luminosos da *Folha da Tarde*, tão curtos, resgataram um jornalismo impossível de ser exercido naquele local depois de 13/12/1968.

Naquele primeiro instante, a *Folha da Tarde* tornou-se um modelo de jornalismo de oposição com um patrão, que, no caso, era de tendência conservadora. Esse empregador estava mais interessado, certamente, em atender as vontades dos leitores/compradores, e estes queriam informar-se acerca dos movimentos de oposição estudantil e das manifestações culturais que fervilhavam. Sintonizado com uma das tendências do mercado que clamavam por contestação, esse "dono de jornal" percebeu o filão (econômico) que significava o tabloide renascer em reciprocidade a esses desejos.

A fórmula para trazer novamente às bancas a *Folha da Tarde*, portanto, pretendeu saciar uma ânsia por informações do "momento vivido". Para isso, foi importante uma redação com diversas tonalidades de engajamento político, como era o perfil daqueles jornalistas até o fim de junho de 1969. Desde o início, entretanto, nem tudo eram flores e houve uma tensão entre as demandas da direção da empresa e os compromissos daquela primeira redação. Esse embate só se agravaria com o endurecimento do regime. Exemplificam essa ideia segundo as quais as reflexões do jornalista Carlos Brickmann,

> Frias lançou um jornal pensando apenas no aspecto comercial. Naquela época, ele disse na minha frente que, em primeiro lugar, era criador de pintos, em segundo, comerciante, em terceiro, industrial, em quarto, nada, em quinto, nada, em sexto, jornalista. O Jorge Miranda Jordão me contou, em conversa de bar e não posso garantir a precisão, que o Frias o chamou e disse-lhe para fazer um jornal de esquerda. Ele gostou da ideia e fez. Por que um jornal de esquerda? Para atingir o público de esquerda, os estudantes fascinados pelo Vietnã, pelo Cabo Anselmo, pelo Che Guevara. Não era nada, exceto oportunismo mercadológico.[44]

Apenas em um exercício de livre associação, poder-se-ia dizer que, comparativamente, o jornal *Opinião* – um alternativo semanal, criado em 1972 no Rio, que saía às segundas-feiras para concorrer com a revista *Veja* – também foi de oposição com patrão. Assim, há a *Folha da Tarde* na grande imprensa e o *Opinião* na alternativa, em períodos diferentes. Todavia o perfil e as propostas de Fernando Gasparian em muito diferem das de Frias e Caldeira. Mas nem a *Folha da Tarde* nem o *Opinião* tiveram uma longa duração. Jornais de oposição com patrão parecem ser uma equação sem harmonia.

Do racha entre Raimundo Pereira e Gasparian surgiu uma outra publicação, o *Movimento*, em 1975, em São Paulo, de igual tendência anti*status quo*, mas seguindo o exemplo do carioca *Pasquim* – um semanário de humor político nascido em julho de 1969 e de longa duração para os padrões da época –, também não teve um patrão formal. Contra esses dois, foi a ação perversa da censura prévia um dos motivos que os fizeram balançar muitas vezes[45].

---

[44] Entrevista à autora em 21/4/1999.

[45] Gostaria de agradecer a Luís Roberto Clauset, editor de Variedades da primeira fase da *Folha da Tarde*, que me chamou a atenção para esse aspecto entre o *Opinião*, o *Movimento* e o *Pasquim* (entrevista à autora em 29/2/2000). A compreensão da trajetória tanto do *Opinião*, do *Movi-*

234

A trajetória da imprensa alternativa, portanto, traz um dado extremamente relevante para esta reflexão. Muitos dos jornalistas que estiveram na primeira fase da *Folha da Tarde* vieram de outros "tabloides experimentais" e também participaram dessas duas outras experiências, o *Opinião* e o *Movimento*. Nesse sentido, a "*Folha da Tarde* do logotipo vermelho" foi um dos *locus* embrionários de um jornalismo contestador que a repressão fez sucumbir.

Antes da tempestade, a bonança

No primeiro editorial da *Folha da Tarde*, de 19/10/1967, lê-se: "Por que voltamos", um convite e uma carta de intenções, que dizia:

> Leitor, nossos cumprimentos. É um prazer encontrá-lo de novo através da *Folha da Tarde*, que hoje marca seu renascimento, depois de uma jornada interrompida em 1959. Por que a *Folha da Tarde* voltou é fácil explicar: foi por sua causa, leitor, que exige um vespertino moderno, atual, jovem e, principalmente, livre. O vespertino que sabia dar as notícias de um vespertino. A *Folha da Tarde* volta impressa em *offset* , em cores – o mais moderno recurso da imprensa mundial. A *Folha da Tarde* volta com o n.º 4.125, o primeiro número de 1967. As novidades são muitas. Uma delas é a apresentação: mais leve, agora tem uma redação simples, muito informativa. A partir de hoje, para o leitor sempre ao meio-dia, a *Folha da Tarde* está voltando porque sabe que deixou saudades e também que a imprensa brasileira precisa dela.

A *Folha da Tarde* que renasceu naquele outubro de 1967 era um jornal completamente diferente do que existiu entre 1949 e 1959. O projeto a queria moderna, colorida, impressa em *offset*. Nas suas páginas, deveriam estar as questões nacionais do momento e, principalmente, a efervescência que transpirava pelas ruas do país. Quando o jornal foi para as bancas, importantes fatos estavam ocorrendo no país.

Nos três primeiros meses de 1967, a centralidade política pela via da legislação deu seus primeiros passos: em janeiro, foi promulgada a nova Constituição; em fevereiro, sob protesto, a nova Lei de Imprensa; em março, o general Costa e Silva tomou posse na Presidência da República, foi promulgada a nova Lei de Segurança Nacional, e o presidente da República seguinte, general Médici, assumiu o SNI. Naquele mesmo mês, oito militantes do Movimento Nacional Revolucionário (MNR) foram presos na serra do Caparaó, no Espírito

---

mento e do *Pasquim*, como dos jornalistas neles envolvidos e as questões partidas subjacentes é explicitada na reflexão de Bernardo Kucinski, *Jornalistas e revolucionários nos tempos da imprensa alternativa*, op. cit.

Santo[46], e, em julho, o jornalista Hélio Fernandes, proprietário da *Tribuna da Imprensa*, no Rio de Janeiro, foi preso e encarcerado na ilha de Fernando de Noronha, após assinar um artigo contra o ex-presidente Castello Branco, morto dias antes em um acidente aéreo. Em setembro, constituiu-se, no Rio, a Frente Ampla, que reuniu políticos de oposição como o ex-presidente Juscelino Kubitschek e Carlos Lacerda; em dezembro, o PCB, no seu sexto congresso, condenou a opção pela luta armada no Brasil e no 29º congresso da UNE, Luís Travassos, militante da Ação Popular, foi eleito presidente da UNE.

O pano de fundo do período era esse cenário em constante movimento, com muitos instantes de ebulição. No ano de 1967, não houve um vencedor para o prêmio Nobel da Paz. E, em outubro, passou a funcionar, no segundo andar do prédio número 425 da alameda Barão de Limeira, no centro velho de São Paulo, a *Folha da Tarde*. Dirigida primeiramente pelo jornalista carioca Jorge Miranda Jordão[47], contou naquele momento com "velhos jornalistas", que tinham pouco mais de trinta anos de idade, e com pessoas que começavam sua carreira. Muitos deles teriam um papel de destaque em sua profissão nas décadas seguintes.

Fizeram parte dessa redação: João Ribeiro (o primeiro chefe de redação), Raimundo Pereira (editor-geral), Frei Betto (chefe de reportagem, que no jornal assinava críticas literárias e teatrais com o seu nome, Carlos Alberto Libanio Christo), Vicente Wiessenbach, Ciro Queiroz (primeiro editor de Variedades), Luiz Roberto Clauset (editor de Variedades posteriormente), Rose Nogueira (repórter de Variedades), José Airton Milanez (repórter de Variedades), o chargista Chico Caruso (às vezes substituído pelo irmão gêmeo, Paulo, sem que ninguém percebesse), Ricardo Gontijo (secretário de redação), Arlindo Mungioli (chefe de redação), Thereza Cesário Alvim, Luís Edgard de Andrade, José Maria dos Santos, Paulo Sandroni (colunista de Economia), Luís Eduardo da Rocha e Silva Merlino (copy-desk), Carlos Penafiel (editor de arte), Antônio Carlos Ferreira ou Tonico Ferreira (diagramador), Cláudio Maiato (diagramador, um dos mais velhos da redação, tinha mais de quarenta anos na época), Álvaro Luiz

---

[46] Logo após o golpe de 1964, estudantes e militares de baixa patente articularam uma tentativa de resistência. Uma das figuras de destaque desse grupo foi o então deputado federal Leonel Brizola, que do Uruguai articulou a derrotada "guerrilha do Caparaó", cujo mérito é o de ser a primeira articulação armada para resistir à ditadura civil-militar. Ver Jacob Gorender, *Combate nas trevas, a esquerda brasileira: das ilusões perdidas à luta armada* (5ª ed. São Paulo, Ática, 1998); Ridenti, *O fantasma da revolução* (São Paulo, Unesp, 1993).

[47] Entrevista concedida à autora na sede do jornal carioca *O Dia,* onde é diretor de redação, em 23/7/1999.

236

Assumpção (colunista social, apelidado de *Meninão*, cujo *ghost-writer* era Cláudio Vergueiro, repórter de Variedades), Ítalo Tronca (editor de Internacional), Jorge Okubaro (subeditor de Internacional), Gilney Rampazzo (repórter), Afanásio Jazadji (repórter de Polícia), Celso Brandão (editor de Esporte), Miguel Arcanjo Terra (Esporte), Lourenço Diaféria (Esporte), Dante Matiussi e, mais tarde, seu irmão, Paulo Matiussi (também no Esporte), Barah Bordoukhan (repórter), Makiko Yshi e Tânia Quaresma (fotógrafas) e muitos outros[48].

Mesmo com a relação de nomes acima listada, é impossível saber de todas as pessoas que passaram pela redação da *Folha da Tarde*. Não havia expediente publicado e poucas eram as colunas assinadas, como as de José Carlos Bittencourt, Paulo Sandroni, Frei Betto, Luís Edgar de Andrade, Thereza Cesário Alvim[49] e Antonio Garini. Outras, como a de Ibrahim Sued, eram compradas. Para Miranda Jordão, essa prática se deu por uma questão de segurança, para preservar os colaboradores. Já na análise de Frei Betto, isso ocorreu devido às exigências da empresa. O jornalista ganhava mais se não tivesse registro em carteira, o que eximia o contratante dos impostos legais. Assim, segundo alguns jornalistas declararam, o jornal decidiu que não registraria ninguém. Outros,

---

[48] Na tentativa de não esquecer ninguém, Tonico Ferreira lembrou que "o Celso Brandão e o Terra tinham vindo da publicidade, uma área nova à época. Acho que eles voltaram para a publicidade depois da *Folha da Tarde*". Ricardo Gontijo recordou-se de que "havia ainda o Nelito, um baiano, secretário de redação", que, para Tonico, era "carioca e *copy-desk* dos bons". Gontijo também se lembrou do "Brasinha (Adílson Augusto), um *copy* extraordinário, e o chefe dos fotógrafos, salvo engano, era João, mas não sei o sobrenome". E Paulo Sandroni fez questão de ressaltar que conviveram com um jornalista "cujo apelido era Rousseau e cujo nome me escapa, mas que era uma grande figura. Ele, se não me falha a memória, era o encarregado de receber as matérias dos vários colunistas, entre os quais eu me encontrava". Luiz Roberto Clauset completou o quadro recordando-se de que o "Rousseau era, como o Nelito, uma espécie de editor executivo; havia também o Néri, repórter; o João Werneck, figura ímpar, *copy-desk*; e o Maranhão, na Internacional, junto com o Ítalo". Gostaria de salientar que esse quadro melhor se compôs após o depoimento da jornalista Rose Nogueira, que se lembrava de quase toda a redação (entrevista à autora em 1/3/2000).

[49] A jornalista Thereza Cesário Alvim, na época casada com Miranda Jordão, escrevia sua coluna no Rio de Janeiro. Seu colega, o também jornalista Flávio Tavares – que foi comentarista político do jornal *Última Hora* no Rio e em São Paulo de 1960 a 1968 e esteve vinculado ao processo da "guerrilha do Caparaó" – cita o nome de Thereza nessa tentativa de resistência à ditadura, Flávio Tavares, *Memórias do esquecimento* (São Paulo, Globo, 1999), p. 184-5.

Em 1979, a jornalista organizou uma coletânea de artigos publicados nos jornais no primeiro ano do golpe de 1964. O objetivo era demonstrar que, se muitos periódicos escreveram editoriais de apoio à derrubada do presidente João Goulart, imediatamente depois inverteram suas posições. Com o título "A imprensa disse não", reflexões posteriores demonstram que nem toda a imprensa havia dito não ao golpe de 1964, Thereza Cesario Alvim (Org.), *O golpe de 64: a imprensa disse não* (Rio de Janeiro, Civilização Brasileira, 1979).

contudo, salientam que a prática de assinar matérias não era muito usual e restringia-se às colunas fixas[50].

Só é possível redesenhar esses tempos pelas memórias de cada um. Muitas das recordações se chocam umas com as outras. Alguém se lembrava de ter promovido um repórter, mas o próprio beneficiado não se recorda do fato, enfim, labirintos e vácuos. Não me importei em corrigir as lembranças, apenas em registrar o que ficou para cada um. É importante salientar também que muitos desses jornalistas iniciantes vêm de experiências da imprensa nanica[51], que, na medida do possível, foram recontadas aqui. Os mais velhos chegaram de outros jornais, e também tentei demonstrar sua trajetória. Os tons desse vespertino são refeitos igualmente pelas matérias arquivadas, que cobrem as lacunas que o tempo deixou nas lembranças de cada um[52]. Mas o importante foi trazer, novamente, à tona o clima da redação e confrontá-lo com a efervescência do momento, dessa rica "fauna humana" ressaltada por todos.

A *"Folha da Tarde* do logotipo vermelho" viveu, nesse primeiro instante, até 1º de julho de 1969, o seu período de bonança. Quase um intervalo, menos de dois anos, exatos 22 meses e quinze dias. Teve, nesse início, dois diretores de redação, Miranda Jordão e depois o paulista Antônio Pimenta Neves[53], que ficou pouco mais de dois meses. O carioca Miranda Jordão é, portanto, o grande idealizador e construtor desse projeto jornalístico. Já o paulista Pimenta Neves era um profissional da *Folha de S.Paulo* muito ligado ao editor da época, Cláudio Abramo. Foi socorrer o jornal depois das transformações que o AI-5 causaram ao país e à própria redação da *Folha da Tarde.*

O panorama do jornalismo brasileiro antes do endurecimento do regime militar foi analisado por Kucinski como inscrito em um paradoxo.

> (...) Os jornalistas brasileiros se manifestavam de forma mais crítica e criativa e conquistaram o maior grau de autonomia em relação aos proprietários dos jornais. (...) O jornalismo tornou-se, nesse período, um agregador de mentes e corações. (...) O jornalismo liberal das democracias ocidentais nunca foi e nunca mais seria tão

---

[50] Luiz Roberto Clauset fez questão de ressaltar que, ao requerer sua comprovação de tempo de serviço, a empresa Folha da Manhã lhe entregou, sem problemas, uma declaração do período ali trabalhado.

[51] Acerca de experiência desse tipo de imprensa, Bernardo Kucinski (*Jornalistas e revolucionários...*, op. cit.) ressalta que, entre 1964 e 1980, 150 periódicos surgiram e desapareceram.

[52] Gostaria de agradecer ao jornalista Boris Casoy, que pessoalmente pediu a Otavio Frias Filho o meu livre acesso ao Banco de Dados do Grupo Folha da Manhã, bem como ao trabalho prestativo de Armando Pereira Filho, que, na época da pesquisa, era o responsável pelo Banco de Dados, e também a Edimir e Rafael, que faziam tudo para facilitar as consultas.

[53] Entrevista à autora na sede do jornal *O Estado de S. Paulo* em 11/11/1999.

autônomo como na década de 1960, e isso se refletiu no Brasil, apesar das limitações impostas pelo autoritarismo crescente, pelas cassações e perseguições, pelo medo e pela falta objetiva de garantias legais.

Destacam-se nesse período, além do *Correio da Manhã*, a revista *Zero Hora*, de Porto Alegre, inspirada no *Última Hora*; a revista *Fatos e Fotos*, dirigida por José Augusto Ribeiro; (...) a revista *Realidade*, dirigida por Paulo Patarra (...); *Folha da Tarde*, do grupo Folha, dirigida por Miranda Jordão, em que trabalharam jornalistas também engajados; e *O Pasquim*.[54]

É importante ressaltar que o renascimento desse vespertino e a admissão desse corpo de jornalistas, principalmente os cariocas que a ele aderiram, se ligou a uma outra trajetória: a decadência do *Última Hora*, de Samuel Wainer por todo o país depois do golpe civil-militar de 1964. O jornalista Jorge Miranda Jordão, no início de 1967, estava brigado com Samuel Wainer, que se encontrava exilado na França.

Após o golpe de 1964, Samuel Wainer refugiou-se na Embaixada do Chile no Brasil e partiu para um exílio de quatro anos em Paris. As sucursais do jornal sofreram represálias (a do Rio ficou sitiada por 21 dias). Recordando o período, Wainer justifica, em seu livro de memórias, que "como não havia condição alguma de resistência, o mais sensato era que, naquele momento, cada um cuidasse da própria sobrevivência"[55]. De Paris, Wainer vendeu a *Última Hora* de São Paulo, em agosto de 1965, para Octavio Frias de Oliveira, dono do Grupo Folha da Manhã. Em uma tentativa anterior de salvar o jornal, entregou-o para Rubem Paiva e Fernando Gasparian. Contudo, como declarou anos mais tarde, "o importante naquele momento era assegurar a sobrevivência econômica do jornal e, para tanto, era preciso cautela na linha editorial. Gasparian e Rubem Paiva, entretanto, radicalizaram a posição da *Última Hora*. Vi-me forçado a afastá-los da chefia da redação"[56].

Na percepção de Miranda Jordão, as tentativas de Wainer para reaver seu passaporte e poder retornar ao país faziam dele um homem pouco afeito a choques com o governo. No exílio, Wainer trocou a chefia do *Última Hora* carioca, retirando Miranda Jordão e colocando no lugar dele o jornalista Jânio de Freitas. Corroborando as críticas de Miranda a Wainer, este ao regressar da Europa, apreciou a situação da imprensa e afirmou que,

> (...) ainda assim, a opinião da *Última Hora* seguia tendo peso considerável, um trunfo, aliás, que a equipe da redação, então dirigida por Danton Jobim, talvez não

---

[54] Bernardo Kucinski, *A síndrome da antena parabólica*, op. cit., p. 57-8.

[55] Samuel Wainer, *Minha razão de viver* (Rio de Janeiro, Record, 1988), p. 262.

[56] Ibidem, p. 267.

tenha sabido avaliar. Algumas manchetes e certos títulos me pareciam quase uma irresponsabilidade. Em pleno regime militar, a *Última Hora* soltava manchetes que soavam provocativas aos donos do poder. Era comum aparecer numa edição qualquer, no alto da primeira página, algo como "ELEIÇÕES, SÓ DE MISS". Os militares, naturalmente, não sentiam prazer algum nesse tipo de leitura.[57]

Demitido da *Última Hora*, Miranda Jordão chegou à *Folha da Tarde* convidado por Octavio Frias de Oliveira, que o conhecia desde os tempos em que trabalhara no jornal de Wainer, em São Paulo, entre 1958 e 1960. A trajetória de Jordão começou em 1953, na *Última Hora* do Rio, de onde se transferiu para São Paulo, e, depois, entre 1960 e 1962 esteve em Porto Alegre. Retornou à *Última Hora* no Rio e, com a sua crise, voltou para São Paulo, em 1967, então para o Grupo Folha da Manhã. Foi nesse momento de busca de novos caminhos profissionais que Miranda Jordão veio a São Paulo procurar contatos e amigos, como Frei Betto.

O ano de 1967 foi especialmente rico para o dominicano. Frei Betto fazia a assistência de direção de José Celso Martinez Corrêa na peça *O rei da vela*, montada no Teatro Oficina. A pedido de Frei Osvaldo Rezende, aluno da Faculdade de Filosofia da USP, seu colega na Ordem Dominicana e amigo desde a militância na Juventude Universitária Católica (JUC), recebeu a visita de um certo professor Menezes, que, na verdade, era Carlos Marighella, que buscava o apoio logístico do grupo de frades ao Agrupamento Comunista de São Paulo, posteriormente a ALN[58].

Foi nessa época também que Frei Betto recebeu a visita do jornalista Jorge Miranda Jordão, em São Paulo. Para o religioso, a volta de Miranda Jordão à cidade pode ser definida como um acaso, já que,

> (...) em 1967, fui procurado no convento pelos jornalistas Jorge Miranda Jordão e Thereza Cesário Alvim. Vindos do Rio, tinham o projeto de fundar um jornal no estilo do *Brasil Urgente*, o pioneiro da chamada "imprensa nanica", criado e dirigido por Frei Carlos Josaphat Pinto de Oliveira. Um dos jornais mais progressistas do país, o *Brasil Urgente* abraçou a tese das "reformas de base" até que o golpe militar o retirasse das bancas.
> Frei Carlos já se encontrava exilado na Suíça, expliquei ao casal [que] os dominicanos não tinham interesse em retornar ao jornal.
> A viagem a São Paulo, se não serviu para concretizar o projeto do novo tabloide, teve a vantagem de abrir uma nova porta para a carreira de Jorge: Otávio Frias convidou--o para fundar novamente a *Folha da Tarde*. Ao assumir a direção do vespertino,

---

[57] Ibidem, p. 274.

[58] Frei Betto, *Batismo de sangue*, 2000, op. cit., p. 57-8.

240

Miranda Jordão convidou-me para integrar o corpo de repórteres. Ali, ao lado de jornalistas que se iniciavam na carreira, eu dividia o trabalho entre a crítica teatral e a cobertura das manifestações estudantis.[59]

No convite de Frias a Miranda Jordão, a intenção era clara: competir com o *Jornal da Tarde* e o seu sucesso, naquele momento, entre os estudantes. Para compor sua equipe, os amigos de Miranda Jordão, principalmente os cariocas, pouco a pouco iam chegando. Da *Última Hora*, veio o jornalista João Ribeiro, que lá era, na época, editor da primeira página e se tornou o chefe de redação, e Ciro Queiroz, para a editoria de Variedades; além de Frei Betto, que trabalhava na revista *Realidade*. Concomitantemente à convocação para dirigir a *Folha da Tarde*, Frias também entregou a Miranda Jordão o recém-fundado Departamento de Informação, Correspondente e Sucursais (Dics), precursor da Agência Folha.

A *Folha da Tarde* era um vespertino de verdade. Escrito de madrugada e impresso pela manhã, chegava às bancas na hora do almoço. O tabloide, que, na verdade, era um *standard*, contava com dezesseis páginas. Na página dois, havia o editorial, cujo título era "Boa tarde, leitor" e algumas colunas assinadas. Por sair ao meio-dia, na primeira página, do lado esquerdo, existia uma coluna vertical do início ao fim da página com a chamada "Hoje", na qual o leitor poderia acompanhar os principais fatos ocorridos naquela manhã.

O recém-formado estudante de economia Paulo Sandroni entrou na *Folha da Tarde* aos 26 anos. Era professor universitário em Rio Claro, no interior de São Paulo, e foi chamado para a *Folha* pelo jornalista Jorge da Cunha Lima, chefe da redação paulista da *Última Hora*, e "o Miranda Jordão efetivou o convite para que eu redigisse uma coluna diária [assinada] sobre economia"[60].

Já o jornalista Raimundo Pereira[61] começou na *Folha da Tarde* aos 27 anos, vindo das revistas técnicas da Editora Abril e de uma experiência no grêmio da Faculdade de Filosofia da USP, dirigido por José Roberto Arantes[62], que,

---

[59] Frei Betto relatou essa passagem em dois momentos: em uma entrevista à autora, no convento dos dominicanos em São Paulo, no dia 3/11/1999, e no seu livro *Batismo de Sangue*, (2000), op. cit., p. 61. É interessante que, nesse livro, na edição de 1982, há a seguinte dedicatória: "Para o Jorge, que, no afeto, venceu o medo" e, na edição de 2000, ficou: "Ao Jorge Miranda Jordão, que, no afeto, venceu o medo".

[60] Entrevista concedida à autora em 5/5/2000.

[61] Devido à agenda do jornalista e por estar residindo entre São Paulo e Brasília, as trocas de informações foram feitas por e-mail entre 26/7 e 1/8/2000.

[62] José Roberto Arantes foi líder estudantil e vice-presidente da UNE. Aluno do ITA, foi preso no 30º congresso da UNE, em Ibiúna. Militou na ALN e, posteriormente no Molipo (Movimento de Libertação Popular). Foi assassinado pelos órgãos de repressão em novembro de 1971, aos

como ele, também estudara no Instituto Tecnológico da Aeronáutica (ITA)[63]. O projeto de ambos era o jornal *Amanhã* – um semanário que teve apenas sete edições. Outros três jornalistas desse tabloide também estiveram desse jornal estiveram com Raimundo Pereira na *Folha da Tarde*. Foram eles: Luís Eduardo da Rocha Merlino, Ítalo Tronca e Tonico Ferreira[64].

Raimundo Pereira foi para a *Folha da Tarde* por sugestão de outro jornalista da *Última Hora*, Lima Santana, que trabalhava também nas revistas técnicas da Editora Abril. No jornal, era editor de texto e preparava o material principal da edição e as matérias da primeira página. As chamadas principais ficavam a cargo do chefe de redação, o jornalista João Ribeiro.

Outro que também veio da *Última Hora* do Rio foi Carlos Penafiel, que entrou para a *Folha da Tarde* em 1967, quando tinha trinta anos. Iniciara sua carreira em jornais na *Tribuna da Imprensa*, como diagramador, e foi convidado por Miranda Jordão para ser editor gráfico e integrar a equipe da *Folha da Tarde*. O convite, aceito de primeira hora, era interessante porque, além de trabalhar com amigos, ia participar do lançamento do primeiro jornal brasileiro em *offset* e em cores. Para Penafiel, "chegamos em julho, preparamos um número zero e o jornal começou a circular em outubro [de 1967]"[65]. A

---

28 anos, quando *caiu* o *aparelho* da rua Cervantes, nº 7, em São Paulo. Ver Nilmário Miranda e Carlos Tibúrcio, *Dos filhos deste solo. Mortos e desaparecidos políticos – a responsabilidade do Estado* (São Paulo, Fundação Perseu Abramo/Boitempo, 1999), p. 131-2; e "Zé Arantes, o guerrilheiro que veio de Cuba", em Denise Rollemberg, *O apoio de Cuba à luta armada no Brasil: o treinamento guerrilheiro* (Rio de Janeiro, Mauad, 2001).

[63] Acerca de sua militância política, Raimundo Pereira narrou que teve "alguma no ITA, onde fui ligado ao 'Partidão'. Posteriormente, depois do ITA e depois de ser solto, pois fui preso com o golpe militar de 1964, tive uma militância rala na Polop, através do Ceici Kameiama, que também foi do ITA e hoje está no PT de São Paulo". Após sua prisão, Raimundo Pereira foi expulso do ITA, onde havia uma célula de militantes do PCB. Na qual também militava José Roberto Arantes, também expulso na mesma ocasião e pelos mesmos motivos.

[64] Acerca dessa experiência, o jornalista Tonico Ferreira fez o seguinte comentário: "O *Amanhã*, lançado em 1967, merece um estudo universitário mais profundo. Era um semanário que durou sete números e foi a primeira experiência do grupo que, mais tarde, fez o *Opinião* e o *Movimento*. O líder já era o Raimundo Rodrigues Pereira, um dos maiores jornalistas da imprensa moderna no Brasil" (o jornalista Tonico Ferreira, na época da pesquisa desta tese, era correspondente da Rede Globo em Londres. Portanto, concedeu essas declarações por e-mail entre 16/3 e 17/4/2000. Agradeço a Maurício Maia, que possibilitou esse encontro).

Na classificação de Kucinski (*Jornalistas e revolucionários*, op. cit., p. 403), o jornal, nascido em São Paulo, tinha um formato tabloide, de frequência mensal, cujo editor era Raimundo Pereira. Teve uma predominância de temas políticos, feito de reportagens e de duração efêmera, pois existiu por menos de um ano.

[65] Carlos Penafiel, que na época da pesquisa deste trabalho morava no interior do estado de São Paulo, forneceu as informações por e-mail entre 18/5/2000 e 22/5/2000.

242

questão da impressão do jornal foi de difícil solução. Enquanto o *Jornal da Tarde* parecia ter resolvido essa "modernidade", a *Folha da Tarde* não teve a mesma sorte.

Clauset diferenciou os dois jornais da seguinte perspectiva: enquanto o *JT* era mais evoluído tecnicamente, a *Folha da Tarde*, mesmo que feia, tinha uma grande preocupação com o conteúdo. Nessa linha, Tonico Ferreira, um dos diagramadores, lembrou que

> [no começo], o *offset* tornou o jornal muito feio. Ninguém dominava a nova técnica e as cores não saíam ajustadas. As fotos eram horrorosas. Lembro-me da primeira edição – ou de uma das primeiras – feita [ainda na época do] Miranda Jordão. Foi no dia do primeiro transplante de coração em São Paulo, [26/5/1968]. Todos os jornais saíram com a foto do paciente que recebeu o novo coração – chamava-se João Boiadeiro, se não me engano. A *Folha da Tarde*, para se diferenciar, saiu com a foto do doador acidentado – cara amassada em um acidente de trânsito.

Dilemas de imagem à parte, a proposta do jornal era dar forte ênfase às questões políticas que o momento vivia, principalmente às manifestações estudantis. Nas memórias de Frei Betto, foi

> (...) através de Jorge [Miranda Jordão], [que] eu consegui ser o repórter pautado pela chefia de reportagem para cobrir as manifestações estudantis. Assim, a *Folha da Tarde* tornou-se o único jornal a cobrir os fatos pela ótica dos manifestantes, reservando pouco espaço à versão das autoridades.
> Promovido a chefe de reportagem, mantive um *setorista* no DOPS que me passava informações de operações repressivas, de modo a prevenir os alvos visados. Militantes de organizações armadas transmitiam-me com antecedência planos de expropriações bancárias e de roubos de explosivos e armas, para que o jornal estivesse preparado para furar o bloqueio da censura e noticiar as ações revolucionárias.
> Levei dois amigos para a *Folha da Tarde*: Ricardo Gontijo, para quem obtive, junto a Miranda Jordão, o cobiçado cargo de secretário do jornal, e Conrad Detrez, para a editoria de Internacional, (...) que havia sido preso por participar da AP [Ação Popular].[66]

---

[66] Na perspectiva de Frei Betto, Detrez foi o último jornalista a entrevistar Carlos Marighella. E "(...) ninguém na redação dava-se conta da cumplicidade entre o repórter [Frei Betto] e o diretor [Miranda Jordão]" (Frei Betto, *Batismo de sangue*, 2000, op. cit., p. 62), p. 62. É importante sublinhar que o livro de memórias de Frei Betto, o *Batismo de sangue*, recebe desde sua primeira edição, no início dos anos 1980, profundas críticas de ex-militantes. A celeuma centra-se no assassinato do líder da ALN, Carlos Marighella, quando este ia se encontrar com freis dominicanos. O que se falou sob tortura e a possibilidade de os freis terem entregue o militante são temas que ainda tocam em chagas abertas. O livro de Frei Betto é, por muitos, visto como uma narrativa construída para inocentar os dominicanos envolvidos no episódio.

Poucos dias depois do primeiro número, a *Folha da Tarde* imprimiu em suas páginas da edição de 27/10/1967 muitas fotos do confronto de policiais do Deops com os alunos do Mackenzie, que não queriam uma nova direção para a União Estadual dos Estudantes (UEE), que elegeria José Dirceu. Frei Betto registrou que, como repórter da *Folha da Tarde* e incumbido de cobrir as atividades estudantis de 1968,

> (...) conheci o Zé Dirceu na rua Maria Antônia, quando ele assumiu a presidência da UEE. Protegiam o bem montado esquema de segurança, o que facilitava a presença rápida e a palavra corajosa nos comícios-relâmpago. Para ele, como confessou certa ocasião, eu não passava de um estranho repórter que fazia perguntas indiscretas e, por vezes, diretamente políticas, deixando-lhe a impressão de, quem sabe, ser um agente dos órgãos de informação disfarçado de jornalista... Qual não foi sua surpresa quando um dia frei Oswaldo o levou para almoçar em Perdizes e, ao entrar no refeitório do convento, viu-me comendo entre os frades![67]

A temática destinada a Frei Betto, fervilhava nas ruas e nas páginas do jornal nesse fim de 1967 e durante 1968 e marcaria a trajetória dessa primeira fase do periódico. A manchete principal do dia do "nascimento" do jornal, entretanto, comemorava a descida da sonda espacial Vênus-4, soviética, no solo de Marte.

A linha editorial, portanto, era de oposição ao governo, enquanto este permitiu. O jornal caminhava, nesses primeiros tempos, para encontrar seu perfil e definir seu público-alvo. Foi o desenrolar do panorama e o posicionamento pessoal dos jornalistas daquela redação que deu o tom do jornal. No fundo, ele constituiu um reflexo do momento vivido. Assim, como refletiu Paulo Sandroni, "não creio que fosse um jornal de esquerda, mas ganhou esse caráter depois".

Nas manchetes da *Folha da Tarde* de 1968, o enfoque era quase sempre político. No mês de abril de 1968, as reportagens narravam as torturas sofridas durante oito dias, no Rio, por dois irmãos e cineastas durante a missa de sétimo dia do estudante Edson Luís, morto no mês de março em um conflito com a Polícia Militar, no restaurante estudantil Calabouço, no Rio[68]. No Dia do Trabalho, o governador de São Paulo, Abreu Sodré, mandou prender 23 pessoas

---

[67] Frei Betto, *Batismo de sangue*, 2000, op. cit., p. 89-90.

[68] A revelação da existência de tortura política no Brasil causaria muitos remanejamentos na imprensa. Seguindo a trilha aberta pelo jornalista Hélio Fernandes, no jornal *Tribuna da Imprensa*, a revista *Veja* de 10/12/1969 apresentou um grande dossiê acerca do tema. Em consequência disso, a revista foi obrigada a reformular-se. O jornalista Raimundo Pereira foi transferido para a seção de Variedades, para não ser demitido, e Elio Gaspari tomou o seu

e enquadrá-las na Lei de Segurança Nacional por agitação na praça da Sé. Em junho, foram as rajadas de metralhadora contra os estudantes que ocupavam a Reitoria da Universidade Federal do Rio que saíram em letras garrafais. As lutas no interior da UNE também ganharam as páginas do jornal, trazendo as disputas e a posição do presidente da entidade, Luís Travassos.

Na edição de 10 de julho, a *Folha da Tarde* relatou uma história que, mais tarde, seria corriqueira nas salas de aula das universidades: a existência de olheiros. Na reportagem, aparece uma moça que trabalhava na 8ª Delegacia de Polícia, em funções burocráticas, e que servia de delatora na Faculdade de Filosofia da USP. Assim,

> (...) cínica, ingênua, idealista, maluquinha, vendida, aliciante – qual destes adjetivos melhor se presta para catalogar Heloísa Helena Magalhães, a Helô, ou "Maçã Dourada", ou (como dizem os estudantes) "a espiã que abalou a Maria Antônia?".

Traçando seu perfil de forma pouco séria, quase jocosa, com fotos do seu dia a dia, relatava-se que não prestou vestibular e que mencionou, no Dops, ao delegado Celso Telles[69] que gostaria de estudar letras clássicas. O delegado teria dito "que era só eu procurar o senhor Edgar, daqui da faculdade, que ele iria arranjar tudo, e ele arranjou".

Dias depois, o Conselho de Segurança Nacional proibiu as manifestações de rua. Mas, em agosto, foram os protestos estudantis no Rio contra a prisão de Vladimir Palmeira, presidente da União Metropolitana de Estudantes, as acusações a Carlos Marighella pelos assaltos ocorridos e a bomba que explodiu na sede do Dops paulista que estiveram nas manchetes do jornal. Em setembro, foram os casos de tortura executada pelos Dops do Rio e de São Paulo. No bojo desses episódios, despontou um nome que perduraria vinculado aos porões da ditadura paulista como, segundo a pesquisa do *Brasil: Nunca Mais*[70], funcionário do aparelho de repressão, o do delegado e torturador Waldy Simonetti[71].

---

lugar. Semanas depois, a revista precisou publicar uma matéria sobre o senador da ARENA, Filinto Müller, no seu jardim, para amenizar sua relação com o governo. Esse fato me foi narrado, em entrevista, por Mino Carta (16/12/1998) e por Ítalo Tronca (3/5/2000), ambos na *Veja* naquela época.

[69] Celso Telles foi delegado de polícia. Trabalhou no serviço secreto da Delegacia de Ordem Política do Dops, chefiou departamentos e chegou à chefia da Polícia Civil.

[70] *Brasil: nunca mais* (40ª ed., Petrópolis, Vozes, 1985).

[71] Na discutível biografia de Percival de Souza sobre o delegado Fleury, (*Autópsia do medo...*, op. cit., p. 54-5), lê-se que Waldy Simonetti foi delegado de polícia do Dops de 1964 a 1969 e que conheceu Fleury como investigador de radiopatrulhas. Em 1969, antes da emboscada no bairro dos Jardins, em São Paulo, em que foi assassinado Carlos Marighella, Simonetti encontrou o dirigente da ALN perto de um colégio. Calmo, descontraído, Marighella vestia

No editorial de 19 de setembro, havia uma nota sobre as atividades do CCC contra a atriz Ruth Escobar, que informava que "diariamente o teatro recebe telefonemas ameaçadores". Seu teatro foi palco também de um dos mais famosos episódios de terrorismo desse grupo, que atuou muito em 1967 e 1968. Em 18 de julho, artistas da peça *Roda viva*, de Chico Buarque, com direção de José Celso Martinez Corrêa, foram agredidos por fanáticos de direita[72].

Ao lado da reportagem de setembro, uma outra expunha a renúncia da candidatura de José Dirceu para apoiar Vladimir Palmeira à presidência da UNE. Em um pequeno boxe ao lado dessa informação, havia a notícia da libertação de quatro estudantes presos sob suspeita de roubo de carros. Entre eles se encontrava Chael Charles Schreier, da Faculdade de Medicina da Santa Casa[73].

Em 2 de outubro, em letras garrafais, o jornal dizia: "Conheça Vladimir, ele quer o poder". Em uma entrevista, o líder estudantil, de 24 anos, que ficou preso por 46 dias, prometia estar em São Paulo para o congresso proibido da UNE. Acerca da matéria publicada nesse dia na *Folha da Tarde*, Frei Betto destacou que Vladimir Palmeira

> (...) camuflava, sob aspecto simples, desalinhado, a origem abastada e a agressividade política que o tornara o mais conhecido líder estudantil do país. Nossa conversa,

---

terno e mostrou uma carteira de funcionário do Serviço Funerário Municipal, convencendo, assim, os policiais de que era apenas parecido com Marighella, mas menos calvo. Simonetti só soube que fora enganado quando Marighella estava morto, sem peruca, conforme revelação feita discretamente pelo serviço secreto do Dops.

A minha ressalva feita ao livro do jornalista Percival de Souza deve-se ao fato de que, mesmo trazendo depoimentos de pessoas ligadas à repressão (a "voz dos vencedores", como fez questão de definir), a pesquisa falha por reproduzir imagens distorcidas tanto de ex-militantes como do próprio delegado Fleury. Fruto de anos como jornalista policial do *Jornal da Tarde*, Percival de Souza conheceu essas "vozes" na intimidade. As imagens construídas em seu trabalho são desmontadas por outros estudos recentes – como exemplo, a narrativa da morte de Carlos Marighella, que no livro compila as várias versões já publicadas, entre outras.

Na tentativa de adentrar o universo particular do delegado Fleury, Percival de Souza traz à tona uma história conhecida, o envolvimento afetivo do delegado com a advogada Leonora Rodrigues de Oliveira, irmã do jornalista Raimundo Pereira. Percival recria um Fleury caricatural, diluindo as tonalidades de sua crueldade como torturador nos bilhetes infantis de um amante quase adolescente.

[72] Rofan Fernandes, *Teatro Ruth Escobar: 20 anos de resistência* (São Paulo, Global, 1985).

[73] Chael Charles Schreier, militante da VAR-Palmares, morreu aos 23 anos, no dia 22 de novembro de 1969, no Rio. Sua morte é o primeiro caso comprovado de falecimento sob tortura após prisão para interrogatório. Sua história foi narrada pelo jornalista Bernardo Kucinski na revista *Veja* de 10/12/1969, em reportagem sobre a tortura no Brasil.

Acerca de Chael e de outros nove militantes das esquerdas armadas que eram de origem judaica, ver Beatriz Kushnir, "Nem bandidos, nem heróis: os militantes judeus de esquerda mortos sob tortura no Brasil (1969-1975)", op. cit.

246

registrada em fita, foi reproduzida na forma de longa entrevista de página dupla, na *Folha da Tarde*, graças à cumplicidade tácita do diretor do jornal, Jorge de Miranda Jordão. A euforia do furo de reportagem mesclava-se ao medo de que a polícia viesse buscar-me para saber o paradeiro de Vladimir. Apreensivo, aguardei a intimação que nunca chegou.[74]

No dia seguinte, 3 de outubro, foram duas as manchetes da primeira página: os 12 mil estudantes reprimidos por soldados do Exército na Cidade do México e "Maria Antônia volta a ferver", quando um aluno, José Guimarães, foi morto por membros do CCC e do Mackenzie. As fotos do confronto entre os alunos do Mackenzie e os da Filosofia da USP, que ganharam manchete também no dia 4 de outubro, foram feitas por Makiko Yshi, fotógrafa da *Folha da Tarde* e uma das primeiras mulheres nessa função. Nelas aparecem os estudantes do Mackenzie atirando na direção da fotógrafa[75]. Recorrente na memória de seus colegas, essa sequência de três fotos ilustra o clima que o jornal procurava captar nas ruas e mostrar. Em forma de crônica, a reportagem relata os acontecimentos do dia anterior, quando

(...) às 11h15, a Rádio Eldorado suspendeu sua programação normal para transmitir um comunicado que chegara naquele instante: "mackenistas (sic), venham defender a sua universidade, que está sendo invadida pelos universitários da USP".

Dez dias depois, em 14 de outubro, a chamada da primeira página dizia: "UNE já pensa na sua volta". Depois do cerco policial ao trigésimo congresso da entidade ocorrido dois dias antes, em Ibiúna, onde mais de setecentos estudantes foram presos, os libertos prometiam passeatas por todo o país. Frei

---

[74] Frei Betto, *Batismo de sangue*, 2000, op. cit., p. 88.

[75] Vários entrevistados lembravam-se de uma fotógrafa de ascendência japonesa, Makiko Yshi, que tirou as fotos para essa reportagem, na qual há uma sequência de três imagens do conflito na Maria Antônia, em que os estudantes atiravam em sua direção. Uma dessas fotos encontra-se reproduzida no caderno de imagens deste livro.

Eram poucas as mulheres na redação, que seriam as fotógrafas Makiko e Tania Quaresma, e a jornalista Rose Nogueira. Tonico Ferreira recorda-se de que "a Rose era a mais bonita, a mais agitada da redação. Depois, tornou-se uma grande diretora de televisão – dirigiu o TV Mulher, da Globo". Na entrevista que me concedeu, Rose várias vezes refletiu acerca de uma dicotomia que o mundo externo lhe apresentava: "ser bonita e ter uma militância política".

As memórias de Tonico Ferreira sobre as mulheres da redação continua, lembrando que, "(...) por falar em mulheres bonitas, havia uma *nissei* fotógrafa linda, cujo nome me escapa. Corajosa, tirou fotos de pessoas do CCC em uma reportagem-denúncia e foi perseguida pelos membros fascistas desse grupo". Penafiel também ressaltou a beleza da moça e lembrou-se de que, quando ela entrou para a *Folha da Tarde*, vinha "meio refugiada do Paraguai. Tinha alguma implicação política fora do Brasil que não sei qual era". Infelizmente, não consegui localizá-la.

Betto relatou que o setorista de polícia da *Folha da Tarde* informou-lhe que os estudantes seriam presos durante o congresso clandestino. Mas era impossível avisá-los[76]. Assim, restou ver a cobertura do congresso proibido feita para o jornal por Luís Eduardo Merlino e Antônio Melo, que é rica em detalhes, nomes e fotos. No canto esquerdo da mesma primeira página, na coluna "Hoje", anunciava-se a morte do oficial americano Charley Rodney Chandler. Em um exemplo de ação da esquerda armada, o capitão da Agência de Inteligência Americana foi metralhado em São Paulo em uma ação conjunta da VPR e da ALN.

Nas reflexões de Gorender narra-se a perplexidade que tomou conta das redações no dia 12/10/1968, com as duas grandes manchetes do dia a serem escolhidas: o *justiçamento* do capitão Chandler ou a prisão de 739 universitários, detidos e levados para o presídio Tiradentes, onde foram fichados, liberados e transferidos para seus estados[77]. Um grupo de líderes, contudo, permaneceu naquele cárcere. Solucionando o dilema, a *Folha da Tarde* ilustrou as prisões em Ibiúna de maneira detalhada. Como o jornal nascia com a proposta de cobrir os movimentos estudantis, Luís Eduardo Merlino esteve presente no congresso proibido da UNE para cobri-lo. Mesmo detido e transferido para o presídio Tiradentes, Merlino pôde, além de reportar os fatos, trazer mensagens dos companheiros presos.

Sua reportagem, de cinco páginas, relatava e mostrava a violência praticada no local, que aumentaria a partir de então por todo o país. Merlino contou sobre os jovens que chegavam de todas as partes e que tomaram de surpresa a pacata Ibiúna, que ficou sem comida. Os homens do Dops aportaram na quinta--feira, dia 10, ao mesmo tempo em que os estudantes também continuavam a desembarcar. O jornalista preocupou-se em nomear cada agente da repressão envolvido e em denunciar a prisão dos líderes estudantis, como Vladimir Palmeira, Luís Travassos, José Dirceu e Franklin Martins, e do seu amigo dos tempos do *Amanhã*, José Roberto Arantes. No pátio do presídio Tiradentes, o orgulho (sarcástico) dos investigadores do Dops pelo sucesso da "colheita de tantos subversivos" foi registrado pelo jornal. Solto, Merlino fez das páginas da *Folha da Tarde* testemunhas de tudo que viu e uma longa análise do movimento estudantil no pós-1964.

---

[76] As informações dos setoristas, jornalistas que cobriam áreas específicas, em outra ocasião, salvaram a vida de Paulo Pattarra, editor da revista *Realidade*. O setorista do Dops da *Folha da Tarde* ouviu sobre sua prisão e avisou Frei Betto, que pôde ajudá-lo (Frei Betto, Batismo de sangue, 2000, op. cit., p. 84).

[77] Gorender, op. cit., p. 161-2.

Fica claro, ao consultar esse e outros jornais da época, o quanto a efervescência política ganhava espaço nas ruas e nas páginas dos periódicos. A maioria dos estudantes e dos jornalistas tinha alguma militância, mesmo que apenas como simpatizante. Muitos dos que escreviam naquele momento no jornal também pegaram em armas ou atuaram como colaboradores das lutas da esquerda. Alguns dos jornalistas daquela redação eram ou tinham amigos engajados politicamente.

Assim, a mulher de outro jornalista da *Folha da Tarde* também esteve em Ibiúna. Vera, na época a namorada de Paulo Sandroni, foi presa no congresso da UNE. Sandroni, além de jornalista e professor, também possuía uma livraria no edifício Itália, no centro de São Paulo. Na livraria Sal, aos sábados, promovia cursos sobre marxismo para os seus alunos da PUC em dois turnos.

Essa dupla atividade de Sandroni não era exclusividade dele. Luís Eduardo da Rocha Merlino não estava no congresso proibido da UNE só como jornalista. Ele trilhou um caminho que espelhou uma das opções dos anos que se iriam seguir. Merlino, ou *Nicolau*, era militante do POC. Nasceu em Santos, São Paulo, em 1948 e morreu aos 23 anos, na Oban, em 19/7/1971. Exerceu o jornalismo desde os 17 anos, quando, em 1966, fez parte da equipe de jornalistas que fundou o *Jornal da Tarde*. Esteve na experiência do *Amanhã* e transferiu-se para a *Folha da Tarde* também no seu início, permanecendo durante o curto período de tempo em que o jornal pôde ser de oposição. Em abril daquele ano, participou da manifestação diante do Tribunal Militar em São Paulo, quando jornalistas foram presos.

Em dezembro de 1970, saiu do país em companhia de sua esposa, Angela Mendes de Almeida, para uma viagem de estudos e contatos na França, sobretudo, com a IV Internacional, da qual o POC se aproximaria. Voltou em maio de 1971 com passaporte legal, já que não pesava contra ele nenhuma acusação nos órgãos de repressão.

Na noite do dia 20 de julho de 1971, sua mãe recebeu um telefonema de um delegado do Deops, em Santos, comunicando o assassinato do filho. Foi informada de que Merlino se teria jogado embaixo de um carro na BR-116, na altura da cidade de Jacupiranga. Na versão oficial, ele tentava fugir enquanto era levado a Porto Alegre para "entregar companheiros". Na realidade, Merlino foi retirado de sua casa, em Santos, cinco dias antes, por pessoas que no início se diziam amigos e, minutos depois, instalaram o terror no local. Os policiais buscavam por sua companheira, Angela Mendes de Almeida, que ainda permanecia fora do país. Levado para a Oban, na rua Tutoia, foi torturado por 24 horas e deixado em uma cela solitária. Seu estado de fraqueza agravou as fortes dores nas pernas, fruto do tempo de permanência no "pau-de-arara". Sem cuidados médicos, mesmo depois da queixa de companheiros, Merlino sofreu de uma gangrena generalizada, vindo a falecer no dia 19.

A imprensa, proibida de noticiar o homicídio de Merlino, publicou, no dia 26 de agosto, no *Estado de S. Paulo*, um aviso da missa de trinta dias na catedral da Sé, em São Paulo. "Apesar da violência e dos riscos, cerca de 770 jornalistas compareceram ao culto, desafiando o forte aparato policial presente na catedral: até no coro havia policiais portando metralhadoras"[78].

A trajetória de Merlino expõe um momento posterior ao vivido ainda naquele ano de 1968. Seu percurso desenha o mais radical, o assassinato, e difere do de outros militantes do jornal, que também *caíram* a seguir. Como Merlino, existia outro trotskista na redação. Era o editor de Internacional, o jornalista Ítalo Tronca, que viera do *Jornal da Tarde*, da *Última Hora* de São Paulo e de revistas de saúde, e também era um simpatizante da IV Internacional de outros tempos.

Ítalo Tronca lembrou-se das madrugadas de trabalho e do fechamento do jornal pela manhã, por volta das oito horas. Muitos jornalistas saíam dali para outros empregos, ele mesmo ia para a Editora Abril. Suas memórias recaem na aura de mistério que pairava sobre Frei Betto e a imagem de "cariocas doidos" que cercavam os chefes Miranda Jordão e João Ribeiro. Ninguém poderia imaginar, na época, as teias da militância política que se teciam na redação e as necessidades conjunturais que levaram simpatizantes a radicalizar suas intenções. Nas questões intrínsecas ao jornal e ao seu setor, a Internacional, Tronca, que tinha como subeditor Jorge Okubaro, sublinhou que 90% das matérias se centravam nas questões do Vietnã e do Oriente Médio[79].

Mas nem só de cariocas vivia aquela redação. Ricardo Gontijo, mineiro como Frei Betto, trabalhou na revista *Manchete* em 1964 e de lá foi convidado para fundar o jornal *Sol*, em 1966, que era um encarte do *Jornal dos Sports*[80].

---

[78] O corpo de Merlino, transferido para o Instituto Médico Legal (IML), mesmo identificado, foi colocado numa gaveta como os de indigentes. Apesar do atestado de óbito que comprovava ter sofrido tortura – "anemia aguda traumática por ruptura da artéria ilíaca direita" –, o laudo concluía que a *causa mortis* fora atropelamento. Cf. Nilmário Miranda e Carlos Tibúrcio, *Dos filhos deste solo...*, op. cit., p. 512-6; e "Dossiê dos mortos e desaparecidos políticos a partir de 1964", *Governo do Estado de São Paulo/Imprensa Oficial*, 1996, p. 120-2.

[79] Entrevista concedida à autora em 3/5/2000.

[80] A primeira mulher de Caetano Veloso, Dedé, era *foca* do *Sol*. A música *Alegria, alegria*, de Caetano Veloso, que ficou em quarto lugar no 3º Festival de Música Popular Brasileira, da TV Record de São Paulo, em 1967, diz: "O *Sol* se reparte em crimes, espaçonaves, guerrilhas, em Cardinales bonitas, eu vou. Em caras de presidentes, em grandes beijos de amor, em dentes,

250

Boêmio, estudante de História, Gontijo tinha uma militância restrita às atividades de jornalista. Quando o *Sol*, nas suas palavras, "entra em eclipse"[81], já que as pressões políticas o condenaram e seus outros projetos também não deram certo, transferiu-se, em busca de Frei Betto, para São Paulo, onde foi trabalhar na *Folha da Tarde* e na *Gazeta*. Entrou para o jornal no seu começo, como redator. Pelas mãos de Frei Betto, fez uma militância de simpatizante: emprestou carro, dinheiro, frequentou passeatas. Morando em um hotel simples no centro da cidade, perto do jornal, dividia a cama com um outro amigo jornalista: um dormia de dia, o outro à noite.

Nas recordações de Paulo Sandroni, a *fauna* do jornal era ruidosa. O clima na redação, no início, até o Ato Institucional nº 5, era muito alegre, festivo e solidário, o jornal tinha "uma atmosfera de 'esquerda'. A desorganização era tão grande que um sujeito ficou frequentando a redação por seis meses sem trabalhar lá". Sandroni iniciava a feitura da sua coluna à meia-noite e a entregava por volta das duas da madrugada. O jornal fechava às seis horas e ia para as bancas na hora do almoço. A rotina na redação era curiosa, "cada um sentava diante de sua máquina e escrevia a sua tarefa. José Maria dos Santos, o colunista social, costumava gritar: 'São duas horas da manhã e eu ainda não escrevi uma linha'".

Corroborando essa imagem, está a trajetória de ingresso de Luiz Roberto Clauset no jornal. Depois de abandonar a tradicional Faculdade de Direito do Largo de São Francisco no terceiro ano, foi contratado pelo *Diário Popular*. Isso foi em 1967. No Carnaval de 1968, foi cobrir férias na *Folha da Tarde* e se apaixonou pela turma do jornal. Suas escolhas estavam feitas. A elegância do seu texto e a sua calma são características recorrentes nas lembranças de todos. Foi Clauset quem primeiro se lembrou de Raimundo Pereira naquela redação e da sua figura de destaque em qualquer jornal onde trabalhasse. Ao destrinçar aquele ambiente, Clauset mencionou as relações estreitas entre Miranda Jordão e Frei Betto, que só em meados de 1969 ficariam mais claras. Mas certamente os

---

pernas, bandeiras, bomba e Brigitte Bardot. O *Sol* nas bancas de revista me enche de alegria e preguiça. Quem lê tanta notícia? Eu vou, por entre fotos e nomes. Os olhos cheios de cores, o peito cheio de amores vãos. Eu vou, por que não? Por que não? (...) Por entre fotos e nomes, sem livros e sem fuzil, sem fome, sem telefone, no coração do Brasil. Ela nem sabe, até pensei em cantar na televisão. O *Sol* é tão bonito. Eu vou, sem lenço, sem documento, nada no bolso ou nas mãos. Eu quero seguir vivendo, amor, eu vou. Por que não? Por que não?" (Em entrevista à autora em 18/4/2000, Ricardo Gontijo fez essa referência.)

[81] Na classificação de Bernardo Kucinski (*Jornalistas e revolucionários...*, op. cit., p. 403), o jornal, nascido no Rio, tinha um formato *standard*, de frequência semanal, e seu editor era Reinaldo Jardim. Teve uma predominância de temas políticos, feito de reportagens e de duração efêmera, pois existiu por menos de um ano.

caminhos da *Folha da Tarde*, naquele momento, espelhavam muito da amizade desses dois. Na vida de Clauset, também Betto teria um papel de destaque[82].

Formou-se, assim, uma grande turma de amigos que conviviam para além do ambiente da redação. Após o fechamento do jornal, muitos frequentavam o "bar do Oswaldo" ou seguiam atrás de Paulo Sandroni nas suas incursões pelas lojas de discos do centro velho de São Paulo. Como recordaram Clauset e Gontijo, Sandroni era considerado na redação como alguém extremamente sofisticado e maduro, com uma clareza de raciocínio ímpar. No jornal, diziam, ele "era um Deus".

A amizade também fazia com que parte da redação viajasse nos fins de semana para as "terras do chefe", as praias do Rio. Dali saíram casamentos, como os de Ricardo Gontijo, de Paulo Sandroni e o de Clauset com Rose Nogueira, em uma cerimônia oficiada por Frei Betto, em março de 1969.

Rose Nogueira entrou para a redação em 1968, aos 22 anos, média de idade daquela turma. Tinha sido *foca* de um dos mitos do jornalismo de São Paulo, o trotskista Hermínio Sacchetta, em um jornal denominado *Shopping News*[83], e vinha da revista *Intervalo*, da Editora Abril. Na *Folha da Tarde*, foi uma repórter de Variedades e cobria os acontecimentos culturais, como os festivais de música e a visita da rainha da Inglaterra a São Paulo, em novembro de 1968.

Inspirada na popularidade da apresentadora Hebe Camargo, de tom bem conservador e que fazia muito sucesso na TV Record, a emissora de maior audiência da época, Rose Nogueira inventou uma fictícia entrevista entre a apresentadora e a soberana inglesa. Usando os trejeitos característicos de Hebe Camargo, para quem tudo "é uma gracinha", Rose discutia, de forma bem-humorada, mas crítica, as transformações das mulheres no mundo, diante de

---

[82] Entrevista à autora em 29/2/2000.

[83] Esse era jornal, basicamente, de serviços, com distribuição gratuita em bairros da cidade de São Paulo e voltado principalmente para as donas-de-casa. Em outubro de 1975, quando Sacchetta não estava mais lá, o periódico teve uma péssima atitude. Nele existia uma coluna, assinada pelo jornalista Cláudio Martins-Marques, que fez intensa campanha contra o jornalista Vladimir Herzog, na época à frente do Departamento de Jornalismo da TV Cultura. Marques acusou a TV estatal de ser pró-Vietnã e chamou o secretário José Mindlin, de Cultura, Ciência e Tecnologia, de "secretário cor-de-rosa" e de "cripo-comunista".

Escrita dias antes, a coluna de Marques publicou a seguinte nota: "Há certas horas em que a gente, com o mais puro sentimento de coleguismo, fica preocupado com os novos hóspedes do Tutoia Hilton". Esse comentário foi publicado no dia seguinte ao do assassinato de Herzog nas dependências da Oban. Cf. entrevista de Cláudio Martins-Marques à autora, concedida em 8/11/1999, entrevista de José Mindlin à autora, em 6/11/1999; e Fernando Pacheco Jordão, *Dossiê Herzog...*, op. cit., p. 180.

252

uma entrevistadora despreparada para qualquer reflexão mais profunda e que, mesmo assim, era vista por milhões de brasileiros[84].

É difícil afirmar o quanto Rose Nogueira foi influenciada diretamente pelos embates político-culturais travados sobre os meios de comunicação de massa da época. Mas certamente a figura da apresentadora era tida como jocosa e provocadora de inúmeras situações de constrangimento no ar. Rose Nogueira, na *brincadeira* da entrevista, expôs também todo o quadro surrealista da visita da rainha ao Brasil, quando a população, colocada à margem de um concerto, arrebentou a faixa de segurança e invadiu o auditório.

Tendo como foco esses atritos entre manifestações políticas de oposição e alguns "eventos culturais" como esse para a rainha, torna-se importante destacar como essas rusgas salientam uma disputa pelos espaços de informação. Envolvendo ainda a apresentadora Hebe Camargo, o jornalista e artista plástico Alípio Freire, militante da Ala Vermelha na época, relatou a Marcelo Ridenti duas situações ocorridas no ar. Uma com Caetano Veloso, que gravara a canção *Soy loco por ti, América*, de Gilberto Gil e Capinan, uma homenagem a Che Guevara, assassinado na Bolívia, e cuja letra foi parcialmente censurada; e a outra com Nara Leão. Em ambas o constrangimento deu o tom. Nesse sentido, Alípio Freire conclui ser importante refletir sobre o papel daquele programa no contexto político do momento. Isso porque, segundo Freire, "a reação mais ou menos explícita passava por lá. Mesmo quando [Hebe] levava artistas de esquerda, o objetivo era a luta ideológica, política", na qual a apresentadora e a reação colocavam-se "em posição de força"[85].

Feito esse parêntese, muito oportuno, e voltando às funções de Rose Nogueira, também ficava a cargo da iniciante jornalista a coluna de horóscopos, que foi censurada e da qual os leitores sentiram falta. Essa coluna era dividia entre Rose Nogueira e o jornalista Cláudio Vergueiro, que, em 3 de outubro de 1968, enquanto a Maria Antônia fervilhava, estava no Rio para cobrir o Festival Internacional da Canção, no Maracanãzinho. Nessa mesma edição do jornal, refletindo as possibilidades de expressão artística que o momento oferecia, igualmente se apresentou o projeto de lei do ministro da Justiça, Gama e Silva, sobre a censura[86].

---

[84] Foi Diva Burnier, esposa de Luís Roberto Clauset, que me chamou a atenção para essa reportagem de Rose Nogueira, que, ao que parece, teve grande repercussão.

[85] Acerca dessa disputa nos meios de comunicação e da figura da apresentadora, ver Ridenti, *Em busca do povo brasileiro...*, op. cit., p. 44-6.

[86] Esse decreto é o de nº 5.536/68.

Nesse III Festival Internacional da Canção, Geraldo Vandré subiu ao palco para cantar uma música que se tornou um hino, *Caminhando* (ou *Para não dizer que não falei de flores*). Nela, dizia:

> Caminhando e cantando e seguindo a canção
> somos todos iguais, braços dados ou não
> nas escolas, nas ruas, campos, construções
> caminhando e cantando e seguindo a canção
> vem, vamos embora, que esperar não é saber
> quem sabe faz a hora, não espera acontecer
> (...) os amores na mente, as flores no chão
> a certeza na frente, a história na mão
> caminhando e cantando e seguindo a canção
> aprendendo e ensinando uma nova lição.

Seu concorrente era *Sabiá*, de Tom Jobim e Chico Buarque, cujo tema, associado a um exílio, melancolicamente anunciava

> Vou voltar, sei que ainda
> Vou voltar para o meu lugar
> Foi lá e é ainda lá
> Que eu hei de ouvir cantar
> Uma sabiá, cantar uma sabiá
> Vou voltar, sei que ainda
> Vou voltar
> (...) Não vai ser em vão
> Que fiz tantos planos de me enganar
> Como fiz enganos de me encontrar
> Como fiz estradas de me perder
> Fiz de tudo e nada de te esquecer.

Ambas eram de protesto pelos tempos vividos, cada uma a seu modo, e dividiam a plateia. A de Vandré era tida como "participante", a outra, como "alienada". Venceu *Sabiá*. Nos últimos meses de 1968, viriam estampadas no jornal outras disputas mais radicais. Havia um intenso diálogo entre o que acontecia nas ruas e o interior da redação. Os atos posteriores ao que queria calar a massa desde 17 de julho, quando se proibiram as manifestações de rua, também foram sentidos na *Folha da Tarde*, um ano depois.

No percurso do processo de intransigência política que culminou com o AI-5, no dia 2 de setembro de 1968, o deputado federal Márcio Moreira Alves, do MDB da Guanabara, criticou duramente, no plenário da Câmara dos Deputados quase vazio, a violência policial empregada na ocupação da Universidade de Brasília. Pediu aos pais que não levassem os filhos à parada de 7 de Setembro, em protesto contra a força utilizada, e aconselhou as mu-

254

lheres dos militares a não "estabelecerem relações" com seus maridos até que a democracia fosse restaurada[87].

O discurso de Moreira Alves foi distribuído nos quartéis e nas casas dos militares como a prova de uma contrarrevolução em marcha. Os ministros militares reclamaram a suspensão da imunidade parlamentar de Moreira Alves para processá-lo por injúria às Forças Armadas. Os líderes da ARENA realizaram uma verdadeira operação de guerra para aprovar o pedido na Comissão de Constituição e Justiça da Câmara, onde a resistência em aprová-lo também vinha de parte da bancada governista.

Dois meses antes, em 18 de outubro, o general Mourão Filho se perguntava, na manchete da *Folha da Tarde*, se estávamos em uma democracia ou em uma ditadura, já que os estudantes presos em Ibiúna continuavam incomunicáveis. Uma semana depois, em 25 de outubro, sessenta generais promovidos pelo ex--presidente Castello Branco se pronunciavam contra a intervenção no Congresso para julgar o deputado Márcio Moreira Alves[88].

Dentro desse clima de caldeirão fervendo reportado pelo jornal, na madrugada do dia 2 de dezembro, uma bomba atribuída ao CCC explodiu no teatro Opinião, no Rio, depois de um *show* de Geraldo Vandré. No dia 10, as manchetes focalizaram a disputa entre Tom Zé e Chico Buarque na TV Record e para os comentários do deputado Moreira Alves, que comaprava "a bota de um miliciano arrombando um laboratório da Universidade de Brasília [ao] retrato da política educacional do governo".

Na véspera da decretação do AI-5, dia 12, uma quinta-feira, a *Folha da Tarde* anunciou na coluna "Hoje" que o Congresso havia suspendido a imunidade parlamentar do deputado Márcio Moreira Alves, e este já podia ser cassado. Publicou também a notícia de um assalto a uma casa de armas, atribuído à Vanguarda Político-Militar da Revolução Brasileira e o *habeas corpus* que não chegou, deixando presos os líderes estudantis José Dirceu, Vladimir Palmeira, Antônio Ribeiro Ribas[89] e Luís Travassos.

---

[87] Logo após o golpe militar de 1964, Márcio Moreira Alves, como jornalista, denunciou as torturas executadas no nordeste do país. Esse ainda era um momento em que autocensura e censura prévia eram episódios esparsos, panorama que iria alterar-se, e muito, depois do AI-5.

[88] O discurso de Moreira Alves foi usado como pretexto para intervir no Congresso e decretar o AI-5. Meses antes, no dia 31 de março, o jornal *Última Hora* publicou uma entrevista com o líder do MDB, o deputado Mário Covas, a propósito do aniversário do movimento militar. "Este sistema militar que decretou guerra ao povo acabou criando uma atmosfera de absoluta incompatibilidade entre o povo e as Forças Armadas", declarou Covas.

[89] Antônio Guilherme Ribeiro Ribas Ferreira foi militante do Partido Comunista do Brasil (PCdoB). Nasceu em 20 de setembro de 1946, em São Paulo, era estudante do terceiro ano colegial e, quando foi condenado pela 2ª Auditoria de Justiça Militar de São Paulo a um ano e seis meses

No dia 13, a *Folha da Tarde* noticiou a libertação de José Dirceu e a transferência de outros estudantes, ainda presos em Ibiúna, para outras unidades militares e do Dops em todo o país. Mas o pior ainda estava por vir. Nesse panorama, Carlos Penafiel resumiu o que aconteceu ali horas depois, quando, à noite, o locutor da Agência Nacional, Alberto Cúri, tendo ao seu lado o ministro da Justiça, Gama e Silva, leu o texto do Ato Institucional nº 5. Para Penafiel,

> (...) o AI-5 mexeu na redação. Nossa primeira reação foi que, como jornal, estávamos mortos. Daí em diante, a linha à esquerda do jornal era meio impossível. Sabíamos que o pouco de liberdade que poderíamos ter da censura oficial [seria confrontada] com a censura interna (Frias, Caldeira e Cia.). Houve um desânimo geral e muitos saíram nessa ocasião. Só continuaram os que não tinham muita opção, afinal o AI-5 tinha mexido com toda a imprensa. [Assim,] ou se partia para fazer jornais clandestinos ou se ficava onde estava.

A tempestade: com o AI-5, o sonho acabou

Cláudio Abramo sentenciou que "os donos de jornal não gostam de gente forte nas redações. Ficou forte, eles eliminam"[90]. Assim, a crise na *Folha da Tarde* tem seu ápice com a decretação do AI-5, quando muitos donos de jornal criaram alternativas para se adaptarem aos "novos tempos". Na mesma semana em que o regime autoritário endureceu, em vários órgãos de imprensa os jornalistas mais combativos foram demitidos.

Jorge Miranda Jordão ficou à frente da *Folha* por mais alguns meses e foi demitido do grupo nos primeiros dias de maio de 1969. O dono do jornal, Octavio Frias de Oliveira, chamou-o à sua sala e lhe disse: "Não posso mais ficar com você". Segundo Miranda Jordão, ocupou o seu lugar, por poucos dias, um homem que se apresentava como agente da Polícia Federal, cujo nome era Paulo Nunes e que, dias depois, foi substituído pelo jornalista Antônio Pimenta Neves, que era o "segundo" de Cláudio Abramo na *Folha de S.Paulo*.

Miranda Jordão ficou no jornal por pouco mais de um ano. Nas suas palavras, a experiência da *Folha da Tarde* "durou o tempo que o Frias quis". Para Clauset, o "mérito de Miranda Jordão foi o de reunir esse grupo em um jornal iniciante.

---

de prisão, era presidente da UPES. Cumpriu pena até 1970 e, posteriormente, mudou-se para a região do Gameleira, no Araguaia. O relatório do Ministério do Exército diz que "Antônio Ribas, durante encontro com uma patrulha na região do Araguaia, conseguiu evadir-se, abandonando documentos nos quais usava o nome falso de José Ferreira da Silva".[...] Teria morrido em confronto com as forças de segurança". Já o relatório do Ministério da Marinha afirma que teria sido "morto em 20 de fevereiro de 1973", o que não procede, pois foi visto pelos seus companheiros no Natal de 1973 informações disponíveis em: <http://www.vermelho.org.br/araguaia/martires.asp>.

[90] Abramo, op. cit.

Ele não avalia o que fez". Contudo, como salientou, o dono do jornal apenas tolerava a existência da *Folha da Tarde*, até porque esta tinha muitos problemas financeiros. Essas questões monetárias, sublinhadas também por Abramo para o grupo de uma forma geral, parecem se chocar com as análises de Mota e Capelato, que atribuíram ao período a característica de ir "da autonomia financeira à busca de um projeto político-cultural (1962-1981)".

Assim, para os proprietários do número 425 da Barão de Limeira, as questões do custo da *Folha da Tarde* eram bem menos importantes que as políticas até o AI-5 ser decretado. Até porque, na gestão de Miranda Jordão, ocorreram apenas passeatas, furtos, apropriações. Quando um dos grandes eventos das esquerdas armadas, o sequestro do embaixador americano, aconteceu, encontrou outra redação no jornal para cobri-lo.

O tempo durante o qual Miranda Jordão esteve à frente do vespertino inclui também a edição que cobriu o AI-5. Na margem esquerda da primeira página do dia 16/12/1968, foram publicadas listas com nomes, sob o título de "As prisões até agora". Lá apareciam o jornalista Carlos Castelo Branco, diretor da sucursal do *Jornal do Brasil* em São Paulo, Sette Câmara, embaixador e diretor do *Jornal do Brasil*, o ex-presidente JK, Darcy Ribeiro, Carlos Heitor Cony e Antonio Callado, entre outros. Arrolando esses nomes, o jornal tentava resistir, mas seria em vão.

Dez dias antes do AI-5, a *Folha da Tarde* relatou um lamento do Deops e do Departamento de Polícia Federal em São Paulo. Havia um embate entre os dois órgãos pelo comando das atividades naquele estado. O delegado Ítalo Ferrigno, titular da Delegacia de Ordem Política, achava que não havia "qualquer problema na ação da polícia estadual 'para salvaguardar a segurança nacional'". O chefe da polícia política argumentava, mostrando o acórdão do Superior Tribunal Militar, que deixava claro no artigo 8º, item 7, alínea "a" da Constituição Federal, que não existia uma exclusividade da Polícia Federal para a apuração de infrações penais contra a segurança nacional. Mas muitos advogados entendiam que os delegados do Deops poderiam ser processados por abuso de autoridade e enquadrados na mesma Lei de Segurança em que se baseava. Dez dias depois, os advogados seriam obrigados a reavaliar seu raciocínio.

Nesse mesmo início de dezembro, o general Sílvio Corrêa de Andrade, da PF de São Paulo, errou nas suas previsões. Declarou que "a imprensa vai ter muito trabalho para conseguir alguma coisa nesse fim de ano na PF. Tudo calmo". Nem tudo estava tão tranquilo assim. Existia uma crise e ela igualmente estava dentro da Polícia Federal de São Paulo devido, entre outros motivos, ao afastamento de homens de confiança do general. Por isso, pelo menos essa polícia teve, na compreensão da *Folha da Tarde,*

(...) um papel quase nulo nas últimas crises de São Paulo. E pela Lei de Segurança Nacional seria esta polícia que deveria tratar de todos os problemas de ordem política e social do Brasil. No congresso da UNE, por exemplo, os agentes federais nem compareceram a Ibiúna; tudo ficou por conta do DOPS.

Em dez dias, entre esse comentário e o AI-5, legalizou-se a arbitrariedade, tornando o inadmissível possível. A Lei de Segurança Nacional seria apenas uma das capas para os desmandos. Foi o mesmo general que esteve nas redações à caça de informações nas vésperas do AI-5 que voltou a elas poucos dias depois. Nas lembranças de Miranda Jordão, logo após a decretação do Ato Institucional, Octavio Frias de Oliveira convocou uma reunião dos diretores dos seis jornais do grupo. O militar diria o que poderia ser publicado. Seu informe, possivelmente, era a nota sobre os dez pontos proibidos de serem noticiados e que circulou após o AI-5. Miranda Jordão se recorda de que nesse encontro estava ele, Cláudio Abramo, responsável pela *Folha de S.Paulo* e Antônio Aggio, do jornal *Cidade de Santos*, entre outros. A pauta era o informe desse "decálogo" dos pontos proibidos, recitados pelo general:

> JK não pode, a encíclica do Papa não, confronto de grupos subversivos fica proibido, notas sobre o governo só poderiam sair o que o 2º Exército noticiar". Por fim eram nove os itens, e Abramo questionou: "Mas não é um decálogo? Qual é o décimo?". "Cumpra-se!", ordenou o general.

Mas a *Folha da Tarde* continuou tentando não cumprir as determinações. As reportagens da segunda quinzena de dezembro de 1968 procuraram racionalizar e explicar ao público o que estava acontecendo. No dia 17/12, a página dois trazia a notícia da bomba que explodiu na avenida 9 de Julho, em São Paulo, junto ao monumento aos pracinhas da FEB, como mais um atentado do "grupo Marighella". Abaixo, a coluna de Economia, que Paulo Sandroni ainda escrevia, mas não assinava mais.

Sandroni me explicou que suas "colunas de economia criticavam as atuações do ministro Delfim, o que me causou problemas. Houve liberdade até o AI-5. Depois, com o censor, tirei o meu nome delas"[91]. E, como sentenciou Tonico Ferreira,

> (...) tudo o que é bom dura pouco, e foi assim com a primeira fase da *Folha da Tarde*. Em dezembro de 1968, no dia do AI-5, vi um censor pela primeira vez na vida. Dois policiais passaram a ler o nosso material. Começamos o penoso aprendizado de enganar censores, mandar textos do tipo "boi de piranha para serem cortados" e, assim, salvar o texto mais brando que, de fato, queríamos publicar.

---

[91] Entrevista concedida à autora em 5/5/2000.

258

Na tentativa de protestar, o jornalista José Carlos Bittencourt retornou com sua coluna no dia 20/12, uma sexta-feira, e a intitulou "Revolução: do AI-1 ao AI-5". Tal qual a famosa primeira página do *Jornal do Brasil* do dia 14/12, que fazia referência ao tempo quente, Bittencourt também assinalou:

> Em tempo: esta coluna não sai desde segunda-feira passada por rigoroso e absoluto motivo de saúde. Andou fazendo muito calor, o tempo esquentou demais (mesmo à noite) e se registraram muitos casos de insolação, até à sombra. Este colunista foi um desses. Como presente de Natal, já requisitamos (a palavra está na moda): tempo menos quente.

Assim, no dia 24/1/1969, às vésperas do aniversário da cidade de São Paulo e do Dia do Carteiro, a *Folha da Tarde* publicou, no canto esquerdo superior da página, o desenho de um homem se protegendo da chuva, com os seguintes dizeres: "Deve chover hoje. É bom torcer para que caia toda a água que tem de cair, mas amanhã haja um sol prestigiando o feriado". Existiam duas reportagens principais nessa página, uma das quais tinha por título: "Vêm aí mais cassações. O ministro Gama e Silva diz que o Conselho de Segurança Nacional examinará, em sua próxima reunião, 92 processos". A segunda narrava numerosas prisões em decorrência do AI-5.

Na primeira delas, Gama e Silva determinava as regras do novo jogo e fazia referências à censura na imprensa, apontando a existência de um acordo. Assim, declarou o ministro:

> (...) logo após a edição do AI-5, se tornou necessária, por motivo da segurança nacional em defesa da ordem pública, a censura à imprensa. Porém, de acordo com a decisão do presidente da República, posso afirmar categoricamente *que não há censura à imprensa. Estão ocorrendo na verdade, e nesse ponto quero declarar com grande satisfação, é que a imprensa brasileira, compreendendo o momento difícil que o país está atravessando, vem tendo um comportamento quase generalizado. Infelizmente, exceções ainda ocorrem com aqueles que não compreendem o seu dever, no sentido de orientar o seu noticiário em suas publicações, dentro do clima de respeito à autoridade.* A crítica da imprensa não nos atemoriza. O que desejamos, exclusivamente, é que ela seja autenticamente verdadeira; que use a liberdade com responsabilidade. Qualquer abuso que venha a ser praticado será reprimido com toda a energia pelo Ministério da Justiça" (ênfase minha).

Pelas circunstâncias expostas, pouco se podia fazer pelo jornal, mas, para alguns naquela redação, muito se podia fazer pelo país utilizando outros meios. Assim, por que Miranda Jordão saiu da *Folha da Tarde* é uma pergunta que encontra resposta fora do prédio da alameda Barão de Limeira. Quando Frias lhe disse que não podia mais tê-lo como funcionário, completou que "um dia saberia o porquê". Alguns colegas, tentando encontrar uma resposta, pontuaram que o jornal não ia bem, que o *offset* ainda não era bem empregado, tornando as imagens confusas, que o jornal dava prejuízo. Na verdade, o jornal vendia pouco, portanto tinha pouca penetração. Outros acreditavam que o estilo carioca do jornalista não se adaptava às regras da pauliceia... Não parecem ser essas, contudo, as respostas.

A influência e o peso do jornal, nessa sua primeira fase, no mercado paulistano da época é um item de interessante reflexão. Quanto ao tema, o jornalista Carlos Brickmann comentou que a *Folha da Tarde* era

> (...) um jornal de pequena circulação. Ninguém tomava conhecimento da *Folha da Tarde* nos meios jornalísticos. O jornal não aconteceu. Ele podia publicar o que quisesse que o público não dava bola.
>
> Só como exemplo, um caso caricatural: o general Velasco Alvarado derrubou o presidente Fernando Belaúnde Terry, no Peru, para nacionalizar a indústria do petróleo. A *Folha da Tarde*, com aquela visão da época, noticiou o caso como "gorilas derrubam Governo peruano para entregar o petróleo". Isso não teve repercussão nenhuma e nem chegou a sobreviver de maneira a que alguém te contasse essa história. Jornalisticamente, editorialmente, a *Folha da Tarde* de esquerda não existiu.[92]

Corroborando as colocações de Brickmann, em 16/11/1969, o jornal *Folha de S.Paulo* publicou uma pesquisa do Ibope acerca dos "hábitos de leitura de jornais na Grande São Paulo", em outubro daquele ano.

	Por Sexos			Por Classes		
	Total %	Hom. %	Mul.	A/B1	B2/B3 %	C/D
Folha de São Paulo	29.0	28	31	47	40	18
O Estado de São Paulo	22.0	19	27	49	27	13
Notícias Populares	18.9	20	17	5	14	25
Diário Popular	18.3	18	19	6	14	24
Gazeta Esportiva	18.0	25	6	6	16	22
Diário da Noite	9.5	11	7	12	10	8
Jornal da Tarde	6.4	8	4	17	9	2
Diário de São Paulo	6.2	5	9	5	7	6
Última Hora	5.1	6	4	1	5	6
Folha da Tarde	3.6	3	4	6	3	4
A Gazeta	1.4	1	2	1	2	1
Outros	0.2	–	1	–	1	1

---

[92] Entrevista concedida à autora em 21/4/1999.

260

Essa argumentação traz uma oportuna indagação: se fosse um jornal tão inexpressivo, por que teria incomodado a ponto de radicalizar suas posições para o extremo oposto a partir de meados de 1969? O relato continua buscando responder à questão.

Na alteração do interior da redação, alguns novos jornalistas chegaram à *Folha da Tarde* nessa substituição de Miranda Jordão por Pimenta Neves. Outros foram promovidos, como Ricardo Gontijo, que passou a secretário de redação. A convite do novo diretor de redação, Tonico Ferreira, que era diagramador no *Folhão*, foi ser copy-desk na *Folha da Tarde*. Seu companheiro seria Luiz Eduardo Merlino, amigo dos tempos de infância em Santos, e seu colega no *Amanhã*. Tonico Ferreira, que tinha 21 anos na época, narrou ter ficado

> (...) muito feliz com o convite. O salário era o dobro. O horário maluco, das três da madrugada às oito da manhã, me interessava. Eu estudava arquitetura em período integral na FAU e ia direto da *Folha* para a faculdade. Acordava todos os dias às duas da madrugada. Foi um bom tempo, embora tivesse de dormir todos os dias lá pelas oito da noite. Em compensação, o jornal não circulava aos sábados e domingos – dois dias de folga por semana, uma maravilha!

Antônio Pimenta Neves estava no Grupo Folha da Manhã desde meados dos anos 1960, quando Cláudio Abramo assumiu a *Folha de S.Paulo* e trouxe três antigos amigos do tempo do *Estadão*. A *Folha da Tarde* foi comandada por Pimenta Neves por pouco mais de dois meses. Nesse curto período, os jornalistas fizeram uma greve por melhores salários e para manter o jornal saindo somente nos dias de semana, o que garantia os dois dias de folga por semana. Na opinião de Abramo, Pimenta Neves teria deixado o jornal porque a redação não teria recebido um aumento previamente combinado.

Paulo Sandroni recorda-se de que os jornalistas que fizeram esse movimento ficaram marcados, e os que ainda estavam no jornal foram demitidos em julho de 1969. Ao deixar a *Folha da Tarde*, Pimenta Neves transferiu-se para a revista *Visão* e, mais tarde, levou consigo Ricardo Gontijo. Nesse panorama de mudanças, Tonico Ferreira relatou que o jornal, depois do AI-5, começou a ser completamente modificado. Quando Pimenta Neves o deixou,

> (...) Octávio Frias de Oliveira decidiu alterar os seus rumos. Mudamos de prédio e de andar no conjunto da Barão de Limeira, na *boca do lixo* de São Paulo. Chegou um novo diretor, que era uma *prata da casa*. Tentou fazer da *Folha da Tarde* um jornal de amenidades e pornografia. Lembro-me desse diretor dizendo ao Clauset: "Estamos no século 20. Século. Sexo. Isso é o que vende". Publicávamos páginas inteiras com fotos retiradas de revistas com imagens de mulheres nuas.

Demonstrando o desprestigio que a *Folha da Tarde* passou a ter, Penafiel, que também vivenciou suas alterações, recorda-se de que essa *prata da casa*, na verdade Francisco de Célio César, ou França[93], antes de dirigir a *Folha da Tarde*, era o chefe da garagem do Grupo Folha. Mas, ao que tudo indica, as pressões pós-AI-5 sobre o jornal são um caminho para compreender o que aconteceu após a saída de Miranda Jordão.

O verão de 1969, como lembrou Alípio Freire, "não foi um verão de muitas chuvas. Ou, se foi, muitos de nós não conseguimos perceber"[94]. Isso porque muitos estavam encarcerados em nome da segurança nacional. Nesse quadro também se deu a prisão do jornalista Izaías Almada, repórter do *Folhão*, encarcerado sob a alegação de fazer parte do "esquema de imprensa" da VPR. A *queda* de Izaías deixou Frei Betto preocupado com sua própria segurança e precipitou a sua saída do jornal, no início de 1969.

A visão de que existia um "esquema de imprensa" da VPR é um ponto de indagação do jornalista. Nesse sentido, acerca de sua militância e de suas funções no jornal, Izaías Almada disse que gostaria de saber qual era esse esquema de imprensa, já que, como fez questão de apontar, "(...) pertencia à base de informações da VPR em São Paulo e, circunstancialmente, trabalhava na *Folha de S.Paulo*. Dentro do jornal, não exerci atividades políticas". Semelhante ao que Frei Betto relatou como sendo uma de suas responsabilidades, Almada igualmente era incumbido de repassar informações colhidas no interior da redação e que pudessem proteger militantes procurados. Compactuando com a preservação de identidades dos companheiros, Almada afirma que desconhecia até mesmo se havia ativistas da ALN no jornal.

> Não sei em que data o Betto deixou a *Folha da Tarde*. Confesso que desconheço esses pormenores, pois eu não exercia uma militância ativa, pela simples razão de que, como levava uma vida legal, eu não deveria me queimar. Mas, com a prisão dos companheiros que pintavam o caminhão do Exército, em janeiro [de 1969], a minha situação ficou insustentável, pois um deles havia sido preso comigo em junho/julho de 1968. Tive de passar à clandestinidade e acabei sendo preso em março de 1969. Nesses quase dois meses de clandestinidade, a polícia disse que me seguiu para ver se prendia mais companheiros, o que não era verdade, pois nesse período me encontrei – entre outras pessoas – com o *Toledo*, da ALN [Joaquim Câmara Ferreira] numa tarefa arriscada. Se estivessem me seguindo, teriam, pelas circunstâncias, nos prendido naquele dia. Ainda contavam bravatas desse tipo. O certo é que fui preso no dia 6 de março, quando – inadvertidamente – fui visitar minha ex-mulher. Estavam lá de campana.[95]

---

[93] O jornalista Antônio Aggio Jr., que foi o responsável pelo jornal de julho de 1969 a maio de 1984, lembrou desse nome (entrevista à autora em 7/7/1999).

[94] Alípio Freire, Izaías Almada e J. A. de G. Ponce (Orgs.), *Tiradentes...*, op. cit., p. 18.

[95] Os relatos de Izaías Almada foram coletados por e-mail na primeira semana de março de 2001.

Em maio daquele ano, foi a vez de Miranda Jordão, aos 35 anos, voltar para o Rio. A partir desse momento, ficaram mais claras as teias que envolviam esses dois[96]. Frei Betto remeteu o início dessa relação ao período de chegada de Miranda Jordão a São Paulo para dirigir o jornal, em meados de 1967, e,

> (...) sem que a redação se desse conta, nasceu uma forte amizade entre mim e Jorge, talvez facilitada pela nossa condição de celibatários, pois a mulher dele residia no Rio, para onde ele viajava quase todos os fins de semana. Homem de hábitos refinados e em cujo rosto se destacavam os olhos azuis, Jorge convidava-me aos restaurantes onde fazia as refeições diárias. Aos poucos, descobri que se tratava de uma pessoa sensível aos que se empenhavam no combate à ditadura. Através dele conheci Flávio Tavares, que fora seu colega na *Última Hora* e, desde 1964, se encontrava vinculado aos primeiros grupos que empunharam armas, dispostos a derrubar os militares do poder. Flávio e eu atraímos Jorge para a militância clandestina.
> Formávamos um curioso trio: o diretor do jornal, com a fachada de *playboy*, carro esporte e intensa vida noturna, dando cobertura a Marighella, Joaquim Câmara Ferreira e outros dirigentes revolucionários; o jornalista gaúcho de gestos afáveis, fala mansa e doçura de espírito, metido na luta armada dessas guerrilhas do Brasil central e de Caparaó, em 1966, a ponto de comandar as operações bancárias; e o frade que morava num convento e trabalhava em jornal, preocupado em criar a rede de apoio logístico à guerrilha urbana.[97]

O apartamento carioca de Miranda Jordão, na rua General Glicério, em Laranjeiras, tal como o paulista, no bairro de Santa Cecília, serviram de "ponto de encontro", frequentado por Marighella e Frei Betto, entre outros. Também em maio de 1969, Betto deixou São Paulo em direção a São Leopoldo, no Rio Grande do Sul, onde ficou escondido no Seminário Cristo Rei, de padres jesuítas. O *aparelho* carioca de Miranda Jordão *caiu* em agosto de 1969. Três dias depois, Miranda Jordão saiu do país em direção ao Uruguai. Na fronteira, Frei Betto o esperava para atravessá-lo, como havia combinado com Marighella, no início de maio. Ao se transferir para o sul, ficou acertado que acompanharia a "passagem de refugiados políticos que se destinavam ao Uruguai ou à Argentina

---

[96] Teias difíceis de refazer. Na entrevista com Miranda Jordão, o seu papel como jornalista aparecia muito mais do que o do militante. Não falou de sua relação com Thereza Cesário Alvim, por exemplo. Ou da namorada Dulce K., que posteriormente se casou com um coronel torturador. Só respondeu às minhas demandas. Mas foi sempre solícito em esclarecer as dúvidas que o meu caminho de pesquisa apresentava e pareceu querer preservar os códigos de segredo da militância, o que só me restava respeitar. Certamente a dedicatória de Frei Betto no livro *Batismo de sangue* (op. cit.) desenha a personalidade desse jornalista, "que no afeto, venceu o medo".

[97] *Batismo de sangue*, 2000, op. cit., p. 61.

263

para, em seguida, viajar à Europa"[98]. O primeiro a usar seus préstimos foi Miranda Jordão, definido como uma

> (...) peça importante no esquema de apoio a Marighella e "Toledo". Coringa, jamais se vinculou ao organograma da ALN, nem participou de reuniões ou deteve-se na leitura de documentos.
> Aquele mesmo homem que varava as noites em boates da moda, onde ouvia de empresários e políticos notícias sobre os novos projetos da ditadura, abrigava em seus apartamentos (...), entre as coleções de revistas pornográficas e uísques raros, os dirigentes da ALN. Só Flávio Tavares e eu fazíamos a ligação de Miranda Jordão com o esquema subversivo. Numa ocasião, Jorge levou Flávio até São Leopoldo em seu Karman-Ghia, para uma reunião comigo.[99]

Em conformidade com a proposta de Marighella de se especializar em imprensa clandestina, Miranda Jordão pretendia ir à França e a Cuba, via Praga, onde trocaria de passaporte. Levava uma mensagem de Marighella para Fidel Castro, costurada no avesso da gravata. Por indicação de Frei Betto, tinha um encontro com Neiva Moreira[100], mas foi preso antes. Com os policiais em seu quarto de hotel, pediu para ir ao banheiro e destruiu, sem ler, a mensagem. Puro golpe de sorte.

Retirado do Uruguai, foi levado para o Dops em Porto Alegre, onde ficou por vinte dias. Transferido para o quartel da Polícia do Exército, na rua Barão de Mesquita, no Rio, onde funcionava o DOI-Codi, permaneceu outros vinte, sem nada dizer[101]. Lá também estava Flávio Tavares, que, no início de setembro, foi um dos quinze presos políticos trocados pelo embaixador americano[102].

---

[98] O líder estudantil, um dos participantes do jornal *Amanhã* e um dos militantes do Molipo que realizaram treinamento em Cuba, José Roberto Arantes foi um dos que também utilizaram a travessia de Frei Betto pela fronteira, em agosto de 1969 (Frei Betto, *Batismo de sangue*, 2000, op. cit., p. 82-3).

[99] Frei Betto, *Batismo de sangue*, 2000, op. cit., p. 77.

[100] O jornalista e deputado federal Neiva Moreira, cassado pelo Ato Institucional nº 1, encontrava-se no Uruguai desde meados da década de 1960 e ficou por lá por quase dez anos. No Uruguai, tornou-se um dos editores dos jornais *Sur, Izquierda*, posteriormente fechado pela ditadura lá instaurada, e *El Oriental* – os dois últimos ligados ao Partido Socialista – *El Debate*, apoiado pelo Partido Nacional, e *Ahora*, diário da coligação de esquerda Frente Ampla. Com o endurecimento do regime naquele país, deixou Montevidéu em setembro de 1973, pouco depois do golpe de Estado, e se exilou na Argentina, fixando-se em Buenos Aires.

[101] Frei Betto relatou que o jornalista Luiz Eduardo de Andrade foi morar no apartamento de Miranda Jordão em São Paulo. Acabou preso e torturado na Oban, e foi transferido para o DOI-Codi do Rio, ficando em companhia de Miranda e Tavares (Frei Betto, *Batismo de sangue*, 2000, op. cit., p. 79).

[102] Flávio Tavares, em seu livro, sublinha que Miranda Jordão poderia revelar a ligação de Marighella com os dominicanos paulistas, o que não fez. Anos mais tarde, Tavares foi capturado pelo

Miranda Jordão ressaltou que, nesse período, Samuel Wainer tinha voltado do exílio em Paris e que, durante o interrogatório no DOI-Codi, lhe perguntaram muito sobre o dono do último jornal para o qual trabalhou. Enquanto esteve detido, realizou-se no Rio a mais audaciosa investida das esquerdas armadas: o sequestro do embaixador norte-americano, em 4/9/1969. A "caça às bruxas", posterior ao sequestro, trouxe à tona o papel de muitos jornalistas da redação da *Folha da Tarde*.

Nessa mesma época, agentes da Oban "visitaram" a livraria de Paulo Sandroni, pois suspeitavam que seus cursos sobre marxismo, que reuniam estudantes da PUC, fossem um "treinamento de guerrilheiros". Naquele momento, muitos de seus alunos, que também eram militantes, começaram a *cair*. Assim, Sandroni sentiu que era a hora de se tornar clandestino, o que veio a ocorrer em 8/8/1969.

Paulo Sandroni militou em áreas próximas da Polop, mas, posteriormente, aderiu a grupos da dissidência do PC, que resultaram na formação da ALN. Ele atuava no setor de agitação e propaganda e, quixotescamente, confeccionava panfletos e os jogava do alto dos edifícios. Muito zeloso por sua segurança, Sandroni montou para si um esquema de fuga. Todos os seus contatos na organização tinham sido cortados pelas prisões. Ficou alguns meses no Rio e deixou o país em 1970, como turista, na companhia de sua mulher, em direção ao Chile. Antes de *cair* na clandestinidade, contudo, teve o desprazer de conhecer o "policial" que iria dirigir o jornal e foi por ele demitido.

Nesse sentido, o clima de terror que o país viveu a partir do quinto Ato Institucional e, principalmente, após o sequestro do embaixador americano, também foram sentidos no segundo andar do prédio da rua Barão de Limeira. Penafiel relembrou que sua

> (...) militância política anterior à *Folha da Tarde* era pequena, apenas "guardei" na minha casa alguns perseguidos pela repressão, a caminho do exterior. Na *Folha da Tarde* conheci muita gente de esquerda, como o Frei Betto, Luiz Roberto Clauset e sua mulher, Rose Nogueira.
> Eu já fazia parte de ALN. Lá, minha função principal era a falsificação de documentos. Eu tinha um laboratório fotográfico bem equipado em casa e, assim, podia dar fuga a companheiros "queimados" através do Rio Grande do Sul para o Uruguai. Outra função era fazer "levantamentos" para possíveis "expropriações". Fui preso, em novembro de 1969, um dia antes do Marighella ser assassinado.

Um dos *fotógrafos da Revolução* foi detido porque tinha ligações com religiosos dominicanos, amigos de Frei Betto. Frei Fernando (de Brito) e Frei Ivo (ou

---

Exército uruguaio, em Montevidéu, e entregue ao governo brasileiro em 1977. O relato desses tempos e da sua sobrevivência à Operação Condor está em *Memória do esquecimento*, op. cit.

Yves do Amaral Lesbaupin) foram encontrados no Rio – tinham vindo para a cidade no dia 1º de novembro. Seguidos por policiais da equipe do delegado Sérgio Fleury, do Deops, já que o convento dos dominicanos tinha escutas em seu telefone, foram reconduzidos a São Paulo. Esse episódio faz parte da *queda* [captura] dos dominicanos às vésperas do assassinato de Carlos Marighella. Mais de cem militantes foram presos quando os frades confessaram à polícia o local do encontro com o líder da ALN, confirmado pelo telefone da livraria Duas Cidades – de propriedade da Ordem dos Dominicanos –, e marcado para o número 800 da alameda Casa Branca, zona nobre da capital paulista. No dia 4 de novembro de 1969, em plena rua, Carlos Marighella seria assassinado[103].

Vale aqui uma explicação. O tema do homicídio de Marighella ocasiona alguns embates e é bastante conhecido pelas reflexões mais recentes. Volta-se aqui a ele única e exclusivamente porque jornalistas da *Folha da Tarde* estavam envolvidos em militância política de esquerda, principalmente na ALN, e sofreram as consequências que esse episódio provocou.

Era uma segunda-feira à noite, dia 3 de novembro, quando a mulher de Penafiel na época, Ana Wilma, foi avisar Rose Nogueira e Luís Roberto Clauset da prisão de seu marido e da necessidade de que fugissem. Penafiel e Clauset foram também "entregues" em decorrência da prisão dos frades e para Penafiel

> (...) a justificativa que o Frei Ivo me deu foi que precisava ganhar tempo para não entregar o Marighella e "aí fomos contando tudo". Nem eu nem o Clauset guardamos mágoa deles por isso, e no [presídio] Tiradentes tínhamos uma convivência bastante boa com eles.

O papel do casal de jornalistas da *Folha da Tarde* naquele momento era de simpatizantes, que faziam reuniões em casa e hospedavam pessoas, como Carlos Marighella, a pedido de Frei Betto. "Mas o zelador nunca percebeu", afirmou Rose. Vale lembrar que os porteiros deveriam enviar ao Dops a relação dos visitantes aos apartamentos.

Rose Nogueira, ainda grávida e depois das mudanças que a *Folha da Tarde* sofreu em julho de 1969, com muitas demissões, foi transferida no mês seguinte para o *Folhão*. Seu filho nasceu em fins de setembro, depois de um parto muito difícil e de muitos dias de hospital. Quando Ana Wilma foi procurar Rose, em casa, ela estava sozinha com um bebê de pouco mais de um mês. Fugir, para Rose, era impossível, até porque Clauset não estava. E nem deu tempo de explicar a Clauset, quando este chegou, porque, como relatou Rose Nogueira,

---

[103] Jacob Gorender, "Assim mataram Marighella", em Cristiane Nova e Jorge Nóvoa (Orgs.), *Carlos Marighella: o homem por trás do mito* (São Paulo, Unesp, 1999), p. 190-200.

266

> (...) eles bateram à porta e eu mesma fui atender. Empurraram Frei Fernando, que eu conhecia como Pedro, na minha direção. Eram uns dez, chefiados pelo delegado que respirava fundo e pesado [Fleury].
> "Pega tudo, pega tudo", ele gritava para os outros, que corriam em todo o apartamento, abrindo portas, derrubando livros, remexendo roupas feito ratos famintos. Fernando, ou Pedro, mostrou-me as mãos algemadas. O bebê dormia no berço.
> – "Vocês estão presos. E o bebê vai para o Juizado de Menores".
> – O bebê não vai. Eu só vou com vocês se puderem deixá-lo com minha família.
> – "Terrorista não tem família, não tem que ter filho. Eu sou curador de menores", ironizou.
> Levaram Clauset, e Fernando foi amarrado no braço de madeira do sofá. Dois homens ficaram comigo. Soltaram as minhas mãos para que pudesse dar de mamar ao menino no quarto. Amanhecia. Os dois ouviam o rádio. Futebol. Naquela noite, iria ter Corinthians e Santos com portões abertos.[104]

Todos foram conduzidos primeiro para o Deops, no Largo General Osório, e Rose foi para uma cela,

> (...) a última do fundão, onde já estava Ana Wilma. Clauset também foi para o fundão, junto com José Maria dos Santos, nosso colega da *Folha da Tarde*. Foi uma noite de loucura. Ninguém quis acreditar. Mas era verdade. Para nós, lá do fundão, a confirmação veio com a chegada de Makiko Yshi, repórter fotográfica que trabalhava conosco na *Folha*. Ela foi presa tentando fotografar o lugar onde morreu Marighella.

A menos de um mês de deixar o país rumo à Alemanha, onde tinha uma bolsa para estudar Teologia, Frei Betto foi capturado no domingo, 9 de novembro, entregue por um rapaz aos delegados do Dops de Porto Alegre. Como ele mesmo narrou, foi muito pressionado, tanto naquela cidade como em São Paulo, para revelar que vínculos tinha com Miranda Jordão. Agradecido pelo silêncio do amigo, também se calou e, dos que ajudou a atravessar a fronteira, Miranda Jordão[105] é o único que não está no inquérito policial de Frei Betto.

Entretanto a confissão dos dominicanos e o consequente assassinato de Marighella são questões ainda presentes e delicadas. O embate sobre esse tema

---

[104] Rose Nogueira narrou essa história em dois momentos: em uma entrevista à autora em 1º/3/2000 e no texto/depoimento de sua autoria intitulado "Em corte seco", em Freire, Almada e Ponce, op. cit., p. 136-7.

[105] Jorge Miranda Jordão ficou nove anos sem emprego em jornal. De 1969 a 1977, trabalhou com Ari Carvalho, dono da *Última Hora* na época, em uma agência de publicidade que depois ficou sendo sua. Só retornou aos jornais em 1977. Dez anos depois, retornou a São Paulo no *Diário Popular*, que, na época, pertencia a Orestes Quércia e ao próprio Ari e foi comprado em 2001 pelo *Globo*. Em 1997, voltou para o Rio para trabalhar no jornal *O Dia*, de Ari Carvalho.

aparece nas narrativas de Frei Betto, nas edições de 1982 e 2000 do livro *Batismo de sangue*, e nas do historiador e ex-militante do PCBR, Jacob Gorender, em dois momentos: nas cinco edições do seu livro *Combate nas trevas* e no artigo "Marighella, o indômito", em *Tiradentes: um presídio da ditadura*, de Alípio Freire, Izaías Almada e J. A. de G. Ponce.

Para Frei Betto, o corpo de Marighella teria sido colocado no carro dos frades, na alameda Casa Branca, para incriminá-los. E, para sustentar seu argumento, escreveu um longo capítulo tentando demonstrar que as prisões dias antes iriam alertar Marighella da impossibilidade de estar seguro na noite de 4 de novembro. Na continuação dessa argumentação, Frei Betto localiza a gênese da *queda* e homicídio de Marighella no início do ano de 1969, quando um militante da VPR, Izaías Almada, foi detido e teria afirmado que os dominicanos mantinham contato com Marighella. A cadeia de fatos sustentada por Frei Betto se complementaria quando o militante Paulo de Tarso Venceslau, vinculado aos quadros da ALN, foi preso no dia 1º de outubro, em São Sebastião.

Paulo de Tarso, contudo, tem outro ponto de vista. Para ele, a interpretação de Frei Betto é insustentável, já que

> (...) todo mundo viu e ouviu o que ocorreu no Deops nas horas que antecederam o assassinato de Marighella. Ninguém, absolutamente ninguém, tem dúvida sobre o papel desempenhado pelos freis Fernando e Ivo. A discussão seria, portanto, os limites de cada um diante da tortura.
>
> Frei Tito,[106] por exemplo, não resistiu durante as torturas sofridas por ocasião de sua prisão. Posteriormente, creio que em dezembro, ele foi levado para *Oban,* onde foi barbaramente torturado. Chegou a tentar o suicídio. Quando voltou para o presídio Tiradentes, de maca, a primeira coisa que ele me disse quando me viu foi: "Paulo, eles queriam saber quem era o Paulo de Ibiúna. Fique tranquilo, porque não abri nada". Se ele tivesse dito que fora o coordenador daquele congresso e falado sobre nossas relações (movimento estudantil e Igreja), com certeza não melhoraria em nada minha situação naquele momento.[107]

Na perspectiva de Betto, em seu interrogatório, Paulo de Tarso teria afirmado que conhecia Frei Oswaldo[108]. Nesse ponto, Paulo de Tarso relembrou que

---

[106] Frei Tito viveu torturado pela imagem de Fleury e se suicidou na França em 1974, depois de ter sido um dos presos trocados pelo embaixador da Suíça. Sobre sua história, ver: Frei Betto, *La pasión de Tito* (Caracas, Ed. Dominicanos, 1987); Frei Betto, *Frei Tito* (11ª ed., São Paulo, Casa Amarela, 2000); e idem, *Batismo de sangue*, 2000, op. cit.

[107] O depoimento de Paulo de Tarso Venceslau foi feito por e-mail entre março e maio de 2001.

[108] Para Frei Betto, "(...) no entanto, a nota apressada do Secretário de Segurança nem sequer cuidou de verificar melhor certos detalhes que poderiam revesti-la de aparente veracidade.

268

Frei Oswaldo viajara para a Europa em maio de 1969, com a minha ajuda. Eu sabia, portanto, que ele não se encontrava em São Paulo e muito menos no convento dos dominicanos. Diante da tortura e da evidência dos fatos –Fleury esfregando meu talão de cheques na minha cara com o telefone do convento – não resisti e admiti conhecer frei Oswaldo.

Se você refletir um pouco verá que minha prisão ocorreu um mês antes da prisão dos freis Fernando e Ivo, e 35 dias antes do assassinato de Marighella. Isto significa que os nossos companheiros foram, no mínimo, liberais demais. Fernando Casadei, militante da ALN, por exemplo, fora enviado por Marighella para Porto Alegre para saber o que havia acontecido com os padres, porque ele, Marighella, havia perdido contato com os frades. Quando Casadei entrava em São Paulo, dirigindo seu carro, naquela fatídica noite de 4 de novembro, ouviu pelo rádio a notícia sobre a morte de Marighella. Ele voltara para São Paulo para relatar o que havia apurado – invasão do convento, prisão dos padres etc., etc., nos primeiros dias de novembro e o pânico que reinava entre os religiosos e nossos aliados gaúchos.

Marighella não esperou pelo seu retorno e foi ao ponto com os freis. O único nome que apareceu em meu interrogatório/tortura foi o de frei Osvaldo, que está vivo, mora na França e já não é mais dominicano.

(...) As prisões começaram no dia 24 de setembro e terminaram no dia 1º de outubro, com a minha prisão. Ninguém, absolutamente ninguém, foi preso no mês de outubro. Eu fui preso pela *Oban*, onde fui torturado e fui enviado para o DEOPS, no dia 15 de outubro. Fui o único preso pela *Oban*, naquele período, torturado no DEOPS, e pessoalmente pelo delegado Fleury.

No relato, muitas vezes tendencioso, do jornalista policial do *Jornal da Tarde*, Percival de Souza, sobre o delegado Sérgio Paranhos Fleury, segue-se essa mesma linha de raciocínio, incriminando Paulo de Tarso. Mas o autor também expõe a colaboração dos dominicanos após sua prisão e sentencia que o assassinato de Marighella se deu dentro do carro dos frades. Tendo como fonte privilegiada os relatos de dentro da repressão, Percival de Souza fez questão de expor diversas narrativas, verídicas ou não. O *Papa*, apelido de Fleury, sentia especial prazer por ter tantos religiosos sendo torturados e traçando suas ligações com Carlos

---

Paulo não foi preso na Alameda Campinas, mas sim numa casa no litoral paulista, em São Sebastião, quando se encontrava sozinho. Barbaramente torturado por Fleury – a ponto de mancar durante vários meses –, nada disse de nossas atividades e só admitiu conhecer Frei Oswaldo da faculdade, depois que o DOPS descobriu, na pensão em que ele morava, o telefone do convento. Tudo indica que o telefone passou a ser controlado e foi através dele que a repressão soube que Fernando iria ao Rio encontrar-se com um amigo, no dia 1º de novembro. Mesmo considerando a versão policial de que o contato de Paulo 'com Marighella era feito através de frei Ivo', por que o DOPS não levou Ivo ao convento para que aguardasse algum telefonema do dirigente da ALN, preferindo conduzir Fernando à livraria?" (*Batismo de sangue*, 1982, op. cit., p. 164).

Marighella. Já, para Gorender, citando as recentes descobertas no arquivo do Deops de São Paulo,

> (...) a pá de cal veio com o conhecimento do plano do DEOPS paulista para a captura de Marighella na noite de 4 de novembro, documento incluído numa exposição do Arquivo do Estado e fotografado pela revista *Isto é*. Sob o título "Missão", o primeiro item do plano determina (*ipsis litteris*):
> "Aguardar a entrada de Marighella no carro dos padres; acionar os outros, dar voz de prisão".
> O plano do DEOPS, só agora tornado público, determinava que os policiais esperassem a entrada de Marighella no fusca dos dominicanos. Com as próprias pernas. Ou seja, vivo. Que mais precisa comentar?[109]

Sobre Paulo de Tarso, o mesmo historiador afirma que

> (...) reportagens de jornais e revistas da época atribuíram a Paulo de Tarso Venceslau, membro da Coordenadoria Regional da ALN, a delação acerca da ligação de Yves com Marighella. Uma nota oficial do general Viana Moog, então Secretário da Segurança Pública, também mencionou Paulo de Tarso como fornecedor desta informação ao DEOPS. Na entrevista comigo, Paulo de Tarso negou a acusação. Admitiu apenas que, num apartamento onde residia, os policiais encontraram seu talão de cheques com anotação do telefone do convento da Rua Caiubi. Sobre a ligação de Yves com Marighella, devo esclarecer que não encontrei nenhuma prova contra Paulo de Tarso Venceslau.[110]

No mote do acervo do Deops, em 1995, o *Jornal do Brasil* publicou duas reportagens sobre as descobertas feitas nesse arquivo paulista. A primeira, no dia 11 de janeiro, tem a seguinte manchete: "Relatório diz que esquerda traiu Marighella". Na narrativa, o jornalista Fabrício Marques relatou que a documentação localizada no Deops/SP isenta os dominicanos e atribui à esquerda, nas figuras de Venceslau e Almada, as informações que a polícia usou para a emboscada que assassinou Marighella. No dia seguinte, o mesmo jornal trouxe uma nota da companheira de Marighella à época de seu assassinato. Zilda Xavier Pereira contestou o documento encontrado no Deops, testemunhou a favor de Venceslau e criticou os frades dominicanos[111].

Mesmo que distante da temática central deste capítulo, é importante, contudo, um parêntese aqui sobre as consequências desse episódio na vida de Paulo

---

[109] Jacob Gorender, *Combate nas trevas, a esquerda brasileira*, op. cit., p. 199.

[110] Ibidem, p. 198-9. Sobre Carlos Marighella existe uma coletânea de artigos em que também se encontram textos de Frei Betto e Jacob Gorender, entre outros. Cf. Cristiane Nova e Jorge Nóvoa (Orgs.), *Carlos Marighella: o homem por trás do mito*, op. cit.

[111] *Jornal do Brasil*, 11/1/1995 e 12/1/1995, p. 5.

de Tarso. Isso se faz necessário porque, a seguir, a questão da delação em tortura irá retornar. Além disso, o tema foi aqui abordado pelo fato de Frei Betto estar envolvido no episódio e com o jornal[112].

Experiência das mais difíceis de serem remexidas, o que se declarou sob tortura divide opiniões ainda hoje. Em *Batismo de sangue*, a responsabilidade pelo homicídio de Marighella parece estar nas declarações de Paulo de Tarso, em detrimento da participação dos frades quando presos. O que está em jogo, neste episódio, é uma polêmica que periodicamente retorna: a de responsabilizar um torturado por alguma informação que teria passado à repressão sob tortura. Segundo esse raciocínio, o torturado que *abriu* tem uma dor física e uma culpa imposta[113].

Feita essa observação, sabe-se que, com a prisão dos dominicanos e o assassinato do líder da ALN, houve a detenção de uma centena de militantes, muitos deles ainda jornalistas da *Folha da Tarde*. Para Rose Nogueira, que recentemente tinha dado à luz, um horror também foram os dias que se seguiram ao episódio das prisões, com depoimentos, interrogatórios, torturas. Assim,

> (...) o leite que tirava do seio ainda insistia em vazar, e minha blusa cheirava a azedo. A febre aparecia todo dia. (...) Dias depois [vieram] me buscar para depoimento. Empurrava-me pela escada, enquanto gritava: "Vai, *miss* Brasil! Sobe a escada logo, sobe!"
>
> *Miss* Brasil era o nome de uma vaca leiteira que havia sido premiada. E, na sala para onde me levou, chamava os outros: "Olha a *miss* Brasil, pessoal! Tá cheia de leite! É a vaca terrorista!". Eles riam e me beliscavam nas coxas, nas nádegas.
>
> (...) Numa mesinha, tinha uma latinha retangular com seringas. Preparou a injeção. O tira segurava meu braço. (...) O homem aplicou a injeção na coxa, na parte da frente, ainda com as marcas roxas dos beliscões. O leite secou logo. Fui para o Tiradentes sem ele.

---

[112] Izaías Almada reproduz, na introdução do seu livro *Uma questão de imagem* (São Paulo, Época Atual, 1995), uma carta sua ao *Jornal do Brasil* que não foi publicada, impedindo o seu direito de resposta.

[113] Todo esse momento marcou Paulo de Tarso até hoje e, pior, tirou dele a possibilidade de ser incluído na lista dos militantes trocados pelo embaixador alemão. Isso fez com que ele tivesse um período terrível na cadeia. Além das torturas pavorosas por ter participado da realização do sequestro do embaixador americano, já que a repressão tinha ódio dos que tinham tomado parte nessa ação, ele também foi segregado por um bom tempo pelos outros presos. Durante a feitura da lista de presos a serem libertos em troca do embaixador alemão, a própria ALN não contemplou Paulo de Tarso. Assim como Cláudio Torres, nesse mesmo sequestro, também não foi retirado do cárcere, o que comprometeu sua vida. (Agradeço a Denise Rollemberg pelo contato com Paulo de Tarso e a Alípio Freire e Marcelo Ridenti por me ajudarem a localizar Izaías Almada).

Luís Roberto Clauset e Carlos Penafiel, entre muitos outros, também estavam presos no Tiradentes. Penafiel ficou na mesma cela onde "residiu" Monteiro Lobato em uma outra ditadura brasileira... Depois foi transferido, com mais trinta presos, para o Carandiru, onde "cada um de nós ficou numa solitária por cinco meses". Clauset permaneceu encarcerado por um ano e meio no Tiradentes, tendo saído em maio de 1971, e Rose, em julho de 1970, tendo permanecido oito meses no mesmo presídio. Só foram conviver com o único filho do casamento dos dois depois desse tempo. Quando deixaram a prisão, o panorama era muito diferente. A própria *Folha da Tarde*, desde 1º de julho de 1969, passou a ter um perfil diverso daquele que Miranda Jordão para lá levara no longínquo ano de 1967.

Clauset e Rose Nogueira estiveram arrolados, como réus, no processo impetrado pelo governo contra os militantes da ALN capturados nas vésperas do assassinato de Marighella[114]. Para Clauset, sua vinculação, consciente, do momento político vivido e da importância da luta só se deram após a experiência do cárcere. Para o jornalista, esse fato é o divisor temporal de sua vida. Durante seu julgamento, em 1971, Rose foi demitida da revista em que trabalhava. Sua foto saiu no *Estadão*, e o editor disse que não sabia ter uma terrorista entre os colaboradores.

Mais de duas décadas haviam se passado, quando, no fim dos anos 1990, Rose Nogueira voltou aos arquivos da *Folha de S.Paulo* para coletar material e escrever um artigo sobre sua experiência no Tiradentes. Qual não foi sua surpresa ao constatar que, na sua ficha funcional, havia uma anotação no alto, em letras garrafais, que dizia ABANDONO. Para a empresa, a jornalista abandonou o emprego em 9/12/1969. Mas Rose se indaga

> (...) por que esta data, 9 de dezembro? Ela coincide exatamente com o período mais negro, já que eles me "esqueceram" por um mês na cela.
> Como é que eu poderia abandonar o emprego, mesmo se quisesse? Todos sabiam que eu estava lá, a alguns quarteirões, no prédio vermelho da Praça General Osório. Isso era – e continua sendo – ilegal em relação às leis trabalhistas e a qualquer outra lei, mesmo na ditadura dos decretos secretos. Além do mais, nesse período, caso estivesse trabalhando, estaria em licença-maternidade.[115]

Rose Nogueira, meses antes de toda essa reviravolta, ainda estava na redação da *Folha da Tarde* quando, no início de julho, o jornal mostrou a que viria.

---

[114] Acerca dos julgamentos de militantes da ALN por tribunais militares, ver Marco Aurélio Vannucchi Leme de Mattos, *Em nome da segurança nacional: os processos da justiça militar contra a Ação Libertadora Nacional (ALN), 1969-1979* (São Paulo, dissertação de mestrado em História-USP, 2002).

[115] Freire, Almada, Ponce, op. cit., p. 151.

Penafiel relatou que, depois de Pimenta Neves e do funcionário tido como *"prata da casa"*, houve um terceiro editor responsável,

> (...) que andava com uma capanga armada pela redação, e fomos todos demitidos. A linha do jornal tinha mudado completamente, a ponto de que, quando fui demitido por motivos políticos, com mais oito colegas, em agosto de 1969, de toda a antiga equipe não restava mais ninguém.

Ninguém é uma palavra radical demais: uma pessoa permaneceu nas duas redações nesses dois momentos da *Folha da Tarde*. As férteis lembranças de Tonico Ferreira recordaram-se de um jornalista que foi um dos poucos, se não o único, da redação pré-AI-5 que ficou depois da saída de Miranda Jordão, de Antônio Pimenta Neves ou mesmo do França. Sintonizado com os novos tempos do jornal,

> (...) o repórter de polícia era um menino com o rosto cheio de espinhas, magrinho, alto, com nome estranho e hoje mais gordo e famoso: Afanásio Jazadji. Era o período de maior atuação do Esquadrão da Morte, do delegado Fleury. A cobertura das execuções do Esquadrão sustentavam o noticiário policial. Lembro que o Afanásio gostava de sair nas fotos junto com policiais, posando ao lado dos corpos dos bandidos "achados" mortos – os "presuntos", no jargão policial da época.

O repórter de polícia, ex-deputado estadual pelo PDS/SP e eleito em 2000 pelo PFL/SP, Afanásio Jazadji, nascido no bairro da Mooca, em 1950, iniciou-se, portanto, no jornalismo com dezesseis anos, escrevendo na *Gazeta da Mooca*. Nessa mesma época, tornou-se repórter da seção "Geral" da *Folha da Tarde*. Com o surgimento do "Esquadrão da Morte", foi deslocado para o setor de Polícia[116].

A partir de julho de 1969, com o fim dessa redação iniciada em outubro de 1967, o jornal, como classificou Cláudio Abramo, tornou-se sórdido. Nesse contexto, o papel desempenhado pelo Grupo Folha da Manhã durante os anos 1970 recebeu muitas críticas. Para Freire, Almada e Ponce,

> (...) a imprensa, censurada aqui e ali, não oferecia resistência mais séria ao governo quando se tratava das organizações de esquerda revolucionária. E aqui distinguimos muito bem os jornalistas dos donos de jornal. É preciso que se diga, a bem da verdade, que muitos jornalistas arriscaram seus empregos e mesmo a vida, enviando notícias para o exterior e passando algumas informações apesar da censura. Jornais, como

---

[116] Em 1973, começou na Rádio Jovem Pan, como repórter policial. Ficou seis anos na Rádio Globo, no "Patrulha da Cidade" e, desde 1984, está na Rádio Capital com o programa "Plantão de Polícia". Em 1986, foi eleito deputado estadual pelo PDS/SP, tendo obtido a maior votação para deputado estadual no Brasil naquele pleito.

a *Folha de S.Paulo*, transformaram-se em porta-vozes do governo militar e mesmo cúmplices de algumas ações.[117]

Nesse sentido, são graves as acusações contra o grupo. Ao que parece, a arbitrariedade imposta pelo governo dos decretos secretos e da tortura era corroborada, de forma colaboracionista, pelos "jornalistas" dessa outra *Folha da Tarde*. Pelo foco do jornalista Antônio Carlos Fon[118], é possível puxar um fio dessa trama. Ao refletir sobre a experiência da tortura no Brasil dos anos 1960 e 1970, Fon entrelaçou o assassinato do empresário Henning Albert Boilesen à trajetória da *Folha da Tarde* pós-julho de 1969. Assim, para compreender as transformações que ocorreram no jornal e no Brasil pós-AI-5, é oportuna essa análise.

Nas reflexões de Fon, tem-se nas incertezas geradas nos grupos arrecadadores de dinheiro para financiar a repressão o

> (...) temor compreensível, já que, além de matarem o industrial Henning Albert Boilesen, os grupos de extrema esquerda destruíram vários carros distribuidores de um grupo jornalístico paulista que, depois de entregar a direção de um de seus jornais a elementos ligados aos órgãos de segurança, cedeu automóveis para serem utilizados pelos agentes do CODI-DOI.[119]

Os fatos descritos acima se referem aos carros do Grupo Folha da Manhã, que foram incendiados por militantes de esquerda nos dias 21/9/1971 e 25/10/1971. Essa ação era uma represália, já que as esquerdas armadas acusavam o grupo de ceder esses automóveis ao Doi-Codi. Esse disfarce possibilitava, na compreensão dos militantes, que a polícia montasse emboscadas, prendendo ativistas[120]. Ao que tudo indica, houve uma ligação que aproximou as alterações na estrutura da *Folha da Tarde* do novo panorama político pós-AI-5. Além disso, segundo Aton Fon Filho, em carta à revista *Teoria & Debate*,

> (...) a própria *Folha da Tarde* já estava havia muito submetida à orientação do DOI-CODI, fazendo a guerra psicológica e propaganda contra a guerrilha, sem que qualquer ação militar tivesse sido desenvolvida contra ela. Não que não

---

[117] Freire, Almada e Ponce, op. cit., p. 42.

[118] Antônio Carlos Fon, *Tortura: a história da repressão política no Brasil* (2ª ed., São Paulo, Global, 1979).

[119] Ibidem, p. 57.

[120] Uma foto desse episódio encontra-se no livro de Carlos Alberto Brilhante Ustra, *Rompendo o silêncio* (2ª ed., Brasília, Editerra Editorial, 1987), p. 225, onde se lê: "Incêndio em veículos das 'Folhas de S. Paulo', rua Benedito Calixto, Pinheiros (ALN)". No carro que está carbonizado, vem escrito: *Folha da Tarde*. A foto de um outro carro, com a inscrição *Folha de S.Paulo*, foi reproduzida neste trabalho. Na seção "Os policiais", neste capítulo, há uma reflexão mais apurada desse episódio.

houvesse vontade de realizá-la. Esta surgia de cada mentira, a cada infâmia, a cada vez que a *Folha da Tarde*, na condição de porta-voz oficioso do DOI-CODI, anunciava como fuga ou morte em combate o que na realidade fora o assassinato de um companheiro.[121]

Acusava-se o jornal e a empresa Folha da Manhã de algo extremamente sério: ter sido entregue à repressão como órgão de propaganda, enquanto papel, tinta e funcionários eram pagos pelo grupo. Ratificando essa ideia, o ex-deputado federal José Dirceu (PT/SP) e ex-militante do Molipo, declarou, durante sessão solene na Câmara dos Deputados em homenagem ao Grupo Folha, em 22/2/2000, que

> (...) a *Folha da Tarde*, jornal já extinto que pertenceu ao grupo, "reproduziu um noticiário ao agrado da ditadura militar. É preciso fazer uma revisão histórica da participação do Grupo Folha naqueles anos, particularmente da *Folha da Tarde*".[122]

Nesse sentido, buscando um perfil desse periódico, muitos se atribuem a criação da célebre frase que definiu a *Folha da Tarde* a partir de julho de 1969. O jornal era tido como "o de maior tiragem", devido ao grande número de policiais que compunham a redação no pós-AI-5. Por isso, muitos também a conheciam como "delegacia". Um panorama desse quadro de "jornalistas" e da trajetória da *Folha da Tarde* de 1o de julho de 1969 a 7 de maio de 1984 deve começar pelo destrinçar da morte de Boilesen.

---

[121] Aton Fon Filho, "A publicidade da *Folha*", *Teoria & Debate*, São Paulo, jul./ago./set. 1997, p. 78.

[122] *Folha de S.Paulo*, 23/2/2000.

Confronto entre alunos da Mackenzie envolvidos com o CCC e alunos da USP. Rua Maria Antônia, São Paulo, 3/10/1968. Esta foto, de Makiko Yshi para a *Folha da Tarde*, foi publicada no dia seguinte ao do confronto e mostra os alunos da Mackenzie apontando uma arma em direção à fotógrafa.

Luís Antônio da Gama e Silva, ministro da Justiça, e o locutor Alberto Curi, durante a leitura do Ato Institucional nº 5. Rio de Janeiro, 13/12/1968.

Fachada do Cine Odeon, no Centro do Rio de Janeiro. Em cartaz, *A noite dos generais*. s. d.

Capa da revista Veja, de 18/12/1968. Essa edição, que coincidiu com a decretação do AI-5 e o fechamento do Congresso, foi em parte apreendida. Na foto, o ministro da Guerra do governo Castello Branco e futuro presidente da República, Costa e Silva, em visita à Câmara dos Deputados, com o plenário vazio.

Ilustração que figurou na capa da edição apreendida da *Veja* de 10/12/1969.
No detalhe, a capa da edição na íntegra.

Grupo de militantes da VPR que se arrependeu diante das câmeras de TV. Da esquerda para a direita: Rômulo Augusto Romero Fontes, Marcos Alberto Martini, Osmar de Oliveira Rodello Filho, Marcos Vinício Fernandes dos Santos e Gilson Teodoro de Oliveira. Sede da Secretaria de Segurança Pública, São Paulo, 21/4/1970.

Página do jornal *Folha de S.Paulo*, do dia 3/7/1970, com reportagem sobre a apresentação pública do militante da VPR, Massafumi Yoshinaga, que se teria entregado às autoridades militares e se arrependido de seus atos.

ventiva para 16 facinoras

Ex-subversivo reafirma em Juizo seu repudio ao terror

Lungaretti: pela segunda vez, o repudio ao terrorismo. (Telefoto FOLHA DA TARDE)

Como auxiliar as vitimas da tragedia do Paquistão

Página do jornal *Folha de S.Paulo*, com reportagem sobre Celso Lungaretti, militante da VPR que, preso, renegou seus atos em uma declaração assinada na 1ª Região Militar, no Rio de Janeiro, em 8/7/1970, e foi à TV no dia seguinte. A foto publicada no jornal é do seu depoimento no Supremo Tribunal Militar, no Rio de Janeiro, em 17/11/1970.

Primeira página da *Folha da Tarde*, de 8/9/1971, com a imagem da parada militar em comemoração ao Dia da Independência.

Caminhonete do jornal *Folha de S.Paulo* incendiada por militantes das esquerdas armadas em 21/9/1971. A foto foi publicada na página 9 da edição de 22/9/1971.

Charges publicadas na *Folha da Tarde*, pouco antes de o jornalista Antônio Aggio Jr. deixar o jornal. São Paulo, 4/5/1984.

AO LEITOR

A partir de amanhã, a FOLHA DA TARDE aparecerá nas bancas sob a direção e responsabilidade de um novo editor, após haver conseguido — entre tantos que já havia alcançado — um novo recorde na História de nossa imprensa: quinze anos com a mesma linha editorial, mantida pela mesma equipe de Redação. Nossa circulação e economia resultam num jornal rentável e na posição de um dos principais órgãos da imprensa brasileira. Mas, exercendo seu direito, a Empresa Folha da Manhã S.A., proprietária da FT, resolveu adotar a mudança. Nossos êxitos nestes quinze anos de luta somente foram possíveis graças à fidelidade de você, querido leitor, ao seu jornal. Meus votos de despedida são de que a FOLHA DA TARDE possa continuar a merecer a sua confiança e o seu apoio. E a você eu dirijo meu mais profundo e emocionado agradecimento, porque, como disse em meu artigo de sexta-feira última ("Plebiscito e Referendo, Instrumentos de Salvação Nacional"), você é a razão de existirmos intelectual e profissionalmente. E estendo este agradecimento à aguerrida equipe da FT, que sempre praticou a lealdade acima de tudo.

Antônio Aggio Júnior

Nota de despedida de Antônio Aggio Jr., publicada na *Folha da Tarde* no último dia em que o jornalista dirigiu o jornal. São Paulo, 7/5/1984.

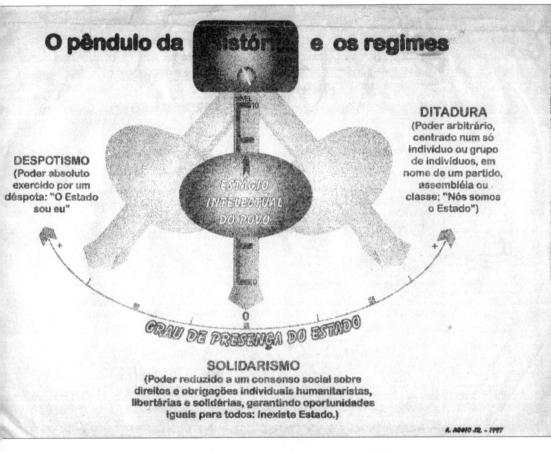

Reprodução de fax enviado pelo jornalista Antônio Aggio Jr. em 9/7/1999, um dia depois de o jornalista ter concedido uma entrevista à autora deste livro.

Seleção de algumas primeiras páginas da *Folha da Tarde*, reproduzidas no último número do jornal, que circulou em 21/3/1999. Aqui, uma seleção dos anos 1960...

... aqui uma seleção dos anos 1970...

... e aqui uma seleção dos anos 1980.

Os policiais

Perdoem a cara amarrada
Perdoem a falta de abraço
Perdoem a falta de espaço
Os dias eram assim

Perdoem por tantos perigos
Perdoem a falta de abrigo
Perdoem a falta de amigos
Os dias eram assim

Perdoem a falta de folhas
Perdoem a falta de ar
Perdoem a falta de escolha
Os dias eram assim

E quando passarem a limpo
E quando cortarem os laços
E quando soltarem os cintos
Façam a festa por mim

E quando largarem a mágoa
E quando lavarem a alma
E quando lavarem a água
Lavem os olhos por mim

Quando brotarem as flores
Quando crescerem as matas
Quando colherem os frutos
Digam o gosto pra mim

(Ivan Lins e Vítor Martins,
Aos nossos filhos)[123]

Legalizando mortes por tortura

No ano de 1970, além das glórias do esporte, também despontaram as declarações do ministro da Educação do governo Médici, coronel Jarbas Passarinho, sobre a participação de universitários nos atos de guerrilha urbana, as informações do general Antônio Carlos da Silva Muricy acerca dos presos políticos e a denúncia da Comissão Internacional de Juristas à Organização dos

---

[123] *Aos nossos filhos*, de Ivan Lins e Vítor Martins, música interpretada por Elis Regina, é a trilha sonora do videodocumentário *15 filhos*, de Marta Nehring e Maria Oliveira, que narra o depoimento de filhos de militantes políticos de esquerda na ditadura pós-1964. Uma dessas narrativas é a de Ivan Seixas, que resumiu aqueles anos citando esses versos.

288

Estados Americanos (OEA) a propósito da violação de direitos humanos no Brasil, seguida, meses depois, da condenação, pelo papa Paulo VI, das práticas de violência e tortura no país.

Nesse mesmo período, o ministro da Justiça, Alfredo Buzaid, igualmente conheceu a ira de manifestantes na Alemanha, que protestaram contra a ditadura civil-militar aqui instalada. A imagem de um Brasil democrático, sem o uso de métodos de tortura e desrespeito aos direitos humanos – tão acalentada pelos "donos do poder" na época –, caiu por terra no início de outubro, obrigando o ministro Buzaid a retornar mais cedo de sua visita oficial a alguns países europeus[124].

Tarefa árdua continuar pregando que se vivia em um país livre e democrático. Nesse sentido, para resgatar do cárcere militantes que sofriam bárbaras agressões físicas, parcelas dos grupos clandestinos das esquerdas armadas sequestraram, em 11 de março, o cônsul japonês em São Paulo, Nobuo Okuchi; em 11 de junho, o embaixador alemão no Rio, Ehrenfried von Holleben, e, em 7 de dezembro, o embaixador da Suíça, Giovani Enrico Bucher. Precedeu a esses, em 4/9/1969, uma primeira ação – o sequestro do embaixador americano no Rio, Charles Elbrick.

Assim, no ano de 1970, a repetição de um ato (o sequestro de membros do corpo diplomático) rescindiu a falsa imagem calcada em uma (pseudo) harmonia construída. Os trâmites das negociações desses quatro episódios libertaram um total de 134 presos políticos. Noticiados nos rádios e TVs do país e de todo o mundo, os acontecimentos vividos não podiam ser negados[125].

Fechando o foco, as cenas que aqui interessam aconteceram tanto no ano de 1970 como no seguinte, trazendo o clima de "caça às bruxas" que o governo do general Médici instaurou contra a luta armada dos movimentos de esquerda. Para definir o raio de ação, há que se aproximar do dia 16 de abril de 1971, quando duas pessoas foram presas pelos agentes do Deops paulista. Um rapaz

---

[124] *Jornal do Brasil*, 4/10/1970, p. 4. Para preparar sua viagem a alguns países da Europa, o ministro enviou o jornalista do *Jornal da Tarde* Lenildo Tabosa Pessoa, conhecido por seu catolicismo e colaboração com a repressão, para agendar contatos na imprensa. Em um relatório da DSI, sabe-se que a imprensa católica italiana "mostrou-se pouco sensível a qualquer contato ou entendimento, a fim de esclarecer a situação brasileira". Restou a Buzaid, em Roma, conversar de forma protocolar com o presidente do Senado e com dom Eugênio Salles e Humberto Monzzoni, núncio apostólico (DIS/MJ em depósito no AN/RJ).

[125] Alguns militantes fazem uma releitura, trinta anos depois, do primeiro sequestro de embaixador, o do americano, em 1969. Às vésperas do século XXI, para alguns deles, essa foi uma opção contrária às diretrizes propostas por Carlos Marighella para a ALN. Segundo esses ex-militantes, a consequência dessa ação armada foi uma violenta resposta das forças de repressão, que aniquilaram as organizações de luta armada até meados de 1974.

de dezesseis anos e seu pai estavam "cobrindo um ponto" [estar em um lugar combinado para encontrar companheiros de militância] e caíram [foram presos]. Ambos pertenciam ao grupo MRT, de militância operária, atuante na Grande São Paulo e vinculado à Frente Armada[126], formada naquele mesmo ano.

Teobaldo, ou Ivan Seixas, e seu pai, Joaquim de Alencar Seixas, o *Roque*, estavam havia oito meses em São Paulo, vindos do Sul. Foram capturados no número 9.000 da Estrada do Vergueiro e levados para a Oban, localizada na rua Tutoia, número 721, às dez horas da manhã, em uma algema única. Suas apreensões decorreram da *queda* de um outro militante, que *abriu o ponto* [declarou, sob tortura, o próximo lugar de encontro dos companheiros][127].

É oportuno sublinhar que existem três versões para o que aconteceu por ocasião da prisão de Ivan e seu pai. A primeira, que se encontra nos prontuários de ambos, no material do Deops paulista, descreve a seguinte narrativa: durante o interrogatório, Joaquim (ou *Roque*) decidiu colaborar com a repressão e entregou o local do encontro seguinte, o *ponto*. Levados à localidade, *Roque*, mesmo algemado, teria ferido o motorista do camburão da polícia e fugido. Guiando uma caminhonete, militantes de esquerda teriam atirado na viatura policial e os disparos teriam atingido *Roque*, que, rolando por uma ribanceira ferido, teria morrido ao ser conduzido por policiais ao hospital. O *aparelho* [casa, apartamento, sítio etc., usado de forma clandestina para receber militantes] de Joaquim fora descoberto e nele foram encontradas armas e munição do grupo.

Na segunda versão, exposta por Ivan, foi relatado que, ao serem presos e conduzidos para a Oban, no dia 16 de abril, foram torturados por todo aquele dia. As sessões de tortura, executadas por vários militares, entre os quais o comandante da Oban, o major Ustra, e o delegado David dos Santos Araújo,

---

[126] Formada por ALN, VPR, MR-8 e PCBR.

[127] Agradeço a Ivan Seixas por seu depoimento em 6/7/1999. Ao ter como fonte o relato de presos políticos, uma questão sempre aparece: o limite do que se falou sob tortura. Uma porta para adentrar a temática é resgatar o debate travado entre os deputados federais José Genoino, do PT de São Paulo, e Jair Bolsonaro, do PPB do Rio, nas páginas da *Folha de S.Paulo*, em fevereiro de 2000. Bolsonaro, ao acusar Genoino de delatar sob tortura, quando foi preso em 1972 no Araguaia, trouxe novamente à baila a problemática. Dias depois, o jornal carioca *O Globo* (13/2/2000) publicou uma entrevista com Genoino, que analisou essa dor. Para ele, essas são "marcas de um conflito que vivemos na prisão, em que o ser humano se divide em dois: a consciência quer uma coisa, e o físico, outra. E, nesse fio de navalha, administramos o que podemos falar e o que não podemos. Fala-se o que não vá prejudicar diretamente os companheiros, que não ajude a localizá-los. Outras informações você acaba administrando... O ser humano anda no fio da navalha para administrar, na sua consciência, o que pode e o que não pode falar num processo em que é dominado inteiramente, física e psicologicamente. O duelo é terrível" (p. 9).

290

o "Capitão Lisboa"[128], realizaram-se com o pai na "cadeira do dragão" e Ivan no "pau-de-arara". Pai e filho assistiram à tortura um do outro e Joaquim nada disse que pudesse compremeter seus companheiros de luta.

À noite, Ivan *abriu* [declarou sob tortura] seu endereço e levou os policiais à sua casa", onde a mãe e duas irmãs ainda lá estavam. Encontradas, foram removidas para a rua Tutoia e alojadas em uma sala embaixo daquela em que *Roque* estava sendo torturado, de onde ouviram seus gritos por toda a noite até o meio do dia seguinte.

Ivan foi novamente submetido a sessões de tortura e, em seguida, levado por policiais a rodar pela cidade. Na manhã seguinte, dia 17, os agentes da repressão receberam, por rádio, a ordem cifrada de matá-lo. Antes de executar a ação, pararam em um bar para tomar um café. Na banca de jornal, Ivan leu a terceira versão do ocorrido, que estava na manchete do jornal *Folha da Tarde* e que enunciava

> Morto o assassino do industrial Boilesen – agindo com rapidez, os órgãos de segurança interna identificaram, ontem, um dos participantes do assassinato do industrial Henning Boilesen: trata-se de Joaquim de Alencar Seixas, vulgo "Roque", pertencente à organização subversiva denominada MRT. "Roque" reagiu violentamente à ordem de prisão e morreu na troca de tiros com os policiais. Em seguida, foi localizado o "aparelho", e, neste, vultosa quantidade de material subversivo, armamentos e bombas.[129]

Nesse momento, a primeira e a terceira versão do fato se cruzam, e parte da primeira também foi exposta na manchete dessa gazeta[130]. O jornal *Folha da Tarde*, como os demais órgãos de imprensa do país, recebia notas oficiais sobre

---

[128] Anos mais tarde, no primeiro semestre de 1991, durante os trabalhos da Comissão Parlamentar de Inquérito (CPI) da Câmara de Vereadores de São Paulo sobre as ossadas encontradas no cemitério de Perus, o Capitão e Ivan fizeram uma acareação, quando o primeiro negou conhecer o segundo, mas disse ter interrogado seu pai, Joaquim, 24 horas depois de sua prisão. Só que, oficialmente, Joaquim morreu ao ser preso.

A respeito do Capitão, na biografia de Percival de Souza sobre o delegado Fleury, relata-se que era delegado de polícia, chefe da equipe B do Doi-Codi. Seu nome aparece em várias relações como torturador. Era o terceiro nome da lista de homens da repressão a serem executados, conforme o material apreendido que fora organizado pela ALN e endossado pela VPR. Para Souza, sua equipe era de buscas, e não de interrogatórios (Souza, *Autópsia do medo...*, op. cit., p. 63).

[129] *Folha da Tarde*, 17/4/1971, p. 1.

[130] A história da prisão de Ivan Seixas e de seu pai, Joaquim Alencar de Seixas, também foi narrada em um artigo de Fábio Konder Comparato, "Ética política e honra militar", *Folha de S.Paulo*, 8/7/1997, p. 3, e posteriormente transcrito no livro organizado por Janaína Teles (op. cit.). Acerca de sua experiência na clandestinidade e da relação com o pai, Ivan Seixas escreveu um ensaio biográfico intitulado "A vida clandestina", em Beatriz Kushnir, *Perfis cruzados*, op. cit.

todos os fatos que deveriam ser divulgados – inclusive as capturas e eventuais mortes efetuadas pela repressão político-policial. Essas notas ficaram conhecidas como *os bilhetinhos* da censura[131].

No quadro de notícias cuja divulgação era permitida, a singularidade da *Folha da Tarde* era tornar esse informe uma verdadeira matéria jornalística. Tem-se a impressão, ao ler a notícia, de que havia um jornalista desse periódico cobrindo o fato[132].

Interligando a divulgação dos fatos ocorridos e a prisão de Ivan Seixas e seu pai, no dia 16 de abril de 1971 – um dia depois da morte do dinamarquês Henning Albert Boilesen –, os principais jornais do país traziam manchetes sobre a morte desse industrial. O jornal carioca *O Globo*, com foto do morto e o mapa da ação, imprimiu em letras garrafais: "TERROR METRALHA INDUS-TRIAL PELAS COSTAS EM SÃO PAULO". A associação das atividades da esquerda armada com a ideia do terrorismo permanece em todas as reportagens sobre o caso. O *Jornal do Brasil* também afirmava que "Henning começou a ser metralhado pelas costas" e, no seu editorial, sob o título de "Revoltante e estéril", descreve

O crime foi friamente premeditado. (...) Nada justifica o ato selvagem que um punhado de fanáticos planejou e calculadamente executou. (...) Moralmente, portanto, ninguém poderá aplaudir o que foi levado a efeito em São Paulo. (...) O homicídio em si é estúpido. Como ato destinado a promover consequências de ordem política ou social, só pode ser negativo.

(...) A subversão disse ontem, à bala, com o sacrifício de uma vida humana, que pretende levar mais longe um programa terrorista que começou por sequestrar aviões e representantes diplomáticos. A opinião pública exprime a sua repulsa a esse jogo de violência e, consequentemente, apoia as autoridades que tratam de coibir a sanha homicida de fanáticos que, em nome de uma pretensa e caricata justiça, assalta, rouba e mata. Nada, absolutamente nada, justifica o hediondo crime ontem friamente perpetrado em São Paulo. Ele é uma nódoa indelével, uma afronta à nação, uma advertência trágica e uma insanidade que enoja e revolta.

---

[131] Sobre os *bilhetinhos*, há uma análise mais detalhada no capítulo 3 deste livro.

[132] Outro exemplo de publicações de nota oficial sobre a morte de um militante pode ser encontrado na narrativa do falecimento de Norberto Nehring. A revista *Veja* publicou uma pequena referência, copiando, certamente, a versão divulgada pelos órgãos de segurança. No arquivo do Deops/SP, encontra-se uma nota à imprensa, que, assinada pelo delegado Romeu Tuma, confirma a versão oficial de suicídio, que foi divulgada pelo semanário. A revista infelizmente "embarcou" nessa versão oficial e sublinhou que Norberto havia sido abandonado pela sua organização, o que justificava seu desespero e suicídio. Ao sair impressa, passava a pesar muito a ideia de que, se "deu no jornal, então é verdade" (Miranda e Tibúrcio, *Dos filhos deste solo...*, op. cit., p. 50-3; *Dossiê dos mortos e desaparecidos*, São Paulo, Governo do Estado de São Paulo/ Imprensa Oficial, 1996, p. 88-91).

O *Jornal da Tarde* buscou igualmente traçar o perfil do cadáver, fazendo dois textos: "Henning, o homem" e "Boilesen, o empresário". E, em um terceiro artigo sentencia: "A polícia descobre a nova tática terrorista: matar". Refez, assim, um perfil do empresário, divulgando trechos do manifesto que o grupo de esquerda, responsável pela ação, distribuiu no local e contrapôs a essa versão dos fatos apresentados pelos militantes as notas divulgadas pelo governo por meio da imprensa. Em *O Estado de S. Paulo* novamente se tem: "Terror mata industrial" e "Congresso repudia a ação terrorista". O *Correio da Manhã*, ainda usando da mesma imagem, noticiava: "Terror mata industrial"[133].

No jornal *Folha da Tarde* de 17 de abril – dois dias depois da morte –, o artigo vinculou a prisão e o assassinato de *Roque* ao falecimento de um empresário em São Paulo. Para esse diário, segundo as informações que as fontes oficiais lhe haviam transmitido, o empresário dinamarquês e naturalizado brasileiro Henning Albert Boilesen foi chacinado no dia 15 de abril por militantes do MRT chefiados por *Roque*. A maneira encontrada pelos órgãos de repressão para vingar o óbito do empresário foi, portanto, apresentar um outro cadáver. Esse corpo era, além de tudo, vinculado ao grupo de esquerda que teria assassinado o empresário. Foi tendo por base a noção de compensação que essa vingança se deu.

Nessa direção, um dia depois da morte de Boilesen, os agentes da repressão prenderam *Roque* e seu filho e noticiaram a solução do caso. O principal suspeito, entretanto, morreu oficialmente nos combates, nada podendo declarar...

As muitas histórias dessa história

O homicídio de Boilesen, não obstante, é um pouco mais complicado e, para entendê-lo, é preciso mergulhar em narrativas como as contidas nos dois livros autobiográficos de Carlos Eugênio Paz[134]. Estes têm o mérito de expor a experiência da luta armada a partir das lembranças de um ex-integrante da

---

[133] A dissertação de mestrado em comunicação (ECO-UFRJ) do jornalista João Batista de Abreu, *As manobras da informação: análise da cobertura jornalística da luta armada no Brasil, 1965-1979* (Rio de Janeiro, Mauad/EdUFF, 2000), mapeou esse episódio segundo as matérias do jornal *O Globo*. Com os títulos de "Terroristas metralham industrial pelas costas", "Ato selvagem e covarde nas ruas de São Paulo" e "Lágrimas no velório", o jornal reproduz a linha desenvolvida também em alguns outros periódicos. São muito interessantes, contudo, as reflexões de Abreu quanto ao primeiro momento em que a imprensa brasileira associou essas ações armadas de esquerda ao termo "terrorismo".

[134] Carlos Eugênio Paz, *Viagem à luta armada: memórias romanceadas* (2ª ed., Rio de Janeiro, Civilização Brasileira, 1996); e *Nas trilhas da ALN: memórias romanceadas* (Rio de Janeiro, Bertrand Brasil, 1997).

ALN. Abrangendo o período de 1967 a 1973, rememora as vivências do rapaz secundarista de dezessete anos, cujo pseudônimo era *Clemente* ou *Quelé*, nas ações de guerrilha[135].

No rol de fatos a serem pontuados, o autor selecionou dois homicídios para concluir o relato do primeiro livro. Um deles é o *justiçamento* de *Mário*, apelido recebido no tomo, de Marcio Leite de Toledo. O segundo relata o evento do dia 15 de abril de 1971. Concentrado nesse episódio, Paz descreve que o personagem *Hugo* – pseudônimo concedido pelo autor a Devanir José de Carvalho e cujo codinome na militância era *Henrique* – foi

> (...) dirigente máximo do MRT (...). Valente, solidário, um líder nato que sempre atuou no sentido da unidade da esquerda armada. Teve atuação importante na Frente Armada (...). Devanir foi morto em abril de 1971, deixando mulher e filhos. Como represália à sua morte, a ALN e o MRT justiçaram, em 15 de abril de 1971, Henning Albert Boilesen, presidente da Ultragás, financiador da repressão política e instrutor de torturas.[136]

O histórico do assassinato de Devanir, contudo, tem início dez dias antes da morte do empresário. "No dia 5 de abril, por volta das onze horas da manhã, [quando] Devanir chegou à rua Cruzeiro, número 1.111, no bairro do Tremembé, em São Paulo, recebeu uma rajada de [tiros de] metralhadora. Ferido, foi preso e levado para o Deops"[137]. Ao comprovar a *queda* do companheiro, Ivan Seixas procurou avisar aos outros militantes de sua organização que Devanir "havia furado um ponto" [não apareceu ao encontro], o que indicava que deveria ter sido capturado pela repressão.

No desenrolar desse fato, com a confirmação, dois dias depois da prisão e do assassinato de Devanir sob tortura no Deops, a direção do grupo de militantes de esquerda, núcleo esse de que Ivan Seixas não fazia parte, firmou um pacto: decidiu que Boilesen iria morrer. Seria feito, assim, um outro *justiçamento*, já que, desde janeiro de 1971, eram conhecidas as ligações do empresário com a repressão. Tais vínculos ficaram explícitos no início de 1971 e foram narrados no primeiro livro de Paz[138]. O autor relata a informação recebida por Joaquim

---

[135] Os livros de Carlos Eugênio Paz desagradaram muito a uma parte das pessoas envolvidas na luta armada por exporem também os *justiçamentos* realizados no interior da organização a que ele pertencia, a ALN. Uma biografia acerca do período de militante de Paz foi escrita por Denise Rollemberg, "Clemente", em Kushnir, *Perfis cruzados...*, op. cit.

[136] Carlos Eugênio Paz, *Viagem à luta armada...*, op. cit., p. 219.

[137] A trajetória e a morte de Devanir José de Carvalho estão registradas em Miranda e Tibúrcio, *Dos filhos deste solo...*, op. cit., p. 225-7.

[138] *Viagem à luta armada...*, op. cit.

294

Câmara Ferreira, o *Toledo* – dirigente da ALN após o assassinato de Carlos Marighella –, sobre empresas que contribuíam financeiramente para a coibição das organizações de esquerda.

As pessoas no livro de Paz são sempre despistadas pelo uso de apelidos. As verdadeiras identidades são arroladas em um anexo ao final do relato e só se explicitam os codinomes de militantes mortos. Nesse quadro de nomes e pseudônimos tão caros ao universo clandestino e ainda utilizados por Paz, fica--se sabendo que uma certa Solange, militante da ALN, foi convidada pela sua organização a analisar as fotos de dirigentes de empresas suspeitos de colaborar nessa "caixinha". Nessa vistoria, reconheceu Boilesen como uma pessoa que participou das sessões de tortura que havia sofrido[139].

Corroborando essa declaração, uma das marcas desse vínculo se confirma na existência de dois instrumentos de tortura cuja "autoria" é atribuída ao empresário – a *pianola Boilesen* e o *microfone Boilesen*. Este último produzia na pessoa uma autotortura, já que a própria voz comandava a intensidade do choque. Confirmando essa ligação, nas análises de Gorender[140] sobre a criação e manutenção da Oban, tem-se que

> (...) uma vez que não constava de nenhum organograma do serviço público, a Oban tinha caráter extralegal. Os problemas decorrentes dessa circunstância se resolveram mediante transferência de recursos de órgãos já existentes e do apelo a contribuições de grandes empresas brasileiras e multinacionais. Na coleta das contribuições, mostrou-se especialmente interessado e ativo o industrial Henning Boilesen, presidente da Ultragás.

Nessa perspectiva de colaboração entre empresários e Estado repressor, na reportagem do jornalista Antônio Carlos Fon para a revista *Veja*, que posteriormente se transformou em um livro[141], Boilesen foi apresentado como integrante do Grupo Permanente de Mobilização Industrial (GPMI). De acordo com essa narrativa, em 1969, o empresário havia alertado alguns industriais sobre a necessidade de participarem, com recursos financeiros, da luta pela segurança nacional. Fizeram parte dessa organização, segundo Fon, o paulista Paulo Henrique Sawaia Filho – economista e ex-assessor do então ministro da Fazenda, Antônio Delfim Netto –, o comandante reformado da Marinha, Hélio Viana, o ex-jornalista Robert Lentz Plassing – que, segundo se supõe, era investigador da Polícia Federal e integrou o DOI-Codi no Rio de Janeiro, onde era conhe-

---

[139] Carlos Eugênio Paz, *Viagem à luta armada...*, op. cit., p. 177.

[140] Jacob Gorender, *Combate nas trevas, a esquerda brasileira*, op. cit., p. 171.

[141] Antonio Carlos Fon, *Tortura...*, op. cit.

cido como Samuca – e o coronel reformado do Exército Álvaro Galvão. Todos seriam sócios de duas empresas de consultoria encarregadas de arrecadar e gerir fundos para a repressão, destinados até mesmo ao pagamento de prêmios pela captura de militantes de esquerda.

Por meio dessa narrativa, sabe-se que Boilesen fez parte do grupo que instituiu também dois órgãos, o CIEE e o CIEx (centros de integração entre empresas e escolas e de empresas com o Exército). Na verdade, eram agências captadoras de estagiários para as necessidades desses dois *locus* receptores. Chama a atenção, contudo, o *approach* do CIEx com apenas uma das três Armas, o Exército.

Isso posto e retomando o relato sobre a morte do empresário, Percival de Souza reportou que, um dia antes do seu falecimento, Boilesen oferecera um jantar em sua mansão no bairro do Morumbi. Essa referência estava no relato do delegado-geral Walter Suppo, cuja filha se casou com um sobrinho de Boilesen e compareceu à festa. Um dia depois, esse mesmo policial observou o corpo metralhado do empresário. Nesse jantar, esteve presente, entre outros, Paulo Sawaia,

> (...) que fazia a ponte entre empresários e industriais, e o Doi-Codi e o Dops, possuindo em seu carro particular um rádio com a frequência privativa dos órgãos de segurança. Sawaia, nos cifrados códigos de comunicação, era o *Gama* 10.[142]

A partir de depoimentos, que, segundo declarou, teriam sido colhidos de ex-colaboradores do sistema de repressão, Souza expõe que os empresários

> (...) deram prêmios em dinheiro aos policiais participantes da operação que resultou na morte de Marighella. Emprestavam caminhões, uniformes e entregadores de gás do Grupo Ultra para as *campanas* do Doi-Codi, as vigilâncias de lugares onde havia *pontos* marcados – e, de repente, aqueles homens uniformizados como operários, carregando botijões de gás ou tocando buzina para anunciar estridentemente a passagem, surgiam dando tiros, algemando, empurrando, prendendo, matando. Boilesen entusiasmou-se com seu grau de colaboração e passou a frequentar o Doi--Codi, onde foi visto muitas vezes e por muitos presos. A informação da cooperação e da intimidade com os porões foi levada para fora. Expondo-se assim, orgulhoso de suas relações com os militares, acabou se condenando à morte. Mas não era o único colaborador: como ele, outros empresários, banqueiros e industriais se cotizavam para sustentar a máquina militar. Entendiam estar ao mesmo tempo protegendo o Brasil e o seu próprio negócio. Cada vez mais íntimos, alguns iam de vez em quando à Casa da Vovó. Com a execução de Boilesen, apavoraram-se. O Doi-Codi organizou uma lista de alvos eventuais com base nos que colaboravam. Esses assustaram-se

---

[142] Percival de Souza, *Autópsia do medo*, op. cit., p. 171.

ainda mais. Receberam armas para autoproteção. Os mais nervosos passaram a contar com segurança policial. O pavor ajudou militares e civis a colocar dinheiro em seu próprio bolso.[143]

Na esteira dessa percepção dos acordos firmados entre empresários e membros do aparelho repressor, a ALN expõe, no número 5 do seu jornal, o *Venceremos*, que circulou de setembro a novembro de 1971, várias denúncias nesse sentido. O periódico clandestino, impresso em mimeógrafo, trazia a seguinte afirmativa:

ESTE JORNAL NÃO É CENSURADO PELA DITADURA.
VIVA MARIGHELLA.[144]

Nesse exemplar, há a notícia de ações armadas e confisco de bens, realizados em 3/10/1971 pela ALN nas casas dos empresários da Swift, da Coca-Cola e da Chicago Bridge, bem como uma nota sobre Pery Igel, do Grupo Ultra, onde também trabalhava Boilesen. Antes de expor os acordos de Igel, contudo, o jornal faz uma advertência ao seu leitor: "Não ande com *Venceremos* na rua após as 20h". Em seguida, faz o relato: "A Supergel entre Frias".

A "Produtos Alimentícios Supergel S.A.", indústria de alimentos pré-cozidos e supergelados, foi fundada em 1967 por um interessante grupo de personagens: PERY IGEL (grupo ULTRA, ULTRAGAZ, ULTRALAR e ULTRAFÉRTIL), Roberto Campos (Invest Banco e Univest) e Sebastião Camargo (Construtora Camargo Correia).
(...) todos [os citados] financiam a repressão policial da ditadura, os carrascos da Oban e dão prêmios de milhões de cruzeiros por cada guerrilheiro assassinado. (...) Os três são testas-de-ferro do imperialismo norte-americano.
Assim, para denunciar ao povo brasileiro seus verdadeiros inimigos, na manhã do dia 27 de outubro [de 1971], um comando da Ação Libertadora Nacional imobilizou um guarda de segurança da empresa, ocupou seus escritórios, espalhou gasolina e fez explodir uma bomba. O incêndio provocado foi violento: os escritórios tiveram que ser interditados e foram destruídos o relógio-de-ponto e a mesa do PBX. A guerrilha sabe quem são os inimigos do povo.

Interessante é que, se existiram recompensas de "milhões de cruzeiros por cada guerrilheiro assassinado", houve igualmente uma láurea intitulada "Prêmios

---

[143] Ibidem, p. 172. Ivan Seixas recordou-se de que, certa vez, um carcereiro declarou ter recebido dinheiro por conta de sua prisão.

[144] Setor: Terrorismo, pasta 11, informação 114/72, Assunto: Ações Terroristas. Folhas 647-8, 17/1/1972 (Acervo DOPS-RJ, Arquivo Público do Estado do Rio de Janeiro). Agradeço a Edson Teixeira da Silva Júnior, que me cedeu sua cópia desse documento.

Associgás – Associação Brasileira dos Distribuidores de Gás Liquefeito de Petróleo – de Cultura e Desenvolvimento", instituída em 2/4/1970 para ser divulgada em 26/3/1971. Cruzando personagens, a comissão julgadora era composta por

Titulares:
- General Gentil José de Castro Filho (presidente da Associgás)
- Prof. dr. Miguel Reale (Reitor da USP)
- Prof. Djacyr Lima Menezes (Reitor da UFRJ)
- Dr. Thomaz Pompeu Brasil de Souza Netto (presidente da Confederação Nacional da Indústria)
- Senador José Pinto Freire (presidente da Confederação Nacional do Comércio)
- General Arthur Mascarenhas Façanha (presidente do Conselho Nacional de Pesquisa)
- Prof. Newton Lins Buarque Sucupira (diretor do Departamento de Assuntos Universitários do MEC)
- Prof. Roberto de Oliveira Campos (ex-ministro de Economia e Planejamento)
- Dr. Francisco Matarazzo Sobrinho (presidente da Bienal)
- Prof. Dr. Carlos Chagas (diretor do Instituto de Biofísica da UFRJ)

Suplentes:
- Luiz Simões Lopes (presidente da FGV)
- Prof. Arthur Cesar Ferreira Reis[145] (presidente do Conselho de Cultura).[146]

Em correspondência datada de 20/9/1971 e enviada a Luiz Simões Lopes – que, entre outras inúmeras atividades, foi fundador e presidente da Fundação Getúlio Vargas por quase meio século –, o presidente da Associgás, general Gentil José de Castro Filho, o primeiro vice-presidente, Erling Sven Lorentzen, e o segundo vice-presidente, Enrico Ligabo, comunicam que, em "(...) sessão solene, sob a presidência do Excelentíssimo vice-presidente da República, Almirante Augusto Hamann Rademaker Grunewald, com a presença, ainda, do Excelentíssimo ministro da Educação e Cultura, senhor Jarbas Gonçalves Passarinho e demais autoridades", a Associgás, localizada na avenida Paulista, número 1.009/16º andar, e

(...) integrantes desta Entidade de Classe, por decisão unânime, em reunião plenária, no dia 22 de abril de 1971, deliberaram, como homenagem ao grande líder empre-

---

[145] Advogado, sócio do Instituto Histórico e Geográfico Brasileiro (IHGB), lecionou a disciplina de história da América na PUC do Rio de Janeiro e na Universidade Católica de Petrópolis.

[146] Arquivo Luiz Simões Lopes, série Diversos, Dossiê Prêmio Henning Albert Boilesen. Agradeço a Monique Sochaczewski Batista, então assistente de pesquisa do Setor de Documentação do CPDOC/FGV, que, responsável pela organização desse acervo, me chamou a atenção para este documento.

sarial falecido, atribuir a denominação de Prêmios "Henning Albert Boilesen" aos Prêmios "Associgás" de Cultura e Desenvolvimento.

(...) Aos dois escolhidos, entre cidadãos de destaque nas áreas de Educação, Cultura, Ciência e Tecnologia ou Agricultura, Pecuária, Indústria e Comércio, serão outorgados:

a) Diploma
b) Medalha de Ouro
c) Importância de CR$ 25.000,00 (vinte e cinco mil cruzeiros), a cada contemplado.

No acervo de Simões Lopes, só há registro dos prêmios outorgados nos anos de 1971 e 1972. Na primeira cerimônia, Simões Lopes indicou Octavio Gouveia de Bulhões e Ady Raul da Silva para representá-lo na premiação, cujos vencedores foram, na categoria Educação, Cultura, Ciência e Tecnologia, Eugenio Gudin e, na categoria Agricultura, Pecuária, Indústria e Comércio, Adolpho Martins Penha. Em 1972, foram escolhidos Luis Câmara Cascudo e o engenheiro agrícola Alcides Carvalho.

***

Feito esse parêntese e, voltando ao dia da morte de Boilesen, na narrativa de Paz, no dia 15 de abril, componentes da ALN, em dois carros estacionados em uma travessa da rua Estados Unidos, perseguiram o Galaxie do empresário, que se dirigia à alameda Casa Branca, perto do local em que, em 4/11/1969, foi morto Carlos Marighella. O veículo do empresário ficou preso no trânsito e um dos automóveis dos militantes emparelhou com ele e disparou um tiro de fuzil, que passou raspando pela nuca de Boilesen. Este saiu do carro correndo e foi seguido por dois militantes, que lhe acertaram, mas foi um terceiro militante que definitivamente fez o alvo tombar, e Boilesen caiu morto. Panfletos da ALN e do MRT foram distribuídos à população para explicar a ação[147].

No dia seguinte ao falecimento do empresário, 16 de abril, *caíram* Ivan e seu pai. Em 17 de abril, os policiais também encontraram a casa de Dimas Antônio Casimiro, militante do MRT responsável pelo setor gráfico[148], onde estavam guardadas as armas utilizadas para matar Boilesen e a matriz do panfleto distribuído na ocasião. É importante ressaltar, todavia, que os órgãos de repressão

---

[147] O jornal *Correio da Manhã*, de 16/4/1971, menciona os folhetos distribuídos à população pelos integrantes do MRT. Dirigidos "Ao povo brasileiro", o periódico afirma que os militantes vinculavam o assassinato do industrial à morte, sob tortura, de outro militante, Devanir José de Carvalho. Mas, segundo o jornal, a imprensa havia divulgado amplamente as notas oficiais que relatavam a morte de Devanir em perseguição. O policial que o assassinou, segundo a versão oficial, o fez por pensar que se tratava de um ladrão.

[148] Cf. Carlos Eugênio Paz, *Viagem à luta armada...*, op. cit., p. 221.

difundiram a notícia de que as armas e os panfletos estavam na casa do Dimas, mas nunca mostraram as provas disso. Assim,

> como no caso de Joaquim Alencar de Seixas, a imprensa noticiou a morte de Dimas Casemiro em um tiroteio[149], enquanto ele ainda se encontrava vivo, anunciando um crime que viria a ser consumado no dia 19.[150]

Na perspectiva desse episódio, os envolvidos na ação, denominada Comando Revolucionário Devanir José de Carvalho, ainda são uma incógnita. Na concepção de Jacob Gorender, Dimas e *Roque* teriam participado do ato contra Boilesen. No livro de Paz, os nomes dos componentes da ALN e do MRT não são revelados. Supõe-se que, pela riqueza de detalhes apresentados e pelo sigilo no qual esse acontecimento está envolvido, o próprio autor tenha sido um dos seis da ação. Mas, na versão de Ivan Seixas,

> (...) nunca se soube quem havia participado do justiçamento. O certo é que, durante os dias seguintes, todos os militantes mortos e de certa importância tinham acrescido ao seu obituário a participação nessa ação".[151]

Isso posto, conclui-se que os órgãos de repressão do Estado justificavam o assassinato de Seixas como uma forma de vingar a morte do empresário. O falecimento de Boilesen foi noticiado em todos os jornais da época, como as manchetes citadas anteriormente ilustram, e na única revista semanal, a *Veja*. Certamente tendo como base a nota oficial distribuída, tem-se a impressão de que esta foi composta de vários dados pessoais do empresário, como o time de sua predileção e seus traços de caráter. A riqueza desses detalhes está expressa nas reportagens publicadas. Comparando o tratamento dado ao fato pela revista com o dado pela *Folha da Tarde*, fica claro o exagero com que o jornal noticiou e carregou nas cores, destacando que a culpa do acontecido era do desgoverno das ações armadas de esquerda[152]. No entanto, alguns dos tons expressos naquele jornal igualmente eram encontrados em outros periódicos. Vale destacar, contudo, que, naquele momento, mesmo que as relações do empresário com o financiamento da tortura fossem suposições levantadas pelas organizações das esquerdas armadas, a revista preferiu destacar um perfil do empresário como

---

[149] "Baleado e morto chefe dos assassinos do industrial", *Diário Popular*, 18/4/1971.

[130] Cf. Miranda e Tibúrcio, *Dos filhos deste solo...*, op. cit., p. 230-1.

[151] Entrevista concedida à autora em 6/7/1999.

[152] No Banco de Dados do jornal *Folha de S.Paulo*, existe uma pequena brochura com cinco páginas datilografadas, produzida pela Agência Folha, que contém todos os dados pessoais e profissionais do empresário, as comemorações e os dados do enterro. O material certamente foi vendido a outros jornais, como é praxe entre as agências de notícias. Isso porque as informações ali contidas são, depois, encontradas publicadas em outros jornais.

300

(...) um tipo encorpado, aparentemente muito vigoroso, com o nariz meio achatado, recordação dos seus tempos de pugilista amador. Um empresário bem-sucedido, capaz de subir de contador a presidente na hierarquia de uma das maiores empresas do Brasil. Um temperamento sem dúvida explosivo nos momentos de irritação, extravasada num sotaque carregado que não perdeu em mais de trinta anos de Brasil.[153]

O que chama a atenção no caso da *Folha da Tarde* no episódio, entretanto, é que, por volta do meio-dia do dia 17, Ivan Seixas, que se encontrava dentro de uma viatura policial, leu na manchete do vespertino o anúncio da solução do caso Boilesen e o assassinato de seu pai. Ao retornar à Oban, na rua Tutoia, ainda o encontrou vivo, mas seu óbito já havia sido sentenciado. Era apenas uma questão de horas.

Quanto a Ivan, este talvez por sua pouca idade não tenha sido morto. Seu paradeiro dentro dos órgãos de repressão foi silenciado, ficando "desaparecido" até que, em 9/9/1971, o mesmo jornal, a *Folha da Tarde*, noticiou sua prisão e seu envolvimento nas atividades do MRT.

Ivan, que nunca foi condenado formalmente, cumpriu uma pena de seis anos na Casa de Custódia de Taubaté – um presídio de segurança máxima –, saindo em 1976, aos 22 anos, no processo de distensão do governo Geisel. No relato de Ivan Seixas, o "processo foi julgado pela Justiça de Menores, usando como apêndice a Lei de Segurança Nacional. A sentença do juiz de Menores determinava que ele ficasse preso até os 21 anos, podendo sair antes ou depois, dependendo de laudo psiquiátrico que provasse o fim da periculosidade. Aos dezenove anos, tive um parecer favorável à soltura e a Oban cercou o prédio do Juizado de Menores e impediu o cumprimento da sentença de soltura"[154].

Sua mãe e irmãs foram detidas por um ano e meio. Joaquim Seixas foi enterrado no cemitério de Perus e, posteriormente, os parentes foram avisados por funcionários de que o corpo seria colocado numa vala comum, como os de indigentes, para desaparecer. Esse foi, então, removido pelos familiares.

Essa "morte anunciada", estampada nas manchetes do jornal *Folha da Tarde* não é um caso isolado. Uma outra narrativa, formulada pelos órgãos de repressão, já havia ganhado as primeiras páginas da *Folha da Tarde* no dia 26 de outubro de 1970. Tendo mais uma vez os depoimentos de Paz[155] como fonte, fica-se sabendo que em uma quarta-feira de outubro de 1970, houve uma

---

[153] *Veja*, 21/4/1971, p. 22.
[154] Entrevista à autora concedida em 6/7/1999.
[155] *Viagem à luta armada...*, op. cit., e *Nas trilhas da ALN...*, op. cit.

reunião da Frente Armada, à qual compareceu Joaquim Câmara Ferreira. Após esse encontro, Paz propôs a dois companheiros, Devanir José de Carvalho e Yoshitane Fugimore uma ação com o objetivo de libertar *Bacuri*, ou Eduardo Collen Leite, preso desde 21 de agosto de 1970.

Três dias depois, no sábado dia 24/10, Joaquim Câmara Ferreira *caiu*. A manchete da *Folha da Tarde* de 26/10/1970 tem o seguinte título em letras garrafais: "LAMARCA, O LOUCO, É O ÚLTIMO CHEFE DO TER-ROR". Desse modo, o jornal arrolou a prisão e assassinato de Câmara Ferreira, o sucessor de Marighella, e seu sepultamento no dia anterior, declarando que esse episódio

> (...) sentencia uma das últimas etapas da curta e trágica história do terrorismo no Brasil. Odiados pelo povo, sofrendo seguidos reveses, separados por irremediáveis divergências, os facínoras remanescentes têm agora diante de si a dificuldade que vai precipitar seu definitivo aniquilamento: a ausência de líderes à altura de Marighella e Câmara Ferreira, capazes de aglutinar em torno de si e de comandar as desarticuladas e debilitadas facções do esquerdismo radical. Resta a esses grupos uma única e péssima alternativa: aceitar a chefia do delinquente Carlos Lamarca, que não passa – e eles bem o sabem – de um criminoso comum e psicopata.[156]

O veredicto do tabloide expõe os pressupostos das medidas repressivas contra a luta armada – quebrar as organizações das esquerdas capturando seus líderes. Para todos os óbitos de presos políticos, aliás, há sempre mais de uma versão. Para a morte de Câmara Ferreira, há duas. A primeira – veiculada pelos órgãos oficiais – manifesta que, no dia 23/10, à noite, o militante *Bacuri* – aprisionado cerca de vinte dias antes pelo Deops – teria levado os policiais ao encontro de *Toledo* no "ponto" da avenida Lavandisca, no bairro de Moema. Na confusão para prendê-lo, *Bacuri* teria fugido e *Toledo* sofrera um ataque do coração, morrendo.

Uma segunda variante, interna à ALN e relatada por Paz[157], expõe que um militante, apelidado pelo autor de Silvério[158], optou por auxiliar a polícia e a teria levado ao encontro de Câmara Ferreira. O delegado Fleury, do Deops,

---

[156] *Folha da Tarde*, 26/10/1970, p. 1.

[157] *Viagem à luta armada...*, op. cit.

[158] Na verdade, tratava-se de José da Silva Tavares, mineiro que foi preso em Belém, no Pará, "recém-chegado de Cuba. (...) Militante estudantil na Faculdade de Filosofia da UFMG, fora preso em Ibiúna no 30º congresso da UNE e militou na Corrente Revolucionária de Minas antes de ingressar na ALN. (...) [Depois de capturado, passou] a trabalhar para a polícia política, infiltrando-se na ALN para chegar a Joaquim Câmara Ferreira, o principal dirigente da esquerda armada depois da morte de Marighella" (Miranda e Tibúrcio, *Dos filhos deste solo...*, op. cit., p. 55).

302

teria prendido *Toledo* e o conduzido ao seu sítio, já que tinha por "(...) hábito levar os prisioneiros que queria esconder dos outros órgãos de repressão para assumir as fúnebres honras sozinho, e torturou-o até a morte"[159]. Esse local, conhecido como "Fazenda 31 de Março", seria a sede de um grupo paramilitar de direita nomeado "Braço Clandestino da Repressão"[160]. Esse era o lugar eleito para as atividades (mais) escusas do delegado e tornou-se necessário após as divergências

> (...) surgidas entre os policiais do DOPS e os homens do Codi-Doi onze meses antes, em novembro de 1969, quando o delegado Sérgio Fleury não avisou com antecedência a "Operação Bandeirantes" sobre a diligência em que morreu o ex-deputado Carlos Marighella. As relações entre o delegado do DOPS e o Codi-Doi ficaram ainda mais tensas em março de 1970, quando foi preso o militante da VPR Shizuo Ozawa, que usava o codinome de "Mario Japa".[161]

Para evitar que Mario Japa *abrisse* para os agentes da Oban, o delegado Fleury deitou-o no chão e pulou sobre suas costelas, quebrando várias delas. O delegado, por não repassar as informações à Oban, foi transferido para o 41º Distrito Policial, na zona leste de São Paulo, na delegacia de Vila Rica[162]. O passaporte de retorno de Fleury ao comando do Deops foi a sua ação para prender *Bacuri*. O interrogatório e a sessão de tortura desse militante começaram na delegacia de Vila Rica e continuaram no Deops. Só depois disso ele foi enviado para a Oban, reacendendo as animosidades entre as duas casas do terror.

Completamente desfigurado e debilitado após longas sessões de tortura, *Bacuri* tornava-se incômodo ao Deops, que precisava "legalizar" seu assassinato. Na busca por uma saída para essa situação, o delegado Fleury anunciou sua fuga durante a captura de *Toledo*. No entanto, como sabiam os seus companheiros de luta que estavam presos, *Bacuri* encontrava-se vivo e detido na cela do *fundão* do Deops. Sua suposta escapada auxiliou sua remoção para um local oculto, provavelmente o sítio do delegado Fleury. Sua debilidade física não permitiu que aparecesse vivo novamente.

---

[159] Carlos Eugênio Paz, *Viagem à luta armada...*, op. cit., p. 189.

[160] Segundo Ivan Seixas, a "Fazenda 31 de Março" era um antigo campo de treinamento do Exército na região de Emburra, no bairro de Parelheiros, e vendida para um coronel da reserva de nome Arnaldo Fagundes, transformou-se em centro clandestino de torturas. O "sítio do Fleury" ficava em uma cidade na região leste de São Paulo, talvez Mogi das Cruzes. Esse sítio nunca foi localizado, mas o do Exército foi. A CPI das ossadas de Perus, da Câmara dos Vereadores de São Paulo, conseguiu entrar lá, mas nada encontrou que conseguisse provar que era um centro de torturas (entrevista à autora, concedida em 6/7/1999).

[161] Antonio Carlos Fon, *Tortura*, op. cit., p. 41.

[162] Ibidem, p. 52.

No acervo do Dops da cidade do Recife, em Pernambuco, existe um telex da segunda seção do IV Exército, retransmitido para os demais departamentos de ordem política e social. Datado do dia 24/10/1970, o documento narra, no seu primeiro parágrafo, a captura e o homicídio de Joaquim Câmara Ferreira. Segue explicitando a versão que seria divulgada e que estaria em todos os jornais no dia 26 de outubro, dizendo o seguinte:

(...) INFORMO AINDA, FOI DADO CONHECER REPÓRTERES IMPREN-SA FALADA E ESCRITA SEGUINTE ROTEIRO PARA SER EXPLORADO DENTRO DO ESQUEMA MONTADO.[163]

Cerca de um mês e meio depois do homicídio de Câmara Ferreira, no dia 7/12/1970, o embaixador suíço, Giovanni Enrico Bucher, foi capturado no Rio de Janeiro. As rádios de São Paulo deram, na mesma manhã, a notícia do sequestro e, dois dias depois, a manchete da *Folha da Tarde* estampava: "Terror: metralhado e morto outro facínora". Na reportagem de primeira página, trazia o assassinato de *Bacuri* em um tiroteio com a polícia, perto da cidade de São Sebastião, no litoral de São Paulo. A reportagem sugeria ainda que existiam dois líderes de esquerda soltos, Devanir de Carvalho, que viria ser preso e morto nos primeiros dias de abril de 1971, e Lamarca, assassinado em setembro do mesmo ano. *Bacuri*, para a repressão policial, precisava morrer porque certamente estaria na lista dos reféns a serem trocados pelo diplomata, e suas condições físicas não permitiam ser apresentado sem que se confirmasse a existência de tortura[164].

Eduardo Leite, segundo depoimento em juízo de Vinícius Caldeira Brandt, chegou a ver a primeira página da *Folha da Tarde* anunciando a sua fuga, antes de ser retirado da cela vizinha à sua para ser assassinado[165]. Os presos fizeram uma vigília para tentar impedir a retirada de *Bacuri* do Deops. Quando isso aconteceu, cerca de um mês depois, houve uma rebelião na carceragem, que, todavia, não evitou a remoção de *Bacuri*.

---

[163] Agradeço a Ivan Seixas a cópia do documento (Dops/PE 878-B-E/2).

[164] A verdadeira narrativa da morte de Eduardo Leite só veio à tona nove anos depois de ter ocorrido. A revista *Veja* (nº 571, de 15/8/1979) produziu uma longa reportagem sobre o processo de Anistia e a vida dos exilados políticos. Em uma seção sobre "Direitos Humanos", relata o depoimento de Denise Crispim, mulher de Eduardo, que vivia com a filha deles em Roma (p. 36). Acerca de sua experiência no exílio, Denise Crispim deu uma entrevista a Denise Rollemberg, *Exílio: entre raízes e radares* (Rio de Janeiro, Record, 1999). Esse acervo e outros, colhidos por Rollemberg a respeito dessa temática, estão em depósito no Laboratório de História Oral (Labor) do Departamento de História da Universidade Federal Fluminense (Niterói) e no Arquivo Edgard Leuenroth, da Unicamp.

[165] BNM, nº 232, vol. 3, p. 932-3 (Arquivo Edgard Leuenroth, Unicamp).

304

As narrativas anteriores demonstram o esquema montado com alguns órgãos de imprensa, para divulgar versões de fatos ocorridos no ambiente da tortura. As histórias que se seguem são de militantes de esquerda que optaram por colaborar com a repressão ou foram obrigados a isso. No depoimento de alguns deles, a ideia era sublinhar o acerto da atitude do governo em agir de forma violenta contra as organizações armadas. Também nesses episódios, a *Folha da Tarde* teve um papel e uma função.

Desbundar *na TV*

> Parecia que quase tudo era possível, bastava ousar. Pisar na Lua era possível. Pisaram. Recusar ir para a guerra era possível. Recusaram. Desviar um avião para Cuba era possível. Desviaram. (...) Obrigar a ditadura militar a ler em todas as televisões um manifesto contra ela mesma era possível. Obrigaram. Livrar-se da URSS era possível. Tentaram, os tchecos tentaram. Ganhar o trimundial de futebol era possível. Ganhamos.
> (Ivan Ângelo, *O jornal da era de Aquário*).

Ousados sequestros de diplomatas estrangeiros retiravam militantes dos cárceres com notas divulgadas pela TV. Em algum momento, a repressão revidaria tanto "atrevimento". Mas, antes de exemplificar esses atos de retaliação do governo, é preciso compreender um termo aqui utilizado. Para circunscrever o conceito de *desbundar*, utilizo-me de um comentário que me foi feito por Daniel Aarão Reis Filho. Preocupado com possíveis interpretações irônicas ou que atraíssem a ira sobre as vítimas das torturas, e não sobre os torturadores, Aarão Reis refletiu que

> (...) devemos ter, sempre, compaixão dos que não aguentaram os maus-tratos. *Desbundado* foi uma palavra inventada pelos caras "duros" de vanguarda que, assim, se referiam desprezivelmente a todos que não viam com bons olhos a aventura das esquerdas armadas. Depois, passou a se referir especificamente às pessoas que cediam diante da tortura. Mais tarde, o termo tornou-se um genérico, designando, ambiguamente, seja os que eram contra a luta armada, desqualificando-os, seja os que cediam diante da tortura. Enfim, trata-se de um termo carregado de sentido pejorativo, e deve ser usado com muito cuidado. Em tempo: os torturadores gostavam muito de utilizá-lo.

Isso posto, se o assassinato de *Bacuri*, noticiado oficialmente e transformado em reportagem pela *Folha da Tarde*, legalizou uma morte decorrente de tortura,

305

não eram somente essas temáticas que preocupavam aquele jornal a partir de julho de 1969. Na exposição sobre o homicídio de *Toledo*, quando se refere a Lamarca, o jornalista da *Folha da Tarde* menciona que

> (...) resta a esses grupos uma única e péssima alternativa: aceitar a chefia do delinquente Carlos Lamarca, que não passa – e eles bem o sabem – de um criminoso comum e psicopata.[166]

Objetivando desmoralizar um dos últimos líderes das esquerdas armadas ainda vivo e fora da prisão, a notícia finaliza emitindo as opiniões de um ex--militante da VPR, Massafumi Yoshinaga, sobre o ex-militar. As declarações de Massafumi, o *Massa*, fazem parte de uma outra ponta da teia montada para destruir as ações das esquerdas, que tinham nesse órgão de imprensa um aliado. Assim, além da captura de seus líderes e militantes, também fez parte da estratégia "induzir" alguns militantes a protagonizar um arrependimento público. Nesse quadro, no dia 2/7/1970, os dois principais jornais de São Paulo tinham como manchete: "Terrorista entrega-se ao Deops" (*Folha de S.Paulo*); e "Desiludido e cansado, terrorista entrega-se" (*O Estado de S. Paulo*)[167].

Essas reportagens narram a trajetória de Massafumi Yoshinaga, de 21 anos, que engajado na VPR e com participação política havia cinco anos, fazia parte do grupo do estudante Marcos Vinício Fernandes dos Santos, que, segundo declarou, se entregou ao Deops paulista por livre e espontânea vontade. Para o jornal *Folha de S.Paulo*, um dos principais motivos desse ato seria o não repasse de recursos da organização para mantê-lo na clandestinidade. Já o *Estado de S. Paulo* noticiou que foram membros da família do militante que negociaram com as autoridades policiais a "rendição" de Massafumi.

---

[166] *Folha da Tarde*, 26/10/1970, p. 1.

[167] O cantor Geraldo Vandré foi lembrado por muitos como um dos que também teriam feito um depoimento desse tipo. Não consegui encontrar uma nota de jornal ou um documento que provasse essa afirmação. Em uma reportagem do jornal *Correio Braziliense*, de 15/9/1985, lê-se: "Vandré não é só o último, mas, quem sabe, o eterno exilado brasileiro. Ele exilou-se de si próprio desde sua volta ao Brasil, em 17 de julho de 1973, quando, depois de um mês de depoimentos e pressões no I Exército, no Rio, foi obrigado a aparecer no *Jornal Nacional*, saltando de um Electra da Varig, em Brasília, como se tivesse acabado de chegar de Santiago do Chile, pondo fim a um exílio físico e geográfico que começou em dezembro de [19]68, após o malfadado AI-5". Tornou-se nacionalmente conhecido graças à canção *Caminhando – Pra não dizer que não falei de flores*, um hino contra a ditadura, que foi censurado no fim dos anos 1960. Em 1994, no Memorial da América Latina (SP), em um concerto para o 4º Comar da FAB, Vandré apresentou "Fabiana", uma canção feita em homenagem à FAB. O jornalista Percival de Souza (*Autópsia do medo*, op. cit., p. 34), no relato biográfico sobre o delegado Fleury, menciona que "Vandré, preso, passou por uma conversão no cárcere, transformando-se em um profundo admirador da Força Aérea Brasileira".

Essa história, entretanto, começou um mês e meio antes. A manchete da *Folha da Tarde* de 22/5/1970 anunciava: "Terrorismo é uma farsa, denunciam jovens presos", expondo o arrependimento de cinco militantes políticos recém--ingressos na VPR – Marcos Vinício Fernandes dos Santos, Rômulo Augusto Romero Fontes[168], Marcos Alberto Martini, Gilson Teodoro de Oliveira e Osmar de Oliveira Rodello Filho. Capturados pela polícia política de São Paulo em janeiro de 1969, decidiram escrever, quase um ano e meio depois, duas cartas abertas, em que reavaliariam suas posições ante a militância armada. Uma seria dirigida à opinião pública internacional, "tranquilizando quanto ao tratamento carcerário dos presos políticos à disposição da Justiça brasileira"[169], e a outra, aos jovens brasileiros, condenando as ações armadas e o engajamento na militância de esquerda, que "alienariam os seus participantes". Adequando assim seus discursos à prática policial do momento, esse grupo de militantes "inaugurou" essa prática de "arrependimentos públicos" que, infelizmente, seria repetida por outros[170].

Esses cinco militantes estavam detidos na ala para presos políticos do presídio Tiradentes, em São Paulo quando foram a público prestar depoimento, ou seja, *desbundar*. Ricardo Azevedo, ex-integrante da AP, que esteve confinado entre 18/9/1969 e 3/10/1970, relembrou que eles estavam na sua cela, a de número 3, e que, frequentemente, saíam para conversas com advogados. Essas ausências

> (...) aumentavam. Passaram a ser chamados quase diariamente e permaneciam fora da cela por várias horas. Um dia, constatamos que tinham sido levados para fora do presídio. (...) Qual não foi nossa surpresa quando, à noite, em horário nobre, vimos os cinco na televisão, dando declarações de arrependimento. (...) A revolta foi geral. (...) Imediatamente, os coletivos das diversas celas se reuniram e, não me lembro como, os coordenadores de cela "fecharam" unanimemente nossa posição.
> (...) Para nossa surpresa, por volta da uma da madrugada o camburão chegou ao presídio trazendo-os de volta. (...) Todos nos aglomeramos junto às portas das

---

[168] Entrevista concedida à autora em 3/11/1999.

[169] No início de outubro de 1970, o ministro da Justiça, Alfredo Buzaid, em visita oficial à Alemanha, conheceria a ira de manifestantes que defendiam os direitos humanos.

[170] Outro exemplo de confissões forçadas é o relato de Bete Mendes. O segundo comandante do DOI-Codi de São Paulo, major do Exército Carlos Alberto Brilhante Ustra, oficial de Estado-Maior que permaneceu nesse posto de 29/9/1970 a 23/1/1974, tornou-se, em meados dos anos 1980, adido militar do Brasil em Montevidéu. A atriz Bete Mendes, ex--militante da Var-Palmares, também foi obrigada a assinar um depoimento em que renegava a eficácia das organizações de luta armada. Ao ser eleita deputada federal, Bete Mendes, em visita oficial ao Uruguai, reconheceu Ustra, naquele momento já coronel, como torturador. Acusado desse crime, Ustra perdeu seu cargo e escreveu um livro autobiográfico: *Rompendo o silêncio* (2ª ed., Brasília, Editerra, 1987).

celas. (...) Eles assomaram à entrada do corredor. Imediatamente nos pusemos a gritar como loucos, com toda a força que a raiva nos dava. (...) Creio que por cinco minutos, na madrugada paulistana, mais de cem presos gritamos: "Traidores! Traidores! Traidores!"

(...) Rômulo sorria ironicamente, Marquinhos xingava e os outros três estavam de cabeça baixa.[171]

É importante ressaltar que os *desbundados* aqui relatados pertenciam a uma mesma organização: a VPR. Isso não quer dizer, entretanto, que só cometeram esse ato os militantes dessa organização. É necessário, contudo, compreender que organização era essa. A Vanguarda Popular Revolucionária surgiu, em março de 1968, da "(...) união de militantes de origens diversas: dissidentes que cindiram". Tal ruptura se deu porque parte dos companheiros "(...) defendiam a necessidade de partir imediatamente para a construção do foco guerrilheiro"[172]. Seguindo os passos dos integrantes do MNR – que tentaram iniciar em Caparaó o foco de luta rural – e de lideranças operárias ligadas ao movimento sindical da cidade paulista de Osasco, na VPR, segundo Rollemberg, pode-se

(...) distinguir (...) duas fases bem distintas. No 1º Congresso, em dezembro de 1968, (...) [se] explicitou a tensão entre o grupo dos militantes do MNR, que defendia propostas de confronto imediato com o regime, e o setor liderado pelo então teórico da VPR, João Quartim de Moraes, que recomendava o recuo na linha responsável pelas ações de grande impacto que a organização vinha fazendo[173]. (...) Em 1º de julho de 1969, a VPR juntou-se aos Comandos de Libertação Nacional (COLINA), organização que também se formou com dissidentes de Minas Gerais do 4º Congresso da POLOP. Nesta fusão, entraram outros grupos: como o do Rio Grande do Sul. (...) A união não resistiu ao primeiro congresso da nova organização, em setembro de 1969, quando a maioria dos militantes recuperou antigas posições da POLOP que buscavam limitar o militarismo[174]. Os que discordaram da posição que prevaleceu no congresso e defenderam o desencadeamento imediato das ações armadas, partiram para a reconstrução da VPR.

---

[171] Esse depoimento e também o de Francisco Luiz Salles Gonçalves, da VPR, que lembram o fato, estão em Freire, Almada e Ponce, *Tiradentes...*, op. cit., p. 83-95.

[172] Denise Rollemberg, "A Vanguarda Popular Revolucionária: 'os marginais' na revolução brasileira", em Lená Medeiros Menezes, Denise Rollemberg e Oswaldo Munteal Filho (Orgs.), *Olhares sobre o político* (Rio de Janeiro, Eduerj, 2002), p. 77-88.

[173] Cf. entrevista com Antônio Roberto Espinosa concedida a Marcelo Ridenti. Osasco, 20/1/1986.

[174] Cf. Jacob Gorender, *Combate nas trevas, a esquerda brasileira*, op. cit., p. 136.

Nesse sentido, os militantes que *desbundaram* adentraram na organização nessa segunda etapa, "(...) cujas posições estão expressas no documento elaborado por Ladislas Dowbor, com o codinome Jamil Rodrigues, [com o título de] *Caminhos da Revolução*"[175]. As diretrizes ali traçadas instituíam a necessidade de uma entidade disposta a enveredar pela luta armada.

Feita essa observação, pela qual se compreende o perfil da VPR em que estavam esses ativistas, é preciso destacar outro ponto: embora as notícias desse "arrependimento" não tenham sido veiculadas apenas pela *Folha da Tarde*, o que chama a atenção é o destaque dado a elas por esse jornal. Os informes acerca dos fatos eram sempre notas oficiais divulgadas à imprensa. A revista *Veja* publicou uma reportagem de seis páginas, em que as duas últimas pinçavam os principais trechos dos depoimentos tanto do grupo de Marcos Vínicio como do de Massafumi[176]. A *Folha da Tarde*, além de ter feito do argumento uma manchete de primeira página, contratou, como também o fizeram outros jornais um pouco mais tarde, dois desses "arrependidos" como jornalistas.

Marcos Vinício Fernandes dos Santos e Rômulo Augusto Romero Fontes, após serem libertos, passaram a escrever para a *Folha*. Marcos participou da greve dos metalúrgicos de Osasco, em 1968, onde conheceu José Ibrahim Pereira, presidente do Sindicato dos Metalúrgicos daquela cidade, e, a partir de então, envolveu-se nas atividades do MNR. Na *Folha da Tarde,* foi um colaborador.

Rômulo Fontes pertenceu ao quadro do periódico até 1984. Pernambucano, Fontes narrou sua militância vinculada aos movimentos estudantis, às Ligas Camponesas e, mais tarde, à IV Internacional, de cunho trotskista. Encarcerado, permaneceu, de dezembro de 1966 a agosto de 1967, no Recife. Evadiu-se para São Paulo, em março de 1968, depois de saber de sua condenação na Auditoria Militar do Recife, e vinculou-se ao grupo de Pedro Chaves, Roque Aparecido da Silva e José Ibrahim Pereira.

---

[175] Apud Rollemberg "Vanguarda Popular Revolucionária...", op. cit. Jamil Rodrigues, *Caminhos da revolução. 1969/70* (Arquivo Público do Estado do Rio de Janeiro, Coleção Daniel Aarão Reis Filho, pasta 25, documento 3). O capítulo 7, "A vanguarda armada e as massas na primeira fase da revolução", está publicado no livro organizado por Daniel Aarão Reis Filho e J. F. de Sá, *Imagens da revolução* (Rio de Janeiro, Marco Zero, 1985).

[176] *Veja*, 15/7/1970, p. 20-1. Essas duas páginas sobre os "desertores", publicadas pela revista, são a parte final de uma reportagem intitulada "Autocrítica do terror", que tem como imagem central uma foto do presidente Médici em seu gabinete (p. 16-9). Nesta, o presidente "adverte para o terror", e menciona a sua satisfação com as declarações de Massafumi, que citou obras do governo ("visita do presidente ao Nordeste, construção da Transamazônica e a extensão em 200 milhas do mar territorial") como estímulo para deixar a luta armada.

Rômulo Fontes, Marcos Vinício, José Ibrahim Pereira e os outros *caíram* dias depois da deserção do capitão do Exército Carlos Lamarca, em 24/1/1969. Lamarca, que naquele momento se ligou à VPR, servia no 4º Regimento de Infantaria, no Quartel de Quitaúna, em Osasco, na época comandado pelo coronel Antônio Lepiane.

Desses militantes, em setembro, José Ibrahim Pereira foi um dos presos políticos trocados pelo embaixador americano sequestrado. Marcos Vinício revelou, tempos depois, que foi a prisão que possibilitou uma reflexão sobre suas atividades na militância de esquerda, ideia corroborada por Osmar de Oliveira[177]. Rômulo Fontes, no período em que ficou preso pela segunda vez, já em São Paulo, esteve incomunicável até agosto de 1969. Rememorando, revelou que foi a partir das visitas que começou a receber que o grupo deliberou

> (...) expressar uma posição contrária. [Portanto], a entrevista [de maio de 1970] foi um produto de um trabalho que fizemos. O manifesto de maio de 1970 foi o coroamento de uma visão nacionalista, de plena identificação ao ideário do governo Médici. Entrei no presídio Tiradentes como um homem de esquerda e saí como [um homem de] direita. Hoje sou integralista.[178]

Nessa mesma direção, Marcos Alberto Martini assumiu, um ano depois do seu "arrependimento público", que teria sido o discurso de posse do presidente Médici, ouvido por ele na prisão, o que o levara a

> (...) [pensar] na necessidade de questionar os fundamentos da minha doutrina. Principalmente o papel político que tinha desempenhado como membro de uma organização esquerdista radical.[179]

Buscando pontuar esses atos de *desbunde*, Rômulo Fontes sublinhou o ineditismo da ação de maio de 1970, o manifesto, como denominou. Nessa trilha, igualmente enfatizou que foi uma decisão de foro íntimo e que não houve pedido de pessoas do governo para que isso se realizasse. Havia, segundo ele, apenas um "encontro" de propósitos.

Desse modo, Rômulo Fontes destacou que, quando os cinco se decidiram, aí sim, houve a "visita" de representantes do governo, dos quais Fontes não quis mencionar o nome na tentativa de delimitar de onde viria essa ajuda, é oportuno

---

[177] *O Globo*, 15/4/1971, p. 19.

[178] Entrevista à autora, concedida em 3/11/1999. Ao final dela, em um bar na Vila Mariana, em São Paulo, Rômulo Fontes me ofereceu os números 3 e 4 do jornal *Ação Nacional*, publicados em 1999. Este periódico, cujo editor é o próprio Fontes, difunde as ideias de Plínio Salgado.

[179] *O Globo*, 15/4/1971, p. 19.

310

destacar que Rômulo e mais dois amigos tiveram como advogado o dr. Juarez Alencar de Araripe, da Auditoria Militar. Como consequência das declarações de maio de 1970, foi transferido para Fortaleza, no Ceará, só sendo liberto em 14/07/1971. Seus quatro companheiros, entretanto, ganhavam liberdade no Natal de 1970.

Ainda refletindo sobre essas "exposições públicas", vale enfatizar o caso de Massafumi. Após a sua *queda* – sendo esse o último participante do grupo de *desbundados* da VPR –, existiram, é claro, inúmeras reportagens, em todos os jornais do país, que exibiram o seu *arrependimento público*. Há, contudo, uma referência do *Jornal da Tarde*, de 18/7/1970, que procurou manipular o fato, construindo mais uma vez e de forma negativa, uma reflexão acerca da militância armada.

Nessa direção, o jornal narrou uma reação de parte da militância, que teria arremessado de cima do prédio da rua Santa Teresa, em São Paulo, panfletos assinados pela Unidade Operária com o título "O que Massafumi deixou de dizer". Neles eram expostos o (suposto) vínculo de Massafumi com a polícia e as questões nacionais que sua carta à imprensa se "esqueceu" de mencionar. Era uma tentativa das militâncias das esquerdas de apresentar um outro quadro da situação e circunscrever o negativismo em relação à causa da luta armada a um grupo de "maus" companheiros.

Dias depois, o *Jornal do Brasil* divulgou que os "arrependidos voltariam à TV". Seriam eles, Massafumi, Rômulo Fontes e Marcos Vinício, em um programa gravado na TV Tupi de São Paulo e que, após aprovação das autoridades, seria exibido na noite de 23/7/1970. A mesma nota do jornal carioca também informava as investigações do Deops paulista para descobrir os autores dos panfletos contra Massafumi, que "não teria falado das torturas, da exploração de flagelados do Nordeste e da suspensão das eleições diretas, (...) anulação da lei de remessa de lucros e da venda de terras a estrangeiros"[180]. Anos mais tarde, sem se reconciliar com seu passado, Massafumi se suicidou.

Mais uma vez refletindo acerca dos comentários de Reis Filho, é importante sublinhar o que esse processo representou para cada um dos envolvidos – os militantes, o governo e os *desbundados*.

Essa triste memória – a ida à TV para um expurgo público que infelizmente não parou nesses cinco casos – também marcou outras pessoas, todas militantes de esquerda. São eles: o carioca Manoel Henrique Ferreira, ex-militante do MR-8, e o militante responsável pelo setor de inteligência da VPR, Celso Lungaretti. Isso porque a crueldade dessa ação, desse *arrependimento público*,

---

[180] *Jornal do Brasil*, 23/7/1970.

não cessava de aparecer nas notas na imprensa. Muito provavelmente, a maioria desses indivíduos teve sua "rendição" conseguida pelos órgãos de repressão, que, certamente, usaram de violência física para tal. Programas gravados foram veiculados minutos antes do único jornal televisivo nacional da época, o da Rede Globo, recentemente colocado no ar. Ou seja, o intuito era afirmar, em cadeia nacional de TV, que ser oposição ao governo era um exercício realizado por pessoas que, arrependidas, expunham quão sem sentido era o combate. Destruir a imagem desses militantes diante da população em geral, fazendo do povo um aliado contra a luta armada, era, em primeira e última instância, o alvo[181].

Centrando nesses outros dois militantes – Manoel Henrique Ferreira e Celso Lungaretti – e tendo como foco a *Folha da Tarde* nesses casos, a manchete do dia 9/7/1970 sentencia: "Terrorismo em pânico: outro bandido deserda". Detido desde o dia 16 de junho, Lungaretti renegou sua militância em um manifesto divulgado no dia anterior, na 1ª Região Militar, no Rio. As declarações desse militante na prisão, coletadas sob tortura, iniciaram uma nova devassa nos quadros da VPR. Sua atuação, renegando a luta, foi exposta durante uma hora na TV, no mesmo dia em que o jornal estava nas bancas[182].

Ivan Seixas lembra que, na ocasião do depoimento de Lungaretti na televisão, Carlos Lamarca estava escondido em sua casa, em São Paulo. Na entrevista, Lungaretti chamou Lamarca de "paranoico exibicionista, que usava nomes de guerra de personagens grandiosos, como Cid, César etc., e que tinha um plano de sequestrar o delegado Fleury para fazer um duelo, do tipo faroeste, para ver quem era mais rápido no gatilho". Essa clara tentativa de desmoralizar e ridicularizar Lamarca, como recorda Seixas, deixou o ex--capitão profundamente magoado.

Se um lado dessa estratégia aproxima os militantes "arrependidos" dos órgãos de repressão, outro necessariamente precisava ser ocupado pela relação desses órgãos repressivos com a TV e a imprensa. Como me relatou Duarte Franco – funcionário do Departamento de Qualidade da TV Globo por mais

---

[181] O jornal carioca *O Globo*, de 15/4/1971, um ano depois dos primeiros arrependimentos, publicou uma reportagem intitulada "Um alerta para jovens" (p. 19). Nela, narrou a existência de doze depoentes: os cinco do grupo de Marcos Vinício, Massafumi, Lungaretti, Irgeu João Menegon (militante da VPR que declarou ter se recusado a fazer parte da lista de presos políticos trocados por um dos três diplomatas sequestrados), Hans Rudolf Jakob Manz, Maria Júlia de Oliveira (militante da AP), Milton Campos de Souza e Newton Morais. O texto sublinha a preocupação do governo em "evitar que outros jovens incorram no mesmo engano".

[182] Lungaretti repetiu essas acusações e outras em uma entrevista a Murilo Mello Filho, publicada na revista *Manchete*, sob o título "Lungaretti: 'terroristas do Brasil, ouvi-me'", em 1/8/1970.

312

de trinta anos – os trâmites para disponibilizar a apresentação desses programas naquela emissora de televisão eram de responsabilidade de um funcionário da Rede Globo com profundas ligações com o Estado-Maior do Exército, Manoel Edgardo Ericsen[183]. O objetivo era apontar à população a certeza da diretriz do governo na repressão aos movimentos de guerrilha. Alguns desses depoimentos na TV foram posteriormente exibidos aos companheiros de cela do militante. O anseio talvez fosse o de que ali se realizasse um *justiçamento*.

No cerne desse mesmo enfoque, Judith Patarra, redesenhando a biografia de Iara Iavelberg – a mulher de Carlos Lamarca –, reflete sobre a questão. Assim,

> no dia 21 de maio [de 1970], cinco presos denegriram a militância em vídeo gravado e posto no ar pela TV. À revolta seguiu-se comiseração. O que haviam sofrido, qual a fraqueza a provocar simbiose com o algoz?[184]

A mesma autora se *utiliza* desta investida biográfica para, pela fala de Iara, questionar esse ato. Nessa reflexão, a militante, nas palavras de sua biógrafa, procurava

> (...) o deletério nos semblantes, há graus de sucumbência, dizia, onde [há] diferença entre eles e Olavo Hansen, do grupo trotskista, preso dia 1º de maio e torturado sem nada abrir até a morte?
> Um dia [diria Iara por Judith] estudo o lado emocional da militância.[185]

O importante a sobressaltar é que, em parte da imprensa brasileira, em determinados momentos desse período, se pode pinçar um ou outro episódio estranhamente reportado. Um exagero na análise e a ausência de uma investigação mais precisa comprometeram, olhando do presente, a clareza do fato. Além disso, muitas análises iam de encontro – no sentido de se chocar e opor – à ação das esquerdas armadas. Certamente, uma parcela grande da imprensa condenava a guerrilha e usava termos como "subversivo", "terrorista" e "terror" para referir-se ao assunto. Nessa direção, um exemplo encontra-se na ponderação feita pela revista *Veja* sobre o militante Carlos Lamarca, em que são apresentadas muitas das ideias e imagens que circunscreviam a temática no momento. Na edição de 3/6/1970, em uma capa que copiava trechos manuscritos do militante, expõe-se sua caligrafia, que, segundo o semanário, revela a letra de um menino. Desse fato, pelas impressões de Iara, trazidas por Patarra, tem-se que a

---

[183] Entrevista à autora, concedida em 20/10/1999.

[184] Judith Patarra, *Iara: reportagem biográfica* (4ª ed., Rio de Janeiro, Rosa dos Tempos, 1993), p. 388.

[185] Ibidem, p. 388.

(...) reportagem [era] sobre Lamarca, as quedas de 21 de abril omitindo a morte de Juarez [Guimarães de Brito], as torturas. Páginas assépticas. Censura. A capa reproduzia um texto manuscrito, (...) junto ao rosto recortado, sem traços. Forma de máscara mortuária. [O título diz] "A nova face do Terror". Começa com a plástica de Lamarca, que a repressão mantivera em segredo. (...) Alguém da VAR-Palmares ajudou a reportagem, conclui.[186]

No exercício de uma arqueologia do léxico, o jornalista João Batista de Abreu[187] ponderou acerca do vocabulário que permeou a imprensa brasileira no pós-1964. Unindo uma terminologia policialesca às questões da militância política, os guerrilheiros da luta armada tornaram-se "elementos", como qualquer *meliante* que assalta um banco ou rouba um carro. No decorrer do processo, "subversivo" era toda e qualquer pessoa que se opunha ao golpe. A exemplo da figura de Che Guevara, o militante era também um "guerrilheiro", mas no sentido negativo do termo, ou seja, não o que luta, mas o que se opõe. Influenciado pelas ações de guerrilha urbana na Europa, na América e no Oriente Médio, que, para o noticiário da época, geravam terror e caos, o militante também passou a ser "terrorista". Nesse sentido, nos cartazes de procurados, lia-se "terroristas políticos", e a advertência: "Para a sua segurança, coopere, identificando-os. Avise a polícia".

Esquadrinhando a gênese do termo, Abreu entrevistou jornalistas. Para Alberto Dines – editor-geral do *Jornal do Brasil* entre 1961 e 1973 –, teria sido o governo que recomendou o termo "terrorista" a partir do AI-5. Já para José Silveira – secretário de redação do mesmo jornal –, essa foi uma invenção do próprio jornal. Mas, como demonstra Abreu, foi o jornal *O Globo* que, em 1966, pela primeira vez envergou o termo, sem nenhum pedido das autoridades. Na manchete da primeira página desse periódico, no dia 26/7/1966, lê-se: "Terrorismo não interrompe o programa de Costa e Silva".

Assim, antes mesmo de o governo impor, alguns jornais já tinham condenado as guerrilhas urbanas. Tal qual o PCB, que, em 1967, no seu VI congresso não acreditava na luta armada como uma forma de combater a ditadura civil-militar, uma grande parte da imprensa nacional igualmente não aderiu a essa forma de combate. Para os pecebistas, o caminho seria a

(...) participação em todas as instituições permitidas pelo regime ditatorial. Através do caminho eleitoral, consideravam possível e desejável restabelecer a ordem democrática no país. (...) criticando todos aqueles que no pós-64 romperam com o partido e aderiram à luta armada, os pecebistas afirmavam: "Já nos primeiros dias

---

[186] Ibidem, p. 389.

[187] *As manobras da informação*, op. cit.

314

após o golpe militar, (...) recusaram-se ao esquerdismo aventureiro, diagnosticando os aspectos essenciais da ditadura militar. Negaram-se ao radicalismo e colocaram no centro de sua estratégia a luta organizada das massas contra o autoritarismo, a autocracia, o fascismo".[188]

Mesmo depois do AI-5, para muitos ainda, a luta não deveria ser associada às armas. Se alguns jornais mantinham uma política híbrida, a *Folha da Tarde*, entretanto, foi radical. O diferencial encontrado no caminho percorrido pelo jornal é mais agravante e, por isso, tão inusitado. Sua trajetória, a partir de julho de 1969, assenta o debate na questão da ética, da função do jornal e do papel do jornalista. Radical em sua reflexão, Cláudio Abramo sentencia que

(...) a ética dos jornalistas, portanto, é um mito que precisa ser desfeito. (...) O jornalista não deve ser ingênuo, deve ser cético. Ele não pode ser impiedoso com as coisas sem um critério ético. Nós não temos licença especial, dada por um xerife sobrenatural, para fazer o que quisermos.

(...) O jornalismo é um meio de ganhar a vida, um trabalho como outro qualquer; é uma maneira de viver, não é nenhuma cruzada. E por isso você faz um acordo consigo mesmo: o jornal não é seu, é do dono. Está subentendido que se vai trabalhar de acordo com a norma determinada pelo dono do jornal, de acordo com as ideias do dono do jornal.

(...) O jornalismo não é uma profissão, é uma ocupação. Um dia desses Paulo Francis melhorou o meu pensamento – e definiu jornalismo como uma carreira, o que eu acho uma definição correta. É uma carreira, não uma profissão. O que é o jornalismo é uma questão complicada. Depende muito do conceito que se tem da função do jornal, do jornalismo, e do papel que eles exercem na sociedade. O que tenho a oferecer é a minha visão, que provavelmente não é compartilhada por outros jornalistas brasileiros ou do resto do mundo.

O papel do jornalista é o de qualquer cidadão patriota, isso é, defender seu povo, defender certas posições, contar as coisas como ocorrem com o mínimo de preconceito pessoal ideológico, sem ter o preconceito de não ter preconceitos. O jornalista deve ser aquele que conta a terceiros, de maneira inteligível, o que acabou de ver e ouvir; ele também deve saber interpretar coisas como decretos presidenciais, fenômenos geológicos, a explosão de um foguete, um desastre de rua. Deve saber explicar para o leitor como o fato se deu, qual foi o processo que conduziu àquele resultado e o que aquilo vai trazer como consequência.

(...) Caso se dê as notícias simplesmente, ela não é mentirosa: aconteceu aquilo. (...) Mas a informação pode ir mais fundo.[189]

---

[188] Jornal *Voz da Unidade*, 8 a 14/5/1981, apud Dulce Pandolfi, *Camaradas e companheiros* (Rio de Janeiro, Relume-Dumurá/Fundação Roberto Marinho, 1995), p. 206.

[189] Cláudio Abramo, *A regra do jogo*, op. cit., p. 109-11.

A redação da *Folha da Tarde* depois de 1º de julho de 1969, ao que tudo indica, concedeu uma leitura muito particular às imagens que vinham das ruas e das instâncias do poder. A partir daí, há que se redesenhar esse grupo de jornalistas, alguns deles também conhecidos por suas atuações policiais.

O Diário Oficial *da Oban*

No ano de 1967, o Grupo Folha da Manhã disponibilizou nas bancas dois novos jornais. A *Folha da Tarde*, em outubro, e o jornal *Cidade de Santos*, em julho. Mas como esses se enganjam no processo de consolidação empresarial do Grupo Folha? Os rumos tomados pela empresa Folha da Manhã a partir de 1962 seriam fruto da parceria entre Octavio Frias de Oliveira e Carlos Caldeira Filho. Na periodização proposta por Capelato e Mota[190], no período entre 1962 e 1981– a primeira etapa da sociedade Frias/Caldeira –, existiram três fases distintas do grupo. Entre 1962 e 1967, houve uma reorganização financeiro--administrativa e tecnológica; entre 1968 e 1974, ocorreu uma "revolução tecnológica" e, entre 1974 e 1981, definiu-se um projeto político-cultural. Assim, os dois novos jornais surgiram após um equilíbrio nas contas e no início de um investimento basicamente no *layout* dos jornais, com as máquinas *offset* e a aquisição de uma frota nova para melhor distribuí-los na capital e no interior do estado.

Para compreender melhor os labirintos e estruturas desse grupo, é interessante sublinhar que, em alguns relatos colhidos, Carlos Caldeira foi descrito como o homem que fazia alianças com setores mais conservadores, inclusive sendo amigo, entre outros, do secretário de Segurança Pública do governo de Paulo Egídio (1975-1979), o coronel Erasmo Dias. Nessa perspectiva, Percival de Souza pontua a seguinte análise:

> (...) o coronel Antônio Erasmo Dias, ex-secretário da Segurança Pública, ex-deputado estadual e ex-deputado federal, era amigo íntimo de Carlos Caldeira. Frequentava, portanto, as festas promovidas na sede do jornal *Folha de S.Paulo*. [O coronel] relembrou uma ocasião em que foi chamado para um almoço no prédio da [alameda] Barão de Limeira, onde estavam, além de Caldeira, Otavio Frias, pai e filho, e o cardeal dom Paulo Evaristo Arns. Na ocasião, dom Paulo pedia melhores condições e acomodações para os presos políticos condenados pela justiça militar e que cumpriam pena em vários presídios, inclusive no Hipódromo e na Casa de Detenção. Segundo Erasmo Dias, com verbas próprias do gabinete do secretário [e assim atendendo ao pedido], a obra foi construída na área do Barro Branco da PM.[191]

---

[190] *História da Folha de S.Paulo*, op. cit.

[191] Percival de Souza, *Autópsia do medo*, op. cit., p. 435.

A partir dessas relações pessoais, que, para muitos, eram o lado "menos nobre" da sociedade, Carlos Caldeira foi nomeado prefeito da cidade de Santos durante a gestão do governador Paulo Maluf (1979-1983). Permaneceu no cargo por dois anos e essa experiência pontuou várias das alianças que regeram o grupo – esses pactos sempre foram pautados pelos vínculos de Frias com Caldeira. Nesse sentido, a empresa não podia ser percebida sem essa simbiose[192].

Traçando um perfil de Carlos Caldeira, sabe-se que nasceu na cidade de Santos em um 1º de julho, data escolhida para a *première* do jornal *Cidade de Santos*, como um presente. Para comandá-lo, foi destacado, de São Paulo, o jornalista Antônio Aggio Jr., que formou sua equipe convidando Horley Antônio Destro, para secretário de Redação[193]. É oportuno destacar que a data de 1º de julho é igualmente significativa para Aggio, que teria começado no jornalismo aos 16 anos, em 1954, no mesmo dia, no jornal *O Tempo*, dirigido pelo trotskista Herminio Sacchetta.

O jornalista Antônio Aggio, quatro anos depois, foi incorporado ao Grupo Folha da Manhã, que ainda não pertencia a Frias e Caldeira. Sua experiência anterior fora na sucursal de *O Globo* em São Paulo. Ocupara o cargo de repórter

---

[192] Sócios durante trinta anos, Frias e Caldeira desfizeram a sociedade em 1991, cabendo ao primeiro a empresa de comunicações e ao segundo os demais negócios e imóveis em comum. Ressaltando essa diferença de estilos, Carlos Eduardo Lins da Silva, no livro *Mil dias: os bastidores da revolução de um grande jornal* (São Paulo, Trajetória Cultural, 1988), sublinhou que "(...) o adiamento da adoção dos métodos de organização moderna nas redações [do Grupo Folha da Manhã]" poderia ser justificado nas "(...) discrepâncias de estilo entre os dois sócios". Mas o mesmo autor fez questão de pontuar que havia "(...) aparentemente [um] perfeito entendimento entre os dois" (p. 45-6). Foi sempre essa dubiedade que permeou a imagem do Grupo Folha nas narrativas recolhidas nesta pesquisa.

[193] Aqui vale uma narrativa: "encontrei" a história da *Folha da Tarde* por *acaso*. Buscava uma entrevista com o senador Romeu Tuma, diretor-geral do DPF, que, nomeado pelo governo José Sarney, em janeiro de 1986, "quebrara" a predominância de militares no cargo. Para entrevistá-lo, entrei em contato com o seu gabinete, em Brasília, por volta de 1998. Lá me indicaram que falasse com o seu secretário de imprensa em São Paulo, o jornalista Antônio Aggio. As tentativas de ser recebida por Tuma eram inviabilizadas por Aggio, que sublinhava a doença do senador.

Quando fui entrevistar Boris Casoy, em março de 1999, narrei a dificuldade de obter uma entrevista com Tuma. Casoy me perguntou como estava procedendo e, quando mencionei Aggio, Casoy me confidenciou uma parte da história do jornal conhecido como "o de maior tiragem" por causa do número de jornalistas policiais na redação. Levei mais quatro meses tentando negociar uma entrevista com Aggio, desta vez sobre o jornal. Finalmente, no dia 7/7/1999, ele me recebeu em sua casa, em São Paulo, e colocou sobre a mesa um gravador para também registrar as declarações. No dia seguinte, recebi um fax, que está reproduzido em um dos cadernos de imagens desta obra, com suas ideias sobre governo e poder baseadas no movimento de um pêndulo. Na data do depoimento, tinha 61 anos.

de Geral, tendo sempre um especial gosto pelas reportagens policiais. Nessa área, como chefe de reportagem, começou na *Folha de S.Paulo*.

Na década de 1960, Aggio lecionou nos cursos de introdução ao jornalismo promovidos pelo Grupo Folha. Estes aconteceram em diversas cidades paulistas e se centravam na construção da notícia como reportagem informativa. Em 1962, diversificando suas funções, prestou concurso na Secretaria de Segurança Pública do Estado de São Paulo, tornando-se escriturário lotado na Delegacia Geral de Polícia. Como se pode perceber, jornalistas terem empregos públicos era uma prática corriqueira e frequente. A justificativa para adentrar o aparelho de Estado aloca-se na incerteza que a carreira impunha[194].

Antônio Aggio chefiou o *Cidade de Santos* de julho de 1967 a junho de 1969. Declaradamente um repórter policial e com bom trânsito nas fontes de polícia, foi chamado para assumir a *Folha da Tarde* porque "o jornal não vendia". O recorde de venda teria sido atingido no exemplar que continha as imagens dos combates na rua Maria Antônia, em 3/10/1968. Nessa ocasião, foram comercializados cerca de 11 mil exemplares por dia, enquanto a média de exemplares vendidos diariamente eram 2.500. A baixa arrecadação, portanto, foi sempre a "explicação oficial" para a substituição de Miranda Jordão. Isso, é claro, somada a falta de recursos para produzir um similar competitivo com o *Jornal da Tarde*[195].

De Santos, Aggio trouxe consigo também Holey e José Alberto Moraes Alves, o *Blandy*. "Tomou posse" do jornal em 19/6/1969. Aguardou-se, contudo, até 1º de julho, não por acaso, e alterou-se o expediente do periódico. A exposição dos nomes que assumiriam o comando do periódico, prática que não existia na fase anterior, foi publicada, com as alterações, e a data foi escolhida, certamente, para homenagear Caldeira. Esse instrumento buscou religar essa nova fase do jornal ao seu início, em 1949, quando também passou a circular no mês de julho. Assim, divulga-se amplamente que a administração cabia a

Editor-chefe	Antônio Aggio Jr.
Secretário-geral	Horley Antônio Destro
Chefe de reportagem	Carlos Dias Torres

---

[194] Este concurso e suas funções na polícia não aparecem no currículo que me foi apresentado. Neste, apenas declara que recebeu "diplomas de Sócio Honorário das associações dos Escrivães e dos Investigadores de Polícia do Estado de São Paulo".

[195] No dia 21/3/1999, a *Folha da Tarde* circulou pela última vez. Fazendo um balanço dos 43 anos de atividade, a reportagem afirma que, "nos anos [19]70, [o jornal teria mudado o] seu perfil, tornando-se mais conservador, em consonância com as demandas do eleitorado da época".

318

Da trinca que conduziu o periódico a partir de então, Carlos Dias Torres e Aggio se conheceram no final dos anos 1950, quando ambos passaram pela sucursal paulista do *Globo* e depois pela *Folha de S.Paulo*. Desse convívio, ficou para Torres a impressão de que "(...) Aggio era o melhor repórter que já conhecera, era perfeito"[196].

Rememorando o passado do diário na sua fase de 1949, Aggio lembra que, "antes da união das Folhas, a *Folha da Tarde* vendia três vezes mais que as outras e sempre foi policial. Seu hiato foi com Miranda Jordão"[197]. E foi para esquecer esse "intervalo" que o jornalista, sua equipe e a direção do grupo alteraram a face da redação.

A recepção desse grupo pelos remanescentes da redação de Miranda Jordão foi descrita pelo então jornalista Ítalo Tronca, que ressaltou que, da antiga seleção que sobreviveu ao AI-5, permaneceu quem precisava de emprego.

> Até que chegou o Aggio. Ele trazia para dentro da redação um estojo que parecia um violão. Não sabíamos o que era. Mas ele gostava de exibi-lo na sua sala: uma carabina turca.
> Nós não sabíamos de onde vinha essa gente [Aggio, Horley e Torres]. O Horley vinha armado de uma automática. Torres era relações-públicas do IV Comar e fazia um gênero amigo. Os outros dois eram acintosamente policiais.[198]

Era essa a feição dos profissionais que passaram a ocupar a *Folha da Tarde* a partir de meados de 1969. Sabe-se, por exemplo, que Carlos Dias Torres iniciou na carreira de jornalista em 1958, no jornal *Última Hora*, na seção policial, e, nesse período, também escreveu para a *Revista Policial*. Em 1964, na *Folha de S.Paulo*, já como setorista policial, criou a coluna Notícias Militares, que, segundo narrou, cobria o 2º Exército, a IV Zona Aérea, o 6º Distrito Naval, o Dops, a Polícia Federal, a 2ª Auditoria Militar e outros órgãos de informação. Pelo acúmulo dessa experiência, Torres tornou-se, como Aggio definiu, um jornalista credenciado nesses ambientes, um setorista[199].

---

[196] Carlos Dias Torres recebeu-me no *hall* de entrada do prédio em que mora, no bairro de Vila Mariana, em São Paulo, no dia 7/7/1999. Fiz a entrevista com ele pela manhã e com Aggio no fim da tarde do mesmo dia. Torres disse que estava muito doente e, durante a entrevista quis passar a impressão de que ali se encontrava um senhor idoso, magoado e com a saúde abalada. Na data do depoimento, tinha 64 anos.

[197] Entrevista à autora em 7/7/1999.

[198] Entrevista concedida à autora em 3/5/2000.

[199] Mais tarde, Torres trabalhou na Assessoria de Imprensa do Banespa e na da Secretaria de Agricultura, concomitantemente com o expediente no jornal. Tanto era uma maneira de complementar a renda como uma forma de utilizar o poder que o jornal proporcionava.

Ser um *setorista* e vincular-se à seara policial, na explanação de um outro repórter policial – Percival de Souza –, define todo um código de relações e posturas. A relação do jornalista com a sua área ou setor de trabalho no jornal impõe e delimita um leque de possibilidades. Nesse sentido,

> (...) os jornalistas que cobriam o setor [policial] eram tentados a comprometer-se, aceitando um emprego fantasma da Secretaria da Segurança, podendo receber sem trabalhar, e assim contando apenas o que queriam que contasse. Quem não rezasse por essa cartilha estava automaticamente fora do esquema. Não foi por outra razão que, durante bom tempo, o Dops tinha apenas quatro setoristas para alimentar toda a grande imprensa, e todos eles eram funcionários públicos de escalões subalternos. Um, Carlos Cavalcanti, investigador de polícia no próprio Dops. Outro, José Ramos, funcionário do Departamento dos Institutos Penais do Estado. O terceiro, escriturário policial, e o quarto, guarda de presídio no estabelecimento penal ilegal que funcionava com quase mil presos correcionais diariamente, em plena Avenida Tiradentes.
>
> Para ser jornalista e ter trânsito livre entre os encarregados da repressão, somente sendo da casa, ou seja, da própria polícia. O sistema pensou em tudo, inclusive nesse detalhe. Para os jornalistas que não seguissem o *script*, aplicava-se a elástica Lei de Segurança Nacional. Uma notícia fora desse roteiro significava prisão e processo.[200]

Retornando ao exemplo da *Folha da Tarde*, a direção do jornal – Aggio, Horley e Torres –, ao que tudo indica, possuía relações com autoridades do Estado autoritário brasileiro, principalmente do grupo pós-AI-5. Afora os vínculos de Torres, já expostos, Antônio Aggio, por exemplo, além de funcionário da Secretaria de Segurança Pública, era afilhado do coronel Antônio Lepiane – o comandante do 4º Regimento de Infantaria de Quitaúna, em Osasco, a partir de 1967.

Em janeiro de 1969, um comandado de Lepiane – o capitão Carlos Lamarca – desertou dessa unidade militar, levando armas e optando pela luta armada de esquerda para combater o regime autoritário vigente. De acordo com as lembranças de Tonico Ferreira, foi proibida a publicação desse fato na *Folha da Tarde*, pois "o comandante do quartel tinha algum parentesco com o Aggio, e essas notícias – sempre censuradas, é claro – causavam um *frisson* na redação".

Comenta-se que o coronel Lepiane não chegou a atingir a divisa de general devido ao episódio que envolveu Lamarca. Outros cargos de autoridade foram a ele designados. De tal modo, nos primeiros dias de março de 1974, em um dos últimos atos do presidente Médici, Lepiane foi empossado como superintendente

---

[200] *Autópsia do medo*, op. cit., p. 239.

320

da Delegacia Regional da Polícia Federal, em São Paulo, tendo como superior direto o general Antonio Bandeira. Na biografia de Lepiane, publicada na *Folha da Tarde* na ocasião de sua posse, pode-se perceber, mais uma vez, que tipo de discurso era veiculado pelo tabloide. Assim, ele foi apresentado

> (...) como um dos mais respeitados e estimados oficiais de Estado-Maior de nosso Exército, situou-se entre os principais integrantes das Forças Armadas que acorreram ao chamado do povo, em 1964, quando a subversão e a corrupção solapavam abertamente as instituições, procurando transformar-se em sinônimos de "governo". Cumpriu inúmeras missões, antes, durante e depois da deflagração da Revolução de Março, principalmente como elemento de ligação entre [os] altos escalões revolucionários e os comandantes militares sediados em São Paulo, que constituíram o "fiel da balança" na definição do poder reclamado pelo povo, através de inúmeros atos públicos, como as Marchas da Família com Deus pela Liberdade.[201]

Em outras ocasiões, também se podiam encontrar os coronéis Lepiane e Erasmo Dias, o governador Paulo Maluf, os delegados do Deops paulista Celso Telles e Romeu Tuma[202], os donos do Grupo Folha e todos os editores dos jornais da empresa, entre muitos outros políticos e militares, nos almoços de aniversário do jornal, comemorados sempre no dia 1º de julho. Aproveitava--se igualmente a data e também festejava-se o aniversário do chefe, Carlos Caldeira. Amplamente fotografados, os que compareciam a essas cerimônias, posteriormente, liam os seus nomes nas listas e mais listas que o jornal publicava com as denominações de todas as pessoas e entidades que teriam felicitado a empresa pela data. Nos registros dessas ocasiões, é interessante perceber como o periódico descreveu a sua própria trajetória.

Nesse sentido, no ano de 1970, tendo como data de início de suas atividades o de 1949, a *Folha da Tarde* supostamente completaria 21 anos, data sublinhada como a de sua maioridade. A conta, contudo, "esqueceu" o período de 1º/1/1960 a 18/10/1967, em que o jornal não circulou. Tendo como título "Hoje, a festa é aqui em casa", os editores do diário claramente o colocam como herdeiro do periódico editado em 1949, "o vespertino das multidões", anterior

---

[201] O coronel Lepiane também foi agraciado com a medalha Anchieta de Gratidão da Cidade de São Paulo, em março de 1980, um ano depois de Carlos Caldeira e Antônio Aggio a terem recebido (*Folha da Tarde*, 29/3/1980).

[202] Segundo Percival de Souza, Celso Telles "[era] delegado de polícia. Trabalhou no Serviço Secreto e na Delegacia de Ordem Política do Dops, [...] chegou à chefia da Polícia Civil". Romeu Tuma foi "(...) ex-chefe do Serviço Secreto e ex-diretor do Dops. [Foi promovido com o delegado Sérgio Fleury] à classe especial da carreira de delegado de polícia. (...) Fiquei sem função alguma na polícia na gestão Franco Montoro. (...) Achei que estava condenado ao ostracismo, mas o coronel Moacir Coelho, diretor-geral da Polícia Federal, ofereceu-me a superintendência do órgão em São Paulo" (*Autópsia do medo*, op. cit., p. 58-60).

à fusão das três Folhas[203]. Assim, no primeiro editorial de 1º/7/1949, a *Folha da Tarde* definiu-se como dedicada "particularmente às questões que diretamente interessam aos habitantes da capital". Tendo essa diretriz, no início da década de 1970, os novos editores incorporaram esse ideário e o somaram à noção de "informar e servir".

Com base nesse quadro, a proposta de Antônio Aggio, quando assumiu a *Folha da Tarde*, era torná-lo o oposto daquele do período dirigido por Miranda Jordão, dando *muita* ênfase às narrativas policiais. Mas essa diferença nunca foi claramente explicitada, nem há declarações de Aggio sobre isso. Essa manobra foi, portanto, ao mesmo tempo, subjacente como também escancarada nas diferenças que o jornal passou a apresentar.

Tem-se a impressão de que a gestão de Miranda foi percebida por Aggio como uma ilha. O novo editor construiu uma ponte sobre ela, unindo outra vez o tabloide à sua suposta origem. Dois exemplos corroboram essa ideia. O primeiro encontra-se em todos os relatos da trajetória do diário. Estes foram feitos nos aniversários de 21, 26, 30 e 32 anos, respectivamente em 1970, 1975, 1979 e 1981.

Nesse recontar da própria história, a *Folha da Tarde* de Aggio teria, na sua essência, o mesmo sentimento sublinhado pelo editorial de 19/10/1967, da fase Miranda Jordão. Mesmo que não fosse mencionado aquele editorial, a ideia era a mesma: a da saudade que a população sentia do jornal. Por isso seu retorno e continuidade. O que foi feito no período de outubro de 1967 a julho de 1969 não deveria ser lembrado, já que não havia nenhuma identificação. Exceto, é claro, a utilização da tecnologia *offset*, a grande modernização gráfica da época. Esse era o único ponto lembrado e festejado do período Miranda Jordão.

Um segundo fato que demonstra a necessidade de distanciar as redações de Miranda Jordão e Aggio foi a cobertura dada à prisão de Frei Betto. Em nenhum momento a *Folha da Tarde* mencionou que o jornalista tinha pertencido aos quadros do jornal. Nada mencionou sobre Frei Betto nem sobre nenhum dos outros militantes presos que tinham trabalhado do jornal. No mesmo dia 11/11/1969, a *Folha da Tarde*, a *Folha de S.Paulo* e *O Estado de S. Paulo* relataram a prisão do dominicano no Rio Grande do Sul. O *Estadão* foi o único a mencionar que Frei Betto era ex-chefe de reportagem da *Folha da Tarde*.

---

[203] Em "O rosto do mundo", introdução do livro *Primeira página* (São Paulo, Publifolha, 1999), p. 9, com as principais capas do jornal desde o seu início, nos anos 1920, Nicolau Sevcenko elucida que, "(...) a partir de janeiro de 1960, os três jornais foram reunidos sob o nome único de *Folha de S.Paulo*, saindo em três edições diárias – matutina, vespertina e noturna".

322

O jornalista Adilson Laranjeira, que, muito mais tarde, em meados dos anos 1980, dirigiu a *Folha da Tarde*, substituindo Aggio, relembrou que, no instante em que "(...) Frias e Caldeira trouxeram Aggio para a redação, estavam sob forte pressão do governo, sendo esta, portanto, uma decisão estratégica"[204]. Tanta era a coação que o jornalista Antônio Aggio mencionou que os donos do jornal pretendiam ficar fora do país por três meses e, ao retornarem, se o faturamento não tivesse aumentado, fechariam o jornal. A esse respeito, Boris Casoy sublinhou que, "por uma questão de sobrevivência", o Grupo Folha "não tinha censor. O jornal tinha decidido não enfrentar o regime. Fez autocensura"[205].

Para executar essa autocensura, um esquema interno foi montado. As notícias chegavam no Dics, precursor da Agência Folha, e criado por Miranda Jordão a pedido de Otavio Frias, no então longínquo ano de 1967, atendendo a outros fins. Essa central de informações redistribuía para todos os jornais do grupo as notícias, como também as vendia para outros periódicos. Luís Carlos Rocha Pinto foi seu diretor nos anos 1970, precisamente até 1982. Era ele quem recebia também os telefonemas da censura em que eram notificadas as proibições e as passava aos editores por escrito sob o título de "aviso ao editor". Quando as notas eram entregues, os editores davam recibo à Agência. Rocha Pinto explicou que o processo dos telefonemas se baseava na confiança: "(...) você tinha de acreditar na pessoa que entregava as notas ou telefonava. Não se podiam pedir documentos de comprovação"[206].

No foco das ações de autocensura, a direção da *Folha da Tarde*, ao que parece, também executou uma censura interna. O colunista social Giba Um, pseudônimo de Gilberto Luiz Di Pierro, lembrou que *Blandy*, que veio do jornal

---

[204] Entrevista à autora em 7/7/1999.

[205] Boris Casoy concedeu uma entrevista à autora em 18/3/1999. É interessante perceber que, quando se consulta a documentação da DSI/MJ, em depósito no AN/RJ, há uma série de informes não assinados sobre vários jornais, inclusive sobre a *Folha de S.Paulo*. Tem-se a impressão, ao ler esse material, de que existia alguém dentro das redações que relatava aos órgãos de informação do governo o "clima" do local. Narram-se o humor e as opiniões das pessoas. Há muitas, inclusive, que mencionam como esse jornalista se sente.

[206] Luís Carlos Rocha Pinto conversou comigo, sem permitir a gravação da entrevista, em março de 1999 no prédio da Folha. Ficou na Agência até 1982 e aguarda ter tempo para se aposentar. Um comentário pouco gentil feito por Aggio sobre Miranda foi o de que o Dics atendia aos interesses do patrão em fazer vários jornais com o menor número possível de jornalistas. Por mais que a crítica seja procedente, era e ainda é uma forte tendência de mercado a existência de agências que centralizam o material. Vale a ressalva de que, quando planejada por Miranda, a Dics não tinha o caráter de centralizar as notas de censura.

Cidade de Santos com Aggio, era a pessoa que revisava seus textos[207]. Essa prática não era tão incomum e igualmente ocorreu em outros jornais pertencentes ou não ao grupo[208].

Como se pode notar, o periódico passou por grandes transformações em um curto período. A sensação que os remanescentes da antiga redação expressaram foi a de que, como detalhou Tonico Ferreira, a *Folha da Tarde* havia se tornado, de uma hora para outra, um jornal de extrema direita. Continuava a ser um tabloide militante, mas com propósitos opostos aos de antes. Tonico Ferreira pediu demissão em 1970 porque

> (...) o clima havia ficado insuportável. Os tempos eram duros e o Otavio Frias estava ameaçado pela ditadura e muito assustado. O Aggio trouxe o Torres, que era assessor de imprensa do 2º Exército, e o Horley para a cúpula do jornal. Demitiu alguns, contratou outros.
>
> Ele sabia que eu era de esquerda, mas, como diagramador, não tinha influência no texto e, por isso, não tinha importância nas disputas políticas. Foi uma época pesada: AI-5, prisões, armas nas gavetas dos diretores e ameaças de bombas na redação. A equipe não era avisada com antecedência sobre as ameaças de bombas. Nunca fomos retirados da redação por medida de segurança.

Na tentativa de redesenhar a redação desse período, são oportunas as imagens delineadas pelo jornalista Carlos Brickmann, que, com Laranjeira, assumiu o jornal em meados da década de 1980. Brickmann, que esteve na equipe de preparação, em 1965, do *Jornal da Tarde* – grande modelo a ser perseguido na fase Miranda Jordão –, onde ficou até 1974, descreveu que a redação da *Folha da Tarde*, quando ele assumiu a direção, era um espaço de mil metros quadrados "(...) dividido em baias, onde existiam fotolitos pregados com dizeres que combatiam 'ideologias exóticas' e conclamando as pessoas ao combate"[209]. Essa atmosfera de militância de direita tinha uma origem, já que ao assumir Aggio pregou uma espécie de tábua dos "dez mandamentos", que continha nove pontos. No seu conteúdo, determinava que ambiente era um "lugar de luta". Publicado na edição comemorativa dos 32 anos do jornal, em

---

[207] Entrevista à autora em 8/11/1999.

[208] Na entrevista que me concedeu, Boris Casoy lembrou que a decisão de autocensura foi anterior à sua chegada ao jornal e que, quando editor da *Folha de S.Paulo*, entre 1977 e 1984, não cortava o texto. Quando sentia algo perigoso ali, ligava para o jornalista e solicitava ajuda para solucionar a questão. Não deixa de ser uma censura, que pede do autor uma cumplicidade. Mas Casoy advertiu que era uma maneira de alertar o jornalista de um perigo que nem ele havia percebido.

[209] Entrevista à autora em 21/4/1999.

324

1º/7/1981, o "ideário", que, em 1970, era para "informar e servir", tornou-se para "informar e formar". O jornal, portanto, deveria

I. Desarticular as agressões alienígenas e suas alianças;
II. Conter a corrupção em todas as suas formas;
III. Combater a desordem econômica;
IV. Incentivar o desenvolvimento ;
V. Apoiar a livre empresa;
VI. Manter a paz social;
VII.   Valorizar o homem brasileiro;
VIII.   Fortalecer a segurança nacional;
IX.   Assegurar o prestígio internacional do país, como um jornal a serviço do Brasil.

Esse outro "decálogo" de nove pontos lembra os das proibições censórias pós-AI-5 apresentados pelo general Silvio Correia de Andrade aos jornalistas do Grupo Folha. Talvez se Cláudio Abramo o tivesse visto, igualmente questionaria onde estaria o décimo ponto. E provavelmente receberia da direção da *Folha da Tarde* a mesma resposta disparada pelo general: "Cumpra-se!".

Autoconsiderando-se um *exército de jornalistas/combatentes*, em uma observação final de seus mandamentos e, portanto, explicando esse *norte*, Aggio refletiu que "(...) estar isento não significa omitir-se e pactuar com o crime, seja de que natureza for". Assim, "liberdade é o direito de agir segundo as próprias convicções e o dever de aceitar as reações a tais atos"[210].

Todas essas "explicações" sobre as diretrizes do jornal foram expostas por Aggio doze anos depois de assumi-lo. Quando tomou posse na *Folha da Tarde*, o editor optou por uma linha agressiva e policialesca contra os atos de "terrorismo" realizados pelas esquerdas armadas. A diretriz adotada pelo periódico era a do "(...) combate aos tóxicos e aos 'inferninhos'". A moralização de conduta pela via policial foi, portanto, a conduta que o jornal passou a pregar e que, segundo Aggio e Carlos Dias Torres, aumentavam o faturamento. Combinar temas polêmicos com abordagens incisivas era uma estratégia conhecida pelo jornal desde meados dos anos 1950, como o editor-chefe fez questão de sublinhar. Talvez devamos acrescentar que não só o tabloide, como esses jornalistas eram igualmente familiarizados com tal comportamento.

Ao que tudo indica, a ação da *Folha da Tarde*, na visão de seu editor, não precisava ser esclarecida. Isso porque, já em julho de 1969, Aggio preferiu também retirar os editoriais do jornal. Assim, o editorial – o espaço onde a

---

[210] *Folha da Tarde*, 1º/7/1981.

equipe de redação expõe as diretrizes que norteiam o periódico, em que dão sua opinião sobre as questões do momento, em que avaliam o panorama – foi substituído por *charges*.

Certamente, Aggio discordaria de Millôr Fernandes, que, dias antes de sua posse na *Folha da Tarde*, no primeiro número do *Pasquim*, sentenciava que "(...) os humoristas têm importância bastante para serem presos e nenhuma para serem soltos"[211]. Os desenhos de humor, peças tão censuradas, definiram as linhas da *Folha da Tarde* entre julho de 1969 e maio de 1984, e eram produzidas por Otávio, um chargista vindo da *Última Hora*, e, mais tarde, por Novaes e Franco[212].

Investigar e arrolar os objetivos do periódico – os valores a serem transmitidos, os seus "dez mandamentos" –, basta checar suas manchetes. Imbuídos de uma ideia de uma "cruzada" – do suposto caráter sublime e magnânimo da empreitada –, moralizar, no sentido das diretrizes do governo Médici e do pós-AI-5, vinculava-se a adestrar a conduta. Respaldados nos supostos aumentos das vendas do diário, seus editores acreditavam no acerto do trajeto e o ratificavam. Como frisou Carlos Dias Torres, "(...) não encalhava jornal, e o combate ao entorpecente vende, mas também é uma guerra santa".

Na concepção de Antônio Aggio, a *Folha da Tarde* também se preocupava com os "atos de terrorismo". No caso das ações armadas das esquerdas, tal estratégia merece uma ressalva. O primeiro grande evento das esquerdas ocorreu poucos meses depois de Aggio assumir o jornal. O sequestro do embaixador americano em setembro de 1969 tanto endureceu mais ainda o governo e suas ações como também as manchetes da *Folha da Tarde*.

Drogas e subversivos tinham, ao que parece, público cativo, além de alinhar o jornal ao ideário do governo autoritário. E, como frisou Carlos Dias Torres, a divulgação dessas notícias no tom agressivo escolhido aumentava as vendas do jornal e tinha o apoio dos donos – Frias e Caldeira.

Com o intuito de vender muito e combater os mesmos "inimigos do governo", a *Folha da Tarde* passou a ser um divulgador de notas oficiais e das informações do Estado. Assim, as manchetes da primeira página da *Folha da Tarde*, além de difundirem informes oficiais – que davam outra versão à verdade dos fatos –, também criavam um pacto com o público leitor, propagando a notícia

---

[211] 26/6/1969, p. 9.

[212] Na visão de Maurício Maia (op. cit.), é interessante perceber que a censura aos desenhos de Henfil se deu tanto pelos órgãos do Estado como por redações que adotaram a autocensura de maneira clara ou disfarçada.

e a fazendo um fato. A *Folha da Tarde*, portanto, não pode ser percebida como um tabloide independente, pois estava calcada e subordinada ao Grupo Folha da Manhã. Nesse sentido, quase diariamente se liam manchetes como as seguintes:

> **"Honras militares para a vítima de Marighella"**, de 8/11/1969, sobre o enterro da investigadora Stela Borges Morato, baleada no cerco a Carlos Marighella;
>
> **"*Oban* desmantela quadrilhas do terror"**, de 28/1/1970, acerca dos mais de 320 militantes políticos presos;
>
> **"Cônsul livre: começa a caça"**, de 16/3/1970, sobre a troca de presos políticos pelo cônsul japonês;
>
> **"Prisão para os 140 terroristas da ALN"**, de 1º/4/1970, acerca do indiciamento de 143 "criminosos"[213], dos quais 140 já tinham prisão preventiva decretada;
>
> **"Terrorista fere e morre metralhado"**, de 4/4/1970, sobre a morte de Dorival Ferreira[214];
>
> **"Fim do sequestro: 40 bandidos na Argélia"**, de 16/6/1970, sobre a troca de presos políticos pelo embaixador alemão;
>
> **"Chantagem sexual é arma do terror"**, de 28/7/1971, sobre a militante Solange Lourenço Gomes, que se entregou à repressão em março daquele ano e que, anos mais tarde, se suicidou[215];
>
> **"Terror mata e rouba em hospital carioca"**, de 3/9/1971, sobre o assalto à clínica Dr. Eiras por militantes de esquerda;
>
> **"Amor, fé e orgulho. Para sempre Brasil"**, de 8/9/1971, sobre as paradas militares do dia anterior[216];

---

[213] Com base no inquérito sobre subversão realizado pelo Deops paulista, os militantes já são considerados, antes do julgamento, criminosos, culpados.

[214] Segundo a notícia do jornal, que também foi publicada pelo *Notícias Populares* e pela *Última Hora*, o militante da ALN, cercado por agentes da Oban em sua casa, trocou tiros com os policiais. Um destes matou Dorival Ferreira. No arquivo do Deops paulista, há o registro da "execução com 11 tiros".

[215] No relato de Percival de Souza sobre o delegado Fleury, o jornalista traz à tona também o episódio de arrependimento da militante do MR-8, Solange Lourenço Gomes. Segundo Souza, Solange "se entregou voluntariamente para, como fio de Ariadne na caverna de Teseu, fornecer importantes informações complementares sobre Lamarca e a organização. Quase tudo! A espontânea judas de saias agiu como um câncer dentro do MR-8, no qual Lamarca estava se apoiando" (cf. *Autópsia do medo*, op. cit., p. 279).

Acerca desse episódio, Daniel Aarão Reis Filho declarou que "esses comentários sobre a Solange revelam impiedade e ignorância. Quando a Solange se entregou, estava completamente debilitada mentalmente, passou longos anos na cadeia se recuperando, com a solidariedade de gente que teve grandeza para isso. Solta, acabou se suicidando, roída por um desespero existencial que nunca a abandonou e que a perseguia havia muitos e muitos anos".

[216] A foto da primeira página do jornal está no caderno de imagens.

"**Lamarca deixou 2,5 milhões de dólares**", de 20/9/1971, acerca da morte de Carlos Lamarca;
"**Eis os assassinos e inimigos do povo**", de 28/9/1971, com fotos dos militantes procurados;
"**Dops paulista desmascara infiltração comunista**", de 23/1/1975, sobre a divulgação dos 105 indiciados na Lei de Segurança Nacional.[217]

Na visão de Laranjeira, "talvez fosse conveniente, naqueles tempos, manter a *Folha da Tarde*", um jornal "de maior tiragem", onde muitos jornalistas eram policiais ou vieram a sê-lo lá dentro. O próprio editor-chefe possuía um cargo administrativo na Polícia, obtido por concurso público, desde 1962. O coronel da PM – na época, major – Edson Corrêa era repórter de Geral; o delegado Antônio Bim esteve por algum tempo no jornal; o chefe de reportagem Carlos Dias Torres era investigador de polícia e o editor-chefe de Internacional, Carlos Antônio Guimarães Sequeira, era agente do Dops[218].

O delegado Sequeira fez questão de ressaltar que, "quando entrou para a *Folha da Tarde*, não era policial". Saiu do jornal *Cidade de Santos*, sua cidade natal, para a sucursal do mesmo jornal em São Paulo, entre 1968 e 1969. Entrou para o jornal entre 1970 e 1971 por intermédio de Aggio, que conhecia desde Santos. Sempre esteve ligado à área de Internacional e, como era advogado, fez concurso para delegado, em 1972, para garantir sua independência financeira. Destacou várias vezes, fazendo referência à expressão "de maior tiragem", atribuída à *Folha da Tarde*, que ele foi o único que lá ficou, por mais de vinte anos, sendo policial e jornalista.

A pedido de Aggio, em 1977, Sequeira foi transferido da delegacia do bairro da Penha para o Dops, onde trabalharia na seção de inquéritos. Talvez

---

[217] Na última edição da *Folha da Tarde*, em 21/3/1999, há uma seleção de primeiras páginas do jornal das décadas de 1950 a 1990. Nenhuma das capas mais sensacionalistas e/ou de cunho político aparece. Das existentes nessa edição especial do jornal, há uma reprodução no caderno de imagens.

[218] As informações me foram dadas pelo delegado Sequeira, que me concedeu entrevista na sua sala de trabalho, no Departamento de Polícia Científica do Instituto de Identificação, Ricardo Gumbleton Daunt da Secretaria de Segurança Pública de São Paulo, responsável pelas carteiras de identidade, em 22/4/1999. Tinha 53 anos quando deu esse depoimento, e vale ressaltar que foi extremamente verdadeiro em suas respostas e manteve-se tranquilo ao falar sobre a sua trajetória, muito diferente de Aggio ou de Carlos Dias Torres, por exemplo, quando foram entrevistados.
Sequeira lembrou-se também de outros jornalistas/policiais, como: João Paterno, delegado, do *Diário da Noite*, e Generoso Grutilla, delegado, da Agência Folha, quando esta foi dirigida por Adilson Laranjeira (1981-1984).

328

a influência do editor-chefe advenha, como Aggio fez questão de frisar, no seu currículo, de "assessora[r] o dr. Romeu Tuma há três décadas". Assim, Sequeira foi, concomitantemente policial, pela manhã, seguindo o delegado Romeu Tuma até 1985, e jornalista, à noite, de 1972 a 1988. Trabalhando na *Folha da Tarde*, Sequeira era subordinado ao jornalista Jorge Okubaro, que permaneceu no periódico após a saída de Ítalo Tronca e assumiu a editoria de Internacional. Sequeira ressaltou que Okubaro sempre soube onde ele trabalhava, e Tronca, a seu respeito, lembrou que

> (...) o Jorge atuou como meu auxiliar na época em que editei a página internacional da *Folha da Tarde*. Bom redator, aplicado, andava metido com um grupo de luta armada do qual não me lembro o nome. Sei que passei maus bocados depois da prisão dele. Fui parar na *Oban* porque descobriram que eu fora avalista de um apartamento em que ele morava em São Paulo. Acharam lá um mimeógrafo a álcool (sempre!) e material de propaganda. Perdi o Jorge de vista depois da prisão. Anos mais tarde, soube que ele trabalhava no *Estadão*.[219]

Nessa fauna humana de múltiplas tendências, pouco a pouco a *Folha da Tarde* foi afunilando a redação com jornalistas mais identificados com os propósitos do jornal. Sequeira recordou que, entre fixos e colaboradores, cerca de cem profissionais estavam envolvidos no periódico durante os quinze anos em que Aggio esteve por lá. Para compreender a dinâmica interna da *Folha da Tarde* a partir de julho de 1969, é importante confrontar, mais uma vez, as atitudes do jornal, nas suas reportagens, com os fatos ocorridos.

Quando o presidente da República, general Ernesto Geisel, indicou Paulo Egídio para governador de São Paulo, este nomeou para a Secretaria de Cultura, Ciência e Tecnologia, recém-criada, o empresário José Mindlin. O novo secretário escolheu o jornalista Vladimir Herzog para diretor de jornalismo da TV Cultura/ Fundação Padre Anchieta, única e exclusivamente pela sua experiência na BBC de Londres, que o fazia o melhor candidato, como salientou o dr. Mindlin[220]. Como era de praxe, os nomes deveriam passar pelo crivo do SNI, que aprovou a escolha.

O jornalista vinha da revista *Visão* e era acusado de pertencer a uma célula de jornalistas do PCB. A partir de sua contratação e das alterações no conteúdo jornalístico da emissora, travou-se uma intensa campanha na imprensa e na TV contra ele. O jornalista Cláudio Martins-Marques, como mencionado anteriormente, encabeçou essas ações. Segundo me relatou, se identificava com os ideários autoritários implementados no país e afirmou que fazia do seu

---

[219] Entrevista à autora em 3/5/2000.

[220] Entrevista concedida à autora, em 6/11/1999.

ofício de jornalista uma forma de apoiar essas visões. Foi imbuído desse sentimento que fez a campanha contra os jornalistas ligados ao PCB que atuavam na imprensa. Com a nomeação de Vlado para responder pelo jornalismo da TV estatal, sua campanha chegou ao ápice[221].

O jornalista Cláudio Marques exerceu, desde outubro de 1974, o cargo de superintendente do *Diário de Comércio e Indústria*, cujo grupo também possuía os periódicos *Shopping News* e *City News*. Foi repórter desde 1966 e editor de política, assinando uma coluna semanal denominada "Coluna Um". Quando Vlado foi espontaneamente à Oban, em 25 de outubro de 1975, depois da intimação do dia anterior em sua casa, Marques declarou, na sua coluna do jornal *Shopping News* que circulou um dia depois do assassinato de Vlado, que ele se encontrava no "Tutoia Hilton".

Foi expulso do Sindicato dos Jornalistas Profissionais do Estado de São Paulo a pedido de mais de quinhentos jornalistas e defendido pelo jornalista Alberto Paraíba Quartim de Moraes, mais tarde porta-voz do governo Franco Montoro. Seus pares discordavam da forma como ele noticiava os fatos ligados à categoria e com a campanha feita contra Herzog[222].

O homicídio de Vlado tornou-se assunto proibido para a revista *Veja*. Na ocasião, o jornalista Mino Carta, diretor de redação, escreveu um parágrafo no editorial de 5/11/1975, que, sob o título de "garantia da tranquilidade", resumiu o momento

> Algum tempo talvez tenha de passar antes que se possa meditar e analisar o exato significado da visita do presidente Ernesto Geisel a São Paulo. Em todo caso, desde já são evidentes a honradez, a integridade, o alto sentido de responsabilidade do presidente da República, tanto quanto a serenidade e as inextinguíveis esperanças

---

[221] Entrevista à autora em 8/11/1999.

[222] Em fevereiro de 1983, o juiz de Direito Caio Graccho Barreto Júnior julgou procedente o recurso de Marques contra o sindicato. Um ano depois, em março de 1984, o desembargador Nelson Fonseca decidiu pela reintegração de Cláudio Martins-Marques ao sindicato. Meses depois, em 4/10/1984, a *Folha de S.Paulo* noticiava que Cláudio Martins-Marques seria *ghost writer* do candidato Tancredo Neves.

Nos arquivos do Deops/SP, existem, no dossiê sobre Cláudio Martins-Marques, informações de que ele foi suplente do vereador Ferraz de Vasconcelos (UDN), em 1964. Tempos depois, em janeiro de 1968, o jornal *Última Hora* publicou uma briga entre os dois, quando o vereador acusou Marques de corrupto. Ferraz de Vasconcelos foi cassado. Há também um boletim do SNI, de 19/9/1968, no qual colegas de Marques do jornal *City News* questionam como ele obteve a informação de que o dólar subiria com dois meses de antecedência. No mesmo arquivo, há a referência de que, no dia 5/9/1974, se realizou na Biblioteca Municipal uma homenagem ao almirante Sylvio Heck, com discurso de Marques em que este lembrava que o almirante se empenhara "no combate ao comunismo [...] e [pela extensão do] território de 200 milhas marítimas ao país".

da população de São Paulo e de toda a nação brasileira. Na impossibilidade de apresentar um quadro menos genérico, *Veja* declara o débito de uma contribuição mais explícita a essa serenidade e a essa fé, que confia poder saldar tão logo lhe seja possível.

O débito que *Veja* se autocredita era o do silêncio. Noticiado como suicídio, o homicídio de Vlado mostrava que o projeto de distensão lenta de Geisel encontrava resistências[223]. Uma semana depois, São Paulo assistiu à missa na catedral da Sé como a um ato de protesto. Mas o que teria noticiado a *Folha da Tarde* sobre a missa ecumênica? Nada! Para esse jornal, não houve serviço religioso, não houve protesto, não houve contestação às torturas e ao assassinato de Herzog[224].

Caso semelhante ocorreu na véspera da votação da emenda Dante de Oliveira, na plenária de 25/4/1984, pelas Diretas Já. Todos os jornais do país propagaram a intimidação que o general Newton Cruz realizou, fazendo *exercícios militares* e cercando o Congresso Nacional com tropas da PM do fim da tarde até às 21 horas. O general Cruz, ex-chefe do SNI, era, desde agosto de 1983, responsável pelo Comando Militar do Planalto e da 11ª Região Militar, com sede em Brasília, e o executor de medidas de emergência. Investido desse instrumento, o general declarou ter antecipado o esquema de segurança em 24 horas para evitar o acesso não autorizado ao Congresso. No entanto, o cerco se deu depois de cerca de oitocentos estudantes se terem concentrado no saguão para uma vigília cívica até a votação. Para a *Folha da Tarde*, houve apenas um teste de adestramento.

São inúmeras as atitudes de alinhamento da *Folha da Tarde* com os governos pós-AI-5. Seguindo as normas ditadas, o jornal realizou, em muitos momentos, uma releitura da realidade vivida e a retratou, *sem isenção*, ao seu público leitor. Sua fama de "maior tiragem" também era bem verídica. Jornalistas empenhados em uma "batalha, uma guerra santa", nortearam a gestão Antônio Aggio, Horley Antônio Destro e Carlos Dias Torres.

Não se deve esquecer igualmente a participação no jornal de dois ex-militantes posteriormente arrependidos: Rômulo Fontes e Marcos Vinício Fernandes dos Santos. Como Fontes fez questão de sublinhar, Marcos Vinício foi apenas colaborador "(...) o Aggio queria contratá-lo, mas o Frias apenas não deixava", porque nesse sentido Fontes definiu que

---

[223] Cf. Fernando Pacheco Jordão, *Dossiê Herzog*, op. cit.; Paulo Markun (Org.), *Vlado: retrato da morte de um homem e de uma época*, op. cit.; e Bernardo Kucinski, *O fim da ditadura militar*, op. cit.

[224] A informação da ausência de matéria me foi fornecida pelos funcionários do Banco de Dados da Folha após pedido de pesquisa.

(...) o jornal era um oásis dentro do inferno que era o Grupo Folha. (...) Uma redação excelente, uma escola. Me disciplinou. Abriu minha visão. Não tínhamos problemas de censura, porque seguíamos a pauta feita pela direção. A *Folha da Tarde* foi a grande escola pra mim. Lá, conheci o Aggio e o Torres, homens de fibra.[225]

Esteticamente, a *Folha da Tarde* era um jornal considerado feio, com inúmeras colunas, onde a ideia era dar "o máximo de notícias no mínimo de espaço". A tiragem do jornal (no sentido exato do termo) girava em torno de 180 mil exemplares por dia no final dos anos 1970, o que fez Aggio afirmar que o tabloide possuía muita penetração e muito poder. Reflexos dessa autoridade e força podem ser medidos nas comemorações do 30º aniversário da *Folha*, em 1979. A Câmara Municipal de São Paulo prestou uma homenagem ao jornal por ter atingido a tiragem de 200 mil exemplares por dia, marca que a *Folha de S.Paulo* atingira em 1968. A iniciativa coube ao deputado Francisco Rossi (ARENA/SP), ex-prefeito de Osasco. Rômulo Fontes informou que concomitantemente com o trabalho na *Folha da Tarde*, também detinha um semanário na cidade de Osasco, denominado *O Povo*. Segundo Fontes, a cidade e alguns políticos da região tiveram relações com a direção da *Folha da Tarde*. O próprio Rômulo dos anos 1970 era companheiro de luta de José Ibrahim[226]. Na cerimônia promovida pelo deputado Francisco Rossi ao jornal, o diário foi saudado, em uma ironia difícil de compreender, pelo deputado Audálio Dantas (MDB/SP), que era presidente do Sindicato dos Jornalistas do Estado de São Paulo no momento do homicídio de Herzog, engajado nas lutas contra a censura e que começou como jornalista na *Folha da Tarde* em 1950.

Em nenhum momento Dantas fez referências às atitudes agressivas e, por vezes, não verídicas contra os atos das esquerdas armadas, bem como à divulgação de notícias oficiais, entre outras coisas, postura que o jornal tinha assumido desde julho de 1969. Creio que o jornalista tenha falado ali como um profissional sobre a instituição como um todo, e não acerca da orientação política que ela seguira naquele momento particular.

Três anos depois, em 29/10/1982, a Câmara Municipal novamente homenageou o jornal, então nas pessoas de Carlos Caldeira Filho e Antônio Aggio. Por uma dessas encruzilhadas do destino, no dia anterior, morria o trotskista Hermínio Sacchetta. Aggio estendeu sua homenagem a um símbolo do "jornalismo revolucionário", formador de uma "escola" de profissionais,

---

[225] Entrevista à autora em 3/11/1999.

[226] Rômulo Fontes declarou ter movido um processo contra Rossi, mas o coronel Lepiane, como superintendente da regional do DPF de São Paulo, não teria autorizado a implantação do inquérito, que também foi recusado pela Auditoria Militar.

332

de quem ele se intitulava um *foca*. Na ambiguidade que caracterizou esse instante, a *Folha da Tarde* de 30/10/1982 relatou as felicitações recebidas. Lá estão os votos do comandante do 2º Exército, do secretário de Segurança Pública, de representantes da Associação dos Funcionários da Polícia Civil e da Associação dos Investigadores de Polícia do Estado de São Paulo e de vereadores da Câmara Municipal de Osasco, entre outros, fazendo assim um resumo da vida e dos personagens do periódico durante sua gestão.

Nesse sentido, por quinze anos, os que passaram pelo segundo andar do prédio número 425 da alameda Barão de Limeira estiveram em sintonia com as agências repressoras. O clima festivo, no início dos anos 1980, de comemorações e homenagens, é oposto à tensão vivida dentro e fora da redação dez anos antes. Nos embates daquele momento, se os militantes das esquerdas armadas ousaram exigir a leitura de seus informes em cadeia nacional, por ocasião dos sequestros de membros do corpo diplomático estrangeiro, o governo atreveu-se a expor militantes em arrependimentos em público.

Voltando uma vez mais aos anos 1970, a relação entre empresários e órgãos da repressão já foi explicitada anteriormente, quando se sublinhou a atuação do Grupo Ultra. Algo semelhante foi atribuído ao Grupo Folha da Manhã. Assim,

> (...) os grupos de extrema esquerda destruíram vários carros distribuidores de um grupo jornalístico paulista que, depois de entregar a direção de um de seus jornais a elementos ligados aos órgãos de segurança, cedeu automóveis para serem utilizados pelos agentes do CODI-DOI (sic).[227]

Na *Folha da Tarde* e na *Folha de S.Paulo* do dia 22/9/1971, há um editorial intitulado "Banditismo", onde se lê, além do fato ocorrido, igualmente a explicação da existência de um jornal como a *Folha da Tarde* no Grupo Folha da Manhã. Pela voz do dono, que pela primeira e única vez escreveu e assinou o editorial, sabe-se que

> **"A sanha assassina do terrorismo voltou-se contra nós.**
> Dois carros desse jornal, quando procediam ontem à rotineira entrega de nossas edições, foram assaltados, incendiados e parcialmente destruídos por um bando de criminosos, que afirmaram estar assim agindo em "represália" a notícias e comentários estampados em nossas páginas.
> (...) Nada temos a acrescentar ou a tirar ao que publicamos. Não distinguimos terrorismo do banditismo.
> (...) Quanto aos terroristas, não podemos deixar de caracterizá-los como marginais.
> (...) Os que procuram disfarçar sua marginalidade sob o rótulo de idealismo político.

---

[227] Antonio Carlos Fon, *Tortura: a história da repressão política no Brasil*, op. cit., p. 57.

(...) Da opinião pública, o terror só recebe repúdio.

(...) As ameaças e os ataques do terrorismo não alterarão a nossa linha de conduta. Como o pior cego é o que não quer ver, o pior do terrorismo é não compreender que no Brasil não há lugar para ele.

Nunca houve. E de maneira especial não há hoje, quando um governo sério, responsável, respeitável e com indiscutível apoio popular, está levando o Brasil pelos seguros caminhos do desenvolvimento com justiça social – realidade que nenhum brasileiro lúcido pode negar, e que o mundo todo reconhece e proclama. *O país, enfim, de onde a subversão – que se alimenta do ódio e cultiva a violência – está sendo definitivamente erradicada, com o decidido apoio do povo e da Imprensa, que reflete o sentimento deste. Essa mesma Imprensa que os remanescentes do terror querem golpear.* Assinado por Octávio Frias de Oliveira.[228]

Calcados no repúdio às ações de empresários em apoio à ditadura, quatro militantes das esquerdas armadas, no dia 21/9/1971, incendiaram duas caminhonetes que distribuíam os jornais do Grupo Folha. Realizaram duas ações, em dois locais diferentes. Uma no Ipiranga, por volta das seis horas da manhã, na esquina das ruas Silva Bueno e Labatut, e a outra no Brooklin, às oito horas, no cruzamento da avenida Santo Amaro com a rua Indiana. A acusação é similar àquela feita ao grupo dirigido por Boilesen, ou seja, que carros eram emprestados à repressão e atraíam os militantes, que por não verem as indicações de policiais, caíam na armadilha. Contra a *Folha da Tarde* pesavam também as reportagens dando outras versões oficiais aos fatos, uma maneira de apoiar o governo. A reportagem ressalta que, "nas duas ocasiões, os terroristas escreveram no asfalto, com tinta 'spray', frases subversivas, com a sigla 'ALN', e desenharam um círculo com uma cruz ao centro"[229].

Em uma imagem quase quixotesca, para tentar registrar uma outra visão e instruir a população brasileira, a imprensa clandestina da ALN, no jornal *Venceremos,* respondeu ao artigo "Banditismo", de Octavio Frias de Oliveira[230]. Em um editorial denominado "Os que mentem ao povo", afirmam que

> O presidente do grupo Folha, proprietário do grupo Gazeta e da estação rodoviária, testa-de-ferro de inúmeros grupos americanos de indústria gráfica, Octávio Frias de Oliveira, certificou-se de um fato real: há uma guerra e ele é um inimigo.

---

[228] *Folha da Tarde* e *Folha de S.Paulo*, 22/9/1971, p. 1 (ênfase minha).

[229] No caderno de imagens, existe uma foto de uma dessas caminhonetes incendiadas. Não há, na matéria, nenhuma foto desse círculo com a sigla da ALN. Ivan Seixas esclareceu, todavia, que o "círculo com a cruz era o símbolo usado pela ALN. Na verdade, era uma alça de mira, que simbolizava uma ameaça".

[230] Setor: Terrorismo, pasta 11, informação 114/72, Assunto: Ações Terroristas. Folhas 639, 17/1/1972 (Acervo Dops-RJ, Arquivo Público do Estado do Rio de Janeiro).

334

Três carros de entrega das Folhas foram queimados [pelo] comando da ALN com denúncia de [que se tratava de] uma empresa castrada pela ditadura e, no caso de seus jornais (Folha de São Paulo, Folha da Tarde, Gazeta, Gazeta Esportiva, Última Hora, Notícias Populares, A Cidade de Santos), integrada por generais do poder, transformando-se num de seus baluartes de propriedade e distorção de informação. O senhor Frias, ao invés de calar-se, deu explicações de sua posição em editorial do jornal. Aí denunciou-se ao povo [que] realmente é um fascista convicto e colaborador da repressão brasileira. Mas mal se passou uma semana veio à tona toda a corrupção e os roubos por ele praticados no caso da TV Excelsior – TV Gazeta.

Na sua impotência diante da guerrilha, Frias resolveu partir para delação pura e simples: entregou ao CODI uma lista de todos os jornalistas e funcionários do grupo Folha que foram despedidos nos últimos anos.

O sr. Octávio Frias de Oliveira sente-se acuado, porque sabe que é inimigo do povo brasileiro, que a verdade revolucionária o atingirá e que seu justiçamento é uma questão de tempo. Tanto é assim que já fez as malas e foi para a casa de seus patrões: mudou-se para os Estados Unidos.

É interessante apontar que, em meados dos anos 1960, o Grupo Folha investiu no *layout* do jornal – com as máquinas de *offset* – e em nova frota – com as caminhonetes modelo F-100 amarelo e bege, que faziam parte da estratégia de ampliar a atuação da empresa. Ao destruí-las, os militantes, provavelmente sem o saber, ateavam fogo a um dos símbolos da gestão Frias/Caldeira. Os veículos materializavam a modernidade da nova administração, que aumentava o seu universo de leitores tanto na capital como no interior, apostando na rapidez em atingir os mercados.

No prazo de um mês a partir desse primeiro episódio, dois outros atentados ao patrimônio do grupo foram realizados. Um, em 25/10, na rua Benedito Calixto, em Pinheiros. No carro que estava carbonizado, vinha escrito: *Folha da Tarde*[231]. O terceiro e último ocorreu no dia seguinte e em um local bem próximo, na esquina das ruas Teodoro Sampaio e Lisboa, no mesmo bairro de Pinheiros. Este último, noticiado na primeira página da *Folha da Tarde*, tinha um aviso dos militantes, que ameaçavam "assassinar o presidente da *Folha da Tarde*"[232].

Esses atos, que não eram isolados, faziam parte de inúmeros outros realizados pelas esquerdas armadas, como assaltos a supermercados, bancos, joalherias etc. Os que envolviam dinheiro eram uma forma de arrecadação para manter os militantes e a vida na clandestinidade. As "expropriações", termo da época,

---

[231] Uma foto desse episódio encontra-se no livro de Carlos Alberto Brilhante Ustra (op. cit., p. 225), onde se lê: "incêndio em veículos da *Folha de S.Paulo*, (ALN)".

[232] A família Frias, com os atentados, mudou-se temporariamente para um apartamento, construído por Caldeira, na sede do jornal.

delineavam estratégias de guerrilha urbana e rural estipuladas por esses grupos. A reportagem da *Folha da Tarde* publicada dias antes desses atentados aos seus carros foi uma maneira de desqualificar essas atitudes.

Em 5 de outubro, a manchete era "Briga por dinheiro desmascara terror. Eis o terror: vida de nababos e falsa ideologia". Tendo por suporte os depoimentos de Antônio André Camargo Guerra, tesoureiro do MRT, preso e torturado, ainda como reflexo da morte do empresário Boilesen, o tópico mostrava a vida na militância como um lugar de luxos. Assim, o dinheiro arrecadado, a pretexto de suprir necessidades pessoais, parecia ser empregado para uma existência nababesca.

Turbulências que marcavam as ruas durante os anos de Aggio à frente da redação, o perfil dos quinze anos de sua gestão na *Folha da Tarde*, de 1º/7/1969 a 7/5/1984, portanto, precisa ser circundado, tendo como espelho a trajetória da *Folha de S.Paulo*. Mais uma vez recorrendo à periodização de Capelato e Mota[233], segundo estes autores, em relação à *Folha de S.Paulo*, entre 1968 e 1974, ocorreu no jornal uma "revolução tecnológica" e, entre 1974 e 1981, teria se definido um projeto político-cultural para ele. A riqueza dos acontecimentos, contudo, demonstra ser extremamente empobrecedora essa classificação. Faz-se, aqui necessário, nesse sentido, um parêntese, mesmo que dados tenham que ser repetidos[234].

***

As mudanças que se vão operar a partir de 1984 no Grupo Folha da Manhã e que também definiram os novos rumos da *Folha da Tarde* certamente estão relacionadas aos eventos ocorridos em setembro de 1977. Nesse sentido, é importante ter em mente que, entre 1962 e setembro de 1977, no cabeçalho do jornal se leu "diretor-presidente: Octavio Frias de Oliveira". Em meados de 1975, Cláudio Abramo retornou à *Folha de S.Paulo*, depois de ter deixado o jornal em 1972, meses após ter sido promovido a diretor de redação e substituí-

---

[233] *História da Folha de S.Paulo*, op. cit.

[234] Ao recontar a sua própria trajetória, no aniversário de 80 anos da *Folha de S.Paulo*, o Grupo Folha da Manhã embaralhou as cartas do jogo de outro modo. Assim, "(...) no governo de Emílio Garrastazu Médici, o mais duro do regime militar, de 1969 a 1974, a *Folha* viveu um período marcadamente acrítico. Editorialmente, apoiou o general. Abandonou, no início, os editoriais. Depois, publicava apenas um. Não havia articulistas ou colaboradores que escrevessem sobre política. No noticiário, tomou cuidados para não divulgar como verdadeiro o que era versão, muitas vezes falsa, das forças repressivas. Publicou notas sobre mortes de oposicionistas entre aspas, apontando como fonte os órgãos policiais e militares, sem assumir como suas as informações", em "Militares ameaçam suspender circulação", *Caderno Especial: 80 anos*, 18/2/2001, p. 3).

336

do por Ruy Lopes, da sucursal de Brasília. O retorno de Abramo representou um início, ainda discreto, da reformulação do jornal e muitos percebem aí o que mais tarde ficou conhecido como o "Projeto Folha". Nessa direção, Mino Carta mais uma vez expôs dores e definiu que Abramo foi

> (...) o melhor jornalista engajado pela Folha em todos os tempos. Os moços do Projeto ganhariam em lucidez se atinassem para o que aconteceu a partir de 1974, entre o quarto e o nono andar de um prédio da rua Barão de Limeira. Os princípios básicos da mudança nasceram do conúbio Octávio, o Velho – Cláudio e foram postos em prática até 1977. A plataforma estava ali, tudo aquilo que tornou a Folha o jornal mais vivo e instigante do país.
> (...) Talvez sirva à meditação do Velho a consideração de que a Folha que aí está surgiu em um momento raro na sua singular amizade com Abramo. Por cerca de três anos, Abramo controlou os seus pendores anárquicos e reduziu o alcance dos seus rompantes espanta-burguês. Frias deixou de explorar as depressões do amigo, a fragilidade emocional escondida atrás da agressividade fácil.[235]

No rol das transformações do diário, está a criação da "Página Três", com a colaboração de intelectuais e jornalistas como Paulo Francis, Newton Rodrigues e Alberto Dines. Essas alterações só começariam a ocorrrer, de fato, em 1976, quando Abramo ascendeu novamente à direção efetiva da redação ao lado de Octavio Frias de Oliveira e Otavio Frias Filho.

Em 1977, o governo estava embrenhado nas articulações para a sucessão de Geisel. Na semana da pátria, o jornalista da *Folha*, Lourenço Diaféria, escreveu a coluna intitulada "Herói. Morto. Nós". Esta foi publicada no dia 1º/9 e, segundo os militares, maculava a imagem do patrono do Exército brasileiro, o duque de Caixas. Como consequência das pressões sofridas, como também da prisão do jornalista Lourenço Diaféria, no dia 20 de setembro, a direção da empresa Folha da Manhã decidiu suspender todos os editoriais e artigos da *Folha de S.Paulo*. Em seguida, a *Folha* foi acusada pelo secretário de Segurança do Estado de São Paulo, coronel Antônio Erasmo Dias, de conter em seus quadros "muitos elementos subversivos", ameaçando o jornal de enquadramento na Lei de Segurança Nacional.

Em virtude desses fatos e sob influência de exigências do governo, o proprietário do diário, Otavio Frias de Oliveira, deliberou pelo afastamento de Cláudio Abramo do posto de editor-chefe. O chefe da Casa Militar, ministro Hugo de

---

[235] Mino Carta, "Posfácio", em Lins da Silva, *Mil dias*, op. cit., p. 216. Esse livro é uma análise dos três anos, cerca de mil dias, da implementação do "Projeto Folha" a partir da posse de Otavio Frias Filho na redação do jornal, em maio de 1984. Para Lins da Silva, o fato ocorrido em 1977, com a saída de Cláudio Abramo, foi descrito como um "acidente de rota" (p. 46).

Abreu, pessoalmente exigiu providências de Frias para não fechar o jornal, e Cláudio Abramo deixou a redação. No quadro dessas mudanças, a *Folha de S.Paulo* também extinguiu a coluna "Jornal dos Jornais", escrita aos domingos pelo jornalista Alberto Dines. No intuito de compreender esse redemoinho, Mino Carta sentencia que Abramo

> (...) tinha posições políticas firmes e conhecidas e não se afastou delas por toda a vida. Fez, porém, um jornal apartidário e pluralista, embora nítido na oposição ao regime fardado. Frias não hesitou, enfim, em afastá-lo da direção do "porta-voz da sociedade civil" (a expressão é de Carlos Eduardo Silva), em setembro de 1977, cedendo às pressões de uma facção do sistema, que apoiava a candidatura de Sylvio Frota à sucessão de Ernesto Geisel. Vinte e cinco dias depois da queda de Cláudio, quem caía do Ministério do Exército era o próprio Frota. Cláudio não retomou seu posto. Embora [fosse] reto e competente, jamais seria confiável para o *establishment*, e jamais conveniente em um posto destinado ao herdeiro natural.[236]

O "herdeiro natural" a que Mino Carta se referia é o jornalista Otavio Frias Filho. Nos bastidores da imprensa, há sempre uma máxima acerca da sucessão no Grupo Folha: esta se processou de maneira "mais tranquila" com Boris Casoy do que talvez ocorresse se Cláudio Abramo estivesse no comando da redação. Terreno movediço das hipóteses, Mino Carta é mordaz ao comentar que

> (...) Otavinho talvez sofra, em um silêncio que não se concede sorrisos de Gioconda, a sua condição de diretor de redação por direito divino. Sempre lhe faltará a certeza de que foi para o trono por mérito próprio, e não por ser filho do patrão. O Projeto Folha valeria, assim, para demonstrar que ele está no lugar certo – quer dizer, servirá para minorar o seu tormento.

Na outra ponta das especulações, o jornalista Boris Casoy, que tinha se desligado do jornal em junho de 1976, retornou, contudo, em 1977, e passou a escrever uma coluna sobre os bastidores políticos intitulada "Painel". Na crise de 1977, Casoy, que estava de férias, foi trazido às pressas para São Paulo a pedido de Frias. O objetivo era salvar o periódico, mantendo-o circulando. Frias entregou-lhe a *Folha de S.Paulo* e seu nome foi retirado do cabeçalho da primeira página[237].

Acerca desses episódios, nas reflexões de Boris Casoy, várias vezes o termo "sobrevivência do jornal" foi usado para definir a estratégia traçada naquele período, em que "não cabiam experiências". O jornalista também afirmou que

---

[236] Carlos Eduardo Lins da Silva, *Mil dias: os bastidores da revolução de um grande jornal*, op. cit., p. 217.

[237] No mesmo dia 20/9/1977, Octavio Frias de Oliveira retirou seu nome de todos os jornais do grupo. Na *Folha da Tarde*, foi impresso: "editor responsável: Antônio Aggio Jr.".

338

os jornais que permaneceram na grande imprensa precisaram "readministrar suas redações". Assim, entre 20/9/1977 e 23/5/1984, esteve impresso no cabeçalho da *Folha de S.Paulo*: "editor responsável: Boris Casoy"[238].

Em contraponto às reflexões de Carta, Carlos Eduardo Lins da Silva pondera que

> Cláudio [Abramo] criava, com o aval de Frias. A gestão Boris Casoy, um profissional mais talentoso do que muitos entre seus colegas costumam reconhecer, confirmou a orientação. Somente no afastamento de Cláudio a Folha repudiou o axioma: em time que está ganhando não se mexe.[239]

Ajustando-se ao novo momento, em 1978 a *Folha* iniciou uma série de mudanças na estrutura interna da redação. Foi criado o conselho editorial, cujo secretário-geral era Otavio Frias Filho. O "Projeto Folha" consolidou, a partir de então, a nova linha editorial do periódico paulista, incorporando estratégias de *marketing* e buscando fazer, nas palavras de Frias Filho, "um jornalismo crítico e imparcial".

Às vésperas de tomar posse no jornal como seu editor, Otavio Frias Filho definiu as diretrizes da *Folha* e do Grupo, como crítico, pluralista e moderno. Ou, como assinalou Carlos Eduardo Lins da Silva, aproximou o periódico "de um amplo setor da sociedade brasileira que, no final da década de 1970, somava seus esforços (...) para tentar pôr fim ao regime autoritário que perdurava desde 1964"[240].

Novamente apresentando outra perspectiva, as considerações de Carta definem que, diferente de Lins da Silva, para quem "jornalismo é negócio",

> (...) resta ver como cada qual enxerga o seu negócio. [Assim], todos serviram ao poder, quem mais, quem menos, dependendo da arrumação do cenário e da força do seu jornal. Nada de surpresas. A imprensa no Brasil é sempre parte do poder, é o próprio poder, mesmo quando está na oposição. Uma eventual divergência com o governante de plantão não abala este pilar do *establishment*.
> [Portanto], a contribuição da imprensa para a manutenção do *status quo* tem sido magnífica – em certas circunstâncias, vital.[241]

No bojo do processo de transformações políticas do país, tendo no horizonte as inúmeras manifestações populares pelas Diretas Já, em 24/5/1984, um mês depois da derrota da emenda Dante de Oliveira, alterou-se mais uma vez o

---

[238] Entrevista concedida à autora em 18/3/1999.

[239] Carlos Eduardo Lins da Silva, *Mil dias...*, op. cit., p. 216.

[240] Ibidem.

[241] Carta apud ibidem, p. 213-4.

cabeçalho do jornal e se imprimiu: "diretor de redação, Otavio Frias Filho". Um pouco mais de sete anos depois, o jornal, que, desde 1961, afirmava ser "um jornal a serviço do Brasil", voltou a ter o nome da família Frias. Justificando sua saída, Boris Casoy declarou que, "(...) na *Folha*, já tinha feito tudo, tinha batido no teto duas vezes, não tinha nenhum desafio, [o trabalho] tinha se transformado em rotina"[242].

O grupo de jovens jornalistas que assumiu o tabloide a partir de então traz essas promessas de mudanças envoltas no "Projeto Folha", definido posteriormente pelo diretor-adjunto de redação, Carlos Eduardo Lins da Silva, como

> (...) "um conjunto de valores" sistematizados pelo grupo que assumiu o comando da Folha em 1984 "para justificar o exercício de seu poder". (...) O projeto é uma "ideologia jornalística" que foi formulado como resposta à necessidade de legitimação de um grupo jovem, inexperiente e sem o carisma que muitos chefes de redação tinham na imprensa brasileira.[243]

O debate acerca do Projeto Folha nos permite questionar os limites entre jornalismo e publicidade. Seu conceito básico é a questão do *marketing*, da difusão e venda do jornal como um produto mercadológico. Criticando essa visão do jornalismo, Mino Carta ressalva ser esta uma apreensão do mundo da publicidade, e não do universo do jornal[244]. Reafirmando uma distância geracional e de perspectiva da profissão entre esses dois jornalistas, ao tornar-se diretor de redação, Frias Filho definiu o projeto como

> os jornais fazem marketing no sentido de que o compromisso deles é, sobretudo, com os seus leitores.
> (...) O Diretas Já pode ser visto sob a ótica de marketing, desde que compreendido numa acepção desse tipo, em outras palavras, de uma afirmação entre o jornal e os seus leitores. Essa posição da Folha, a favor das Diretas Já, alcançou uma repercussão muito positiva entre os leitores. Inúmeros foram os indicadores de que essa posição repercutia muito bem. E aí eu me pergunto se não é preferível um jornal que se locomove de acordo com uma lógica de marketing, ou seja, de um compromisso com o seu público, a um jornal que se locomove com uma lógica fantástica, fantasiosa, quer dizer, com um compromisso, com um código, com um ideário, com uma doutrina qualquer que aquele jornal quer impor a ferro e fogo.[245]

---

[242] Entrevista à autora em 18/3/1999.

[243] "Amor e ódio do leitor causa polêmica entre jornalistas", *Folha de S.Paulo*, 1º/12/1988, p. 10 (debate sobre o livro *Mil dias*, de Carlos Eduardo Lins da Silva, com Mino Carta e William Waak, e sob a mediação de André Singer).

[244] Ibidem.

[245] "Crítico, pluralista e moderno", depoimento de Otavio Frias Filho a Manuela Carta na reportagem de Alex Solnik, "Uma virada nas 'Folhas'", *IstoÉ/Senhor*, 23/5/1984, p. 45-7.

A noção de *marketing* torna-se um divisor e uma diferença fundamental entre as gestões "dos Otavios", o pai e o filho. No discurso interno, o Grupo Folha teria se ideologizado, de forma mais disfarçada, sob o comando de Otavio Frias Filho, já que com o pai havia uma forma mais pragmática de compreender e conduzir as situações. Assim, na concepção do patriarca, interessava ter uma *Folha da Tarde* de direita para vender jornal, como interessou, um pouco antes, ter uma *Folha da Tarde* de esquerda, que foi dissolvida não apenas porque a polícia a perseguiu mas também porque não vendia jornal.

No fundo, contudo, Otavio, o filho, também tem sua dose de pragmatismo, que aparece no processo sucessório que o conduziu ao comando do grupo. Na apresentação do "Projeto Folha", a "estratégia", justificada pela direção do jornal, baseava-se em um fio condutor que ligava o periódico ao interesse do leitor. Mais rebuscadas, entretanto, as ideias apresentadas fugiam de qualquer situação redutiva a um puro jogo econômico.

Essa ação, esse *marketing*, parece "esquecer-se" de que o papel da imprensa é fiscalizar o poder, buscar a verdade dos fatos e fomentar o espírito crítico. Nesse sentido, cabe uma indagação: não parece existir nessa visão de imprensa algo muito próximo do papel desempenhado pela *Folha da Tarde* de 1969 até 1984? A justificativa do "jornal de maior tiragem" não foi sempre ter um público fiel que o lia e queria aquele tipo de informação? Então, sendo a resposta afirmativa, cabe outra questão: por que a redação que comandou por quinze anos a *Folha da Tarde* seria *deposta* dias antes de Otavio Frias Filho assumir a *Folha de S. Paulo*?

***

A *Folha da Tarde* foi, para muitos, um porta-voz, o *diário oficial da Oban* – ao reproduzir informes do governo como se fossem reportagens feitas pelo próprio jornal. Ponderando pelas considerações de um profundo conhecedor das relações polícia/jornalistas, tomam-se por guia os escritos de Percival de Souza. Assim, em 1979 – ano em que foi assinada a Anistia política recíproca –, faleceu, de forma até hoje pouco clara, o temido delegado Fleury, com ares de queima de arquivo. Percival de Souza frisou, na biografia do delegado, a existência de uma "maldição dos porões" e esta, segundo o jornalista, não teria poupado o

> (...) único jornal que lamentou oficialmente sua morte, mandando uma coroa de flores para o cemitério, a *Folha da Tarde*, também recebeu uma parte da estranha maldição. Publicava na íntegra o material redigido nos porões, chamando subversivos de bandidos, e era conhecido nas redações como *Diário Oficial da Operação*

Bandeirantes. Foi definhando com a abertura, depois de viver a contradição de ter em seus quadros militantes da ALN e da VPR e converter-se a seguir em porta-voz do sistema militar, que tinha no jornal um dos seus principais defensores.[246]

As imagens construídas ditavam uma direção de raciocínio e uma intenção política. Esses foram, segundo muitos, os "serviços prestados" pelo jornal de julho de 1969 a maio de 1984. O grande poder da *Folha da Tarde*, segundo Aggio, estava na sua alta vendagem. Se isso é uma parte da verdade e foi um dos motivos que mantiveram a linha policialesca durante a década de 1970, em meados dos anos 1980, a realidade começou a se alterar. Nas cogitações de Carlos Brickmann,

> (...) quando o grupo de Aggio deixou de vender jornal, caiu. A meu ver, Boris Casoy definiu a coisa com mais precisão: a *Folha da Tarde* era de extrema direita porque o regime era de extrema direita. Se o regime fosse de extrema esquerda, a *Folha da Tarde* seria igualzinha, com os mesmos dirigentes, e seria de extrema esquerda. Na verdade, a *Folha da Tarde* era o jornal da polícia. Se a polícia fosse a Gestapo, como a nossa parecia aspirar ser, seria Gestapo. Se fosse KGB, seria KGB numa boa, sem problemas. Não havia, no direitismo da *Folha da Tarde*, nenhuma raiz econômica: era apenas a supremacia da ordem que valia.[247]

Em uma espécie de clima de fim de festa, o jornalista e delegado Sequeira relembrou que a *Folha da Tarde*, no réquiem da gestão de Aggio, estava feia, com poucos anúncios, com cerca de 32 colunas e suas vendas haviam despencados para 50 mil exemplares por dia no início de 1984. Na visão de Brickmann, os leitores do jornal eram os mesmos do *Estadão,* mas tinham menos poder aquisitivo ou não sabiam que, pelo mesmo preço, poderiam comprar a *Folha de S.Paulo.*

Em meados dos anos 1980, no país e no prédio da Barão de Limeira, os tempos eram outros. Os jornais do grupo deveriam alinhar-se ao "Projeto Folha", criando um periódico "moderno, crítico, pluralista e imparcial". E, definitivamente, as baias da *Folha da Tarde*, seus "dez mandamentos" e seu ar de delegacia estavam fora de esquadro.

Essa nova imagem para o grupo sintonizava-se com os alicerces lançados no início de 1984. Em 12 de janeiro, cerca de 60 mil pessoas se reuniram em Curitiba pedindo por Diretas Já. Manifestações cada vez maiores potencializaram 1 milhão de pessoas na Candelária, no Rio, tomando toda a avenida Presidente Vargas, em 10 de abril. Dezesseis dias depois, o vale do Anhangabaú

---

[246] *Autópsia do medo*, op. cit., p. 501.

[247] Entrevista à autora em 21/4/1999.

342

recebeu 1 milhão e 300 mil pessoas. Definitivamente, a direção da *Folha de S.Paulo* apostou em reformas para entrar em sintonia com esse novo público leitor que ganhava as ruas. Nem mesmo a *Folha da Tarde* pôde ficar de fora dessas reportagens e noticiou, em letras garrafais, o "MAIOR COMÍCIO DE NOSSA HISTÓRIA"[248].

Mesmo assim, era tarde, e o destino dos jornalistas da *Folha da Tarde* já estava selado. Em meados de abril de 1984, Antônio Aggio foi chamado à sala de Octavio Frias de Oliveira, onde também estava o filho. Foi informado de que não havia mais espaço para *aquela Folha da Tarde* no prédio da Barão de Limeira. Na primeira sexta-feira de maio, dia 4 – pouco mais de uma semana depois da derrota da emenda das Diretas Já –, Antônio Aggio assinou um longo artigo de página inteira. Contrariando o combinado, em uma espécie de editorial intitulado "Plebiscito e referendo: instrumentos de salvação nacional", com *charges*, citações da Constituição de 1967, análises políticas e definições de Estado e democracia, ficava patente a assincronia da *Folha da Tarde* com os novos rumos da empresa[249].

Na sua versão, Aggio deixou o jornal depois de escrever essa sua "carta de princípios", e não porque, para o Grupo Folha, ele simbolizava um passado a ser retirado e esquecido. O país buscava novos ares e a *Folha de S.Paulo* se engajara em transmitir ao público leitor sedento dessas informações. Por isso, era definitivamente imprescindível remover os "tiras" da redação. Eles eram um dos símbolos de um Brasil obsoleto e, como a Anistia era recíproca, não se julgariam também os seus atos. Apenas os colocariam de lado, de forma remunerada, em estado de espera, contando tempo para a aposentadoria.

O editor Antônio Aggio, depois de quase quinze anos no jornal, não poderia festejar. Afeito a comemorações, o *baile de debutante* da sua gestão na *Folha da Tarde* era temática de um tempo remoto. O jornal de "maior tiragem" tinha prestado o seu serviço para a sobrevivência do grupo, mesmo não impedido as pressões sobre a *Folha de S.Paulo* em setembro de 1977. Aggio publicou uma pequena nota, no seu último dia no jornal, 7/5/1984, despedindo-se de seu

---

[248] O *start* do jornal para encampar as Diretas Já veio após a leitura de três laudas de Ricardo Kotscho, entregues ao chefe de reportagem – Adilson Laranjeira –, que, por sua vez, fez o texto chegar às mãos de Octavio Frias de Oliveira. O dono do jornal reuniu a cúpula da redação da Folha, leu o artigo e mandou tocar "pau na máquina". O grupo que cuidaria da campanha era coordenado por Otavio Frias Filho – Secretário do Conselho Editorial. Ricardo Kotscho, *Explode um novo Brasil. Diário da Campanha das "Diretas"* (São Paulo, Brasiliense, 1984), p. 12.

[249] Algumas das *charges* dessa matéria encontram-se no caderno de imagens.

público, que vinha rareando, e agradeceu à sua equipe "aguerrida que sempre praticou a lealdade acima de tudo". Novamente, eram as vendas que justificavam as mudanças da *Folha da Tarde*.

Ao assumirem o tabloide em 8 de maio, Adilson Laranjeira – que chefiava a Agência Folha – e Carlos Brickmann tinham como incumbência um velho desejo do chefe: fazer da *Folha da Tarde* um novo *Jornal da Tarde*. Isso não fora conseguido por Aggio, que, para o Grupo Folha, tinha preferido um jornal mais parecido com o *Notícias Populares*. Esse, também do grupo, ainda mantinha o seu nível de vendas naqueles tempos e, portanto, merecia continuar[250]. Na análise de Brickmann,

> (...) a ideia da *Folha da Tarde* pós-Era policial não era exatamente ser o *Jornal da Tarde* – cuja receita vinha se esgotando também, e que hoje parece totalmente envelhecido. A ideia era ser a anti-*Folha de S.Paulo*: uma postura politicamente mais conservadora, apesar de moderada – contra a pena de morte, contra a brutalidade policial, mas também pedindo lei e ordem. Assim, cortejando os políticos do lado oposto aos da *Folha de S.Paulo*.
> Enquanto a *Folha de S.Paulo* flertava com o PT, a *Folha da Tarde* deveria flertar com a ala menos ideológica do PSDB – embora, na época, ainda fossem [esses membros] do PMDB. Nossos políticos favoritos seriam Walter Feldman, Marcos Mendonça, Arnaldo Madeira, Quércia, Getúlio Hanashiro. A *Folha de S.Paulo* tinha o Suplicy, Zé Serra e outros.
> Não deu certo porque o Otavio Frias Filho é mais ideologizado que o pai e, embora aprovasse intelectualmente o jornal anti-*Folha de S.Paulo*, emocionalmente o rejeitava. A *Folha da Tarde* nunca chegou, com ele, a ser um produto; foi sempre um subproduto. E, como subproduto, sempre foi também um subjornal: um resumo da *Folha de S.Paulo* – e malfeito – coberto com um glacezinho de gracinhas, de humor, de sacadas, aí sim lembrando as sacadas do *Jornal da Tarde*. Mas isso era um recurso para ocultar a pobreza do jornal, que publicava no noticiário os resumos da *Folha de S.Paulo*.[251]

A nova direção do jornal, ao tomar posse, fez uma "limpeza". Suprimiu as baias da redação e as inúmeras colunas do periódico. Carlos Dias Torres perdeu a sua coluna Notícias Militares, que tratava dos aniversários de colégios militares, da entrega de espadins e de outros acontecimentos sociais da caserna. Indagado sobre o termo "limpeza", Torres, que permaneceu ainda na nova redação, retrucou: "Mas ela não estava suja!". Ele e alguns outros jornalistas,

---

[250] A *Folha da Tarde* deixou de circular em 21/3/1999, e o *Notícias Populares*, em 20/1/2001. O Grupo Folha possui atualmente um único jornal de cunho popular, o *Agora São Paulo*, que passou a circular no dia 22/3/1999.

[251] Entrevista à autora em 21/4/1999.

como Luís Carlos Rocha Pinto, que recebia os "bilhetes da censura" na Agência Folha, foram mais tarde colocados de lado e passaram a receber um salário do Grupo Folha, contando tempo de serviço para se aposentarem. Esses salários muitas vezes continuaram depois da aposentadoria para que complementassem seus pecúlios.

Com as transformações que o "Projeto Folha" e a posse de Otavio Frias Filho impuseram, os jornais do grupo como um todo demitiram 27 profissionais por "insuficiência técnica" em junho de 1984[252]. Nesse contexto, Aggio tornou-se repórter especial da Agência Folha e se aposentou em 1986. Como policial, manteve o vínculo empregatício na Secretaria de Segurança Pública e assessora o senador Romeu Tuma. O delegado Sequeira continuou no tabloide até 1988, dirigindo a editoria de Internacional. Da trinca do jornal, Horley Antônio Destro engajou-se no mercado publicitário.

Visto dessa forma, ao que parece, tudo tomou um lugar, apaziguando dilemas, o que pode causar certo desconforto para quem não se enquadrou na "nova ordem social". Por isso, é importante sublinhar o tom dessa transição tanto na *Folha da Tarde* como no país. Ela pontua como as elites brasileiras não perderam o controle e reafirmaram, nesses episódios e em muitos outros, a tradição da conciliação.

Tendo como exemplo e pano de fundo o processo de Abertura Política e de "distensão" no governo Geisel, percebe-se que a imagem de "lenta, gradativa e segura" servia para assegurar uma execução de cima para baixo. Seu caráter controlador expressava uma direção, impedindo que outros contornos surgissem. Assim, "quem propunha comandava"[253]. Seguindo nessa indagação, a Anistia, em 1979, foi vista como a luz no fim do túnel.

> A sociedade brasileira pôde repudiar a ditadura, reincorporando sua margem esquerda e reconfortando-se na ideia de que suas opções pela democracia tinham profundas e autênticas raízes históricas. (...) Em tudo isto sobressai uma tese: a sociedade brasileira viveu a ditadura como um pesadelo que é preciso exorcizar, ou seja, a sociedade não tem, e nunca teve, nada a ver com a ditadura. [Então], como explicar por que a ditadura não foi simplesmente escorraçada? Ou que tenha sido aprovada uma anistia recíproca?[254]

Temas tão caros e complexos – conciliar, negando a dor, e reafirmar sempre uma herança democrática brasileira – são conceitos fortes que desfocam as

---

[252] Lins da Silva, *Mil dias...*, op. cit., p. 48.

[253] Kucinski, *O fim da ditadura militar*, op. cit., p. 29.

[254] Daniel A. Reis Filho, "A anistia recíproca no Brasil ou a arte de reconstruir a História", op. cit., p. 10.

análises. Quase sempre vistas como um *dado*, algo intrínseco, as raízes democráticas do país são sublinhadas constantemente, num esforço de perceber os períodos de arbítrio como exceções. De acordo com esse raciocínio, aparar arestas sem exorcizar fantasmas é um preço que deve ser pago para garantir a inquestionável democracia. Segundo esse olhar, os crimes inexistem ou são passíveis de perdão. Tudo em nome da preservação desse sistema político, envolto também em uma fragilidade. Qualquer ação, de tal modo, poderia desestabilizar a democracia, que não é percebida como uma conquista, mas está e sempre esteve "deitada em [nosso] berço esplêndido".

Nessa "opção", ficam as rugas em uma sociedade que "perdoa" torturadores, censores, colaboradores em diversos níveis. Há aí um pacto social inegável e doloroso, que expõe a existência de muita comiseração onde este acordo foi firmado. Dessa forma, os pressupostos que justificavam a trajetória da *Folha da Tarde* parecem ficar em um ontem longínquo, cada vez mais para trás, o que é só impressão.

Pontuando, na tentativa de concluir, e partindo da figura desenhada por Tonico Ferreira, vislumbra-se todo esse processo e suas marcas deixadas no presente. Para esse jornalista,

> (...) em 1972, começamos o Opinião e foram oito longos anos de batalhas na imprensa alternativa até o fim da censura prévia, a Anistia e o começo do fim da ditadura. A *Folha da Tarde* ficou para trás e, para mim, virou memória.
>
> É um jornal com uma história notável. O seu vaivém espelha o momento conturbado vivido pelo Brasil entre 1968 e o início dos anos setenta. Por essas coincidências interessantes da vida, juntou gente que teve participação importante na história política e jornalística do país, como Frei Betto, Afanásio, Merlino e presos políticos que sofreram na Operação Bandeirantes, no Dops e no presídio Tiradentes.
>
> O ambiente na *Folha da Tarde* nada tinha a ver com a pasmaceira das redações de hoje. Havia emoções, surpresas e absurdos. Como tivemos um tradutor de Kafka como colega, e como vivíamos em sobressaltos, é bastante oportuno encerrar este depoimento com a famosa frase inicial de A Metamorfose: "Quando certa manhã Gregor Samsa acordou de sonhos intranquilos, encontrou-se metamorfoseado num inseto monstruoso".

"Ratos e urubus, larguem minha fantasia" foi o enredo da escola de samba carioca Beija-Flor de Nilópolis. A foto traz o Cristo "censurado" durante o desfile de Carnaval de 1989, no Sambódromo da Marquês de Sapucaí, Rio de Janeiro.

Charge "A censura", de Redi. Rio de Janeiro, s. d.

Charge "A liberdade aprisionada", de Augusto Bandeira. Rio de Janeiro, s. d.

NOTAS FINAIS

Soberba: entre pecado, delito e perdão

Algumas expressões têm sido construídas para conceituar a imprensa e seu poder de influência em uma sociedade de massa baseada na difusão – ou não – da informação. Tais arquétipos têm o intuito de, ao conferir um juízo de valor, também engessar, aprisionar – mesmo que por instantes –, a um conceito a (suposta) fluidez do termo. Isso porque a ideia (e muitas vezes a realidade) impõe à notícia a imagem de carregada ao sabor do vento. Assim, *saber das coisas* é um bem, uma cotação que possibilita barganhas, trocas e a aquisição de outras possessões.

Nesse panorama de denominações, a credibilidade se alicerça no quão bem--conceituado é o que emite julgamento. Tornou-se senso comum, portanto, perceber as organizações de comunicação como o *quarto poder* de uma República ancorada no Legislativo, Executivo e Judiciário. Esse quarto pilar – localizado fora do aparelho de Estado – deveria, segundo essa concepção, vigiar os interesses de seus leitores, cidadãos republicanos. O olhar externo, pseudolivre e independente creditaria à imprensa, às TVs, às emissoras de rádio etc. o peso do seu domínio e autoridade.

Da teoria à prática, tendo como palco o engajamento de partes dos órgãos de comunicação no processo pelas Diretas Já, em 1984, Francisco Weffort ponderou que

> (...) a tradição liberal gosta de definir os partidos como partidos de opinião. E que dizer da tradição da imprensa moderna senão enraizada, também, no prestígio da opinião? (...) Se os partidos são de opinião e os jornais também são de opinião, nada de surpreendente se estes às vezes se comportam como aqueles.[1]

Sejam partidos políticos e/ou empresas de transmissão de informação, a autonomia desse *poder* é balizada pelas circunstâncias intrínsecas às organizações de comunicação. Antes de tudo, essas são agências privadas que objetivam o

---

[1] Francisco Weffort, "Jornais são partidos?", *Lua Nova. Cultura e Política*. São Paulo, Brasiliense, vol. 1, nº 2, 1984, p. 37.

350

lucro e dele sobrevivem. Em contradição ou não a esses propósitos, vendem um serviço de utilidade pública – a notícia.

Nesse (hipotético) antagonismo, julga-se que alguns órgãos da "grande imprensa" se esqueçam, ou se distanciem, de suas funções educacionais[2], tornando-se reféns das leis de mercado, do jogo político, da confluência de interesses e vontades. Afastam-se, assim, dessa (falsa) visão de liberdade absoluta e desse *locus* vigilante do bem-estar social.

Se esses são alguns dos protótipos atribuídos ao papel da imprensa, outros são formulados para destrinçar o seu interior. A figura do empresário/jornalista, homem de influência, déspota que não pode ser contrariado, encontra-se no imaginário e, muitas vezes, percorre os corredores das redações de semanários. Calcado nesse olhar, o escritor argentino Tomás Eloy Martínez romanceou um dos mais trágicos assassinatos que o Brasil vislumbrou recentemente.

Em *O voo da rainha*, Martínez[3] baseou-se na trajetória de Antônio Pimenta Neves, diretor de redação de um dos mais antigos e tradicionais jornais paulistas, *O Estado de S. Paulo*. Pimenta Neves, na época com 63 anos, assassinou sua ex-namorada, a também jornalista Sandra Gomide, de 32, no Haras Setti, em Ibiúna, São Paulo, com um tiro nas costas e outro na cabeça, no dia 20/8/2001.

O livro de Martínez compõe uma coleção dedicada aos sete pecados capitais. Coube ao autor ajuizar o preceito da *soberba* e, para tal, criou uma narrativa que envolve o "velho" jornalista dr. Camargo, nascido Gregório Magno Pontífice, amigo de Pimenta Neves, e sua pupila Reina Remis, em uma Buenos Aires contemporânea. Camargo/Pimenta personifica, desse modo, a imagem do orgulho excessivo, da altivez, da arrogância, da presunção. Percebendo-se como um deus, o protagonista se autoconsagrou acima do bem e do mal, temido e respeitado por todos – de políticos aos subalternos. Seu raio de ação decidia destinos pessoais e da nação.

Nesse mergulho de Martínez em um universo profundamente masculino – que é o da política e das redações –, a *soberba* é apresentada no ato original, na desobediência primeira de Adão ao comer do fruto proibido, ou quando os homens se consideram os "filhos de Deus". Na dimensão da lógica religiosa, cabe à divindade o ato do perdão. Ao se posicionar como o que perdoa, concebendo-se como Deus, peca-se.

Permeado por essa comiseração, o autor esmiúça o ambiente das redações, como também os corredores das empresas de comunicação e dos palácios de

---

[2] Abramo, *A regra do jogo*, op. cit., p. 116.

[3] Tomás Eloy Martínez, *O voo da rainha* (Rio de Janeiro, Objetiva, 2002).

governo, pela ótica do pecado pelo excesso de orgulho. Uma vaidade que torna egocêntricos e egoístas os "pecadores pela soberba", aprisionado-os nessa "gaiola egoica" e postulando a notícia e ao noticiar uma outra dimensão. Certamente longe da "missão educacional" sublinhada por Abramo.

Tendo todas essas premissas como pano de fundo e no intuito de compreender a trajetória de um jornal, minha pesquisa foi, nesse sentido, um estudo de caso, tendo por objeto o periódico *Folha da Tarde*, do Grupo Folha da Manhã, entre 1967 – quando ele ressurge – e 1984 – quando é outra vez transformado. O período selecionado também se insere dentro de um panorama muito particular da história recente do país: do arbítrio instaurado no pós-31 de março/1º de abril de 1964 ao (ápice do) processo de redemocratização.

Unindo fios, retorno ao livro de Martínez, que além de um exame do comportamento no interior das redações, esboça um personagem caro a minha análise. Pimenta Neves, como o decorrer da trama expõe, trabalhou no jornal aqui focado.

Assim, é importante destacar uma recriminação contemporânea ao assassinato cometido por Pimenta. Esta pondera acerca do papel da imprensa ao divulgar e informar seu público leitor.

Logo abaixo, o título do texto dedicado à trajetória profissional do autor do crime dizia: "Pimenta Neves tem currículo notável". Do contraste, um leitor retirou esta conclusão: "O jornal parece quase desculpá-lo. Afinal, ela era 'desonesta', e ele, 'notável'". Como observou uma leitora: "É preciso ter clareza do que se pode fazer com as palavras e do quanto elas revelam sobre a postura de quem as usa". Assim, cabe perguntar por que a *Folha*, em vez de dizer que Sandra dormiu com o chefe para ser promovida, não escreveu que o jornalista notável premiou a subordinada por dormir com ele e a demitiu quando ela não quis mais fazê-lo. A reportagem se antecipou a Pimenta Neves e seu advogado na tentativa de desmoralizar a vítima.[4]

Tal comentário fala por si.

Pimenta não foi o único jornalista que frequentou e trabalhou na redação da *Folha da Tarde* naquele período e que permanecia ainda circulando pelos corredores dos jornais. Por ocasião da campanha para as eleições de 2002, outros ganharam foco nas páginas impressas. A coluna "Painel" da *Folha de S.Paulo* noticiou a presença de ex-funcionários, naquele momento exercendo outras funções.

Visitas à Folha: Paulo Maluf, candidato a governador de São Paulo pelo PPB, visitou ontem a *Folha*, a convite do jornal, onde foi recebido em almoço. Estava acompa-

---

[4] Renata Lo Prete, "Nós e os outros", *Folha Online*, 27/8/2001.

nhado dos deputados federais Delfim Netto e Cunha Bueno, ambos do PPB, do marqueteiro José Maria Braga e do assessor de imprensa Adilson Laranjeira.

O senador Romeu Tuma, candidato à reeleição pelo PFL, visitou ontem a *Folha*. Estava acompanhado do assessor Antonio Aggio Júnior.[5]

Ambos os assessores – Adilson Laranjeira e Antônio Aggio – são ex-jornalistas da *Folha da Tarde*.

Isso posto e por esses vieses que aproximam imprensa e poder, a intenção foi dividir a apreciação em duas ramificações. Isso porque procurei a gênese dessas raízes: os intrincados caminhos dessas relações a partir do encontro de jornalistas com policiais. Se no exame acerca dos censores foi constatado que muitos deles eram jornalistas, pode-se concluir também que existiram, em uma parte da grande imprensa, jornalistas que eram policiais. Aqui mais um exemplo:

Antônio Orfeu Braúna, de 58 anos, é um delegado aposentado que se dedica hoje a seu escritório de direito. O jornalismo corre vivo em suas veias. Tanto que foi esse mesmo jornalismo que o transformou no homem que é hoje. Apesar de trabalhar por apenas cinco anos na redação dos extintos *Diário da Tarde* e *Diário Mercantil*, ambos dos Diários Associados, ele aprendeu muito como repórter policial.
(...) Cearense, chegou em Juiz de Fora [aos] 16 anos, (...) começou a trabalhar como segurança de lojas locais. "Percebi que uma das lojas estava sendo assaltada e corri atrás dos ladrões. Só consegui anotar a placa do carro que eles utilizaram para fugir", recorda. Como testemunha do roubo, o hoje delegado aposentado passou a conhecer o ambiente das delegacias.
Foi (...) apresentado a José Holanda, diretor de redação do *Diário da Tarde* [que o] levou à redação do jornal. (...) "Naquele tempo, os repórteres ganhavam por centímetros de coluna publicados. A gente ficava contando para saber quanto ganharia no final do mês", lembra.
Como repórter policial, Braúna conheceu personalidades importantes da polícia de Minas, como o inspetor José Garcia. (...) Em 1965, [aprovado] para um concurso voltado para a área criminal, [passou] a ganhar muito mais do que como repórter. (...) Se formou em Direito e pôde fazer concurso para delegado, (...) [trabalhando em] (...) delegacias comuns a especializadas, como a de Furtos e Roubos de Belo Horizonte, de Homicídios, de Divisão de Crimes contra a Vida, entre outras.[6]

Dessa narrativa quase ingênua a outras de tonalidades mais fortes, o limite parece tênue. Com base ainda na noção de *soberba*, que insinua ser a tônica da analogia entre imprensa e poder, espera-se que, ao conceituá-la um pouco mais, seja possível tecer um (provável) arremate.

---

[5] "Painel", *Folha de S.Paulo*, 23/7/2002.

[6] Das redações para as delegacias, disponível em: <www.comunique-se.com.br>, 16/8/2002.

A *passagem dos gansos*
Quando jornalistas e policiais se confundem

> Recordo essas coisas não porque acho que sejam
> as chaves do inconsciente, e certamente não por
> saudade (...). Eu as recordo porque nunca recor-
> dei antes, porque quero que algumas dessas coisas
> permaneçam – pelo menos no papel. E também
> porque olhar para trás é mais gratificante que o
> contrário. Amanhã é menos atraente do que ontem.
> Por alguma razão, o passado não irradia a mesma
> monotonia irradiada pelo futuro. Devido à sua
> plenitude, o futuro é pura propaganda.[7]

O repórter especializado em polícia do *Estado de S. Paulo* e do *Jornal da Tarde*
Percival de Souza tem se dedicado a conceber biografias de figuras enigmáticas
e de trajetórias sombrias da recente ditadura civil-militar brasileira. Nessa linha,
transcreveu e publicou o depoimento do cabo Anselmo[8], e continuou na mesma trilha ao traçar o perfil do delegado Sérgio Paranhos Fleury – o temido e
sanguinário torturador do Deops do largo General Osório – como um amante
adolescente[9].

Esses relatos igualmente esquadrinham a estreita cumplicidade entre a maioria
dos profissionais da grande imprensa, que se dedica a *cobrir* a área policial, e os
meandros daquela instituição. Não foram poucos os jornalistas que trabalharam
como policiais contratados, como também existiram policiais que cumpriram
expediente nas redações, narrando e assinando colunas e artigos.

As narrativas biográficas formuladas por Percival de Souza, entretanto, não
agradaram nem a uma parte das antigas esquerdas armadas – que o acusa, por
exemplo, de fazer uso de uma estratégia escusa para conseguir o relato de An-

---

[7] Joseph Brodsky, *Menos que um* (São Paulo, Companhia das Letras, 1994), p. 14.

[8] A trajetória do cabo Anselmo possui diferentes interpretações. Para alguns, ele era, naqueles
tempos, um esquerdista talentoso e excelente agitador que despontou na militância de esquerda por suas articulações com o MNR. Muitos se referem a ele sublinhando sua ousadia
e arrogância. O cerco aos movimentos da luta armada e o medo da morte justificariam, para
alguns, sua traição e colaboração com a repressão policial. A ideia de ter sido ele um traidor,
um delator infiltrado, é uma leitura do PCB, que se comprazia em dizer, desde 1962-1963,
que o cabo era um agente do serviço secreto americano – CIA. Para o *partidão*, a mudança de
posição e sua colaboração são tidas como uma "prova" que corrobora sua reflexão.

[9] Percival de Souza, *Eu, cabo Anselmo* (Rio de Janeiro, Globo, 1999); *Autópsia do medo: vida e
morte do delegado Sérgio Paranhos Fleury*, op. cit.

selmo. Além disso, constrói uma imagem que muitos ex-militantes consideram pouco fidedigna desse momento recente da história brasileira. Ao que parece também, não saciou os desejos do outro lado.

Uma das críticas "bem à direta" à mais recente publicação de Percival de Souza foi feita por Rômulo Augusto Romero Fontes, figura cuja trajetória expõe uma das inúmeras comicidades, se não fossem tragédias, que perpassaram a imprensa e as esquerdas armadas no pós-1968. Rômulo Fontes foi membro de um grupo de cinco militantes da VPR, que, depois de capturados pelos órgãos de repressão, negociaram um arrependimento público nos jornais e na TV.

Os que *desbundaram*, como ficaram conhecidos, fizeram tais declarações por vontade própria (foi o caso desse grupo) e, assim, negociaram o relaxamento de suas penas de prisão. Outros, como foi o caso de Celso Lungaretti – membro do setor de inteligência da VPR –, também depuseram, arrependidos, depois de muita tortura. Uma descrição mais detalhada desse episódio está no item "Os policiais" do capítulo sobre a *Folha da Tarde*.

A motivação de Rômulo Fontes, ex-jornalista da *Folha da Tarde* que edita um jornal intitulado *Ação Nacional*, ao criticar o livro sobre o delegado Fleury está nas acusações ali contidas a esse periódico que abrigou, como jornalistas, dois desses *desbundados*: o próprio Rômulo e Marcos Vinício Fernandes dos Santos.

Durante uma década e meia sob o comando de policiais, o jornal adquiriu um apelido: o de "maior tiragem". Para Rômulo Fontes, isso se deveu ao aumento das vendagens. Para outros, a razão é diferente: muitos dos jornalistas que ali trabalharam igualmente exerciam cargos na Secretaria de Segurança Pública do Estado de São Paulo. Muitos concluíam que o local mais lembrava uma delegacia do que a redação de um jornal. Além de ser o de "maior tiragem" – pelo número de "tiras" (policiais) que lá davam expediente –, a *Folha da Tarde* carregava outra pesada acusação: a de "legalizar" mortes decorrentes de tortura. Na atuação em face desses episódios, o jornal também ficou conhecido como o *Diário Oficial da Oban*.

Uma reflexão sobre os diversos papéis desempenhados por parte da grande imprensa na ditadura civil-militar, em especial no pós-1968, demonstra uma estreita relação entre alguns jornalistas e policiais, como igualmente desvenda uma série de esquemas da direção das empresas com os órgãos de governo para aceitar a autocensura.

Gostaria, contudo, de mais uma vez fazer uma ressalva. O ponto principal do meu estudo é o espaço de decisão do qual participou apenas um pequeno grupo dirigente de jornalistas nas redações. De modo algum afirmo que a prática da autocensura e do colaboracionismo foi exercida pela maioria dos jornalistas. Isso simplesmente é inverossímil. Muitos dos que "combateram" as práticas do Estado pós-1964 e pós-AI-5 ficaram desempregados, foram presos e perseguidos e/ou permaneceram no anonimato. Muitos jornalistas, além disso, desempenhavam uma militância de esquerda – de simpatizantes a engajados – e foram igualmente acuados por tais atos. Nesse sentido, não estou reunindo em um mesmo universo os donos de jornais e os jornalistas de várias tendências. Existiram jornalistas que colaboraram com o regime, outros que se opuseram a ele e outros ainda que resistiram a ele. O mesmo se aplica aos seus patrões.

Mais uma vez, entretanto, desejo sublinhar a singularidade desta pesquisa. O objeto de estudo não foi a resistência. Não negligencio a sua existência, mas enfoquei outro lado da questão. De modo algum fiz generalizações e impus o invólucro de colaboradores a todos. Apenas quis mostrar que nem todos combateram a repressão.

Apreendidos por mim como fiéis *cães de guarda*, os jornalistas colaboracionistas que exitiram no interior das redações ou nos órgãos de censura foram definidos por Rômulo Fontes, na sua crítica ao livro de Percival de Souza, pela imagem de "ninho de gansos" (possivelmente por ser este também um frequentador dessas "moradas de informantes").

Assim, Fontes descreveu a atitude de dois grupos diversos diante do prédio do Deops: havia profissionais da grande imprensa que esperavam para serem revistados na portaria, para só depois terem acesso às informações e elaborarem suas reportagens, e jornalistas tidos como "da casa", como Fontes classificou Percival, que seguiam por uma entrada lateral, reservada aos policiais e apelidada de "passagem dos gansos".

Percebendo-os como *gansos* ou *cães*, ao que tudo indica, parte da grande imprensa brasileira seguiu uma "tradição" não inaugurada em 1964 e/ou em 1968. Utilizando-se dessa "passagem", dessa entrada lateral, desse outro lugar (escuso, alternativo, não legal), alguns jornalistas eram *habitués* do lado de lá do balcão. Esses trocaram a narrativa de um acontecimento pela publicação de versões que corroborassem o ideário repressivo. Certamente acreditavam nas suas ações, compactuando sempre com o poder vigente. Além de usarem as penas, que também servem para escrever, mais do que isso, como os gansos esticaram os pescoços, "viram" e nos contaram uma versão bem particular da realidade que se vivia. A esse ato se pode dar o nome de autocensura, como também de colaboração.

Submissamente leais aos seus "donos", esses *cães de guarda* farejaram uma brecha, protegeram uma suposta morada e, principalmente, ao defender o *castelo*, nos venderam uma imagem errônea, desfocada e particular. Quando o tabuleiro do poder se alterou, muitos desses *servidores* foram aposentados, ao passo que outros construíram para si uma imagem positiva e até mesmo heroica, distanciando-se do que haviam feito. Outros tantos se readaptaram e estão na mídia como sempre.

De todos esses esquemas e estruturas formulados para "perder poucos anéis", algo deve ser sublinhado: a informação impressa, narrada, ou televisionada é um produto vendido por jornais, rádios e TVs. Na condição de serviço – difundir a notícia ou a informação – tornou-se um bem público e uma relação de comércio, quando comprada pelos leitores, e confiança, ao se adquirir este e não aquele jornal, revista etc.

Em última instância, a reflexão aqui desenvolvida visou rastrear como muitos ou pagaram pelo papel jornal para saberem o que se passava nos seus mundos, ou sofreram com a concretude material imposta pelo que estava impresso no jornal, mesmo que, no dia seguinte, este tenha se tornado embrulho de peixe nas feiras.

AGRADECIMENTOS
O saldo das dívidas, o que de melhor fica

> Amar o perdido
> deixa confundido
> este coração.
> Nada pode o olvido
> contra o sem sentido
> apelo do Não.
> As coisas tangíveis
> tornam-se insensíveis
> à palma da mão.
> Mas as coisas findas,
> muito mais que lindas,
> essas ficarão.
>
> (Carlos Drummond de Andrade, *Memória*.)

Originalmente, o texto que compõe este livro, acrescido agora de algumas alterações mínimas para a presente publicação, constituía a minha tese de doutoramento, defendida em 4/10/2001 no Programa de Pós-Graduação em História da Universidade Estadual de Campinas (Unicamp).

Por sugestão da banca examinadora, composta pelos professores Maria Stella Martins Bresciani, minha orientadora, Angela Maria de Castro Gomes, Ítalo Tronca, Marcelo Ridenti e Michael Hall, a estrutura do trabalho apresentado poderia ser dividida em dois tomos: o primeiro sobre o jornal *Folha da Tarde* e o segundo acerca da estrutura do Departamento de Censura de Diversões Públicas (DCDP).

Por um longo período, persegui essa recomendação de separar o corpo do texto. E certamente por isso a tese demorou a se transformar em livro. Mas confesso: não consegui. Talvez devesse ter pensado nessa possibilidade antes da elaboração do trabalho. Depois de pronto, concluí que era neste formato que esperava vê-lo publicado. Até porque voltar aos escritos depois de os ter dado como findos e alterar sua forma me apontava para o perigo de conceber siameses – a repartição implicaria, talvez, o fenecimento de um.

Além disso, teses são processos longos, envoltos em sentimentos muitas vezes opostos, conflitantes. A ideia de retornar ao maço que materializava essa comiseração aludia-me a uma frase proferida pelo professor José Murilo de Carvalho quando publicou a segunda parte do seu texto de doutorado. Faço das suas palavras a expressão do meu desejo: "Que vá em paz e me deixe em paz"[1].

Sou extremamente grata, portanto, às sugestões desses professores, membros de minha banca de avaliação e que vêm se tornando meus amigos e interlocutores. Procurei seguir à risca todos os outros conselhos seus. Mas a empreitada chega ao público leitor como foi arquitetada. Para que tal tarefa fosse possível, contei com a sensibilidade, com a liberdade e com o respeito aos meus anseios que demonstrou minha editora, Ivana Jinkings, a quem agradeço enormemente, esperando que este volume seja o primeiro de uma série de parcerias futuras.

Seguindo, a partir daqui, a trilha do penhorar e reconhecer, há uma lista de agradecimentos que se faz necessário arrolar. Isso porque o esforço para elaborar uma tese de doutoramento e/ou um livro me fez lembrar a edificação de um prédio. Nunca construí edifícios ou casas, mas me sentia como se o estivesse fazendo. Tinha de me preocupar com as fundações, com o encanamento, com os tijolos que, empilhados, fariam a estrutura subir, até que finalmente chegaria aos detalhes dos quadros nas paredes. Esse esforço, portanto, requer muito. Muita atenção, muito cuidado, muito empenho. Tudo em grandes doses de *muito* e com muitos detalhes.

Afora todo esse desgaste que o processo certamente causa, leva-se algum tempo para perceber o porquê de um tema suscitar em nós uma questão. Acaba--se compreendendo o motivo pessoal que a "viagem" da pesquisa proporciona. Meu encontro com as temáticas aqui tratadas começou após a leitura do ensaio de Helena Besserman Viana[2], em um momento muito particular e difícil. As denúncias ali contidas e a tentação de romper silêncios são, para mim, como um ímã, uma paixão à primeira vista. Por isso essa tarefa me chegou quando me encontrava em uma encruzilhada e tornou-se um encantamento, também permeado por muitos períodos de aflição. Narrativas tão duras e realidades desconcertantes deram o tom do trabalho, mas o fio condutor sempre buscou apreender o universo dos jornalistas, um enigma permanente – agora, espero, se não devidamente decifrado, certamente um conflito superado.

É imprescindível sublinhar que este projeto só pôde ser realizado com o auxílio da Fapesp, que me concedeu quatro anos e meio de bolsa de doutoramento. O exercício de investigação aqui empreendido representou para mim

---

[1] José Murilo de Carvalho, *Teatro de sombras* (Rio de Janeiro, Vértice, 1988).

[2] Helena B. Vianna, *Não conte a ninguém...: contribuição à história das sociedades psicanalíticas do Rio de Janeiro* (Rio de Janeiro, Imago, 1994).

um universo novo – tanto em relação à temática das minhas inquietações como ao espaço em que foi desenvolvido. Gostaria de destacar, de modo bastante especial e distinto, a gentileza do professor Antonio Edmilson Martins Rodrigues, que me abriu as portas para esse novo universo ao me apresentar (de maneira efusiva) a minha orientadora de tese. Desejo enfatizar igualmente o apoio que recebi do Departamento de Pós-Graduação em História da Unicamp por meio dos professores Cláudio Batalha, Michael Hall e Silvia H. Lara, que me acolheram e me proporcionaram as mais diferentes formas de auxílio para tornar esse processo igualmente doce e suave. Agradeço também o amparo e estímulo da linha de pesquisa "Jogos do Político", oferecido por seus alunos e pelos professores, em especial por Ítalo Tronca, que, além de tudo, é personagem desta análise.

No curso da pesquisa, tive o privilégio de frequentar uma série de debates sobre censura, organizados pela professora Maria Luiza Tucci Carneiro, a quem agradeço pelo carinho, pelos inúmeros convites, pelas trocas e descobertas de tantas proximidades (quase familiares).

Dividir angústias, nas longas conversas, muitas vezes por e-mail, com quem está ou não na mesma situação foi sempre alentador. Assim, sou grata a Adriano Duarte, Ana Paula Palamartchuk, Ana Paula Vosne Martins, Cristiana Schettini Pereira, Gabriela Oigman, Gina Silva dos Santos, Lucia Grinberg, Maurício Maia e o casal Kátia e Adalberto Paranhos.

O tópico escolhido nesta reflexão trouxe de volta uma amiga dos tempos da graduação na UFF. À Denise Rollemberg, pela generosidade de dividir comigo fontes, contatos, reflexões e amizade.

Durante todo o processo de créditos e investigações, tive a acolhida da família Zoladz Ventura. À Márcia, ao Roberto e ao Tomas, por me adotarem como a "Tia B" e compartilharem momentos de descobertas, meu carinho especial. À Laura, à Sofia e ao Max, pela sempre calorosa guarida na, por vezes, gelada Vila Madalena. À Beth Cancelli, pela hospedagem em Brasília e por mostrar que as duras semanas de pesquisa podiam transformar-se também em diversão.

No finalzinho desse longo processo de pesquisa e labuta para encontrar o tom do texto, Vicente Saul Moreira dos Santos foi um socorro para o qual a falta de tempo apontava. Durante o levantamento de fontes no Arquivo Nacional do Rio de Janeiro, tudo ficava mais fácil com a simpatia e o carinho de Sátiro Nunes Ferreira, que se revelou um amigo muito querido. Agradeço igualmente à Dilma Cabral e ao pessoal da Coordenadoria dos Documentos Escritos (CDE) do Serviço de Documentos do Executivo (SDE) pela competência e ajuda de todas as horas.

O trabalho caprichoso e o carinho de Rafaela Wiedemann e das *moças* da Malagueta Design e Comunicação proporcionaram cara e colorido a este labor. Beth Cobra fez um *"copy"* necessário e cirúrgico, alegre e ágil, também colocando sua memória a serviço da precisão deste texto. Mas desejo sublinhar que é impossível não sentir, e muito, a falta de Tema Pechman nesses momentos. Ela me é cara – no duplo sentido do termo.

Sou grata também à equipe do *Dicionário histórico-biográfico brasileiro*, do CPDOC/FGV, em especial a Chris Jalles de Paula, pelo apoio e auxílio de todas as horas. Naquele centro de pesquisa, entre 1996 e 1998, pude colaborar para a atualização do *Dicionário*, elaborando ou complementando os verbetes sobre os principais jornalistas. Tal bagagem foi fundamental para minhas reflexões nesta análise.

À biblioteca da FGV/RJ, agradeço, em especial, o carinho da Liginha, que conseguia tudo de que eu precisava; à Vilma, à Barbara e ao Sérgio, da biblioteca da ABI, o meu obrigada. Em Brasília, gostaria de agradecer a Eliane Braga de Oliveira, que organizou o material da DCDP, em depósito na sede do Arquivo Nacional daquela cidade.

Aos muitos entrevistados, pela franqueza em dividir informações, mesmo quando precisei esconder seus nomes em pseudônimos. E aos inúmeros amigos que os processos de pesquisa sempre me trazem, eternos consultores em momentos de aflição, como: Alberto Moby Ribeiro da Silva, Boris Casoy, Carlinhos Brickmann e Ivan Seixas, uma dívida eterna e boa de saldar, e um anseio de diálogo permanente.

E, em particular, gostaria de sublinhar gentilezas. A de Carlinhos Brickmann, leitor compulsivo e ágil, pela paciência de ler os originais da *Folha da Tarde*, bem como de sugerir e corrigir imprecisões, e a cuja memória e caderno de telefones recorro em todas as horas. A de Ivan Seixas, pela ternura de compartilhar comigo histórias muito pessoais do seu passado, ainda hoje cercadas pelo signo da clandestinidade. A delicadeza do jornalista Paulo Vasconcellos, que, interessado pela temática da pesquisa, rompeu uma barreira que me afligia e divulgou o trabalho. Ao Daniel Aarão Reis Filho, meu professor na graduação, agradeço pelas leituras pontuais e pelos toques precisos, que espero ter incorporado a contento no texto final. Aspiração semelhante se fez presente na leitura realizada pelo dublê de jornalista e professor João Batista de Abreu, que almejo ter absorvido na riqueza dos detalhes.

Cynthia De Paoli acompanhou-me por mais de uma década, dando-me suporte, carinho e me ajudando a refletir sobre os porquês dos caminhos que venho trilhando. Mais do que tudo, construímos juntas, "régua e compasso", as minhas investidas presentes e futuras.

À minha banca de qualificação, composta pelos professores Michael Hall e Leila Mezan Algranti, obrigada pela leitura e pelas sugestões, que espero ter repassado para o texto, como também pelo carinho, pela torcida e por toda essa acolhida. Nessa linha, gostaria de agradecer à banca de defesa, a leitura atenta e a arguição instigante.

Momentos como esses, quando tarefas são finalizadas, também são ocasiões para zerar percursos e demarcar importâncias. Desejosa de que novas etapas se iniciem, anseio sublinhar o papel que desempenhou em meu caminho profissional a professora Angela de Castro Gomes, que me acompanha desde o início. Fui sua estagiária no setor de pesquisa de um "velho" CPDOC de fins de 1980 que já não existe mais. Fui sua aluna na graduação e no mestrado na UFF, quando fui sua orientanda. Nos novos voos do doutorado, nós nos acompanhávamos de longe. No final desse processo, ela, na medida do seu tempo escasso, leu o que pôde do meu texto e deu sugestões, que tentei adicionar nesta versão. Assim finalizamos ciclos e aprendemos a superar as artimanhas da vida.

Nessa mesma direção, de ressaltar papéis em minhas escolhas, quero agradecer, muito e de maneira bastante enfática, ao sempre caloroso, incentivador e discreto professor Michael Hall, que as encruzilhadas da vida me trouxeram mais uma vez ao convívio. Pelo apoio incondicional, em um instante de percalços que me faziam duvidar, *tks*.

De modo também distinto, quero destacar a confiança e o apoio com que fui recebida, desde o começo, pela professora Maria Stella Martins Bresciani, minha orientadora. Stella sempre me deixou livre para ir, respeitando e incentivando esta "orientanda xereta", que não sabe quando pôr fim às investigações. Mais do que isso, compreendeu meus momentos de dificuldade na solidão da tela vazia do computador, como também minha vontade e necessidade de desenvolver outros trabalhos para além da tese. Seu desejo e sua generosidade em compartilhar fazem com que tenha uma legião de amigos ex-orientandos. Fico muito contente por me sentir incorporada a esse grupo, como também por ela me ver como uma tecelã. Espero que possamos traçar juntas, como vimos fazendo, muitos outros caminhos.

Pelo amor incondicional do Dany e da mamãe, que aguentam esses eternos processos de teses, suas gestações e partos, meus maus humores e sumiços, obrigada por tudo, sempre.

Liceu Literário Português, agosto de 2001/setembro de 2003

ANEXO

Nota explicativa

Este anexo foi criado com a intenção de não sobrecarregar o texto principal com notas de rodapé, que teriam de ser muito extensas e, portanto, prejudicariam a leitura. Aqui são feitas algumas considerações e comentários sobre pessoas e fornecidos os significados de siglas que são citadas no corpo da obra. Os pequenos verbetes foram elaborados para melhor situar o leitor quanto às terminologias e detalhar algumas passagens que não deveriam ser incorporadas ao texto[1].

Verbetes de siglas

Ação Libertadora Nacional (ALN): uma das organizações de maior expressão e número de militantes. Originou-se de uma dissidência do Partido Comunista Brasileiro (PCB), quando este expulsou de seus quadros Carlos Marighella e Joaquim Câmara Ferreira, entre outros, em 1967. Defendia a luta armada contra a ditadura civil-militar do pós-1964. Uma de suas principais ações foi, em conjunto com o MR-8, o sequestro do embaixador norte-americano no Rio, em 4/9/1969. Entre 1969 e 1975, teve 53 militantes mortos pela repressão.

---

[1] Para estes verbetes, utilizei-me da seguinte bibliografia:

- Israel Beloch e Alzira Alves Abreu, *Dicionário histórico-biográfico brasileiro*, op. cit.;
- Eunice Durham, *O livro negro da USP – o controle ideológico na universidade* (São Paulo, Adusp, 1978);
- Manoel Henrique Ferreira et al., *Esquerda armada: testemunho dos presos políticos do presídio Milton Dias Moreira* (Vitória, Edições do Leitor, 1979);
- Alípio Freire, Izaías Almada e J. A. de G. Ponce (Orgs.), *Tiradentes: um presídio da ditadura (memória de presos políticos)*, op. cit.;
- Jacob Gorender, *Combate nas trevas, a esquerda brasileira: das ilusões perdidas à luta armada*, op. cit.;
- Nilmário Miranda e Carlos Tibúrcio, *Dos filhos deste solo: mortos e desaparecidos políticos durante a ditadura militar – a responsabilidade do Estado*, op. cit.;
- Carlos Eugênio Paz, *Viagem à luta armada: memória romanceada*, op. cit.;
- Denise Rollemberg, *O apoio de Cuba à luta armada no Brasil: o treinamento guerrilheiro*, op. cit.;
- Percival de Souza, *Eu, cabo Anselmo*, op. cit.;
- Percival de Souza, *Autópsia do medo: vida e morte do delegado Sérgio Paranhos Fleury*, op. cit.

364

Ação Popular (AP): organização política católica formada em 1963 a partir dos quadros da Juventude Universitária Católica (JUC). Até 1964, produziu um jornal intitulado *Ação Popular, Brasil Urgente*. Entre 1965 e 1967, aproximou-se do marxismo e, em 1968, assumiu uma variante maoísta. No início dos anos 1970, pregou a unificação das correntes marxista-leninistas, fundindo-se com o PCdoB em 1971. Dez dos seus militantes foram mortos pela repressão.

Ala Vermelha: foi criada em 1967, após cisão interna no PCdoB quanto à questão da adesão à luta armada. Muitos de seus militantes haviam feito cursos político-militares na China. Em fins de 1968, a organização empreendeu assaltos a bancos e, no dia 1º de maio de 1969, ocupou a estação da Rádio Independência, na cidade de São Bernardo, para difundir um manifesto.

Departamento Estadual de Ordem Política e Social (Deops): apelidado de "Casa da Vovó", foi chefiado pelo delegado Sérgio Paranhos Fleury. A diferença dessa agência do Dops para as outras estaduais era, segundo Jacob Gorender[2], que, nas outras capitais, "os Deops se converteram em apêndices dos Doi-Codi, reduzidos quase somente ao cumprimento burocrático da formalização final dos processos judiciais a serem encaminhados às autoridades militares".

São Paulo tornou-se exceção por ocasião da transferência, para a polícia política do Departamento Estadual de Investigação Criminal (Deic), do pessoal do Esquadrão da Morte, chefiado pelo delegado Fleury, para o terceiro andar do edifício de fachada avermelhada, em estilo inglês, onde funcionava o Deops, no largo General Osório. Nas reflexões de Gorender,

> (...) se tornou uma oficina de massacre tão sinistra quanto a câmara de interrogatórios da rua Tutoia. Fleury garantiu seu lugar na disputa do butim da repressão através da ligação com o CENIMAR, órgão de inteligência da Marinha. Colocada em plano subordinado pelo Exército após a criação da OBAN e dos Doi-Codi, interessava à Marinha dispor de um autônomo de luta contrarrevolucionária e, por isso, deu cobertura ao chefe do Esquadrão da Morte implantado no DEOPS paulista.[3]

Vale ressaltar que tanto o Esquadrão da Morte como a Oban são dois marcos do governo Abreu Sodré na história do Estado de São Paulo.

Destacamento de Operações de Informações – Centro de Operações de Defesa Interna (DOI-Codi): era a base da estrutura da repressão política no Brasil, tendo no Conselho de Segurança Nacional, ligado ao Estado-Maior das Forças Armadas, o órgão centralizador das ações repressivas. Cada ministério militar tinha seu Codi, que coordenava a repressão nos Codis regionais. Cada um poderia ter quantos DOIs julgasse necessário. No Rio, em determinado momento, houve dois DOIs para cada força militar e, em São Paulo, o Exército tinha um, que sucedeu à Operação Bandeirantes – a Oban. A Marinha utilizou informalmente o Deops, em São Paulo, como seu DOI-Codi, por

---

[2] *Combate nas trevas*, op. cit.

[3] Ibidem.

intermédio do delegado Sérgio Fleury, envolvido em processos do Esquadrão da Morte. A Oban surgiu de uma mobilização de empresários comprometidos com a repressão e o golpe civil-militar de 1964, que, de forma clandestina, deram apoio logístico e financeiro à operação. De 1969 a 1970, não teve existência legal, o que veio a ocorrer com a criação dos DOI-Codi nas Forças Armadas.

Jornal da Tarde, lançado em 3/1/1966 sob o comando do jornalista Mino Carta, tinha por objetivo ser "um vespertino, um jornal graficamente revolucionário, ágil e de grandes reportagens". Foi definido por seus mentores como

> (...) um produto de *O Estado de São Paulo*... Está dito, portanto, de onde vem e, assim, é fácil compreender para onde vai. Vai para a mesma luta, dentro das mesmas normas éticas de intransigência e de responsabilidade. Mas entra na luta com seus próprios meios, com seu estilo próprio, o estilo vibrante, irreverente de um vespertino moderno que visa atingir um público diferente daquele que, normalmente, lê apenas os matutinos, cujo estilo deve ser, forçosamente, mais pesado e mais prolixo.[4]

Movimento de Libertação Popular (Molipo): foi criado em 1971 de uma dissidência da ALN. Seus militantes haviam feito treinamento de guerrilha em Cuba e eram conhecidos como o "3º Exército" da ALN, o "Grupo dos 28" ou o "Grupo da Ilha". Onze militantes do grupo morreram entre 4/11/1971 e 27/2/1972. Um, Boanerges de Souza Massa, encontra-se desaparecido; outros dois foram mortos em outubro de 1972; mais dois, em maio de 1973, e um último, em novembro de 1974. Jane Vanini morreu no Chile em 1975.

Movimento Nacionalista Revolucionário (MNR): sob a liderança de Leonel Brizola, não chegou a ser, propriamente, uma organização. Foi antes um nome que serviu para designar o projeto que nasceu durante o seu exílio no Uruguai. Reunia sargentos e marinheiros expulsos das corporações e perseguidos pelos militares no pós-64 e outros líderes políticos. Com a formação do MNR, Brizola teria aderido à teoria foquista, engajando-se no projeto de implantação de focos guerrilheiros no Brasil, com o apoio de Cuba.

Movimento Revolucionário 8 de outubro (MR-8): originou-se da Dissidência da Guanabara (DI da Guanabara) do PCB, tendo uma grande influência sobre o movimento estudantil. Destacou-se nacional e internacionalmente ao idealizar, em conjunto com a ALN, o primeiro sequestro de caráter político que obteve êxito: o do embaixador norte-americano no Brasil. Sua nomenclatura é uma lembrança à data de morte de Ernesto "Che" Guevara, na Bolívia, em 1967.

Em 1971, a desarticulação da Vanguarda Popular Revolucionária (VPR) fez com que um núcleo de militantes da organização, entre os quais seu mais importante dirigente, Carlos Lamarca, pedisse ingresso no MR-8. Foi como membro do MR-8 que o capitão Carlos Lamarca morreu no sertão da Bahia, no dia 17 de setembro de 1971.

---

[4] Ivan Angelo, "O jornal da era do Aquário", op. cit.

366

Em 1972, depois de ter quinze de seus membros assassinados pela repressão e outros tantos terem se exilado no Chile, o MR-8 foi desarticulado no país.

Movimento Revolucionário Tiradentes (MRT): foi fundado em meados de 1969, fruto da união dos grupos de Devanir de Carvalho, que havia rompido com a Ala Vermelha, uma dissidência do PCdoB, e Plínio Peterson. A sigla do MRT foi primeiramente utilizada por Francisco Julião, um dos organizadores das Ligas Camponesas. A nova organização, a partir de 1968, atingiu um contingente de uns vinte militantes e, no auge, cerca de quarenta. Ganhou fama pela audácia de seu chefe, Devanir de Carvalho, ex-metalúrgico de Santo André, e pela eficiência nas ações armadas. A concepção militarista extremada facilitou o entendimento com a ALN e a VPR. Teve quatro dos seus militantes mortos pela ditadura.

Operação Bandeirantes (Oban): foi criada em 29/6/1969, na tentativa de centralizar as atividades de combate às crescentes ações da guerrilha urbana em São Paulo, uma iniciativa conjunta do 2º Exército e da Secretaria de Segurança Pública do governo Abreu Sodré. Por não constar de nenhum organograma do serviço público, tinha caráter extralegal. Instalou-se nas dependências do 36º Distrito Policial, na rua Tutoia. O lugar tornou-se o mais famoso centro de tortura do Brasil naqueles tempos, só se igualando ao quartel da Polícia do Exército do Rio, na rua Barão de Mesquita. Em setembro de 1970, por decreto do presidente Médici, a Oban integrou-se no organograma legal sob a denominação de DOI-Codi II e teve como primeiro comandante o major Waldir Coelho, que foi substituído, em 29/9/1970, pelo major do Exército Carlos Alberto Brilhante Ustra, oficial do Estado-Maior que permaneceu nesse posto até 23/1/1974. Anos mais tarde, Ustra, já coronel, escreveu um livro autobiográfico, *Rompendo o silêncio*[5]. Nele, conta a sua versão do período em que chefiou o DOI-Codi em São Paulo, de setembro de 1970 a janeiro de 1974. Em uma reportagem da revista *Veja*[6], Ustra, ou o "Doutor Tibiriçá", dizia-se ainda preso às atrocidades que comandou nos porões da rua Tutoia. Para ele, tivessem os presos políticos saído da Oban mortos ou vivos, seus carcereiros estarão para sempre lá, presos ao passado. Ao entrevistar torturados políticos, percebe--se que as marcas estão nos dois lados, só que em um deles elas são também físicas. O interessante do livro, contudo, é que mostra, mesmo de forma parcial, uma memória viva do período que ainda tem muito dos seus arquivos oficiais sob sigilo.

Partido Comunista Brasileiro Revolucionário (PCBR): resultado das disputas internas do PCB no Rio de Janeiro. Teve como primeiro nome o de Corrente Revolucionária. Em 1968, depois de desligar-se do partido, a dissidência realizou sua I Conferência Nacional. Teve dezesseis militantes mortos pela repressão.

Política Operária (Polop)/Partido Operário Comunista (POC): foi uma organização de cunho marxista, fruto da fusão de setores da Juventude do Partido Socialista,

---

[5] Ustra, op. cit.

[6] 18/3/1987, p. 28-31.

da seção da Guanabara, com intelectuais paulistas e a seção mineira da Juventude Trabalhista. Durante o seu IV Congresso, em 1967, dividiu-se. O POC, a partir de então, passou a defender a opção pela luta armada contra o regime. Teve três militantes mortos pela repressão no Brasil e outros quatro mortos no exterior (Chile e Argentina).

Vanguarda Popular Revolucionária (VPR): fruto da fusão, em 1968, da Organização Revolucionária Marxista (ORM), da Política Operária (Polop) de São Paulo e da seção paulista do Movimento Nacional Revolucionário (MNR). Sua principal figura pública foi o capitão Carlos Lamarca, que desertou do 4º Regimento de Infantaria do quartel de Quitaúna, no município de Osasco (SP), em 24/1/1969. Em 1969, a VPR fez uma nova aglutinação com o Comando de Libertação Nacional (COLINA), adotando, a partir de então, a nomenclatura Vanguarda Armada Revolucionária-Palmares (VAR-Palmares). Em setembro de 1969, ocorreu uma cisão, fazendo ressurgir a VPR. Em 1970, a organização esteve envolvida no sequestro dos diplomatas japonês, alemão e suíço, bem como nas tentativas de guerrilha rural do Vale do Ribeira (SP).

As divergências e prisões marcaram o ano de 1971. Nesse período, Lamarca deixou a organização. A VPR passou a receber orientação de Onofre Pinto, do exterior, que eram executadas pelo cabo Anselmo no Nordeste. Mais tarde, descobriu-se que este era um agente infiltrado e que foi responsável por uma série de prisões e mortes, como a dos militantes mortos em Pernambuco. A VPR teve 37 militantes mortos pela ditadura.

Verbetes de nomes

Alberto Dines nasceu no Rio de Janeiro, no dia 19 de fevereiro de 1932, filho de Israel Dines e de Raquel Dines, ambos de origem judaica. Fez os cursos primário e ginasial em colégios israelitas do Rio de Janeiro. Em 1943, teve sua primeira experiência jornalística como um dos organizadores do boletim estudantil *Horta da Vitória*, do Ginásio Hebreu Brasileiro, na mesma cidade.

Iniciou sua carreira jornalística em 1952 como crítico de cinema da revista carioca *A Cena Muda*. No ano seguinte, foi convidado por Nahum Sirotsky para trabalhar como repórter na recém-fundada revista *Visão*, dirigida na época por Luís Jardim, na qual cobriria os assuntos ligados à vida artística, ao teatro e ao cinema. Passou, em seguida, a fazer reportagens políticas, entre as quais uma referente à campanha de Jânio Quadros, em 1953, para a prefeitura de São Paulo e, um ano mais tarde, para o governo do estado. Estabeleceu, também para essa revista, os primeiros contatos com os índios xavantes do Xingu.

Permaneceu na revista *Visão* até 1957, quando foi levado por Nahum Sirotsky, então diretor da revista carioca *Manchete*, para exercer suas atividades como repórter. Mais tarde, com recursos próprios, fundou uma revista que não chegou a ser editada e cujo título seria *H-M, Homem e Mundo*.

Em 1959, assumiu a direção do segundo caderno do jornal *Última Hora*. No ano seguinte foi nomeado editor-chefe da recém-criada revista *Fatos e Fotos,* tendo colaborado também, nessa ocasião, no jornal *Tribuna da Imprensa*, então pertencente ao *Jornal do Brasil.* Em 1960, convidado por João Calmon, dirigiu o jornal *Diário da Noite*, do Rio de Janeiro, órgão dos Diários Associados, de propriedade de Assis Chateaubriand, convertendo-o em um tabloide vespertino. Foi nesse periódico e nesse período que se cunhou a expressão *imprensa marrom*. Deixou o jornal, demitido por Chateaubriand, por não obedecer às ordens de ignorar o sequestro do transatlântico "Santa Maria", realizado em protesto contra o governo português de Antonio de Oliveira Salazar, ocorrido na cidade de Recife, em Pernambuco.

Ingressou, em janeiro de 1962, no *Jornal do Brasil* como editor-chefe, aos trinta anos de idade e dez de profissão. Convidado para paraninfar uma turma da PUC logo após a edição do AI-5, em 13/12/1968, proferiu um discurso em que criticava a censura imposta ao país e, em consequência disso, sofreu duas prisões, a primeira em dezembro de 1968 e a segunda em janeiro do ano seguinte, nas quais foi submetido a inquérito. Foi demitido do *Jornal do Brasil* em 1973, depois de doze anos na direção da redação. Lá criou o primeiro Departamento de Pesquisas, a primeira Editoria de Fotografias, a Agência JB (AJB) e os Cadernos de Jornalismo. Declarou mais tarde, em entrevista ao *Pasquim*, que fora dispensado daquele periódico por não aceitar a censura imposta pelo jornal e por discordar das atitudes do responsável pela segurança da empresa. Nesse episódio também esteve envolvido o ex-coronel do Exército Paulo Moura, que, segundo Dines, teria ingressado no *Jornal do Brasil* no início dos anos 1970 para desenvolver um programa de apoio psicológico aos funcionários do jornal e, "depois de conquistar a confiança daqueles que assistia, passou a informar à direção da empresa sobre o que ouvia nas sessões". O conteúdo dos relatos de Moura coincidiu com uma série de demissões que o *Jornal do Brasil* realizou em 1973.

Em 1974, deixou, depois de doze anos, a revista *Fatos e Fotos*, viajando em seguida para os Estados Unidos, onde foi professor visitante durante um ano na Universidade de Columbia. Retornou ao Brasil em julho de 1975 e assumiu a chefia da sucursal carioca da *Folha de S.Paulo,* convidado por Cláudio Abramo. Ainda nesse jornal, criou uma coluna dominical intitulada "Jornal dos jornais", a primeira no país de crítica à imprensa, publicada de 1975 a 1977. A coluna foi extinta por conta de um episódio que envolveu o jornalista da *Folha* Lourenço Diaféria, que escrevera um artigo sobre a semana da pátria e o ministro do Exército, general Silvio Frota. Na crise que o episódio ocasionou na redação do jornal, houve a demissão de Cláudio Abramo, substituído por Boris Casoy. Em 1980, Dines deixou o jornal, demitido por Boris Casoy depois de escrever um artigo em que denunciava a repressão do governador Paulo Salim Maluf (ARENA/SP) à greve do ABC.

Alfredo Buzaid era paulista, nascido em 1914. Ingressou no curso de direito da USP em 1931. Homem de ideias políticas radicais, participou do grupo que constituiu as bases teóricas da Ação Integralista Brasileira. No seu obituário, publicado na revista *Veja*[7], lê-se:

---

[7] 17/7/1991, p. 83.

(...) ministro da Justiça num período da vida nacional [em] que não havia justiça (...) executou com mão de ferro a censura prévia. (...) Negou publicamente a existência de tortura de presos políticos que corria solta nos porões da repressão política. Defensor do principal instrumento autoritário do regime militar, o Ato Institucional nº 5, transformou-se no civil mais poderoso do governo.

Antônio Bandeira foi general-de-brigada do Exército, comandante do 3º BI/Distrito Federal de 1971 a 1973, e diretor do DPF. Como comandante do Batalhão de Infantaria, era o responsável pela repressão e tortura aos militantes das esquerdas armadas. Em parceria com o general Hugo de Abreu, comandou o cerco à guerrilha do Araguaia entre abril de 1972 e 1974.

Antônio Carlos da Silva Muricy, curitibano, nasceu em 8/6/1906. Estudou no Colégio Militar do Rio de Janeiro e na Escola Militar do Realengo, a partir de 1923. Após a Revolução de 1930, no início de 1931, foi transferido para o 5º Grupo de Artilharia de Montanha, em Curitiba. Em 1932, retornou ao Rio de Janeiro, sendo designado para o Centro de Preparação de Oficiais da Reserva (CPOR). Entre 1947 e 1950, no governo do general Eurico Gaspar Dutra (1946-1951), trabalhou na assessoria do gabinete do ministro da Guerra, general Canrobert Pereira da Costa, por quem foi designado, no início de 1951, para cursar a Escola Superior de Guerra (ESG). Transferido em setembro de 1963 como chefe da Subdiretoria da Reserva, no Rio de Janeiro, Muricy passou a colaborar ativamente na articulação do movimento para depor o presidente João Goulart.

Durante o governo Médici, foi chefe do Estado-Maior do Exército, entre 1969 e 1970, e atuou na ligação entre o Estado e a Igreja, participando de um grupo de trabalho encarregado de estabelecer contatos com a alta hierarquia do clero. Criado ainda no governo Costa e Silva, apenas no governo Médici esse grupo desenvolveu uma atuação mais intensa, devido a denúncias de tortura a presos políticos feitas pelo cardeal dom Paulo Evaristo Arns, arcebispo de São Paulo. Esse grupo de trabalho seria extinto pelo presidente Ernesto Geisel (1974-1979), que optaria por uma via de contato direto entre o Estado e a Igreja. Faleceu no Rio de Janeiro no dia 30 de março de 2000.

Antônio Pimenta Neves formou-se em direito na Faculdade do largo São Francisco, da USP, e iniciou sua carreira jornalística no interior de São Paulo. A partir de 1958, já na capital, trabalhou como repórter e crítico de cinema no jornal *Última Hora*. Pouco depois, foi contratado pelo *Estadão*, onde desempenhou as funções de repórter e redator de Política e Economia. Esteve também na sucursal de Brasília do jornal. Pimenta atuou ainda como chefe de redação da *Folha de S.Paulo*, diretor da *Folha da Tarde* e da revista *Visão* e assessor-editorial da presidência da Editora Abril. Em 1974, mudou-se para Washington, onde atuou como correspondente da *Folha*, da *Gazeta Mercantil* e, depois, do *Estado*. Em 1986, assumiu a função de conselheiro-sênior para assuntos públicos do Banco Mundial. Nessa ocasião, fez mestrado em políticas públicas internacionais na Universidade Johns Hopkins, nos EUA, onde ainda estudou jornalismo, política e economia no Macalester College, em Harvard, e na Universidade George Washington.

370

Voltou para o Brasil em 1995 para dirigir a redação da *Gazeta Mercantil*. Em outubro de 1997, deixou a *Gazeta* para retornar, mais uma vez, ao *Estadão*, então como diretor de redação. Em 20 de agosto de 2000, aos 63 anos, assassinou sua namorada, a jornalista Sandra Gomide, de 32 anos, no Haras Setti, em Ibiúna (SP)[8].

Boris Casoy nasceu em 13 de fevereiro de 1941 na cidade de São Paulo, quinto e último filho de Raiza Casoy e Casoy I. Srulevitch, imigrantes judeus russos que chegaram ao Brasil em 1928. Realizou seus estudos básicos nos colégios Stanford e Mackenzie. Iniciou, sem concluir, o curso de direito na Universidade Mackenzie.

Teve sua primeira experiência profissional aos quinze anos, na seção de esportes, no Plantão Esportivo da Rádio Piratininga de São Paulo. Transferiu-se para a Rádio Difusora Hora Certa de Santo Amaro, da comunidade japonesa, e, entre 1963 e 1968, foi locutor da Rádio Eldorado.

Em 1968, foi secretário de imprensa do secretário de Agricultura de São Paulo, Herbert Levy, no governo Abreu Sodré (ARENA/SP). Nesse ano, a revista *O Cruzeiro* realizou uma reportagem com líderes estudantis e o incluiu como integrante do grupo de extrema direita – Comando de Caça aos Comunistas (CCC). Tal ideia foi rechaçada por ele, que esclareceu que, apesar de ter tido presença ativa no apoio ao golpe civil--militar de 1964, não incentivava ações violentas, sendo, portanto, contra as atividades do CCC dentro da universidade que frequentou. Declarou, vinte anos depois, à revista *Imprensa*, referindo-se a esse episódio, ter consciência de "(...) quanto a imprensa pode estigmatizar alguém. Eu senti isso na carne. E não esqueço".

Em 1969, Herbert Levy foi substituído na Secretaria de Agricultura, mas Casoy permaneceu no cargo com o novo titular, Antônio Rodrigues Filho. Com a eleição de Rodrigues Filho para o cargo de vice-governador de Laudo Natel (ARENA/SP), tornou--se, em 1970, assessor de imprensa do ministro da Agricultura, Luís Fernando Cirne Lima, na gestão de Emílio Garrastazu Médici. Entre 1971 e 1972, tornou-se secretário de imprensa do prefeito de São Paulo, José Carlos Figueiredo Ferraz (ARENA/SP).

Por ocasião da exoneração de Figueiredo Ferraz, aceitou o convite de Caio Alcântara Machado para trabalhar na Alcântara Machado Feiras. Seu primeiro trabalho em jornal foi na *Folha de S.Paulo*, em 1974, quando, convidado por Octavio Frias de Oliveira, foi editor de Política. Três meses depois de assumir a editoria de Política, em junho de 1974, Boris foi promovido a editor-chefe no lugar de Rui Lopes, transferido como diretor para a sucursal de Brasília.

Permaneceu na *Folha* até junho de 1976, quando saiu e passou a dirigir a Escola de Comunicação e o setor cultural da Fundação Armando Álvares Penteado (FAAP). Retornou, contudo, ao mesmo jornal em 1977, onde passou a escrever uma coluna sobre os bastidores políticos intitulada "Painel". Em setembro desse mesmo ano, tornou-se editor-responsável pelo jornal no lugar de Cláudio Abramo, que saiu depois de uma crise que envolveu o jornalista da *Folha* Lourenço Diaféria. Assumiu o jornal

---

[8] Concedeu entrevista à autora em 11/11/1999 na sede do jornal *O Estado de S. Paulo*.

aos 36 anos, nessa conjuntura de crise, que classificou de operação de "salvamento". Permaneceu nesse cargo até 1984, quando Otavio Frias Filho assumiu a direção do jornal. Voltou, então, a escrever a coluna "Painel".

Celso Lungaretti teve a declaração de sua *queda* anunciada uma semana depois da "prisão negociada" de Massafumi Yoshinaga. A *Folha da Tarde* anunciou, em 9/7/1970, na manchete de primeira página: "Terrorismo em pânico: outro bandido deserta". No mesmo dia, o militante esteve na TV renegando suas ações nas esquerdas armadas. A notícia de sua prisão e arrependimento, nesse mesmo dia 9 de julho, também foi publicada no *Jornal do Brasil*, no *Estado de S. Paulo*, no *Correio da Manhã* e na *Folha de S.Paulo*. As notícias continuaram no dia seguinte, em tom de condenação aos atos terroristas, mas sem as cores pintadas pela *Folha da Tarde*. Militante da ALN, fazia parte do seu setor de inteligência.

Cláudio Abramo nasceu em 6 de abril de 1923, na cidade de São Paulo. Devido às posições políticas de sua família, na qual existiam tanto anarquistas como trotskistas, foi atingido pela repressão política do Estado Novo. Permaneceu separado dos familiares por dez anos, só voltando a reencontrá-los no fim da ditadura Vargas, em meados da década de 1940.

Teve sua primeira experiência profissional na área jornalística quando voltou para São Paulo. Apresentado por Orígenes Lessa, amigo de seu irmão Fúlvio, exilado na época na Bolívia, trabalhou por cerca de um ano na agência Arco de publicidade. Trabalhou nas agências Interamericana, um serviço noticioso cuja sucursal de São Paulo era dirigida por Arnaldo Pedroso d'Horta; Press Praga, uma das primeiras tentativas de agência noticiosa brasileira; e Meridional, pertencente ao grupo dos Diários Associados, de onde foi demitido por fazer greve. Trabalhou nos jornais *Diário de São Paulo* e *Folha Socialista*, jornal do Partido Socialista Brasileiro; foi diretor-responsável pelo jornal *Português Democrático*, da resistência antifascista portuguesa; atuou também no *Jornal de São Paulo*, dirigido por Hermínio Sacchetta e fundado por Francisco Souza Neto, o Chico Polícia.

Em 1948, com a falência do *Jornal de São Paulo*, foi convidado por Sérgio Milliet, secretário do jornal *O Estado de S. Paulo,* para escrever a seção de economia, com Frederico Heller, e foi redator da editoria de Internacional, cujo chefe era Giannino Carta, pai do jornalista Mino Carta. Paralelamente às atividades desenvolvidas no *Oesp*, dirigiu também a sucursal da *Tribuna da Imprensa* em São Paulo. Entre 1950 e 1951, com uma bolsa de estudo do governo brasileiro e um salário do *Estado de S. Paulo*, realizou um curso na área de jornalismo na Escola de Estudos Superiores, em Paris.

Voltando ao país, retornou ao *Oesp* e, convidado por Júlio de Mesquita Filho, assumiu, aos 28 anos, a secretaria do jornal. Com Luiz Vieira de Carvalho Mesquita, Ruy Mesquita, Juca Mesquita e Júlio de Mesquita Neto, participou das reformas do jornal, que incluíram alterações gráficas, transferência da sede, adoção de práticas modernas de controle da publicidade. No bojo das alterações introduzidas no jornal, criou a Última Página, voltada para os assuntos nacionais, já que a primeira, dirigida por Júlio de Mesquita Filho, dava destaque às notícias internacionais.

O processo de desgaste de Abramo com o jornal começou em 1961, com o envolvimento de seu irmão, Fúlvio, que dirigia a Rádio Eldorado, pertencente à família Mesquita, na liderança da greve dos jornalistas daquele ano. No ano seguinte, a radicalização política que se instalou na redação agravou sua situação. Deixou o jornal em 26 de julho de 1963.

Durante o governo do presidente João Goulart (1961-1964), foi assessor de Carlos Alberto Alves de Carvalho Pinto no Ministério da Fazenda, no curto período em que este foi ministro, a partir das reformas que Goulart realizou em seu ministério, em junho de 1963. Convidado para reformar o jornal *A Nação*, de Mário Wallace Simonsen, dono da Panair do Brasil, que havia comprado o jornal *A Hora* e o tinha renomeado, tornou-se seu superintendente por algum tempo. As dificuldades econômicas fizeram Abramo fechar o jornal no dia 25 de janeiro de 1964.

Com o golpe civil-militar de 1964, passou quase todo esse ano desempregado. Indicado por Fernando Gasparian, trabalhou em uma agência de publicidade. Convidado, em fins de 1965, por Octavio Frias de Oliveira, proprietário do jornal *Folha de S.Paulo*, foi trabalhar na empresa Transaco, de Frias e, mais tarde, no jornal, como chefe de produção. Em 1967, assumiu a Secretaria-Geral da *Folha* e, no período de 1969 a 1972, o jornal viveria um momento de censura imposta pelo regime militar.

Em 1972, Abramo foi nomeado diretor de redação da *Folha*, tendo sido afastado pouco depois e substituído por Ruy Lopes, da sucursal de Brasília. Longe dos jornais por cerca de dois anos, aproveitou esse período para viajar e escrever, a convite de Luís Carta, fascículos sobre história geral, que nunca foram publicados. Em 1974, foi convidado, juntamente com Carlos Chagas, Alberto Dines e João Calmon, para um seminário na universidade norte-americana de Stanford. Retornou ao país um ano depois e, em janeiro de 1975, foi preso com sua segunda esposa, Radhá, pelo DOI-Codi, acusado de subversão. Em meados desse mesmo ano, retornou à *Folha* e criou a "Página Três", com a colaboração de intelectuais e jornalistas como Paulo Francis, Newton Rodrigues e Alberto Dines, dando início a uma reformulação ainda discreta do jornal. Essas alterações só começariam a efetivar-se em 1976, quando retornou à direção efetiva da redação, ao lado de Octavio Frias de Oliveira e Otavio Frias Filho.

Em 1977, foi retirado da direção da redação por imposição do ministro do Exército, general Sílvio Frota, em um episódio que envolveu o jornalista da *Folha* Lourenço Diaféria. No dia seguinte à prisão de Diaféria, o general Hugo Abreu, chefe da Casa Militar do presidente Ernesto Geisel, ligou para o jornal, e Frias pediu que Abramo se demitisse, tendo sido então substituído por Boris Casoy.

Em 1978, lançou, como editor, o tabloide *Leia Livros*, com o apoio de Caio Graco Prado, da editora Brasiliense. O tabloide era voltado para a resenha de livros, ensaios e entrevistas. Em 1979, foi nomeado membro do Conselho Editorial da *Folha*, demitindo-se logo depois, durante a greve dos jornalistas ocorrida naquele ano. Passou a trabalhar como coeditor do recém-lançado *Jornal da República*, de Mino Carta, que teve vida curta. Em 1980, retornou à *Folha*, convidado novamente por Otavio Frias

Filho e Boris Casoy para ser correspondente do jornal em Londres. Três anos depois, com o mesmo cargo, transferiu-se para Paris. Interessado em participar do processo de abertura política pelo qual passava o país, retornou ao Brasil em 1984 e passou a escrever a coluna "São Paulo", da página dois da *Folha*. Seu espaço no jornal, uma coluna de quarenta e oito linhas, foi apontado por muitos como uma marginalização do periódico em relação ao jornalista. Morreu, aos 64 anos, no dia 14 de agosto de 1987, na cidade de São Paulo.

Davi Nasser nasceu na cidade de São Paulo em 1917, filho de um casal de imigrantes libaneses. Iniciou no Rio de Janeiro, aos 16 anos, sua carreira jornalística como repórter do matutino *O Jornal*, da cadeia dos Diários Associados, tornando-se mais tarde um de seus sócios. De 1936 a 1944, foi repórter de *O Globo*, no Rio de Janeiro. Em 1944, voltou aos Diários Associados, onde realizou reportagens, quase sempre em colaboração com o fotógrafo Jean Manzon, pelo Brasil e por outros países latino-americanos, e escreveu por muito tempo na revista carioca *O Cruzeiro*. Em 1965, foi eleito presidente de honra da *Escuderie Le Cocq*, formada por policiais do Rio de Janeiro para homenagear um detetive morto em serviço. Em maio de 1975, desligou-se do condomínio acionário das Emissoras e Diários Associados, alegando discordar da orientação editorial de seu presidente, o então senador João Calmon. Passou a escrever na revista *Manchete*. Faleceu no Rio de Janeiro, no dia 10 de dezembro de 1980.

Eduardo Collen Leite, o "**Bacuri**", era um "jovem quadro de ação armada, fundador da Resistência Democrática (REDE), pequena organização de São Paulo, que ingressou na ALN em 1970. (...) Torturado por cerca de cem dias, foi assassinado em dezembro de 1970".

Francisco Campos foi ministro da Educação e Saúde Pública de novembro de 1930 a outubro de 1931 e de dezembro de 1931 a setembro de 1932. Ocupou interinamente a pasta da Justiça e Negócios Interiores de março a setembro de 1932.

Gama e Silva (Luís Antônio da), paulistano, nasceu em 1913. Filho de um juiz de direito, seguindo a tradição familiar, bacharelou-se pela faculdade do largo São Francisco. Formado, foi redator político do *Correio Paulistano*, órgão do Partido Republicano Paulista (PRP). Ingressou como professor da Universidade de São Paulo (USP), em 1934, e foi seu reitor entre 1963 e 1966. Acumulou, por um curto período de tempo, dois ministérios no governo Castello Branco: o da Justiça e o da Educação e Cultura. No governo de Costa e Silva (1967-1969), foi ministro da Justiça em um governo marcado por intensas movimentações estudantis contra o arbítrio em vigor, como o AI-2. Na esteira do fechamento da participação popular, forças coibiam as manifestações e, por fim, foi decretado o AI-5, em 13/12/1968, tendo Gama e Silva como o seu mentor. Nesse período, o controle do ministro sobre a vida acadêmica resultou na cassação de uma série de professores, cuja maioria era da USP.

Gilson Teodoro de Oliveira, segundo a biografia publicada na *Folha da Tarde*, conheceu Marcos Vinício Fernandes dos Santos na militância estudantil e o seguiu desde esse tempo até a prisão, em janeiro de 1969. Participou da ação de "expropriação" e, apesar da queda do companheiro, ainda tomou parte em duas ações da VPR até ser preso. Seu irmão, Gerson Teodoro de Oliveira, continuou na luta até morrer, aos 23 anos, em março de 1971, com o seu companheiro da VPR Maurício Guilherme da Silveira.

Hermínio Sacchetta era filho de imigrantes italianos e nasceu na cidade de São Paulo em 1º de maio de 1909. Bacharel em ciências e letras, iniciou sua carreira na imprensa em 1928 como revisor do *Correio Paulistano*. Engajado politicamente desde 1932 no Partido Comunista, foi dirigente do comitê regional de São Paulo e um dos principais editores do jornal *A Classe Operária* até 1937. Discordâncias internas o levaram, no ano seguinte, a formar um comitê central provisório, que contou com a adesão inicial de mais outros cinco comitês regionais. Em novembro de 1937, foi vítima de violenta campanha difamatória que o acusava de "fraccionismo trotskista", sendo expulso do PCB. Seis meses depois, foi condenado pelo Tribunal de Segurança Nacional, deixando a prisão em novembro de 1939.

A partir de então, tornou-se dirigente do recém-fundado Partido Socialista Revolucionário, seção brasileira da IV Internacional, de orientação trotskista. Retornou às atividades jornalísticas como redator de política internacional da *Folha da Manhã* e da *Folha da Noite*, exercendo durante seis anos os cargos de subsecretário e secretário-geral de redação. Em 1945, participou da criação do jornal *São Paulo*, que circulou pelo curto período de dezoito meses. Transferiu-se para os Diários Associados, lá ficando até 1950. Organizou e dirigiu o jornal *Tempo*. Entre 1956 e 1959, chefiou o Departamento de Jornalismo da Rádio Bandeirantes e participou da Liga Socialista Independente, de tendência luxemburgista.

Em 1960, passou a dirigir a redação do *Shopping News*, lá permanecendo por nove anos. No final da década de 1960, engajou-se no movimento comunista internacionalista e, em 1969, voltou aos Associados como diretor de redação do *Diário de São Paulo* e do *Diário da Noite*. Em agosto daquele mesmo ano, foi novamente preso, processado e impedido de exercer a profissão por cinco anos por divulgar o manifesto da Ação Libertadora Nacional, posto no ar após a tomada dos transmissores da Rádio Nacional por Carlos Marighella. Voltou às redações em 1975 para assumir a editoria de Exterior da *Folha São Paulo*, função que deixou um ano depois por motivo de saúde. Morreu em 28 de outubro de 1982, aos 73 anos de idade e 48 de profissão. Com ele foi-se a "escola de jornalismo Hermínio Sacchetta", já que foram tantos os profissionais de imprensa que formou.

Jarbas Passarinho (coronel) foi governador do estado do Pará, eleito pela Assembleia Legislativa após indicação do presidente general Humberto Castello Branco (1964- -1966). Foi senador pelo mesmo estado em diversos mandatos: pela ARENA em 1967 e no período de 1974 a 1983; senador constituinte na legenda do PDS, em coligação com o PMDB, o PCB e o PCdoB, de 1986 a 1990; e, de 1992 a 1994, pelo PPR, agremiação originária da fusão do PDS com PDC. Foi ministro do Trabalho no governo Castello Branco (1967-1969), da Educação no governo Médici (1969-1974), da Previdência no governo Figueiredo (1983-1985) e da Justiça no governo Collor (1990-1992).

Joaquim Alencar de Seixas iniciou suas atividades como militante político aos dezenove anos de idade, combatendo a ditadura de Vargas. Mais tarde rebelou-se contra o golpe civil-militar de 1964. Em 1970, como dirigente do MRT, abrigou em sua casa, por cinco meses, Carlos Lamarca. Faleceu aos 49 anos, dias depois do assassinato do industrial Henning Albert Boilesen, após ser capturado e torturado, na alameda Casa Branca, em São Paulo, em abril de 1971.

Joaquim Câmara Ferreira, o *Toledo,* militava na Juventude Comunista desde o início da década de 1930, tendo Carlos Marighella como companheiro nas lutas do PCB contra Vargas. Estudante da Politécnica de São Paulo, foi preso pela Polícia Especial de Getúlio Vargas, no Rio, em 1939, e violentamente torturado, já que detinha informações sobre o trabalho clandestino do PCB. Após sua libertação, com a anistia de 1945, foi dirigir o jornal *Hoje,* órgão do PCB em São Paulo. Em 1966, com Carlos Marighella e outros que haviam sido expulsos do PCB após o VI Congresso do partido, ajudou a fundar a ALN.

Acreditando na luta armada como forma de combater a ditadura civil-militar do pós-1964, participou como comandante do sequestro do embaixador norte-americano. Após a morte de Marighella, assumiu a direção da ALN até ser assassinado por tortura, em um sítio clandestino da polícia política paulista, na madrugada de 24 de outubro de 1970.

José Vieira Madeira nasceu em 10/8/1935, no Rio de Janeiro. Foi jornalista, publicitário, bacharel em direito e em comunicação social. Foi jornalista, correspondente, chefe de reportagem, chefe da sucursal de Brasília e editor da sucursal do jornal *O Globo,* em Brasília; repórter e redator da United Press International, Inc., no Rio de Janeiro; assessor-presidente e diretor da sucursal de Brasília da Rádio e TV Bandeirantes; editor da coluna Propaganda e MICT da sucursal de Brasília do *Jornal de Brasília;* diretor de atendimento da Alcântara Machado, Periscinoto Comunicações, de São Paulo; diretor da sucursal de Brasília do jornal *O Dia;* diretor e coordenador geral de Atendimento da RATTO Propaganda, em Brasília; chefe da assessoria de Comunicação Social, entre 1994 e 1995, da Embratur; e chefe de Assessoria de Comunicação Social do Ministério da Agricultura; diretor do Departamento de Censura e Diversões do Ministério da Justiça (Ministro Petrônio Portella); membro conselheiro do Conselho Nacional do Cinema; membro conselheiro e vice-presidente do Conselho Nacional de Trânsito. Foi diretor do Sindicato dos Jornalistas Profissionais do Distrito Federal e presidente do Sindicato dos Publicitários do Distrito Federal.

Juarez Guimarães de Brito deixou a Política Operária (Polop) e ingressou no Comando de Libertação Nacional (COLINA), aderindo à luta armada. Participou da criação da VAR-Palmares e, após a sua divisão, permaneceu como militante da VPR, onde se tornou um de seus líderes. Casado com Maria do Carmo Brito, "no dia 18 de abril de 1970, quando o carro que dirigia foi cercado, cumpriu um pacto que tinha com sua companheira e deu um tiro no próprio ouvido", falecendo aos 32 anos. Antes do "racha" da VAR-Palmares, em setembro de 1969, executou um assalto à casa

376

da suposta namorada do ex-governador de São Paulo, Adhemar de Barros. Lá havia um cofre com 2,5 milhões de dólares. Alguns militantes narram que seria Juarez o depositário de uma parte considerável desse dinheiro, que jamais foi recuperado após sua morte.

Lenildo Tabosa Pessoa nasceu em 1935, na cidade de Caruaru, no estado de Pernambuco. Foi seminarista e completou os estudos religiosos em Roma, onde estudou filosofia. Teve suas primeiras experiências como jornalista aos 15 anos, quando escreveu sobre política internacional para os jornais *A Defesa, A Tribuna* e *Jornal do Commercio*.

Em 1960, transferiu-se para São Paulo e foi estagiar na seção de Internacional do *Estado de S. Paulo*. Tornou-se articulista e editorialista dos jornais da família Mesquita – *Jornal da Tarde* e *O Estado de S. Paulo*. Professor de direito internacional público, piloto profissional, era conhecido por suas convicções católico-conservadoras, anticomunistas e pela defesa do governo autoritário de março de 1964.

Em vários momentos prestou serviços a esses governos, como na preparação da visita do ministro da Justiça, Alfredo Buzaid, à Europa, em 1970. Outras ligações vinham sendo redesenhadas, como as do relato sobre o delegado Fleury, de Percival de Souza. Lá, Souza trouxe à tona a figura de Alcides Cintra Bueno Filho, o *Porquinho*. O delegado Alcides era o coveiro oficial do DOI-Codi e do Dops, e Souza explicita a ligação de ambos, ao narrar que

> (...) se alguém morria, em combate ou em tortura, era sempre ele (Alcides) o primeiro a chegar para definir, somente ele, o que fazer. O delegado coveiro, o delegado dos sepultamentos clandestinos, (...) o delegado católico que rezava e comungava, que tinha amigos do clero conservador, que odiava os progressistas.
> Quando teve os padres dominicanos nas mãos, convidou o teólogo-jornalista Lenildo Tabosa Pessoa para ler o conteúdo das apurações preliminares e ajudá-lo nas perguntas fundamentais que pudessem comprometê-los na contradição que considerava flagrante: professar o cristianismo e engajar-se na esquerda que empunhava armas. O homem que seria capaz de sumir com corpos sem deixar vestígios teve habilidade para ocultar as sombras e receber Lenildo, um pernambucano de Caruaru, introduzindo-o no casarão sem maiores consequências. Um dos padres, contudo, viu Lenildo no momento de descuido (...). Lenildo chegou num carro fechado e saiu do DOPS da mesma forma. Foi acusado pelos padres de participar diretamente dos interrogatórios. Não tinha sido bem assim.[9]

Em fevereiro de 1977, Lenildo Tabosa, mostrando-se atualizado acerca das publicações, escreveu, durante dois dias seguidos, em sua coluna do *Jornal da Tarde,* uma resenha sobre o livro *A Esquerda Armada no Brasil*, de Antônio Caso. O livro, publicado em Cuba e Portugal, tem na última edição um prefácio de José Ibrahim, ex-presidente do Sindicato dos Metalúrgicos de Osasco e um dos presos políticos trocados pelo embaixador norte-americano em setembro de 1969. Ocupando-se do tema, em julho do mesmo ano, Renato Tapajós lançou o livro *Em câmara lenta*, que, escrito enquanto esteve

---

[9] *Autópsia do medo*, op. cit., p. 181-5.

preso, narra as memórias da militância política dos anos 1960. Detido novamente, em pleno governo Geisel, na porta da Editora Abril, foi interrogado com base em trechos marcados do livro, os mesmos que Lenildo Tabosa Pessoa havia destacado na sua coluna do *Jornal da Tarde* e dos quais faziam uma leitura torta ao afirmar que as memórias faziam a apologia da guerrilha e incitavam os jovens à luta armada[10].

No início da década de 1980, Tabosa Pessoa lançou seu primeiro livro de ficção, *A lágrima: o romance do 1984 brasileiro*, inspirado no *1984*, de George Orwell. Baseado na história recente do país e usando pseudônimos, o livro narra o golpe militar do general Golbecou, que derrubou o poder no ano de 1984. Instaurada a ditadura, criam-se "campos de reeducação", para onde são mandados um professor, um jornalista e um piloto. Ao todo escreveu quatro livros. Além desse, *Não faça voo cego*, *A revolução popular* e *O reencontro*.

Lenildo Tabosa Pessoa morreu no dia 15/9/1993, quando pilotava o seu avião particular, no trajeto de Caruaru para a ilha de Itamaracá. Como curiosidade, vale destacar que a pasta número 50-Z-9-41543, que possuía documentos sobre o jornalista e que pertencia ao Deops/SP, não veio quando esse acervo foi transferido para o Arquivo Público do Estado de São Paulo.

Manoel Henrique Ferreira militou no MR-8. O *Jornal do Brasil* de 3/9/1977 trouxe um depoimento do militante sob o título "Terrorista preso afirma que 'se arrependeu' sob tortura". Na época com 31 anos e condenado a 57 de prisão, Manoel escreveu uma carta ao arcebispo de São Paulo, dom Paulo Evaristo Arns, em que afirmava ter comparecido à TV sob coação e com promessas de que seria libertado. Debatendo-se com a dor da prisão e com o esquecimento momentâneo das propostas da luta, Manoel ficou profundamente marcado pelos episódios de julho de 1971. Ele era procurado, entre outras atividades, por ter sido um dos quatro guardas responsáveis pelo embaixador alemão sequestrado em 11/6/1970. Seu nome foi divulgado pela imprensa um dia após o seu pronunciamento na TV, em 13/7/1971.

> Esse pronunciamento [...] deveria ter como objetivo impedir que outras pessoas ingressassem na subversão. Eu deveria dirigir-me sobretudo à juventude. Deveria também falar sobre o bom tratamento que estava recebendo, sobre a inexistência de torturas. [...] Dias depois, descumprindo um dos tratos, é levada uma televisão à cela, onde é passado o meu pronunciamento, gravado anteriormente em *videotape*. Aquilo foi uma verdadeira agressão aos presos, principalmente pela surpresa e pelo fato de eu tê-los enganado, não falando nada para ninguém.[11]

Marcio Leite de Toledo foi o caso de morte por *justiçamento* no interior da organização de luta armada a que pertencia. "Militante da ALN, fez parte da primeira Coordenação Nacional, treinou em Cuba e terminou sendo justiçado. Essa decisão, tomada pela Coordenação Nacional e pela Coordenação Regional de São Paulo, constitui o ato mais polêmico da História da ALN".

---

[10] Marcelo Ridenti, *Em busca do povo brasileiro*, op. cit., p. 154-5.
[11] *Jornal do Brasil*, 3/9/1977.

378

Marcos Alberto Martini, segundo a biografia publicada na *Folha da Tarde*, é natural de Campinas, chegou a São Paulo em 1968 para prestar vestibular de Física. Começou a ter uma militância estudantil, até que Marcos Vinício Ferreira dos Santos o convidou para formar uma organização. Os problemas financeiros levaram a um contato com a VPR. Uma ação de "expropriação", entretanto, fez com que parte do grupo *caísse* e, vinte dias depois disso, ele foi preso.

Marcos Vinício Fernandes dos Santos, segundo a biografia publicada na *Folha da Tarde*, ingressou no PCB no começo dos anos 1960, atuando na área de Osasco. Em fins de 1963, ingressou na Política Operária (Polop), de onde saiu em 1966. Participou do processo de ressurgimento da Frente Estudantil Secundarista (FES). As dificuldades econômicas de manter os membros do grupo na clandestinidade fizeram com que travasse contato com membros da VPR na tentativa de que estes os auxiliassem. Dez dias depois, em janeiro de 1969, contudo, "fui capturado pela polícia".

Médici (general Emílio Garrastazu), gaúcho, nascido em 1905, frequentou o Colégio Militar em Porto Alegre até que, em 1924, foi para a Escola Militar de Realengo (RJ). Participou da Revolução de 1930 e do comando que derrotou a Revolução Constitucionalista de 1932. Trabalhou com a Escola de Estado-Maior, foi promovido a tenente-coronel em 1950 e transferido para a 3ª Região Militar, em Porto Alegre. Lá, tornou-se chefe da 2ª seção (informação).

Tornou-se general de divisão da Arma da Cavalaria e era comandante da Academia Militar das Agulhas Negras (AMAN) quando se deu o golpe de 1964; foi também adido militar do Brasil nos EUA, chefe do Serviço Nacional de Informação (SNI) até março de 1969, quando foi nomeado general de Exército e comandante do III Exército. Presidente da República de 1969 a 1974.

Mino Carta é italiano e chegou ao Brasil aos 12 anos, em 1946, quando o pai, que era jornalista, aceitou o convite do empresário Francisco Matarazzo para dirigir a redação do jornal *Folha de S.Paulo*. Teve sua primeira experiência profissional no jornalismo em 1950, no Rio de Janeiro, como repórter esportivo, cobrindo a Copa do Mundo de Futebol para o jornal *Il Messaggero*, de Roma. Enquanto morava fora do Brasil, foi correspondente do *Diário de Notícias*, do Rio de Janeiro, e da revista *Mundo Ilustrado*, na Itália. Em 1959, foi procurado na Itália por Victor Civita, proprietário da editora brasileira Abril, e convidado a organizar uma revista na área de veículos automotores e turismo, a revista *Quatro Rodas*, surgida na esteira da implantação da indústria automobilística no país. O prestígio do periódico fez Carta receber alguns prêmios *Esso* de jornalismo. Transferiu-se para o jornal *O Estado de São* Paulo, onde fundou e dirigiu a edição de esportes entre 1964 e 1965. Posteriormente, foi convidado pela família Mesquita, proprietária do mesmo jornal, para criar o *Jornal da Tarde*, ficando nesse cargo no período de 1966 a 1968.

Em 1968, a convite de Victor Civita, retornou à Editora Abril com a tarefa de criar um semanário de informação, a revista *Veja*, inspirado nas americanas *Time* e *Newsweek*. Em fevereiro de 1974, Carta passou a integrar a diretoria da Editora

Abril, além de continuar dirigindo a revista, vivenciando diretamente o processo de intervenção da censura à *Veja*. Em 1976, fundou com Domingo Alzugaray, Tão Gomes Pinto, Fernando Sandoval e Armando V. Salem a revista *IstoÉ*, buscando um modelo europeu para o novo periódico. Em agosto de 1979, com Domingo Alzugaray, seu sócio na Encontro Editorial, criou o *Jornal da República*, que circulou pelo curto período de cinco meses. Em abril de 1982, de novo convidado por Alzugaray, dono da revista quinzenal *Senhor*, assumiu a direção de redação e transformou-a em uma publicação semanal.

Em julho de 1988, a revista *Senhor* fundiu-se à revista *IstoÉ* e Carta tornou-se o diretor de redação da nova *IstoÉ/Senhor*, que, mais tarde, passou a ser apenas *IstoÉ*. Ocupou esse cargo por cinco anos. Em agosto de 1993, deixou a *IstoÉ*, por divergências com Alzugaray acerca da orientação política e conceitual da revista. Fundou, em agosto de 1994, a revista *Carta Capital*, cujas temáticas são centradas nas áreas de negócios, economia, política e comportamento.

Neiva Moreira (José Guimarães Neiva Moreira) é maranhense de uma família de políticos, jornalista e deputado federal. Nacionalista, defendeu a criação da Petrobras e da Eletrobrás. Exerceu mandatos legislativos entre 1955 e 1964 na legenda das Oposições Coligadas, constituídas pela União Democrática Nacional (UDN), o Partido Social Democrático (PSD), o Partido Republicano (PR), o Partido Liberal (PL), o Partido Trabalhista Brasileiro (PTB) e o Partido Social Progressista (PSP) e, posteriormente, pelo Partido Democrático Trabalhista (PDT), entre 1993 e 1994 e no ano de 1997.

Quando reeleito, em outubro de 1962 pela legenda do PSP, "se tornou, ainda durante o governo de João Goulart (1961-1964), um dos mais incisivos defensores das reformas radicais, atuando em consonância com Leonel Brizola, então governador do Rio Grande do Sul". Após o 31 de março de 1964, que depôs o presidente João Goulart, Neiva Moreira teve seu mandato cassado pela Junta Militar no dia seguinte à edição do Ato Institucional nº 1, de 9 de abril desse ano. Ainda nesse mês, o novo governo proibiu a edição do diário maranhense *Jornal do Povo*, de sua propriedade, cuja sede foi, posteriormente, incendiada. Esteve preso por vários meses em quartéis do Rio e de Brasília. Exilou-se, então, na Bolívia, onde dirigiu o jornal *Clarín*, que apoiava as conquistas da revolução boliviana de 1952. Com a vitória do golpe militar nesse país no fim de 1964, Neiva Moreira foi intimado a deixar a Bolívia, seguindo de lá para o Uruguai, onde passaria quase dez anos. Nesse país, tornou-se um dos editores dos jornais *Sur, Izquierda,* posteriormente fechado pela ditadura lá instaurada, e *El Oriental –* ambos ligados ao Partido Socialista –, *El Debate,* apoiado pelo Partido Nacional, e *Ahora,* diário da coligação de esquerda Frente Ampla.

Com o endurecimento do regime naquele país, deixou Montevidéu em setembro de 1973, pouco depois do golpe de Estado, e exilou-se na Argentina, fixando-se em Buenos Aires. Na capital portenha passou a editar a revista mensal *Tercer Mundo,* posteriormente denominada *Cuadernos del Tercer Mundo.* Só voltou ao Brasil depois da assinatura da Anistia, em agosto de 1979.

380

Nilo Caneppa, "general do Exército, diretor do DPF em 1972, chefe da rede de assassinos lotados naquele órgão federal de repressão e tortura"[12].

Norberto Nehring era militante da ALN e saiu do país em abril de 1969 para treinamento em Cuba. Sua mulher e sua filha, respectivamente Maria Lygia Quartin de Moraes e Marta Nehring, seguiram para a França e ele retornou ao Brasil um ano depois. Foi preso, torturado e morto na Oban, mas, segundo a versão oficial, ele teria sido encontrado morto, enforcado com uma gravata, no dia 25 de abril de 1970, no quarto 21 do Hotel Pirajá, na alameda Nothmann, 949, centro de São Paulo, com a identidade falsa de Ernest Snell Burmann. Trazia também um bilhete assinado com seu nome e endereçado à mãe.

Octavio Frias de Oliveira empresário e jornalista, nasceu no Rio de Janeiro em 5 de agosto de 1912. Em 1932, alistou-se nas tropas da Revolução Constitucionalista, permanecendo por dois meses em Cunha, na região do vale do Paraíba. Sua vida profissional oscilou entre as atividades empresariais e a estabilidade do serviço público, prezada por seu pai. A partir de 1940, tornou-se diretor do Departamento Estadual do Serviço Público, respondendo pela diretoria de Contabilidade e Planejamento. Três anos mais tarde, na condição de acionista-fundador, participou do estabelecimento do Banco Nacional Imobiliário (BNI), dirigido por Orozimbo Roxo Loureiro, onde exerceu o cargo de diretor da Carteira Imobiliária. Nessa função, lançou o programa de condomínios a preço de custo, que possibilitou a construção de prédios como o Copan e o da Galeria Califórnia, projetos de Oscar Niemeyer, como também o teatro Maria della Costa. Deixou o BNI em junho de 1954, seis meses antes de este ter sido comprado pelo Bradesco, quando entrou em processo de liquidação.

Em 1953, fundou a empresa Transaco – Transações Comerciais –, uma das primeiras firmas especializadas na venda de ações diretamente ao público, que prestou serviços ao jornal carioca *Tribuna da Imprensa,* de Carlos Lacerda e à *Folha da Manhã,* de José Nabantino Ramos. Associou-se ao empresário Carlos Caldeira Filho para construírem a estação rodoviária de São Paulo, em 1961, e, em 13 de agosto do ano seguinte, adquiriram a *Folha de S.Paulo,* de propriedade de José Nabatino Ramos. Frias e Caldeira, presidente e superintendente da empresa, voltaram-se, num primeiro momento, para a recuperação financeira do jornal. A reestruturação da *Folha* ficou a cargo do jornalista Cláudio Abramo, que havia saído do *Estado de S. Paulo.* Convidado, em fins de 1965, por Octavio Frias de Oliveira, Abramo foi primeiramente trabalhar na empresa Transaco, que realizava corretagem de ações e análises diárias para o jornal. Mais tarde, Frias o colocou dentro do jornal como chefe de produção e, em 1967, Abramo tornou-se secretário-geral da *Folha.*

No final dos anos 1960, investiram na modernização industrial da *Folha de S.Paulo,* com a compra de novos equipamentos nos Estados Unidos. A partir de 1968, o jornal passou a ser o primeiro na América Latina a ser impresso em *offset.* No período de 1969 a 1972, o jornal foi submetido à censura imposta pelo regime militar. A partir de 1972,

---

[12] Cf. "Saiu o 2º listão: 442 torturadores", *Em tempo,* nº 54, 8-14/3/1979, p. 4-5.

a *Folha de S.Paulo* viveu momentos de transformação. Cláudio Abramo, recém-nomeado diretor de redação, deixou o jornal, sendo substituído por Ruy Lopes.

Em meados dos anos 1980, Frias começou a transferir a operação executiva do jornal a seus filhos Luís e Otavio, respectivamente nas funções de presidente e editor do Grupo Folha, sem, contudo, afastar-se da orientação e do dia a dia do jornal. Sócios durante trinta anos, Frias e Caldeira desfizeram a sociedade em 1991.

Osmar de Oliveira Rodello Filho, segundo a biografia publicada na *Folha da Tarde*, teve uma militância estudantil até conhecer Marcos Vinício Fernandes dos Santos e formar um grupo. Após uma ação de "expropriação", ou seja, um roubo, *caiu*.

Oswaldo Aranha foi ministro da Justiça e Negócios Interiores no período de novembro de 1930 a dezembro de 1931. Transferido para o Ministério da Fazenda, ficou nesse cargo até julho de 1934. Foi ministro da Educação e Saúde Pública de julho de 1934 a outubro de 1945. E, de março de 1938 a outubro de 1945, também se tornou chanceler.

Petrônio Portella era piauiense, nascido em 1925. Formou-se em direito na Universidade do Brasil, em 1951. Filiado à UDN, foi deputado estadual pelo Piauí em 1954, governador daquele estado entre 1963 e 1966 e senador entre 1967 e 1979. Como a maioria udenista, filiou-se à ARENA no pós-1964.

Enquanto exercia a presidência do Senado, tornou-se ministro da Justiça do governo Figueiredo, em 19/1/1979, vindo a falecer um ano depois. Nesse curto período de tempo, o Ministério da Justiça voltou a ter uma ação mais política do que *policialesca*, e profundas transformações entraram em curso, como a sanção da Lei de Anistia, em agosto de 1979. As reportagens da época sobre a sua morte são pouco conclusivas a respeito do que realmente aconteceu.

Pompeu de Souza (Roberto), cearense, nasceu em 1914 e chegou ao Rio de Janeiro com 14 anos. Foi jornalista, tendo trabalhado como editor internacional, aos 22 anos, no jornal *Diário Carioca*. Na área política, foi um dos fundadores da UDN e do PSB, ambos dissolvidos pelo regime militar, que instituiu o bipartidarismo (Ato Institucional nº 2, de 27/10/1965).

Levado para Brasília pelo então primeiro-ministro Tancredo Neves, em 1961, foi chefe do Serviço de Imprensa do Conselho de Ministros. Um dos fundadores da UnB, teve seus direitos cassados em 1964. Entre 1967 e 1968, foi um dos idealizadores do projeto de edição da revista *Veja*. Trabalhando para a Editora Abril, já havia fundado a sucursal da editora em Brasília, permanecendo como seu diretor por dez anos. Com a regulamentação do Conselho Superior de Censura (CSC), em 1979, foi o representante da Associação Brasileira de Imprensa (ABI). Foi senador constituinte pelo Distrito Federal entre 1987 e 1991. Faleceu, aos 77 anos, em 11/6/1991[13].

Rômulo Augusto Romero Fontes, segundo a biografia publicada na *Folha da Tarde*, é pernambucano, foi membro da base juvenil do PCB em Garanhuns e apoiou as Ligas

---

[13] Ver *Anuário Parlamentar Brasileiro* (São Paulo, Editora Três, 1989), p. 79-80; *Folha de S.Paulo*, 26/12/1981; *O Estado de S. Paulo*, 12/6/1991.

382

Camponesas de Francisco Julião. Depois de 1964, ingressou no Partido Operário Revolucionário Trotskista (PORT), sendo o responsável pela difusão da teoria trotskista em todo o Nordeste, mas rompeu com o partido em 1966. Preso em Fortaleza, ao deixar a prisão veio para São Paulo e travou contato com José Ibrahim, do Sindicato dos Metalúrgicos de Osasco, ingressando na VPR[14].

Silvio Correia de Andrade (general) foi o superintendente regional do DPF, em São Paulo, no governo Costa e Silva (1967-1969). A seu respeito, o jornal *Em Tempo* publicou "(...) general do Exército, comandante da repressão e da tortura no estado de São Paulo quando chefe do DPF/SP em 1968/1970"[15].

Tancredo Neves, ministro da Fazenda do segundo governo Vargas (1951-1954) e primeiro-ministro na experiência parlamentarista do governo João Goulart, tornou-se a figura central desse processo de articulação por Diretas Já! e candidato potencial a novo presidente da República. Após a derrota, no Congresso Nacional, da Emenda Dante de Oliveira, o último pleito indireto elegeu Tancredo Neves e seu vice, José Sarney.

Entre a eleição, em janeiro, e sua posse, em março, Tancredo Neves fez uma viagem à Europa, de apresentação às nações amigas, seguindo uma tradição inaugurada pelo presidente Juscelino Kubitschek (1956-1961) e interrompida nos governos militares. Já adoentado, retornou ao país e só se internou na véspera de sua posse, com receio de que sua enfermidade rearticulasse as forças conservadoras e impedisse que seu vice, José Sarney, assumisse. Ficou dez dias no hospital, até que, na noite de 21/4/1985, sua morte foi anunciada em cadeia nacional de rádio e TV.

Vinicius de Moraes nasceu no Rio de Janeiro, em 19/10/1913. No Rio de Janeiro, fez o curso de direito, e o de literatura inglesa na Universidade de Oxford. Dedicou-se ao jornalismo em 1941, como crítico de cinema. Por concurso, em 1943, ingressou na carreira diplomática, tendo trabalhado nas representações do Brasil em Los Angeles, Paris e Montevidéu. Era o representante do Itamaraty na Comissão de Censura Cinematográfica e foi à Europa, em 1952, com o objetivo de estudar a organização dos festivais de Cannes, Berlim, Locarno e Veneza, tendo em vista a realização do festival de cinema em São Paulo. Um ano mais tarde, lançou-se a edição francesa das *Cinco Elegias*. Ainda no mesmo ano, fixou-se em Paris, ocupando o cargo de segundo-secretário da Embaixada do Brasil. Aposentado do Itamaraty pelo AI-5, em uma lista que cassou diplomatas e teve como nota oficial a desculpa de serem "notoriamente pederastas e alcoólatras", mesmo com a Anistia, em 1979, não pôde retornar à *carrière* por estar acima da idade permitida. Faleceu no Rio de Janeiro em 9/7/1980.

Yoshitane Fujimori era "combatente da Vanguarda Popular Revolucionária – VPR, liderada na época por Carlos Lamarca. (...) Foi cercado na Vila Mariana, perto do Jabaquara, e morto. Populares que assistiram à cena contaram que os policiais atiraram em seu corpo de uma maneira selvagem, vários minutos após sua morte evidente".

---

[14] Concedeu entrevista à autora em 3/11/1999.

[15] Cf. "Saiu o 2º listão: 442 torturadores", art. cit.

SIGLAS

Agência Estado/Jornal *O Estado de S. Paulo* (AE)
Ação Libertadora Nacional (ALN)
Ação Popular (AP)
Aliança Renovadora Nacional (ARENA)
Assessoria de Segurança e Informações Regionais (ASIR)
Associação Brasileira de Imprensa (ABI)
Associação Nacional dos Censores Federais (Anacen)
Ato Institucional número 2 (AI-2)
Ato Institucional número 5 (AI-5)
Brasil Nunca Mais (BNM)
Comando de Caça aos Comunistas (CCC)
Centro de Integração Empresa Escola (CIEE)
Centro de Informação Empresa Exército (CIEx)
Conferência Nacional dos Bispos do Brasil (CNBB)
Centro Popular de Cultura (CPC)
Conselho Superior de Censura (CSC)
Comando Aéreo Regional (Comar)
Comando de Libertação Nacional (Colina)
Comissão Parlamentar de Inquérito (CPI)
Delegacias de Jogos e Diversões (DJD)
Departamento de Administração e Serviço Público (DASP)
Departamento de Imprensa e Propaganda (DIP)
Departamento de Informação, Correspondente e Sucursais (DICS), precursora
  da Agência Folha
Departamento de Ordem Política e Social (Dops)
Departamento de Operações e Investigações (DOI)
Departamento de Polícia Federal (DPF)
Departamento Estadual de Ordem Política e Social (Deops)
Departamento Federal de Segurança Pública (DFSP)
Departamento Nacional de Informações (DNI)
Destacamento de Operações de Informações/Centro de Operações de Defesa Interna do II
  Exército (DOI-Codi II) ou Destacamento de Operações de Informações – Centro de
  Operações de Defesa Interna (DOI-Codi)
Divisão de Censura de Diversão Pública (DCDP)
Divisão de Segurança e Informação (DSI)
Empresa de Correios e Telégrafos (ECT)
Escola Superior de Guerra (ESG)
Faculdade de Arquitetura e Urbanismo/USP (FAU)
Festival de Cinema do Rio de Janeiro (FestRio)

Força Aérea Brasileira (FAB)
Força Expedicionária Brasileira (FEB)
Frente Estudantil Secundarista (FES)
Fundação Armando Álvares Penteado (FAAP)
Fundação Nacional do Bem-Estar do Menor (Funabem)
Grupo Permanente de Mobilização Industrial (GPMI)
Instituto Brasileiro de Opinião Pública (Ibope)
Institut d'Histoire du Temps Présent (IHTP)
Inspetoria Geral de Polícia (IGP)
Juventude Universitária Católica (JUC)
Museu da Imagem e do Som (MIS)
Ministério da Justiça e Negócios Interiores (MJNI)
Movimento Democrático Brasileiro (MDB)
Movimento de Libertação Popular (Molipo)
Movimento Nacional Revolucionário (MNR)
Movimento Revolucionário 8 de outubro (MR-8)
Movimento Revolucionário Tiradentes (MRT)
Operação Bandeirantes (Oban)
Organização dos Estados Americanos (OEA)
Organização Revolucionária Marxista (ORM)
Partido Comunista Brasileiro (PCB)
Partido Comunista do Brasil (PCdoB)
Partido Comunista Brasileiro Revolucionário (PCBR)
Partido Democrata Cristão (PDC)
Partido Democrático Social (PDS)
Partido do Movimento Democrático Brasileiro (PMDB)
Partido Operário Comunista (POC)
Partido Operário Revolucionário Trotskista (PORT)
Partido Progressista Reformador (PPR)
Partido Socialista Brasileiro (PSB)
Partido dos Trabalhadores (PT)
Polícia Especial (PE)
Polícia Militar (PM)
Política Operária (Polop)
Pontifícia Universidade Católica (PUC)
Serviço de Censura de Diversões Públicas (SCDP)
Serviço de Informação do Gabinete (Sigab)
Serviço Nacional de Informação (SNI)
União Democrática Nacional (UDN)
União Estadual dos Estudantes (UEE)
Universidade Federal Fluminense (UFF)
Universidade Federal de Minas Gerais (UFMG)
Universidade de Brasília (UnB)
União Nacional dos Estudantes (UNE)
Universidade de São Paulo (USP)
Vanguarda Armada Revolucionária-Palmares (VAR-Palmares)
Vanguarda Popular Revolucionária (VPR)

FONTES PRIMÁRIAS

1. ENTREVISTAS

Jornalistas

Folha da Tarde
    Adilson Laranjeira
    Antônio Aggio Jr.
    Antônio Pimenta Neves
    Carlos Brickmann
    Carlos Dias Torres
    Carlos Penafiel
    Carlos Antônio Guimarães Siqueira
    Giba Um
    Frei Betto
    Ítalo Tronca
    Jorge Miranda Jordão
    Luiz Roberto Clauset
    Paulo Sandroni
    Raimundo Pereira
    Ricardo Gontijo
    Rômulo Fontes
    Rose Nogueira
    Tonico Ferreira

Outros[1]
    Alexandre Daunt Coelho (Editora Abril)
    Ana Maria Machado (Rádio *JB*)
    Boris Casoy (*Folha de S.Paulo)*
    Borjalo (TV Globo)
    Cláudio de Souza (Editora Abril)
    Cláudio Martins-Marques (TV Bandeirantes e *Shopping News*)
    Duarte Franco (TV Globo)
    Edgar Catoira (*Veja*)
    Elio Gaspari (*Veja*)
    Fernando Gasparian (*Opinião*)
    Fernando Lyra (ministro da Justiça)
    Hélio Fernandes (*Tribuna da Imprensa*)

---

[1] A identificação do local de trabalho do jornalista, entre parênteses, após o nome, refere-se ao órgão a que este estava ligado no período contemplado pela pesquisa, mas não necessariamente à época da entrevista.

Henrique Caban (*Veja* e *O Globo*)
Ivan Seixas (militante do MRT)
Izaías Almada (militante da VPR e jornalista da *Folha de S.Paulo*)
João Vieira Madeira
José Mindlin (secretário de Cultura, Ciência e Tecnologia no governo Paulo Egídio, 1975-1979)
José Silveira (*Jornal do Brasil*)
Leandro Konder
Lutero Mainardi
Luís Carlos Rocha Pinto (Agência Folha)
Mino Carta (*Veja*)
Nilson Lage (*Jornal da Tarde* e *O Globo*)
Oliveiros S. Ferreira (*O Estado de S. Paulo*)
Percival de Souza (*Jornal da Tarde*)
Ricardo Kotscho (*O Estado de S. Paulo*)
Roberto Farias (cineasta, presidente da Embrafilme)
Vanna Piraccinni (Livraria Leonardo da Vinci)

Censores[2]

Coriolano de Loyola Cabral Fagundez
Pedro José Chediak

Margarida[3]	(Censora em SP, assessora de Solange Hernandez, fez parte do Sigab)
Carolina	(Censora no RJ)
Helena	(Censora no RJ)
Rebecca	(Censora no RJ, autora de livro sobre o tema)
Djalma	(Jornalista e censor, autor de livro sobre o tema, chefe do Serviço de Censura no RJ)
Matilde	(Censora em SP, autora de tese sobre o tema da censura)
Guerra	(Censor no RJ, chefe do Serviço de Censura no RJ)
Tereza	(Censora em SP, fez o último concurso para o cargo)
Paulo	(Chefe da Censura em SP entre 1974 e 1977, jornalista e ator)

2. ARQUIVOS E BIBLIOTECAS

Arquivos públicos

Arquivo Nacional/RJ
Divisão de Segurança e Informação (DSI)
Divisão de Censura de Diversão Pública (DCDP)/seção RJ

---

[2] Foram entrevistados onze censores, mas apenas dois autorizaram a liberação dos seus nomes verdadeiros. Os outros nove receberam pseudônimos.

[3] Os pseudônimos foram usados no momento em que citei as entrevistas. Foi esse o acordo feito com os entrevistados. Quando fiz menção à documentação assinada por esse ou por qualquer outro censor utilizei suas verdadeiras identidades.

Coleção de Leis (Coordenação de Projetos e Promoção Cultural/CPC)
Coleção de fotografias do jornal *Correio da Manhã*
Arquivo Nacional/Brasília
Divisão de Censura de Diversão Pública (DCDP)
Academia Nacional de Polícia/Brasília
Cursos e Provas para Técnico de Censura
Arquivo do Estado do Rio de Janeiro
Fundo: Departamento de Ordem Política e Social (Dops)
Arquivo Público do Estado de São Paulo
Fundo: Departamento Estadual de Ordem Política e Social (Deops)
CPDOC/FGV
Arquivo Filinto Müller
Arquivo Gustavo Capanema
Universidade Federal de São Carlos
Arquivo Ana Lagoa

Arquivos privados

Arquivo jornalista José Silveira (notas de censura recebidas pelo *Jornal do Brasil*, entre 1971 e 1973);
Arquivo jornalista Ana Maria Machado (notas de censura recebidas pela rádio Jornal do Brasil entre 1973 e 1978)

Bancos de dados

Editora Abril
Folha de S.Paulo
Jornal do Brasil

Bibliotecas

Biblioteca Bastos Tigre/ABI (RJ)
Biblioteca da Faculdade de Direito/USP
Biblioteca da FFLCH/USP
Biblioteca da Fundação Getúlio Vargas/RJ
Biblioteca da IFCH/Unicamp
Biblioteca Machado de Assis/AN (Brasília)
Biblioteca do Ministério da Fazenda (RJ)
Biblioteca Nacional/RJ
Biblioteca do Núcleo de Estudos da Violência/USP

BIBLIOGRAFIA

ABRAMO, Cláudio. *A regra do jogo*: o jornalismo e a ética do marceneiro. São Paulo, Companhia das Letras, 1988.

ABREU, João Batista de. *As manobras da informação*: análise da cobertura jornalística da luta armada no Brasil (1965-1979). Rio de Janeiro, Mauad/EdUFF, 2000.

ABREU, Márcia (Org.). *Leitura, história e história da leitura*. São Paulo, Fapesp/Mercado das Letras, 1999.

_____. Da maneira correta de ler: leituras das belas letras no Brasil colônia. In: _____. (Org.) *Leitura, história e história da leitura*. São Paulo, Fapesp/Mercado das Letras, 1999.

ALBIM, Ricardo Cravo. *Driblando a censura*. Rio de Janeiro, Gryphus, 2002.

ALENCASTRO, Luiz Felipe de. 1964: por quem dobram os sinos. In: TELES, Janaína (Org.). *Mortos e desaparecidos políticos*: reparação ou impunidade? São Paulo, Humanitas/FFLCH, 2000.

ALGRANTI, Leila Mezan. Política, religião e moralidade: a censura de livros no Brasil de D. João VI (1808-1821). In: CARNEIRO, Maria Luiza Tucci (Org.). *Minorias silenciadas*: história da censura no Brasil. São Paulo, Edusp, 2002. p. 91-120.

ALMEIDA, Maria Herminia de. *Tomando partido, formando opinião*: cientistas sociais, imprensa e política. São Paulo, Sumaré, 1992.

ALVES, Maria Helena Moreira. *Estado e oposição no Brasil (1964-84)*. Petrópolis, Vozes, 1984.

ALVIM, Thereza Cesario (Org.). *O golpe de 64*: a imprensa disse não. Rio de Janeiro, Civilização Brasileira, [1979].

ANDERSON, Benedict. *Imagined communities*: reflections on the origin and spread of nationalism. London, Verso, 1996.

ANDRADE, Jeferson Ribeiro de. *Um jornal assassinado*: a última batalha do *Correio da Manhã*. Rio de Janeiro, José Olympio, 1991.

ANGRIMANI, Danilo. *Espreme que sai sangue*: um estudo do sensacionalismo na imprensa. São Paulo, Summus, 1995.

AQUINO, Maria Aparecida de. *Censura, imprensa, Estado autoritário (1968-1978)*: o exercício cotidiano da dominação e da resistência. *O Estado de S. Paulo* e o Movimento. Bauru, Edusc, 1999.

ARAÚJO, Maria Paula Nascimento. *A utopia fragmentada*: as novas esquerdas no Brasil e no mundo na década de 1970. Rio de Janeiro, FGV, 2001.

ARENDT, Hannah. *Origens do totalitarismo*. São Paulo, Companhia das Letras, 1989.

_____. *Eichmann em Jerusalém*: um relatório sobre a banalidade do mal. São Paulo, Companhia das Letras, 1999.

A REVISTA no Brasil. São Paulo, Abril, 2000.

ARGOLO, José A.; RIBEIRO, Kátia; FORTUNATO, Luiz Alberto M. *A direita explosiva no Brasil*. Rio de Janeiro, Mauad, 1996.

ARQUIVO PÚBLICO DO DISTRITO FEDERAL. *Imprensa alternativa e cultura, 1970-1984*. Brasília, Ed. do Arquivo Público do Distrito Federal, 1989.

ARQUIVO PÚBLICO DO ESTADO DO RIO DE JANEIRO. *DOPS*: a lógica da desconfiança. Rio de Janeiro, Secretaria de Estado de Justiça, 1993.

390

ARQUIVO PÚBLICO DO ESTADO DO RIO DE JANEIRO. *Os arquivos das polícias políticas*: reflexos de nossa história contemporânea. Rio de Janeiro, Faperj, 1994.

ASSIS, Denise. *Propaganda e cinema a serviço do Golpe (1962/1964)*. Rio de Janeiro, Mauad/ Faperj, 2001.

ASSIS, Sulamita Maria Barbosa. *Censura à imprensa no regime brasileiro pós-64*: seus fundamentos ideológicos e seus parâmetros políticos. 1987. Dissertação (Mestrado) — UFMG.

BADEN, Nancy T. *The muffled cries*: the writer and literature in authoritarian Brazil, 1964-1985. Boston, University Press of America, 1999.

BAHIA, Juarez. *Jornal, história e técnica*. São Paulo, Ática, 1990.

BALANDIER, Georges. *O poder em cena*. Brasília, Editora da UnB, 1982.

BANDEIRA, Moniz. *O governo João Goulart*: as lutas sociais no Brasil (1961-1964). 6ª ed. Rio de Janeiro, Civilização Brasileira, 1983.

BARATA, Rita de Cássia Barradas. *Meningite, uma doença sob censura?* São Paulo, Cortez, 1988.

BECKER, Howard. *Los extraños*: sociología de la desviación. s. l., Editorial Tiempo Contemporaneo, 1971.

BEDARIDA, François. Temps présent et présence de l'histoire. In: IHTP – Institut d'Histoire du Temps Présent. *Écrire l'histoire du temps présent*. Paris, CNRS Éditions, 1993.

_____. The social responsability of the historian. *Diogène*, n. 168, 1995.

BELOCH, Israel; ABREU, Alzira Alves. *Dicionário histórico-biográfico brasileiro*. Rio de Janeiro, Forense, 1984.

BERARDINELLI, Cleonice. De censores e de censura. *Palavra*, Rio de Janeiro, n. 1, p. 41-9, 1993.

BERG, Creuza de Oliveira. *Os mecanismos do silêncio*: expressões artísticas e o processo censório no regime militar; Brasil, 1964-1984. São Paulo, 1997. Dissertação (Mestrado) — FFLCH/USP.

BERSTEIN, Serge. L'historien et la culture politiques. *Vingtième siècle. Revue d'histoire*, n. 35, p. 67-77, 1992.

BIBLIOTECA BASTOS TIGRE. *Catálogo da imprensa alternativa e episódica do Brasil*. Rio de Janeiro, s. n., 1979.

BOBBIO, Norberto. Público/Privado. *Enciclopédia Einaudi*. Porto, Imprensa Nacional-Casa da Moeda, 1989. v. 14: Estado-Guerra, p.177-90.

_____. *Intelectuais e poder*. São Paulo, Unesp, 1997.

BOCCANERA, Sílio. *An experiment in prior restraint press censorship in Brazil, 1972-1975*. Dissertação (Mestrado) — University of Southern California, 1978.

BOMENY, Helena Maria B. *Mineiridade dos modernistas*: a república dos mineiros. Rio de Janeiro, 1992. Tese (Doutorado em Sociologia) — Iuperj.

BOURDIEU, Pierre. A ilusão biográfica. In: FERREIRA, M. de M.; AMADO, J. (Orgs.). *Usos e abusos da história oral*. Rio de Janeiro, FGV, 1996.

BOUTIER, Jean; JULIA, Dominique (Orgs.). *Passados recompostos*: campos e canteiros da história. Rio de Janeiro, Ed. UFRJ/FGV, 1998.

BRASIL. Congresso. *Constituições do Brasil: de 1824, 1891, 1934, 1937, 1946 e 1967 e suas alterações*. Brasília, Senado Federal, 1986.

_____. Ministério da Justiça. Departamento de Polícia Federal. *Manual básico de organização do DPF*. Brasília, DPF, 1985.

_____. Tribunal Regional de Recursos. *A censura e a jurisprudência do TFR*. Brasília, s. n., 1988.

BRESCIANI, Maria Stella Martins. Projetos e projeções da nação brasileira. In: CHIAPPINI, L. et al. (Orgs.). *Brasil, país do passado?* São Paulo, Boitempo/EdUSP, 2000. p. 231-53.

BRETAS, Marcos Luiz. *A guerra das ruas*: povo e polícia na cidade do Rio de Janeiro. Rio de Janeiro, Arquivo Nacional, 1995.

_____. *Ordem na cidade*: o exercício cotidiano da autoridade policial no Rio de Janeiro: 1907--1930. Rio de Janeiro, Rocco, 1997.

BRODSKY, Joseph. *Menos que um*. São Paulo, Companhia das Letras, 1994.

BUCCI, Eugênio. *Sobre ética e imprensa*. São Paulo, Companhia das Letras, 2000.

BUSETTO, Aureo. Pela legitimidade de prever: Ibope, imprensa e lideranças políticas nas eleições paulistas de 1953 e 1954. *Estudos Históricos*, n. 31, 2003.

CABRAL, Reinaldo; LAPA, Ronaldo (Orgs.). *Desaparecidos políticos*: prisões, seqüestros, assassinatos. Rio de Janeiro, Opção, 1979.

CALDAS, Álvaro. *Tirando o capuz*. Rio de Janeiro, Codecri, 1982.

CAMARGO, Ana Maria de Almeida. Informação, documento e arquivo: o acesso em questão. *Boletim da Associação dos Arquivistas Brasileiros*, São Paulo, n. 11, 1993.

CAMPOS, Reynaldo Pompeu de. *Repressão judicial no Estado Novo*: esquerda e direita no banco dos réus. Rio de Janeiro, Achiamé, 1982.

CANCELLI, Elizabeth. *O mundo da violência*: a polícia da era Vargas. Brasília, Ed. da UnB, 1993.

CANDIDO, Antonio. Literatura e cultura de 1900 a 1945. In: _____. *Literatura e sociedade*. São Paulo, Nacional, 1980.

CAPELATO, Maria Helena. *O bravo matutino*. São Paulo, Alfa-Ômega, 1980.

CAPELATO, Maria Helena; MOTA, Carlos Guilherme. *História da Folha de S.Paulo*: 1921--1981. São Paulo, Impres, 1981.

CARNEIRO, Maria Luiza Tucci. *Livros proibidos, idéias malditas*: o DEOPS e as minorias silenciadas. São Paulo, Estação Liberdade, 1997.

_____ . (Org.). *Minorias silenciadas*: história da censura no Brasil. São Paulo, Edusp, 2002.

CARTA, Mino. *O castelo de âmbar*. Rio de Janeiro, Record, 2000.

CARVALHO, José Murilo de. Aspectos históricos do pré-modernismo no Brasil. In: _____ et al. *Sobre o pré-modernismo*. Rio de Janeiro, Fundação Casa de Rui Barbosa, 1988. p. 13-30.

_____. *Cidadania no Brasil*: o longo caminho. Rio de Janeiro, Civilização Brasileira, 2001.

CASTELLO, José. *Vinicius de Moraes, o poeta da paixão*: uma biografia. São Paulo, Companhia das Letras, 1994.

_____. *Vinicius de Moraes*: uma geografia poética. Rio de Janeiro, Relume-Dumará, 1996. (Coleção Perfis do Rio, 7).

CASTRO, Ruy. *O anjo pornográfico*: a vida de Nelson Rodrigues. 11ª ed. São Paulo, Companhia das Letras, 1997.

_____. *Querido poeta*. Correspondência de Vinicius de Moraes. São Paulo, Companhia das Letras, 2003.

CHAGAS, Carlos. *113 dias de angústia*. Rio de Janeiro, Agência Jornalística Image, 1970.

_____. *Resistir é preciso*. Rio de Janeiro, Paz e Terra, 1975.

_____. *A guerra das estrelas (1964/1984)*: os bastidores das sucessões presidenciais. 4ª ed. Porto Alegre, L&PM, 1985.

_____. *O Brasil sem retoque, 1808-1964*: a história contada por jornais e jornalistas. Rio de Janeiro, Record, 2001.

CHARTIER, Roger. *Culture écrite et société*: l'ordre des livres (XIV-XVIIIème siècles). Paris, Albin Michel, 1996.

CHAUVEAU, A.; TÉTARD, P. (Orgs.). *Questões para a história do presente*. São Paulo, Edusc, 1999.

CHAVES, Selma; CUNHA, Mariotavia. *Censura*: sim ou não. Rio de Janeiro, s. n., s. d.

CHINEM, Rivaldo. *Imprensa alternativa*: jornalismo de oposição e inovação. São Paulo, Ática, 1995.

CLARK, Walter. *O campeão de audiência*. São Paulo, Best Seller, 1991.

CONTI, Mario Sergio. *Notícias do planalto*: a imprensa e Fernando Collor. São Paulo, Companhia das Letras, 1999.

CONY, Carlos Heitor. *O ato e o* fato: crônicas políticas. Rio de Janeiro, Civilização Brasileira, 1979.

CORRÊA, Hércules. *Memórias de um stalinista*. Rio de Janeiro, Opera Nostra, 1994.

COSTA, Emília Viotti. Introdução ao estudo da emancipação política do Brasil. In: MOTA, C. G. (Org.). *Brasil em perspectiva*. 17ª ed. Rio de Janeiro, Bertrand Brasil, 1988.

COSTA, Manto. *Meu caro Júlio, a face oculta de Julinho da Adelaide*. Rio de Janeiro, Sette Letras, 1997.

COSTELLA, Antônio F. *O controle de informação no Brasil*. Petrópolis, Vozes, 1970.

COTTA, Pery. *Calandra*: o sufoco da imprensa nos anos de chumbo. Rio de Janeiro, Bertrand Brasil, 1997.

COUTO, André Luís Faria. *O suplemento do* Diário de Notícias *nos anos 50*. Rio de Janeiro, FGV/CPDOC, 1992.

COUTO, Ronaldo Costa. *História indiscreta da ditadura e da abertura, Brasil: 1964-1985*. Rio de Janeiro, Record, 1998.

CUNHA, Maria de Fátima da. *Eles ousaram lutar...*: a esquerda e a guerrilha nos anos 60/70. Londrina, UEL, 1998.

CURRY, Jane Leftwich. *The black book of polish censorship*. New York, Random House, 1984.

CURRY, Jane Leftwich; DASSIN, Joan R. *Press control around the world*. New York, Praeger, 1982.

D'AGUIAR, Hernani. *Ato 5*: a verdade tem duas faces. Rio de Janeiro, Razão Cultural, 1999.

D'AMARAL, Marcio Tavares. *O dia do AI-5*. Rio de Janeiro, Rocco, 1996.

D'ARAUJO, Maria Celina; SOARES, Glaucio A. D.; CASTRO, Celso (Orgs.). *Visões do golpe*: a memória militar sobre 1964. Rio de Janeiro, Relume-Dumará, 1994.

D'ARAUJO, Maria Celina et al. (Orgs.). *Os anos de chumbo*: a memória militar sobre a repressão. Rio de Janeiro, Relume-Dumará, 1994.

_____. *A volta aos quartéis*: a memória militar sobre a abertura. Rio de Janeiro, Relume-Dumará, 1995.

D'ARAUJO, Maria Celina; CASTRO, Celso (Orgs.). *Ernesto Geisel*. Rio de Janeiro, FGV, 1997.

DARNTON, Robert. *O grande massacre de gatos*. Rio de Janeiro, Graal, 1986.

_____. *Boêmia literária e revolução*: o submundo das letras no Antigo Regime. São Paulo, Companhia das Letras, 1989.

_____. *O beijo de Lamourette*: mídia, cultura e revolução. São Paulo, Companhia das Letras, 1990.

_____. *Berlin journal*: 1989/1990. New York, W. W. Norton, 1991.

_____. *Edição e sedição*: o universo da literatura clandestina no século XVIII. São Paulo, Companhia das Letras, 1992.

_____. O significado cultural da censura: a França de 1789 e a Alemanha Oriental de 1989. *Revista Brasileira de Ciências Sociais*, ano 7, n. 18, 1992.

393

DARNTON, Robert. *The corpus of clandestine literature in France, 1769-1789*. New York, W. W. Norton, 1995.

_____. *O iluminismo como negócio*: história da publicação da Enciclopédia, 1775-1780. São Paulo, Companhia das Letras, 1996.

_____. *Os best-sellers proibidos da França pré-revolucionária*. São Paulo, Companhia das Letras, 1998.

DARNTON, Robert; ROCHE, Daniel (Orgs.). *Revolução impressa*: a imprensa na França (1775--1800). São Paulo, Edusp, 1996.

DEBBASCH, Charles; BOURDON, Jacques. *Les associations*. Paris, Presses Universitaires de France, 1997.

DELGADO, Ariel. *Agresiones a la prensa (1991/1994)*. Buenos Aires, Asociación Madres de Plaza de Mayo, 1995.

DINES, Alberto et al. *Os idos de março e a queda de abril*. Rio de Janeiro, José Álvaro Editor, 1964.

_____. *Papel do jornal*. Rio de Janeiro, Artenova, 1970.

_____. *Censorship of the press in Brazil*. 1975. (Mimeografado).

_____ (Org.). *Histórias do poder*: 100 anos de política no Brasil. São Paulo, Editora 34, 2000. v. 1, Militares, igreja e sociedade civil; v. 2, Ecos do Parlamento; v. 3, Visões do Exército.

DOSSIÊ dos mortos e desaparecidos políticos a partir de 1964. São Paulo, Governo do Estado de São Paulo/Imprensa Oficial, 1996.

DOSSIÊ Maio de 68. *Tempo Social/Revista de Sociologia USP*, v. 10, n. 2, out. 1998.

DREIFUSS, René Armand. *1964: a conquista do Estado*: Estado, ação política e golpe de classe. 5ª ed. Petrópolis, Vozes, 1987.

DUARTE, Celina Rabello. A lei Falcão: antecedentes e impactos. In: LAMOUNIER, B. (Org.). *O voto de desconfiança*. Petrópolis, Vozes, 1980.

_____. Imprensa e redemocratização no Brasil. *Dados – Revista de Ciências Sociais*, v. 26, n. 2, 1983.

_____. *Imprensa e redemocratização no Brasil*: um estudo de duas conjunturas, 1945 e 1974-78. São Paulo, 1987. Dissertação (Mestrado em Ciências Sociais) — PUC-São Paulo.

DURHAM, Eunice. *O livro negro da USP*: o controle ideológico na Universidade. São Paulo, Adusp, 1978.

ECHECHRRE, Humberto. *Periodistas bajo fuego*: los ataques a la libertad de prensa. Buenos Aires, El Tribuno Católogos, 1997.

FAGUNDES, Coriolano de Loyola Cabral. *Censura e liberdade de expressão*. São Paulo, Taika, 1974.

FALCÃO, Armando. *Tudo a declarar*. 2ª ed. Rio de Janeiro, Nova Fronteira, 1989.

FARIA, José Eduardo. *Política e jornalismo*: em busca da liberdade. São Paulo, Perspectiva, 1979.

FAUSTO, Boris. *Negócios e ócios*: história da imigração. São Paulo, Companhia das Letras, 1997.

FERES, Sheila Maria. *A censura, o censurável, o censurado*. São Paulo, 1980. Tese (Doutorado) — Fundação Escola de Sociologia e Política de São Paulo.

FERNANDES, Florestan. *A ditadura em questão*. São Paulo, T. A. Queiroz, 1982.

FERNANDES, Rofan. *Teatro Ruth Escobar*: 20 anos de resistência. São Paulo, Global, 1985.

FERREIRA, Elizabeth F. Xavier. *Mulheres, militância e memória*. Rio de Janeiro, FGV, 1996.

FERREIRA, Fernando. *Una historia de la censura*: violencia y proscripción en la Argentina del siglo XX. Buenos Aires, Grupo Editorial Norma, 2000.

FERREIRA, Jorge. *Trabalhadores do Brasil*: o imaginário popular, 1930-45. Rio de Janeiro, FGV, 1997.

FERREIRA, Manoel Henrique et al. *Esquerda armada*: testemunho dos presos políticos do Presídio Milton Dias Moreira. Vitória, Edições do Leitor, 1979.

FERREIRA, Marieta de Moraes; AMADO, Janaína (Orgs.). *Usos e abusos da história oral*. Rio de Janeiro, FGV, 1996.

FERREIRA, Marieta de Moraes. A nova "Velha História": o retorno da história política. *Estudos Históricos*, n. 10, p. 265-71, 1992.

FICO, Carlos. *Reinventando o otimismo*: ditadura, propaganda e imaginário social no Brasil (1969/1977). São Paulo, 1996. Tese (Doutorado) – FFLCH/USP.

_____. *Como eles agiam. Os subterrâneos da ditadura militar*: espionagem e polícia política. Rio de Janeiro, Record, 2001.

FIDELIS, Guido. *Lei de Segurança Nacional e censura*: comentários. São Paulo, Sugestões Literárias, 1979.

FIGUEIREDO, Eurico de Lima. *Os militares e a democracia*: análise estrutural da ideologia do Presidente Castelo Branco. Rio de Janeiro, Graal, 1980.

FON, Antonio Carlos. *Tortura*: a história da repressão política no Brasil. 2. ed. São Paulo, Global, 1979.

FONSECA, Francisco César Pinto da. *A imprensa liberal na transição democrática (1984-1987)*: projeto político e estratégias de convencimento (revista *Visão* e jornal *O Estado de S. Paulo*). Campinas, 1994. Dissertação (Mestrado) — Unicamp.

FONSECA, Guido. DOPS – um pouco de sua história. *Revista ADPESP*, ano 10, n. 18, p. 41-85, 1989.

FORTES, Luiz Roberto Salinas. *Retrato calado*. São Paulo, Marco Zero, 1988.

FRAGOSO, Heleno. *Terrorismo e criminalidade política*. Rio de Janeiro, Forense, 1981.

FRANCIS, Paulo. *Trinta anos esta noite*: o que vi e vivi. São Paulo, Companhia das Letras, 1995.

FRANCO, Afonso Arinos de Melo. *Pela liberdade de imprensa*. Rio de Janeiro, Livraria José Olympio Editora, 1957.

FRANÇOIS, Étienne. Os "tesouros" da *Stasi* ou a miragem dos arquivos. In: BOUTIER, J.; JULIA, D. (Orgs.). *Passados recompostos*: campos e canteiros da história. Rio de Janeiro, Ed. UFRJ/Ed. FGV, 1998. p. 155-61.

FRANK, Robert. La mémoire et l'histoire. *Les Cahiers de L'IHTP*, n. 21, p. 65-72, 1992.

FREI BETTO. *Batismo de sangue*. São Paulo, Círculo do Livro, 1982.

_____. *Frei Tito*: memória – esperança. 11. ed. São Paulo, Casa Amarela, 2000.

_____. *Batismo de sangue*: a luta clandestina contra a ditadura militar. Dossiês Carlos Marighella e Frei Tito. 11ª ed. São Paulo, Casa Amarela, 2000.

FREITAS, Alípio de. *Resistir é preciso*: memória do tempo da morte civil do Brasil. Rio de Janeiro, Record, 1981.

FREITAS, Jânio de. A imprensa e o AI-5. *Folha de S.Paulo*, 15/12/1998, p. 5.

FREIRE, Alípio; ALMADA, Izaías; PONCE, J. A. de G. (Orgs.). *Tiradentes*: um presídio da ditadura (memória de presos políticos). São Paulo, Scipione, 1997.

FURET, François. *O passado de uma ilusão*: ensaios sobre a idéia comunista no século XX. São Paulo, Siciliano, 1995.

GABEIRA, Fernando. *Carta sobre a anistia*: a entrevista do Pasquim. 2ª ed. Rio de Janeiro, Codecri, 1979.

_____. *O que é isso, companheiro?* 24ª ed. Rio de Janeiro, Codecri, 1981.

GALVÃO, Walnice N. *No calor da hora*: a guerra de Canudos nos jornais, 4ª expedição. São Paulo, Ática, 1974.

_____. Nas asas de 1968: rumos, rimos e rimas. In: GARCIA, M. A.; VIEIRA, M. A. (Orgs.). *Rebeldes e contestadores*. 1968: Brasil, França, Alemanha. São Paulo, Fundação Perseu Abramo, 1999.

GASPARI, Elio. *A ditadura envergonhada*. São Paulo, Companhia das Letras, 2002.

_____. *A ditadura escancarada*. São Paulo, Companhia das Letras, 2002.

_____. *A ditadura derrotada*. São Paulo, Companhia das Letras, 2003.

GASPARI, Elio; VENTURA, Zuenir; HOLLANDA, Heloisa B. de. *70/80*: cultura em trânsito: da repressão à abertura. Rio de janeiro, Aeroplano Editora, 2000.

GAZZOTTI, Juliana. *Imprensa e ditadura*: a revista *Veja* e os governos militares (1968/1985). São Carlos, 1998. Dissertação (Mestrado) — UFSCar.

GEORGE, David. *Flash and crash days*: brazilian theater in the post-dictatorship period. New York, Garland Publishing, 2000.

GINZBURG, Carlo. Sinais: mitos de um paradigma indiciarão. In: _____. *Mitos, emblemas, sinais*: morfologia e história. São Paulo, Companhia das Letras, 1989.

_____. *A micro-história e outros ensaios*. Lisboa, Difel, 1991. (Coleção Memória e Sociedade).

GOMES, Ângela de Castro. *História e historiadores*. Rio de Janeiro, FGV, 1996.

GOMES, Dias. *Apenas um subversivo*: autobiografia. Rio de Janeiro, Bertrand Brasil, 1998.

GORENDER, Jacob. *Combate nas trevas, a esquerda brasileira*: das ilusões perdidas à luta armada. 5ª ed. São Paulo, Ática, 1998.

GOULART, Silvana. *Sob a verdade oficial*: ideologia, propaganda e censura no Estado Novo. São Paulo, Marco Zero, 1990.

GRAEL, Dickson M. *Aventura, corrupção e terrorismo à sombra da impunidade*. 4ª ed. Petrópolis, Vozes, 1986.

GRAMSCI, Antonio. *Os intelectuais e a organização da cultura*. 9ª ed. Rio de Janeiro, Civilização Brasileira, 1995.

GRINBERG, Lúcia. *A Aliança Renovadora Nacional (ARENA)*: a criação do bipartidarismo e do partido do governo (1965-1979). Niterói, 1999. Dissertação (Mestrado) — UFF.

_____. Adauto Lúcio Cardoso, da UDN à ARENA. In: KUSHNIR, B. (Org.). *Perfis cruzados*: trajetórias e militância política no Brasil. Rio de Janeiro, Imago, 2002.

GRUPO Tortura Nunca Mais. *Brasil: Tortura Nunca Mais, 1986*.

GUENA, Márcia. *Documentos secretos da ditadura do Paraguai (1960-1980)*. São Paulo, Memorial da América Latina, 1996.

GULLAR, Ferreira. *Rabo de foguete*: os anos de exílio. Rio de Janeiro, Revan, 1998.

HABERMAS, Jürgen. Do jornalismo literário aos meios de comunicação de massa. In: MAR-CONDES FILHO, C. (Org.). *Imprensa e capitalismo*. São Paulo, Kairós, 1984.

_____. *Mudança estrutural da esfera pública*: investigações quanto a uma categoria da sociedade burguesa. Rio de Janeiro, Tempo Brasileiro, 1984.

HALBWACHS, Maurice. *A memória coletiva*. São Paulo, Vértice, 1990.

HALIMI, Serge. *Os novos cães de guarda*. Petrópolis, Vozes, 1998.

HAROCHE, Claudine; COURTINE, Jean-Jacques. O homem desfigurado: semiologia e antropologia política de expressão e da fisionomia do século XVII ao século XIX. *Revista Brasileira de História*, v. 7, n. 13, p. 7-32, set./fev. 1986/87.

HOBSBAWN, Eric. Escrevendo a história do seu próprio tempo. *Novos Estudos CEBRAP*, n. 45, 1995.

HOLANDA, Sergio Buarque de. *Raízes do Brasil*. 19ª ed. Rio de Janeiro, José Olympio Ed., 1987. (Coleção Documentos Brasileiros, 1).

396

HOLLAWAY, Thomas H. *Polícia no Rio de Janeiro*. Rio de Janeiro, FGV, 1998.

HUGGINS, Martha K. *Polícia e política*: relações Estados Unidos/América Latina. Rio de Janeiro, Cortez, 1998.

IGLÉSIAS, Francisco. *Trajetória política do Brasil, 1500/1964*. São Paulo, Companhia das Letras, 1993.

JARDIM, Eduardo. [1988]. Modernismo revisitado. *Estudos Históricos*, n. 2, 1993.

JORDÃO, Fernando Pacheco. *Dossiê Herzog*: prisão, tortura e morte no Brasil. São Paulo, Global, 1979.

KENSKI, Vania Moreira. O fascínio do *Opinião*. Campinas, 1990. Tese (Doutorado) — Faculdade de Educação/Unicamp.

KHÉDE, Sônia Salomão. *Censores de pincenê e gravata*: dois momentos da censura teatral no Brasil. Rio de Janeiro, Codecri, 1981.

KOTSCHO, Ricardo. *Explode um novo Brasil*: diário da Campanha das "Diretas". São Paulo, Brasiliense, 1984.

KUCINSKI, Bernardo. *Jornalistas e revolucionários nos tempos da imprensa alternativa*. São Paulo, Scritta, 1991.

_____. *A síndrome da antena parabólica*: ética no jornalismo brasileiro. São Paulo, Fundação Perseu Abramo, 1998.

_____. *O fim da ditadura militar*. São Paulo, Contexto, 2001.

KUSHNIR, Beatriz. Era proibido proibir? O DOPS, a censura e a imprensa clandestina no Brasil – do AI-5 à Anistia. *Discursos sediciosos*, Rio de Janeiro, Instituto Carioca de Criminologia, n. 3, 1997.

_____. Depor as armas – a travessia de Cony e a censura no partidão. In: REIS FILHO, D. A. (Org.). *Intelectuais, história e política (séculos XIX e XX)*. Rio de Janeiro, Sette Letras. 2000. p. 219-46.

_____. (Org.). *Perfis cruzados*: trajetórias e militância política no Brasil. Rio de Janeiro, Imago, 2002.

_____. Nem bandidos, nem heróis: os militantes judeus de esquerda mortos sob tortura no Brasil (1969-1975). In: _____ (Org.). *Perfis cruzados*: trajetórias e militância política no Brasil. Rio de Janeiro, Imago, 2002. p. 215-43.

_____. Entrevista com Oliveiros Ferreira. In: CARNEIRO, Maria Luiza Tucci (Org.). *Minorias silenciadas*: história da censura no Brasil. São Paulo, Edusp, 2002. p. 587-603.

_____. Pelo buraco da fechadura. O acesso à informação e as fontes. In: CARNEIRO, Maria Luiza Tucci (Org.). *Minorias silenciadas*: história da censura no Brasil. São Paulo, Edusp, 2002. p. 553-85.

LACOUTURE, Jean. L'histoire immediate. In: LE GOFF, J. *La nouvelle histoire*. Paris, Complexe, 1998.

LAFER, Celso. *A reconstrução dos direitos humanos*: um diálogo com o pensamento de Hannah Arendt. São Paulo, Companhia das Letras, 1988.

_____. *Ensaios liberais*. São Paulo, Siciliano, 1991.

LAFETÁ, João Luís. Estética e ideologia. *Argumento*, ano 1, n. 2, 1973.

LAGO, Mário. *Na rolança do tempo*. Rio de Janeiro, Civilização Brasileira, 1976.

_____. *Bagaço de beira de estrada*. Rio de Janeiro, Civilização Brasileira, 1977.

LIMA, Luiz Costa. *O fingidor e o censor*: no Ancien Régime, no Iluminismo e hoje. Rio de Janeiro, Forense, 1988.

LOBO, Amilcar. *A hora do lobo, a hora do carneiro*. Petrópolis, Vozes, 1989.

LÖWY, Michael; SAYRE, Robert. *Romantismo e política*. São Paulo, Paz e Terra, 1993.

_____. *Revolta e melancolia*: o romantismo na contramão da modernidade. Petrópolis, Vozes, 1993.

MACHADO, José Antonio Pinheiro. *Opinião x Censura*: momentos de um jornal pela liberdade. Porto Alegre, L&PM, 1978.

MAIA, Maurício. *Henfil e a censura*: o papel dos jornalistas. São Paulo, 1999. Dissertação (Mestrado) – Escola de Comunicação e Artes, Universidade de São Paulo.

MARCONI, Paolo. *A censura política na imprensa brasileira, 1968-1978*. 2ª ed. São Paulo, Global, 1980.

MARKUN, Paulo (Org.). *Vlado*: retrato da morte de um homem e de uma época. São Paulo, Brasiliense, 1985.

MARTIN, Marc. *Médias et journalistes de la république*. Paris, Odile Jacob, 1997.

MARTÍNEZ, Tomás Eloy. *O vôo da rainha*. Rio de Janeiro, Objetiva, 2002.

MARTINS, Luciano. A geração AI-5. In: RIBEIRO, Darcy et al. *Ensaios de opinião*. Rio de Janeiro, Paz e Terra, 1979.

MARTINS, Ricardo Constante. *Ditadura militar e propaganda política*: a revista *Manchete* durante o governo Médici. São Carlos, 1999. Dissertação (Mestrado) — Departamento de Ciência Política, UFSCar.

MARTINS FILHO, João Roberto. *O palácio e a caserna*: a dinâmica militar das crises políticas na ditadura (1964-1969). São Carlos, Ed. UFSCar, 1995.

MATTOS, Marco Aurélio Vannucchi Leme de. *Em nome da Segurança Nacional*: os processos da justiça militar contra a Ação Libertadora Nacional (ALN), 1969-1979. São Paulo, 2002. Dissertação (Mestrado em História) — FFLCH/USP.

MEIRELLES, Domingos. Memórias de um censor do DIP (e outras histórias). *Boletim da ABI*, p. 6-7, nov./dez. 1974.

_____. O homem do lápis vermelho. *Boletim da ABI*, p. 13, jan./fev. 1975.

MELO, José Marques de. *Sociologia da imprensa brasileira*: a implantação. Petrópolis, Vozes, 1973.

MELLO, Maria Amélia (Org.). *20 anos de resistência*: alternativas da cultura no regime militar. Rio de Janeiro, Espaço e Tempo, 1986.

MENEZES, Lená Medeiros; ROLLEMBERG, Denise; MUNTEL FILHO, Oswaldo (Orgs.). *Olhares sobre o político*. Rio de Janeiro, EdUERJ, 2002.

MICELI, Sérgio. *Intelectuais e classe dirigente no Brasil (1920-1945)*. São Paulo, Difel, 1979.

_____ (Org.). *Estado e cultura no Brasil*. São Paulo, Difel, 1984.

_____. Entre no ar em Belíndia. *Cadernos do IFCH*, Unicamp, n. 15, 1986.

_____. *Intelectuais à brasileira*. São Paulo, Companhia das Letras, 2001.

MICHALSKI, Yan. *O palco amordaçado*. Rio de Janeiro, Avenir, 1979.

MINDLIN, José E. *Uma experiência de programação cultural*. 1982. Mimeografado.

MINOIS, Georges. *Censure et culture sous l'Ancien Régime*. Paris, Fayard, 1995.

MIRANDA, Darcy Arruda. *Comentários à lei de imprensa*. 3ª ed. São Paulo, Editora Revista dos Tribunais, 1995.

MIRANDA, Nilmário; TIBÚRCIO, Carlos. *Dos filhos deste solo*: mortos e desaparecidos políticos: a responsabilidade do Estado. São Paulo, Fundação Perseu Abramo/Boitempo, 1999.

MOBY, Alberto. *Sinal fechado*: a música popular brasileira sob censura. Rio de Janeiro, Obra Aberta, 1994.

MOISES, José Álvaro; BENEVIDES, Maria Vitória. O *Estadão* e o golpe de 64. *Lua Nova – Cultura e Política*, v. 2, n. 1, p. 26-31, 1984.

MOLAS, Ricardo E. Rodrigues. *Historia de la tortura y el orden represivo en la Argentina*. Buenos Aires, Editorial Universitaria de Buenos Aires, 1985.

MORAES, Dênis. *A esquerda e o golpe de 64*: vinte e cinco anos depois, as forças populares repensam seus mitos, sonhos e ilusões. 2ª ed. Rio de Janeiro, Espaço e Tempo, 1989.

MORAES, João Luiz de. *O calvário de Sônia Angel*: uma história de terror nos porões da ditadura. Rio de Janeiro, s. n., 1994.

MORAES NETO, Geneton. *Dossiê 50*: os onze jogadores revelam os segredos da maior tragédia do futebol brasileiro. Rio de Janeiro, Objetiva, 2000.

MORAIS, Fernando. *Chatô: o rei do Brasil*: a vida de Assis Chateaubriand. São Paulo, Companhia das Letras, 1994.

MOTTA, Paulo Roberto. *Movimentos partidários no Brasil*: a estratégia da elite e dos militares. Rio de Janeiro, FGV, 1971.

MOURA, Roberto M. *Carnaval*: da redentora à Praça do Apocalipse. Rio de Janeiro, Jorge Zahar Editor, 1986.

_____. *Tia Ciata e a pequena África no Rio de Janeiro*. Rio de Janeiro, Funarte/INM/Divisão de Música Popular, 1993.

NAFFAH NETO, Alfredo. *Poder, vida e morte na situação de tortura*: esboço de uma forma de terror. São Paulo, Hucitec, 1985.

NAPOLITANO, Marcos. *Cultura brasileira*: utopia e massificação (1950-1980). São Paulo, Contexto, 2001.

NASSER, David. *A revolução dos covardes*. Rio de Janeiro, Empresa Gráfica O Cruzeiro, 1947.

NEGRONI, Barbara de. *Lectures interdites*: le travail des censeurs au XVIIIème siècle (1723-1774). Paris, Albin Michel, 1995.

NEVES, Lúcia Maria Bastos Pereira das. Comércio de livros e censura de idéias: a atividade dos livreiros franceses no Brasil e a vigilância da Mesa do Desembargo do Paço (1795/1822). *Ler História*, n. 23, p. 61-78, 1993.

NEVES, Lúcia Maria Bastos Pereira das; FERREIRA, Tânia Maria T. B. O medo dos "abomináveis princípios franceses": a censura dos livros nos inícios do século XIX o Brasil. *Acervo*, v. 4, n. 1, p. 113-9, jan.-jun. 1989.

NORA, Pierre. O retorno do fato. In: LE GOFF, J.; NORA, P. *História*: novos problemas. Rio de Janeiro, Francisco Alves, 1988.

NOVA, Cristiane; NÓVOA, Jorge (Orgs.). *Carlos Marighella*: o homem por trás do mito. São Paulo, Unesp, 1999.

NUNES, Augusto (Coord.). *Samuel Wainer*: minha razão de viver. 8ª ed. Rio de Janeiro, Record, 1988.

OLIVEIRA, Lúcia Lippi; VELLOSO, Mônica Pimenta; GOMES, Ângela Castro. *Estado Novo*: ideologia e poder. Rio de Janeiro, Zahar Editores, 1982.

ORTIZ, Renato. *A moderna tradição brasileira*: cultura brasileira e indústria cultural. 5ª ed. São Paulo, Brasiliense, 1994.

_____. *Cultura brasileira e identidade nacional*. 4ª ed. São Paulo, Brasiliense, 1994.

ORY, Pascal (Dir.). *Nouvelle histoire des idées politiques*. Paris, Hachette/Pluriel, 1987.

_____. (Dir.). *La censure en France à l'ère démocratique (1848-...)*. Bruxelles, Éditions Complexe, 1997.

PANDOLFI, Dulce. *Camaradas e companheiros*: história e memória do PCB. Rio de Janeiro, Relume-Dumará/ Fundação Roberto Marinho, 1995.

PATARRA, Judith Lieblich. *Iara*: reportagem biográfica. 4ª ed. Rio de Janeiro, Rosa dos Tempos, 1993.

PAZ, Carlos Eugênio. *Viagem à luta armada*: memórias romanceadas. 2ª ed. Rio de Janeiro, Civilização Brasileira, 1996.

_____. *Nas trilhas da ALN*: memórias romanceadas. Rio de Janeiro, Bertrand Brasil, 1997.

PEREIRA, Márcia Guerra; REZNIK, Luís. De polícia federal a departamento estadual – o DOPS: evolução administrativa. In: ARQUIVO PÚBLICO DO ESTADO DO RIO DE JANEIRO. *DOPS*: a lógica da desconfiança. Rio de Janeiro, Secretaria de Estado de Justiça, 1993.

PEREIRA, Márcia Guerra; FIGUEIREDO, Míriam Beatriz C.; REZNIK, Luís. A reconstrução do acervo. In: ARQUIVO PÚBLICO DO ESTADO DO RIO DE JANEIRO. *DOPS*: a lógica da desconfiança. Rio de Janeiro, Secretaria de Estado de Justiça, 1993.

PEREIRA, Moacir. *O golpe do silêncio*: imprensa, censura e medidas de emergência. São Paulo, Global, 1984.

PEREIRA, Raimundo. Os censores têm sentimento de culpa? Alguns já confessaram que têm vergonha da profissão. *Boletim da ABI*, p. 8, mar./abr. 1976.

PINHEIRO, Paulo Sérgio (Org.). *Crime, violência e poder*. São Paulo, Brasiliense, 1983.

_____ *Escritos indignos*: polícia, prisões e política no Estado autoritário. São Paulo, Brasiliense, 1984.

POLLAK, Michael. Memória, esquecimento, silêncio. *Estudos Históricos*, v. 2, n. 3, 1989.

_____. Memória e identidade social. *Estudos Históricos*, v. 5, n. 10, 1992.

PONTES, José Alfredo Vidigal. *1968, do sonho ao pesadelo*. São Paulo, O Estado de S. Paulo, s. d.

QUILLET-HEYMANN, Luciana. *As obrigações do poder*: relações pessoais e vida pública na correspondência de Filinto Müller. Rio de Janeiro, 1997. Dissertação (Mestrado) — PPGAS/UFRJ.

REGO, Norma Pereira. *Pasquim*: gargalhantes pelejas. Rio de Janeiro, Relume-Dumará, 1996.

REIS FILHO, Daniel Aarão. *1968, a paixão de uma utopia*. Rio de Janeiro, Espaço e Tempo, 1988.

_____. Um passado imprevisível: a construção da memória da esquerda nos anos 60. In: REIS FILHO, D. A. et al. *Versões e ficções*: o seqüestro da História. São Paulo, Editora Fundação Perseu Abramo, 1997.

_____. A anistia recíproca no Brasil ou a arte de reconstruir a História. In: TELES, Janaína (Org.). *Mortos e desaparecidos políticos*: reparação ou impunidade? São Paulo, Humanitas, 2000.

_____. *Ditadura militar, esquerdas e sociedade*. Rio de Janeiro, Jorge Zahar Editor, 2000.

_____. Intelectuais e política nas fronteiras entre reforma e revolução. In: _____. (Org.). *Intelectuais, história e política (séculos XIX e XX)*. Rio de Janeiro, Sette Letras, 2000.

_____. (Org.). *Intelectuais, história e política (séculos XIX e XX)*. Rio de Janeiro, Sette Letras, 2000.

RÉMOND, René (Org.). *Por uma história política*. Rio de Janeiro, Editora UFRJ/FGV, 1996.

_____. Algumas questões de alcance geral à guisa de introdução. In: FERREIRA, Marieta de Moraes; AMADO, Janaína (Orgs.). *Usos e abusos da história oral*. Rio de Janeiro, FGV, 1996.

RIBEIRO, Renato Janine. *A etiqueta no Antigo Regime*. São Paulo, Brasiliense, 1983.

_____. *A última razão dos reis*: ensaio sobre filosofia e política. São Paulo, Companhia das Letras, 1993.

RIDENTI, Marcelo. *O fantasma da revolução*. São Paulo, Unesp, 1993.

_____. *Em busca do povo brasileiro*: artistas da revolução, do CPC à era da TV. Rio de Janeiro, Record, 2000.

RIOUX, Jean-Pierre. Entre histoire et journalisme. In: CHAUVEAU, A.; TÉTART, P. (Orgs.). *Questions à l'histoire des temps présents*. Bruxelles, Éditions Complexe, 1992.

_____. La mémoire collective. In: RIOUX, J.-P.; SIRINELLI, J. F. (Orgs.). *Pour une histoire culturelle*. Paris, Seuil, 1997. p. 325-54.

_____. Entre história e jornalismo. In: CHAUVEAU, A.; TÉTARD, P. (Org.). *Questões para a história do presente*. São Paulo, Edusc, 1999.

ROCHA, Hildon. *Memória indiscreta*: de Getúlio, Juscelino, Prestes etc. a Drummond, Vinícius, Bethânia etc. Rio de Janeiro, Francisco Alves, 1981.

RODRIGUES, Carlos; MONTEIRO, Vicente Alencar; GARCIA, Wilson de Queiroz. *Censura Federal*: leis, decretos-lei, decretos e regulamentos. Brasília, C. R. Editora, 1971.

ROLLEMBERG, Denise. *Exílio*: entre raízes e radares. São Paulo, Record, 1999.

_____. *O apoio de Cuba à luta armada no Brasil*: o treinamento guerrilheiro. Rio de Janeiro, Mauad, 2001.

_____. Clemente. In: KUSHNIR, B. (Org.). *Perfis cruzados*: trajetórias e militância política no Brasil do século 20. Rio de Janeiro, Imago, 2002.

_____. A Vanguarda Popular Revolucionária: "os marginais" na revolução brasileira. In: MENE-ZES, Lená Medeiros; ROLLEMBERG, Denise; MUNTEAL FILHO, Oswaldo (Org.). *Olhares sobre o político*. Rio de Janeiro, EdUERJ, 2002.

ROSA, F. A. de Miranda. A censura no Brasil: o direito e a realidade social. In: _____. *Sociologia do direito*: o fenômeno jurídico como fato social. 3ª ed. Rio de Janeiro, Zahar, 1974.

ROSANVALLON, Pierre. Pour une histoire conceptuelle du politique. In: FERREIRA, Marieta de M. A nova "Velha história" e o retorno da história política. *Estudos Históricos*, n. 10, p. 265-71, 1992.

ROSENBERG, Tina. *The haunted land*: facing Europe's ghosts after communism. New York, Vintage Books, 1996.

ROUANET, Sérgio Paulo. *O espectador noturno*: a Revolução Francesa através de Rétif de la Bretonne. São Paulo, Companhia das Letras, 1988.

ROUQUIÉ, Alain (Coord.). *Os partidos militares no Brasil*. Rio de Janeiro, Record, 1980.

ROUSSEAU, Jean-Jacques. *O contrato social e outros escritos*. 16ª ed. São Paulo, Cultrix, 1999.

ROUSSO, Henry. Les usages politiques du passé: histoire et mémoire. In: *Histoire politique et sciences sociales*. Paris, Complexe, 1991.

_____. A memória não é mais o que era. In: FERREIRA, M. de M.; AMADO, J. (Orgs.). *Usos e abusos da história oral*. Rio de Janeiro, FGV, 1996.

_____. O arquivo ou o indício de uma falta. *Revista Estudos Históricos*, Rio de Janeiro, CPDOC/FGV, v. 9, n. 17, 1996.

SACCHETTA, Hermínio. *O caldeirão das bruxas e outros escritos políticos*. Campinas, Ed. Unicamp, 1992.

SANTOS, Maria Cecília Losschiavo dos. *Maria Antônia*: uma rua na contramão. São Paulo, Nobel, 1988.

SANTOS, Reinaldo (Org.). *Vade-mécum da comunicação*. 3ª ed. Rio de Janeiro, Edições Trabalhistas, 1979.

_____. *Vade-mécum da comunicação*. 12ª ed. Rio de Janeiro, Destaque, 1998.

SCHWARZ, Roberto. *O pai de família e outros estudos*. 2ª ed. São Paulo, Paz e Terra, 1992.

SCOTT, George R. *A history of torture*. London, Senate, 1995.

SECRETARIA ESPECIAL DE COMUNICAÇÃO SOCIAL DA PREFEITURA DA CIDADE DO RIO DE JANEIRO. *Correio da Manhã*: compromisso com a verdade. Rio de Janeiro, Imprensa Oficial da Cidade, 2001. (Cadernos da Comunicação, Série Memória, n. 1).

SEIXAS, Ivan. A vida clandestina. In: KUSHNIR, Beatriz (Org.). *Perfis cruzados*: trajetórias e militância política no Brasil. Rio de Janeiro, Imago, 2002.

SEVCENKO, Nicolau. *Literatura como missão*: tensões sociais e criação cultural na primeira República. São Paulo, Brasiliense, 1985.

SILVA, Carlos Eduardo Lins da. *Mil dias*: os bastidores da revolução de um grande jornal. São Paulo, Trajetória Cultural, 1988.

SILVA, Deonisio. *Nos bastidores da censura*: sexualidade, literatura e repressão pós-64. São Paulo, Estação Liberdade, 1989.

SILVA, Eduardo. *As queixas do povo*. São Paulo, Paz e Terra, 1988.

SIMÕES, Inimá. *Roteiro da intolerância*: a censura cinematográfica no Brasil. São Paulo, Editora Senac/Terceiro Nome, 1999.

SIRINELLI, Jean-François. Os intelectuais. In: RÉMOND, R. (Org.). *Por uma história política*. Rio de Janeiro, Editora da FGV, 1996.

_____. A geração. In: FERREIRA, M. de M.; AMADO, J. (Orgs.). *Usos e abusos da história oral*. Rio de Janeiro, FGV, 1996.

_____. Ideologia, tempo e história. In: CHAUVEAU, A.; TÉTARD, P. (Orgs.). *Questões para a história do presente*. São Paulo, Edusc, 1999.

SIRKIS, Alfredo. *Os carbonários*: memórias da guerrilha perdida. 14ª ed. Rio de Janeiro, Record, 1998.

SKIDMORE, Thomas. *Preto no branco*: raça e nacionalidade no pensamento brasileiro. Rio de Janeiro, Paz e Terra, 1976.

_____. *Brasil*: de Castelo a Tancredo. 6ª ed. Rio de Janeiro, Paz e Terra, 1988.

_____. A lenta via brasileira para a democracia: 1974-1985. In: STEPAN, A. (Org.). *Democratizando o Brasil*. Rio de Janeiro, Paz e Terra, 1998.

SMITH, Anne-Marie. *A forced agreement*: press acquiescence to censorship in Brazil. Pittsburgh, University of Pittsburgh Press, 1997.

_____. *Um acordo forçado*: o consentimento da imprensa à censura no Brasil. Rio de Janeiro, FGV, 2000.

SOARES, Gláucio A. D. A censura durante o regime autoritário. *Revista Brasileira de Ciências Sociais*, v. 4, n. 10, 1989.

SOARES, Maria Clara Leite Guimarães. *O jogo de espelhos*. Rio de Janeiro, UERJ, 1986.

SODRÉ, Nelson Werneck. *História da imprensa no Brasil*. 4ª ed. Rio de Janeiro, Mauad, 1999.

SOSNOWSKI, Saúl; SCHWARTZ, Jorge (Orgs.). *Brasil*: o trânsito da memória. São Paulo, Edusp, 1994.

SOUZA, Gilda de Mello e. Vanguarda e nacionalismo na década de vinte. *Cadernos de Literatura e Exercícios de Leitura*. São Paulo, Duas Cidades, 1980. p. 249-78.

SOUZA, Percival de. *Eu, cabo Anselmo*. Rio de Janeiro, Globo, 1999.

_____. *Autópsia do medo*: vida e morte do delegado Sérgio Paranhos Fleury. Rio de Janeiro, Globo, 2000.

SOUZA, Ulysses Alves. A história secreta de *Veja*. *Imprensa*, p. 75-105, set. 1988.

STAROBINSKI, Jean. *Jean-Jacques Rousseau*: a transparência e o obstáculo. São Paulo, Companhia das Letras, 1991.

STEPAN, Alfred C. *Os militares*: da abertura à Nova República. 4ª ed. Rio de Janeiro, Paz e Terra, 1986.

STEPHANOU, Alexandre Ayub. *Censura no regime militar e a militarização das artes*. Porto Alegre, EDIPUCRS, 2001.

SUSSEKIND, Flora. *Literatura e vida literária*: polêmicas, diários e relatos. Rio de Janeiro, Jorge Zahar, 1985.

TASCHNER, Gisela. *Folhas ao vento*: análise de um conglomerado jornalístico no Brasil. São Paulo, Paz e Terra, 1992.

TAVARES, Flávio. *Memórias do esquecimento*. São Paulo, Globo, 1999.

TELES, Janaína (Org.). *Mortos e desaparecidos políticos*: reparação ou impunidade?. São Paulo, Humanitas/FFLCH, 2000.

THOMPSON, A; FRISCH, M.; HAMILTON, P. Os debates sobre memória e história: alguns aspectos internacionais. In: FERREIRA, M. de M.; AMADO, J. (Orgs.). *Usos e abusos da história oral*. Rio de Janeiro, FGV, 1996.

TOLEDO, Caio Navarro (Org.). *1964: visões do golpe*: democracia e reformas no populismo. Campinas, Ed. Unicamp, 1997.

TORRES, Alberto. *O problema nacional brasileiro*. Brasília, UnB, 1982.

UCHA, Danilo da Silva. *O poder da imprensa alternativa pós-64*: história e desdobramentos. 2ª ed. Rio de Janeiro, RioArte, 1985.

USTRA, Carlos Alberto Brilhante. *Rompendo o silêncio*. 2ª ed. Brasília, Editerra, 1987.

VALLI, Virginia (Org.). *Eu, Zuzu Angel, procuro meu filho*. Rio de Janeiro, Philobiblon, 1986.

VELLOSO, Mônica. Cultura e poder político: uma configuração do campo intelectual. In: OLIVEIRA, L. L.; VELLOSO, M. P.; GOMES, A. M. de C. *Estado Novo, ideologia e poder*. Rio de Janeiro, Zahar, 1982.

_____. As tias baianas tomam conta do pedaço. Espaço e identidade cultural no Rio de Janeiro. *Estudos Históricos*, v. 3, n. 6, p. 207-28, 1990.

_____. *Mário Lago, boemia e política*. Rio de Janeiro, FGV, 1997.

VENTURA, Zuenir. *1968: o ano que não terminou*. 25ª ed. Rio de Janeiro, Nova Fronteira, 1988.

VIANNA, Aurélio; LISSOVSKY, Maurício; SÁ, Paulo Sérgio Moraes de. A vontade de guardar: lógica da acumulação em arquivos privados. *Arquivos e Administração*, v. 10-14, n. 2, p. 62-76, 1986.

VIANNA, Helena Besserman. *Não conte a ninguém...*: contribuição à história das sociedades psicanalíticas do Rio de Janeiro. Rio de Janeiro, Imago, 1994.

VIANNA, Oliveira. O idealismo da constituição. *Margem da história da República*. Brasília, UnB, vol. 1, 1981.

VIMONT, Jean-Claude. *La prision politique en France*: genèse d'un mode d'incarcération spéci-fique (XVIII-XXème siècles). Paris, Anthropos, 1993.

VOVELLE, Michel. *Ideologias e mentalidades*. São Paulo, Brasiliense, 1987.

WAINER, Samuel. *Minha razão de viver*. 5ª ed. Rio de Janeiro, Record, 1988.

WEFFORT, Francisco. Jornais são partidos?. *Lua Nova. Cultura e Política*. São Paulo, Brasiliense, v. 1, n. 2, p. 37-40, 1984.

WERNECK, Humberto. *Chico Buarque*: letra e música. São Paulo, Companhia das Letras, 1989.

WESCHLER, Lawrence. *Um milagre, um universo*: o acerto de contas com os torturadores. São Paulo, Companhia das Letras, 1990.

WHITE, Hayden. *Trópicos do discurso*: ensaios sobre a crítica da cultura. São Paulo, Edusp, 1994.

CRÉDITOS DAS IMAGENS

p. 1   Flagrante de um dos camarotes durante votação da Lei de Imprensa. *Correio da Manhã*, São Paulo, Teatro Paramont, 9/1/1967. Foto de Morales. Acervo: Iconographia.

p. 15   Revista *Pif-paf.* Acervo: Dedoc/Editora Abril.

p. 33   *Charge* de Chico Caruso (Figueiredo/Tancredo). Acervo: Chico Caruso, *Nova República, velho testamento* (São Paulo, Brasiliense, 1987).

p. 67   *Charge* de Chico Caruso (Sarney-Tancredo). Acervo: Chico Caruso, *Nova República, velho testamento* (São Paulo, Brasiliense, 1987).

p. 132   Polícia Especial do Distrito Federal, 1932. Acervo: Arquivo Antunes Maciel/CPDOC-FGV.

Delegacia de Costumes e Diversões, praça da República, Rio de Janeiro. Acervo: *Correio da Manhã*/AN [PH/FOT/2524(6)].

p. 133   Fotomontagem comemorativa da Copa de 1950. Acervo: *Correio da Manhã*/AN [PH/FOT/1682(6)].

p. 134   Augusto da Costa, zagueiro e capitão da seleção brasileira na Copa de 1950. Acervo: *Correio da Manhã*/AN [PH/FOT/1682(33)].

p. 135   "Bilhetinhos" da censura (notas de proibição). Acervo: *Correio da Manhã*/AN [PH/FOT/229(417)].

p. 136   Prédio do Departamento de Polícia Federal, "Máscara Negra", Brasília. Acervo: Homepage do DPF (www.dpf.gov.br).

p. 209   Protesto de artistas contra a censura, Rio de Janeiro, 12/2/1968. Exposição: *As faces de 1968*, PUC-SP, agosto de 1998. Acervo: *Última Hora* – Arquivo CPDOC-FGV.

Passeata de artistas contra a censura. Rio de Janeiro, 12/2/1968. Acervo: *Correio da Manhã*/AN [PH/FOT/6640(24)].

p. 210   Protesto contra a censura, na Cinelândia. Rio de Janeiro, 12/2/1968. Acervo: *Correio da Manhã*/AN [PH/FOT/6640(26)].

Nota publicada no jornal *Opinião*, nº 8, 25/12/1972 a 1/1/1973. Acervo: Arquivo Geral da Cidade do Rio de Janeiro.

p. 211   Quarta capa da revista *Binóculo*, 1981. Acervo: Dedoc/Editora Abril.

p. 275   Alunos da Mackenzie apontando uma arma. Acervo: Agência Folha.

Leitura do Ato Institucional nº 5. Rio de Janeiro, 13/12/1968. Acervo: *Correio da Manhã*/AN [PH/FOT/42486(13)].

404

p. 276 Fachada do Cine Odeon, Rio de Janeiro.
Acervo: *Correio da Manhã*/AN [PH/FOT/229(217)].

p. 277 Capa da revista *Veja* de 18/12/1968.
Acervo: Revista *Veja* (Biblioteca Bastos Tigre/ABI).

Capa da revista *Veja* de 10/12/1969.
Acervo: Revista *Veja* (Biblioteca Bastos Tigre/ABI).

p. 278 Grupo de militantes da VPR.
Acervo: Revista *Veja* (Biblioteca Bastos Tigre/ABI).

Massafumi Yoshinaga.
Acervo: Agência Folha.

p. 279 Celso Lungaretti.
Acervo: Agência Folha.

p. 280 Primeira página da *Folha da Tarde*, Dia da Independência.
Acervo: Agência Folha.

Caminhonete do jornal *Folha de S.Paulo* incendiada.
Acervo: Agência Folha.

p. 281 *Charges* publicadas na *Folha da Tarde*.
Acervo: Agência Folha.

p. 282 *Folha da Tarde*. Nota de despedida do jornalista Antônio Aggio Jr.
Acervo: Agência Folha.

p. 283 Fax enviado à autora pelo jornalista Antônio Aggio Jr.

p. 284 Folha da Tarde, anos 1960.
Acervo: Agência Folha.

p. 285 Folha da Tarde, anos 1970.
Acervo: Agência Folha.

p. 286 Folha da Tarde, anos 1980.
Acervo: Agência Folha.

p. 346 Cristo censurado no desfila da Beija-Flor.
Arquivo: Agência Estado.

p. 347 *Charge* "A censura", de Redi.
Acervo: AN.

Charge "A liberdade aprisionada", de Augusto Bandeira.
Acervo: AN.

p. 408 Atentados no Rio de Janeiro: bomba destrói redação do jornal *Opinião*. Foto de
A. Teixeira.
Arquivo *JB*, 15/11/1976, neg. 869.320.

OUTRAS PUBLICAÇÕES DA BOITEMPO

Como a China escapou da terapia de choque
ISABELLA WEBER
Tradução de **Diogo Fagundes**
Revisão técnica e orelha de **Elias Jabbour**

Marx, esse desconhecido
MICHAEL LÖWY
Tradução de **Fabio Mascaro Querido**
Orelha de **Valerio Arcary**

Che Guevara e a luta revolucionária na
Bolívia
LUIZ BERNARDO PERICÁS
Orelha de **Michael Löwy**
Quarta capa de **Werner Altmann** e **Osvaldo Coggiola**

ESTADO DE SÍTIO
Coordenação: Paulo Arantes

Colonialismo digital
DEIVISON FAUSTINO E WALTER LIPPOLD
Prefácio de **Sérgio Amadeu da Silveira**
Orelha de **Tarcízio Silva**

MUNDO DO TRABALHO
Coordenação: Ricardo Antunes
Conselho editorial: Graça Druck, Luci Praun, Marco Aurélio
Santana, Murillo van der Laan, Ricardo Festi, Ruy Braga

A angústia do precariado
RUY BRAGA
Prefácio de **Sean Purdy**
Orelha de **Silvio Almeida**

Este livro foi composto em Adobe Garamond, 11/13,3
e reimpresso em papel Chambril Avena 80 g/m² pela
gráfica Forma Certa, para a Boitempo, em outubro de
2024, com tiragem de 100 exemplares.